KB136156

조선왕조의 의궤와 왕실 행사

본 저서는 2013년 대한민국 교육부와 한국학중앙연구원(한국학진흥사업단)의
한국학총서(왕실문화총서) 사업의 지원을 받아 수행된 연구임(AKS-2013-KSS-1230005)

조선왕조의 의궤와 왕실 행사

초판 1쇄 발행 2018년 12월 28일

지은이 | 김해영
펴낸이 | 조미현

편집주간 | 김현림
디자인 | 정은영

펴낸곳 | (주)현암사
등록 | 1951년 12월 24일 제10-126호
주소 | 04029 서울시 마포구 동교로12안길 35
전화 | 02-365-5051 · 팩스 | 02-313-2729
전자우편 | editor@hyeonamsa.com
홈페이지 | www.hyeonamsa.com

ISBN 978-89-323-1911-7 04910
ISBN 978-89-323-1908-7(세트)

• 책값은 뒤표지에 있습니다. 잘못된 책은 바꾸어 드립니다.

이 도서의 국립중앙도서관 출판예정도서목록(CIP)은 서지정보유통지원시스템 홈페이지
(http://seoji.nl.go.kr)와 국가자료공동목록시스템(http://www.nl.go.kr/kolisnet)에서
이용하실 수 있습니다.(CIP제어번호 : CIP2018041658)

왕실문화 총서 3

조선왕조의 의궤와 왕실 행사

김해영 지음

현암사

| 차례 |

| 책머리에 |

이 책은 한국학진흥사업단의 한국학총서(왕실문화총서) 발행 사업의 지원을 받아 수행한 '조선 시대 왕실 문화의 상징 코드'라는 연구 과제의 하나로 만들어진 것이다.

이 연구 과제의 목적은 조선왕조의 왕실 문화가 내포하고 있는 여러 상징적 요소와 내용을 밝히려는 데 있으며 이를 위해 조선왕조의 국왕, 왕비, 국새(어보), 종묘, 신주, 국장, 왕릉, 의궤, 등록과 같은 몇 가지 연구 분야를 정하여 일곱 사람의 연구자가 각각 한두 가지 분야를 맡아서 연구하고 집필하였다. 공동 연구로서의 기조를 유지하기 위하여 연구자 간에는 연구 데이터를 공유하고 연구 내용에 대한 관점과 의견을 교환하는 등 상호 긴밀히 협조하기로 하였다. 연구를 처음 시작할 때는 이러한 필요성이 클 것으로 예상하였으나 차츰 각자의 책임 아래 주어진 분야를 연구하여 집필하는 방향으로 진행되었다.

필자가 집필하기로 한 분야는 의궤였다. 필자가 이를 맡게 된 까닭은, 의궤는 의례적 행사에 관한 기록물로 알고 있었고 의례에 관해서라면 어느 정도 식견이 있다고 생각했기 때문이다. 그러나 몇 종의 의궤 자료를 살피는 과정에서 의궤가 의례에 관한 기록물이라는 필자의 선입견은 곧 바뀌게 되었다.

필자의 의궤에 대한 연구는 서울대학교 규장각한국학연구원에서 웹상에 제공하는 원문 이미지 파일과 2002년에 출판한 『규장각 소장 의궤 종합목록』을 살피는 일로 시작하였다. 이 목록서에 따르면 현재까지 남아 있는 조선왕조의 의궤는 654종 정도인데 이 가운데 546종을 규장각에서 소장하고 있는 것으로 파악되었다. 지금은 국립중앙박물관으로 이관되었으나 당시까지만 해도 프랑스의 어느 국립 도서관에서 소장하고 있었던 의궤가 174종, 지금은 국립고궁박물관으로 이관되었으나 조사 당시 일본 궁내부에서 소장한 의궤가 71종, 한국학중앙연구원 장서각 소장 의궤가 294종으로 파악되었다. 의궤는 제작 당시 한 종의 의궤를 여러 건 만들었기 때문에 같은 종류의 의궤가 여기저기 흩어져 있게 된 것이지만 대부분의 의궤를 규장각에서 소장하고 있는 셈이다. 규장각에 없는 108종의 의궤 가운데는 한국학중앙연구원 장서각에 소장된 축식 의궤(祝式儀軌) 36종이 포함된 것이어서 이를 제외하면 규장각에 없는 의궤로 타 기관에 소장된 의궤는 72종 정도에 불과하였다. 물론 이는 아주 정확하게 파악된 것은 아니나 현전 의궤의 대체적 소장 현황을 알려주는 것이다.

필자가 규장각 소장의 의궤를 주로 살피게 되었던 것은 규장각 소장 의궤 546종에 대해서는 기본 정보, 상세 정보, 안내 정보와 함께 원문 이미지를 웹상에 제공하고 있어 활용이 아주 편리했기 때문이다. 물론 다른 소장 기관에서도 의궤에 대한 기본 정보와 함께 원문 이미지를 제공하고 있었지만 규장각 의궤 자료를 살피는 데 익숙해지면서 다른 소장 기관의 의궤는 이용이 다소 불편하게 여겨졌고 추가로 살필 일도 그다지 없어졌다.

규장각에서 웹상에 제공하는 의궤는 처음에는 국가 전례와 왕실 문화라는 두 가지 분류 방식에 따라 정리되어 어느 쪽으로든 열람이 가능하였다. 그런데 어느 때부터인지 국가 전례라는 분류 방식에 따른 열람만이 가능하였다. 국가 전례라는 분류 방식은 의궤를 5례, 즉 길례(吉禮), 가례(嘉禮), 빈례(賓禮), 군례(軍禮), 흉례(凶禮)에 해당하는 의궤로 나누어 분류한 것이다. 의궤를 이렇게 분류하는 데서 알 수 있듯이 의궤는 의례와 관련이 깊은 책자로 이해되고 있는 것이다.

필자는 길례에 관한 의궤부터 살피기 시작했다. 그런데 길례, 즉 제사 의례에 관한 의궤라고 분류된 것이 거의 모두 제례 행사의 거행과는 직접적인 관련이 없는 것이었다. 필자는 몇 종의 의궤를 살펴보는 과정에서 의궤를 의례와 관련이 깊은 책자로 이해하거나 의궤를 5례에 따라 분류하는 것이 무언가 잘못되었다는 생각을 가지게 되었다. 그런데 의아한 것은 당시도 그렇고 지금까지 의궤에 대한 조사나 연구를 수행한 사람이 적지 않은데도 의궤를 의례적 행사에 관한 책자로 잘못 설명하고 있음을 어느 누구도 지적하지 않고 있다는 것이다.

의궤는 대부분 '○○도감의궤'라는 책자 이름을 갖고 있는 데서 알 수 있듯이 각종 도감에서 사업을 끝낸 뒤 제작한 것이 대부분이다. 그러므로 의궤란 도감 제도와 밀접한 관련이 있는 기록물임을 조금만 주의해서 살펴보면 알 수 있는 것이다. 그런데도 의궤를 의례에 관한 기록물로 오인하게 된 것은 어째서일까?

도감은 수시로 발생하는 중요한 국가적 행사나 사업 수행을 위해 설치했다가 일이 끝나면 없애는 비상설의 임시 기구이다. 도감 제도는 고려왕조와 조선왕조에 특유했던 제도로 중국의 역대 왕조에서는 이와 유사한 제도가 확인되지 않는다. 이런 사실로 보아 의궤와 같은 조선왕조 특유의 기록물이 있게 된 것은 따지고 보면 조선왕조의 도감 제도에 기인한 것으로 볼 수 있다.

도감 제도와 관련해서 볼 때 조선왕조의 의궤는 '왕실의 통과의례성 행사', '건축물의 영건과 개수', '서적의 출판', '의기(儀器)의 조성', '특별히 기념적인 행사'라는 다섯 가지 범주의 사업 혹은 행사와 관련된 기록물로 대략 분류할 수 있다. 이 가운데 제작 건수에 있어서 압도적 다수를 차지하는 것이 왕실의 통과의례성 행사에 관한 의궤이다. 의궤를 의례에 관한 기록물로 오인하게 된 것은 조선왕조 때 제작된 의궤의 상당수가 왕실의 통과의례성 행사에 관한 것인 데다가 의궤라는 용어가 어쨌든 의례와 개념상 연관성이 있다고 보았기 때문일 것이다.

필자는 이 책을 집필하면서 도감 제도에 대해서는 한국학중앙연구원의 나영훈 박사의 글을, 의궤에 수록된 각종 반차도에 관해서는 한국학중앙연구원의 제송희 박사의 글에서 많은 시사를 받았다. 이 두 분의 연구를 접하지 못했다면 이 책의 집필에 많은 어려움을 겪었을 것으로 생각된다.

본 총서의 연구 책임을 필자가 맡긴 했으나 '왕실 문화의 상징 코드'라는 연구 과제는 원래 한국학중앙연구원의 임민혁 박사가 계획한 것이다. 필자의 연구 방향이 애초의 연구 계획서와 달라지게 되면서 연구비 지원을 받아 수행하는 연구의 성격상 연구계획서의 변경이 불가피하였고 이 때문에 최종 결과물을 심사받는 과정에서 어려움을 겪기도

하였다.

출판을 앞두고 3년의 연구 기간 동안 함께 연구 과제를 수행했던 공동 연구원들께 감사의 마음을 표하고 싶다. 집필을 마친 원고를 보낸 뒤 무엇보다도 도판을 어떻게 처리할지가 걱정스러웠는데 깔끔한 모습의 책자로 나온 것 같아 만족스럽다. 원고를 꼼꼼히 살펴 다듬어준 현암사 편집팀 그리고 조미현 사장님께 감사드린다.

김해영

| 서론 |

조선왕조의 의궤(儀軌)는 2007년에 유네스코 세계기록유산으로 지정되었다. 이를 전후로 의궤에 대한 연구서, 교양서, 영인서, 국역서의 간행이 활발히 이루어졌다. 의궤를 다량 소장하고 있는 여러 기관에서 소장 의궤에 대한 목록서와 도록을 연이어 출판하고, 이와 함께 소장 의궤에 대한 상세 해제와 원문 이미지 등을 인터넷상에 제공하여 자료 이용에 많은 도움을 주고 있다.

그런데 조선왕조의 의궤에 대한 연구서나 안내서를 보면 의궤는 무엇보다도 '의례'나 '예법'에 관한 책자로 설명되고 있다. 나아가 의궤와 같은 기록물을 남기게 된 까닭도 의례를 중시한 조선왕조의 유교 문화와 관련이 깊은 것으로 소개되고 있다. 의궤는 물론 조선왕조가 남긴 기록 문화유산이므로 유교 의례와 어떻게든 관련이야 되겠지만, 의궤를 유교 의례에 관한 기록물로 취급하는 것은 의궤에 대한 제대로 된 설명이라고 할 수 없다.

현전하는 조선왕조의 의궤는 600수십여 종에 달하는 것으로 파악되고 있다. 600수십여 종에 달하는 수많은 의궤가 남게 된 까닭은 같은 종류의 사업이나 행사인데도 매 시기마다 해당 사업이나 행사에 관한 의궤가 제작되었기 때문이다. 여러 왕대를 통해서 같은 종류의 행사인데도 매 행사마다 의궤를 계속 제작하였던 것은 의례에 대한 중시만으로 설명될 수 없는 다른 이유가 있었다. 그것은 사업이나 행사를 어떻게 치렀는지 그때그때 자세히 기록으로 남겨서 밝혀야 하는 책임이나 필요성 때문이었다.

조선왕조는 작은 정부를 지향하여 호조나 공조와 같은 국가의 중추적 행정기관이라고 할지라도 규모가 큰 행사나 사업은 하나의 관서에서 감당할 수가 없었다. 그리하여 규모가 큰 행사나 사업의 경우 도감과 같은 임시 기구를 그때그때 설치하여 필요한 업무를 수행토록 하였다. 이때 도감은 한시적으로 설치되는 기구이면서도 많은 국가 재정을 운용하였기 때문에, 그 사업 내역은 상세히 밝혀서 검증받을 필요가 있었다. 말하자면 의궤는 도감과 같은 임시 기구가 사업을 종료한 뒤, 담당했던 업무에 대한 일종의 소명 자료로 제작한 것이라고 할 수 있다. 다른 국가 기록물의 경우와는 달리 여러 건을 제작해서 왕에게 보고하고 유관 관서에도 보냈던 것은 이런 때문이라 하겠다.

예컨대 조선 후기의 어느 시기부터는 궁중 연회에 관한 행사는 그 내용을 활자로 찍어 다량의 의궤를 제작하기도 하였는데, 이 같은 행사의 경우는 특히 행사 내역을 널리 밝힐 필요가 있었기 때문이다. 궁중 잔치와 같은 소비성 행사에 많은 국가 재정이 소모되는 것은 많은 비방을 초래할 수가 있다. 그러므로 특별히 그 내역을 충실히 기록하여 사실 관계를 널리 밝힘으로써 행사와 관련된 비난이나 잡음이 일지 않도록 할 필요가 있었다.

사업의 규모가 그다지 크지 않음에도 의궤가 제작되는 경우로는 태실(胎室) 조성에 관한 의궤를 들 수 있다. 국왕의 아기 태실을 조성하는 일은 그다지 많은 국가 재정이 투입되는 일이 아닌데도 의궤가 제작되었다. 그것은 태실을 조성하는 일이 왕실과 관련된 역사였고, 왕성과 비교적 멀리 떨어진 곳에서 공역이 이루어지기에 왕실을 빙자한 부정이나 비리를 우려했기 때문이다.

그러므로 의궤는 국가적 사업이나 행사와 관련되어 증빙과 소명을 목적으로 만들어진 기록물이라고 할 수 있다. 의궤를 의례에 관한 책자로 볼 수 없는 까닭은 의궤의 기록 내용에는 행사와 관련된 의례적 내용보다는 행사에 투입된 물자나 인력의 회계 내역을 자세히 밝히는 것에 중점을 두었던 데서도 알 수 있다.

이 책은 의궤에 대해 이상의 관점을 견지하여 쓴 글로 각 장의 내용을 소개하면 다음과 같다.

1장에서는 의궤가 의례에 대해서가 아니라 국가적 행사나 사업과 관련되어 제작된 책자라는 점을 밝히고자 하였다. 이와 관련해서 의궤의 개념과 용례, 의궤와 의례의 관련 유무, 의궤와 왕실 행사의 관련성에 대해 고찰하였다.

2장에서는 현전 의궤의 현황을 검토하고 의궤를 어떻게 분류해야 하는지를 살펴보았다. 의궤를 국가적 행사나 사업의 성격에 따라 분류하게 되면 그것은 왕실의 통과의례성 행사, 특별 행사, 건축물의 영건(營建), 서적의 편찬, 의기(儀器)의 조성이라는 다섯 가지 정도의 행사나 사업과 관련되어 제작된 것으로 볼 수 있다.

3장에서는 의궤가 조선 시대 전 시기를 통해 제작되었다는 기존의 설명을 의문시하여 관계 자료를 살펴보았다. 의궤의 경우 여러 건을 제작하여 여러 기관에 보내고, 국왕의 어람을 위한 의궤를 특별히 제작하는 것이 어느 시기부터인지에 대해 고찰하였다.

4장에서는 의궤가 도감(都監) 제도와 관련이 깊은 책자라는 점에서 의궤의 구성 내용에 대해 살펴보았다. 도감이란 많은 공장(工匠)과 역부(役夫)를 동원하여 행사에 필요한 물건의 제조나 사역 활동을 감독하는 일종의 감찰 조직이다. 도감이 갖는 이러한 특성 때문에 의궤는 관리 부서와 각각의 작업 부서별로 소관 업무와 관련된 업무를 각기 기록하였다. 이는 사업 결과에 대한 책임 소재를 담당 부서별로 명확히 하려는 기록 양식이라고 할 수 있고 이것이 의궤 특유의 기록 양식으로 나타나게 됨을 밝히고자 하였다.

5장에서 9장까지는 앞서 말한 다섯 유형의 사업, 즉 왕실의 통과의례성 행사, 특별 행사, 건축물의 영건, 서적의 편찬, 의기의 조성이라는 다섯 유형의 사업과 관련되어 제작된 의궤에 대한 현황과 의궤 제작의 배경이 된 사업의 성격에 대해 각각 살펴보았다. 이 책에서는 이 부분에 많은 지면이 할당되었다.

10장에서는 의궤에 수록된 여러 유형의 반차도(班次圖)에 대해 살펴보았다. 의궤는 다른 국가 기록물과는 달리 반차도를 비롯한 여러 그림 자료가 많이 수록되어 있다. 의궤에 수록된 반차도 또한 의궤라는 책자의 성격과 관련되어 살펴야 한다고 본다. 도감은 행사에 필요한 여러 물건을 제조하는 것이 주된 임무였다. 그러므로 제조된 물건이 어떤 것인지를 도면으로 제시하고 그러한 물건의 제조에 소용된 각종 물자의 종류와 수량을 정확히 밝히는 일이 중요하였다. 이런 까닭에 의궤에는 각종 도설(圖說)이 수록되게 되며, 반차도 또한 이렇게 해서 제조된 각종 물건을 행사 현장으로 옮기는 모습을 그림으로 보여주는 것이라 할 수 있다.

끝으로 의궤가 국가 기록물로서 지니는 성격과 관련하여, 의궤는 왕실과 관련이 깊은 행사나 사업에 관한 기록물이며, 조선왕조에 특유한 도감 제도와 관련이 깊은 기록물이고, 제작서이기는 하지만 일반 편찬물과는 다른 등록류 성격의 책자라는 점을 밝히는 것으로 맺음말을 삼았다.

1장

의궤란 무엇인가

1. 의궤의 뜻과 용례

의궤는 '실록(實錄)'이나 '등록(謄錄)', '일기(日記)'와 더불어 조선 시대에 여러 왕대에 걸쳐 제작되었던 국가 기록물의 한 종류이다. 실록은 '사실의 기록'을, 등록은 '베껴둔 기록'을, 일기는 '그날그날의 기록'을 뜻하는 용어를 책자의 이름으로 하고 있고, 이러한 이름만으로도 책자의 성격을 대략 짐작할 수 있다. 이에 반하여 의궤는 책자 이름만으로는 어떤 책인지를 자칫 오해할 수가 있다. 그러한 오해 가운데 하나가 의궤를 의례에 관한 기록물로 이해하는 것이 아닌가 한다.

의궤라는 용어는 조선왕조 때를 제외하면 우리나라는 물론이고 중국에서도 거의 쓰이지 않았던 용어이다. 중국 쪽 문헌에서는 『삼국지』의 제갈량 평전에, "제갈량이 국가의 재상이 되어 백성을 무마하고 의궤를 보여주었다(撫百姓 示儀軌)."라는 데서 겨우 그 용례를 찾을 수 있을 정도이다. 여기서는 의궤라는 말이 행동 규범이나 법도라는 의미로 쓰이고 있음을 볼 수 있다. 우리나라의 경우도 고려 시대 이전까지만 하더라도 의궤라는 말은 거의 쓰이지 않았다. 『삼국사기』나 『삼국유사』와 같이 고려 시대에 편찬된 사서에는 의궤라는 용어가 어디에도 나타나지 않는다.

다만 불교 계통에서는 의궤라는 말이 그나마 사용되었다고 한다.[1] 밀교 계통의 불교 경전 가운데는 의궤라는 이름의 책자가 더러 나타나는데, 이들 책자는 부처나 보살을 염송하고 공양할 때의 법식에 대해 기록한 책자라고 한다. 그러므로 불교 계통에서는 일찍부터 의궤로 불리는 책자가 있었고, 그것은 불교 의식의 법도에 관한 것이었음을 알 수 있다.

물론 조선왕조에 앞서서도 국가 기관에서 의궤라는 책자를 보존, 관리했던 사실을 알려주는 기록은 있다. 『고려사』에는 임박이라는 사람이 홍건적의 침입을 맞아 피난길에 오를 때 '전교시(典敎寺)의 제향 의궤(祭享儀軌)를 땅에 파서 묻었다'는 기록이 있다. 여기 보이는 '전교시의 제향 의궤'에 대한 기록은 의궤에 대한 언급으로는 『고려사』에 나타나는 유일한 기록이기도 하다. 전교시는 고려 후기에 설치되었던 국가 관서의 하나로 경적(經籍)과 축문, 상소문 등을 담당했던 관서로 알려져 있다. 그러므로 당시 전교시에서 보관되었던 제향 의궤란 제향 때 쓰인 축문 따위를 기록해둔 책자 정도로 짐작되지만, 어쨌든 여기서 의궤로 지칭되는 책자를 국가 관서에서 보관했던 사실은 확인된다.

이로써 조선왕조에 앞서서 불교 계통에는 일찍부터 의궤로 지칭되는 여러 종류 책자가 있었던 사실을 알 수 있고, 고려 시대에도 국가 관서에 의궤라는 책자가 보관되었던 사실이 확인된다. 그리고 이들 책자는 그 내용이 의례의 법도나 법식에 관한 내용을 담고 있었던 것으로

1 신명호, 「조선 초기 儀軌 編纂의 배경과 의의」, 『조선시대사학보』 59, 15~17쪽.

보인다.

의궤는 '거둥 의(儀)'와 '법 궤(軌)'가 합성된 용어이다. 거둥 혹은 거동(擧動)이란 일에 임하여 행동할 때의 몸가짐이나 동작을 뜻한다. 우리는 흔히 몸가짐이나 동작에서 예절에 관계되는 것은 의례라고 하며, 형식에 관계되는 것은 의식이라고 한다. 그러므로 대개 '의(儀)'라고 하면 의례나 의식을 지칭하는 경우가 많다. 이 때문에 의궤가 책자 이름으로 쓰인 경우 의례나 의식에 관한 내용의 책자로 이해하기 쉽다.

그런데 의궤라는 용어는 의례나 의식을 치르는 법도나 법식이라는 의미로서만이 아니라 의례와는 그다지 관련이 없는 일이나 행사를 치를 때의 방법이나 법식이라는 의미로도 쓰였던 것 같다. 예컨대 어떤 물건을 제조할 때의 제조 규식(製造規式)을 의궤라고 하는 경우를 볼 수 있다.

조선 문종 때에 나라에서 쓸 선박을 제조하는 일로 당시 갑조선(甲造船)과 단조선(單造船)의 제조 문제가 거론된 적이 있었다.[2] 갑조선은 쇠못을 쓰고 외판(外板)을 이중으로 하는 중국식 조선법에 따라 만든 배를 말하고, 단조선은 재래의 전통적인 우리나라 조선법에 따라 만든 배를 말한다. 논의 결과 갑조선이 단조선에 비해 약간 오래 사용할 수 있는 장점이 있으나 이를 제조하는 데는 지나치게 많은 공력이 든다고 하여 앞으로는 단조선만을 제작하도록 한다는 결정이 내려졌다. 그러나 갑조선을 더 이상 제조하지 않게 되면 뒷날 갑조선의 제조법 자체를 잊을 수가 있다는 점이 지적되었다. 그리하여 당시에 "갑조선의 제조 규

2 『문종실록(文宗實錄)』 7권, 1년 5월 25일 임술(壬戌).

식을 기록하여 의궤로 삼으라(만들라)."라는 왕명이 내려졌던 일이 있다. 즉, 의궤라는 말이 여기서는 단순히 제조 방법 내지는 제조 규식이라는 의미로 쓰이고 있는 것이다. 선박의 제조법은 의례와는 아무 관계가 없는 일인데도 이를 제조하는 법식을 의궤로 지칭하고 있는 것이다.

실제로 현전하는 의궤에는 기록 내용이 의례와 그다지 관련이 없는 것이 적지 않다. 예컨대 궁전 건물을 수리하거나 악기를 제조하는 일은 건축업, 제조업에 관한 일이다. 그런데도 이러한 영건, 조성 사업과 관련해서 그 명세를 밝혀 기록한 책자 또한 의궤라는 이름을 하고 있다. 이 밖에 서적 편찬과 관련해서 편찬 사업의 전말을 자세히 기록한 책자 또한 의궤라고 하였는데, 서적의 편찬에 관한 사업 또한 의례와는 그다지 관계가 없는 것이다.

건축물의 영건이나 악기의 제조, 서적의 편찬은 의례와는 거리가 있지만 대신에 이들 사업은 무언가를 '제조'하거나 '제작'하는 일이다. 그러므로 의궤는 무언가를 제조하거나 제작하는 일과 관련이 깊은 책자라고 할 수 있다. 의궤라는 용어를 일이나 사업을 행할 때의 법식을 뜻하는 용어로 이해하면, 건축물의 영건, 악기의 제조, 서적의 편찬이 어떠한 경위와 과정, 물자와 인력의 투입을 거쳐 이루어졌는지 그 내역을 기록한 책자를 의궤로 지칭하는 것이 아주 자연스럽게 이해된다.

실제로 의궤의 내용을 들여다보면 기록 내용에서 중점을 두는 부분은 의례적인 행위나 절차에 관한 내용보다는 행사나 사업을 준비하고 진행한 과정, 내역에 관한 것이다. 즉, 행사와 관련되어 왕래한 각종 공문서 기록, 행사에 필요한 각종 물건의 종류와 수량, 행사용 물건을 제조하기 위해 투입되었던 인력과 물자의 자세한 명세를 밝히는 것에 중

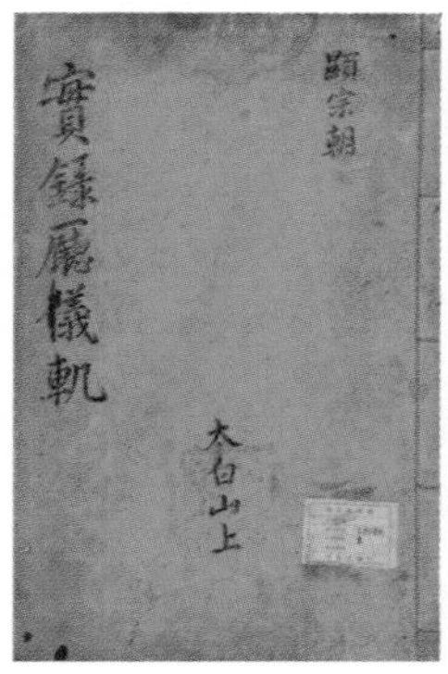

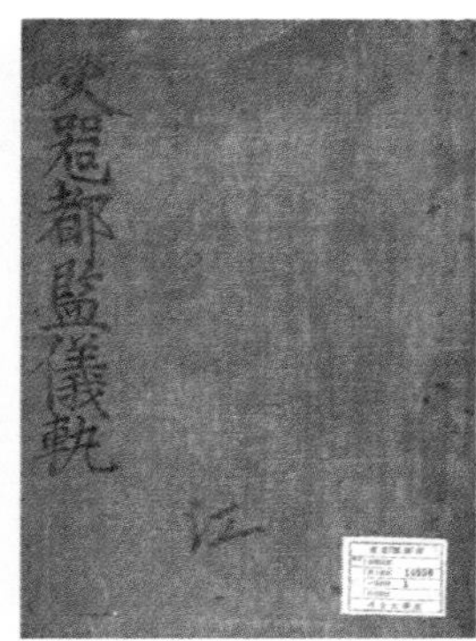

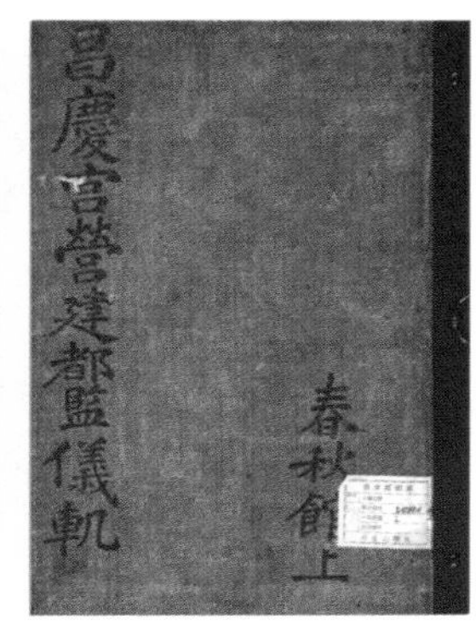

『[현종]실록청의궤』(1675), 『화기도감의궤』(1615), 『창경궁영건도감의궤』(1834)의 표지(서울대 규장각한국학연구원 소장). 의궤 가운데는 화기(火器) 제작에 관한 의궤나 건축물의 영건에 관한 의궤, 서적 편찬에 관한 의궤와 같이 의례와 그다지 관련이 없는 의궤가 적지 않다.

점을 두고 있다. 이 점에서 보면 의궤란, 어떤 행사를 어떤 방법으로 치렀는가의 자세한 내역을 기록한 것일 뿐, 기록 내용과 의례와의 직접적 관련성은 보이지 않는다.

오늘날 우리가 접할 수 있는 조선왕조의 의궤는 대개가 어느 시기의 어떤 국가적 사업이나 행사와 관련해서 주로 재정적 방면의 운용 및 회계 내역에 관해 기록한 것이다. 그러므로 의궤라는 책자는, 불교 계통의 의궤라는 책자의 경우처럼, 처음에는 의례의 법식에 관해 기록한 책자를 지칭하였을 수 있지만, 어느 시기부터인가 의례적 행사만이 아니라 그 밖의 각종 국가적 행사 때의 행사 내역에 대해 기록한 책자를 지칭하게 되었다고 할 수 있다.

오늘날 결혼식장에서 신랑, 신부가 결혼식을 치를 때의 진행 절차나 형식에 관한 것은 '의례'적인 것이므로 결혼식 자체는 일종의 의례적 행사라고 할 수 있다. 그러나 결혼식을 위해 예식장 측이 하는 일, 이를테면 예식에 필요한 각종 시설과 물품을 제공하고 예식에 소용된 각종 비용의 명세를 자세히 기록하는 일은 예식장에서 영업상 하는 것이다. 말하자면 의궤는 예식장에서 결혼식이 끝난 뒤 예식 비용이 얼마나 들었는지를 증빙하기 위해 각종 예식 관련 비용의 명세를 자세히 밝힌 기록물에 해당한다고 할 수 있다.

의궤에는 의례에 관한 내용이 포함되기는 하겠지만 이 또한 사업이나 행사 비용과 관련되어 기록된 것이라 할 수 있으므로, 의궤의 주된 기록은 주로 행사나 사업의 비용적 측면의 명세를 밝힌 것이라고 할 수 있다. 의례적 행사와는 거리가 먼 행사나 사업에 대해서도 그 사업 명세를 기록한 책자를 의궤라고 하였던 것은 국가적 사업이나 행사의 경우, 일정한 법식, 즉 의궤에 따라 이러한 업무를 수행해야 했기 때문일 것이다.

2. 의궤와 국가 의례

의궤는 조선왕조의 국가 의례와 관련이 깊은 책자로 알려져 있다. 조선왕조의 의궤에 대해서, "의궤는 왕실과 관련된 여러 의례를 치르고 나서 의례의 전말을 상세하게 기록해놓은 실행 보고서"라는 설명이 널리 받아들여지고 있다.[3] 이처럼 의궤를 의례에 관한 책자로 설명하는 것은 현전하는 조선왕조의 수백 종에 달하는 의궤를 두고 볼 때 부적절한 설명이라고 하겠으나, 의궤가 의례와 관련이 깊은 책자로 널리 알려져 있는 만큼 이에 대해 살펴볼 필요가 있다.

조선왕조는 나라를 다스림에 있어서 의례의 효능과 예제의 중요성을 잘 알았던 왕조였다. 그리하여 건국 초기부터 새 왕조의 예제를 '5례(五禮)' 체제에 맞추어 정비하는 것을 국정의 한 지침으로 삼아 이에 따른 예제 정비 작업을 추진하였다. 예제 정비에 대한 이러한 노력은 태종 대와 세종 대에 활발히 진행되어 마침내 성종 조에는『국조오례의(國朝五禮儀)』를 편찬하여 반포하였다.

3 한영우,『조선왕조 의궤』, 일지사, 2005, 31쪽.

5례란 길례(吉禮), 가례(嘉禮), 빈례(賓禮), 군례(軍禮), 흉례(凶禮)를 통칭해서 일컫는 것이다. 『국조오례의』에는 제사(祭祀), 조의(朝儀), 관혼(冠婚), 교빙(交聘), 군려(軍旅), 상장(喪葬)과 같은 왕조 국가의 각종 중요한 행사 의례에 대해 그 준비 및 진행 절차, 제도적 사항에 관해 규정하고 있다. 『국조오례의』에 규정된 이러한 의례적 규범이 제대로 시행되기 위해서는 예제에 대한 상당한 수준의 이해와 안정된 통치 질서가 갖추어져 있어야 하였다. 그러므로 『국조오례의』의 편찬은 조선왕조가 그에 상당하는 수준 있는 국가로서의 발전 도상에 있었음을 보여주는 것이기도 하다.

『국조오례의』는 '길·가·군·빈·흉'의 차례로 편을 나누어 서술되어 있지만, 원래 5례는 '길·흉·군·빈·가'의 순으로 중시되었다. 어쨌든 5례 가운데 '길례', 즉 제사 의례는 예제에 있어서 가장 중요한 위치에 있었다. 실제로 조선왕조의 예제 정비도 국가의 제사 의례를 정비하는 것을 시작으로 해서 추진되었고 뒤이어 나머지 4례를 차례로 정비하는 것으로 진행되었다.[4]

『국조오례의』에 의하면 조선왕조에서 행하는 각종 제사에는 대사(大祀)·중사(中祀)·소사(小祀)의 구분이 있었다. 이 가운데 사직, 종묘, 영녕전에서 연중 일정한 날에 정례적으로 행하는 제사는 국중 대사로 중시되었다. 특히 종묘대제의 경우 국왕이 직접 헌관으로 참여하여 제사 의례를 거행하는 경우도 간혹 있었다.

그러나 종묘대제를 국왕이 직접 참석하여 거행한 경우라 할지라도

4 김해영, 「조선 초기 禮制 연구와 『國朝五禮儀』의 편찬」, 『朝鮮時代史學報』 55.

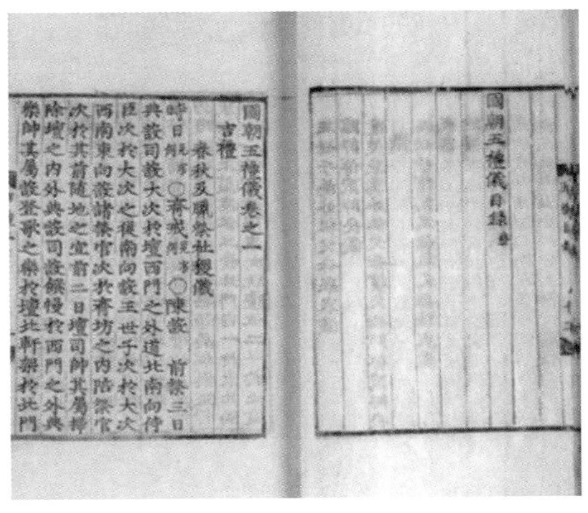

國朝五禮儀卷之一
吉禮
春秋及臘祭社稷儀
時日 ○齊戒 ○陳設 前祭三日
典設司設大次於壇西門之外道北南向侍
臣次於大次之後南向設王世子次於大次
西南東向設諸祭官次於齊坊之內陪祭官
次於其前隨地之宜前二日壇司帥其屬掃
除壇之內外典設司設饌幔於西門之外典
祭帥其屬設登歌之樂於壇北軒架於北門

國朝五禮儀目錄

조선왕조에서 행한 5례[길례(吉禮)·가례(嘉禮)·빈례(賓禮)·군례(軍禮)·흉례(凶禮)]에 관한 의식 절차 및 제도적 규례를 규정한 『국조오례의』

그 행사 내역을 기록한 의궤라는 책자가 만들어진 사례는 찾을 수가 없다. 국가 의례 가운데 제사 의례가 가장 으뜸 되는 위치에 있고, 국왕이 친히 종묘대제를 행하는 경우는 흔치 않은 일인데도 불구하고 제사 의례의 경우 어떤 종류의 의궤도 제작되지 않았다는 것은 의궤의 제작이 국가 의례와 직접적 상관관계가 없음을 알려주는 것이다.

그렇다면 종묘대제와 같은 중요한 국가 의례에 관해서는 왜 의궤가 제작되지 않았던 것일까? 조선왕조에서 각종 제사 의례는 예조에서 이를 관장하여 행사에 앞서 석 달 전에 기일을 정하여 국왕에게 보고하였고 이를 서울과 지방의 각 관사에 공문으로 알려주었다.[5] 예컨대 종묘

5 『경국대전(經國大典)』, 예전(禮典), 제례(祭禮).

대제는 네 계절의 첫 달 상순과 납일(臘日, 민간이나 조정에서 조상이나 종묘·사직에 제사 지내던 날. 동지 뒤의 셋째 술일(戌日)에 지냈으나, 조선 태조 이후에는 동지 뒤 셋째 미일(未日)로 하였다.)에, 사직대제는 봄과 가을의 중간 달 첫 무일(戊日)과 납일에 제사를 하도록 규정되어 있는 경우가 그러하다.

종묘대제와 같은 국가 대사에 대하여 그 행사 내역을 의궤로 기록하지 않은 까닭은 제사 의례의 경우 한때의 일시적 행사가 아니라 연중 상시적으로 거행되는 행사였기 때문이다. 이 점에서 의궤는 '의례적 행사'와 관련된 기록물이기보다는 '비상시적인 행사'와 관련된 기록물임을 알 수 있다.

길례(제사 의례)에 관한 행사 내역을 기록한 의궤가 거의 전무한 반면에 흉례(상장 의례)와 관련된 의궤는 상당히 많은 편이다. 『국조오례의』상의 흉례와 관련되어 의궤가 제작되는 경우는 왕과 왕비, 왕세자(빈)의 상장 의례에 대해서이다. 왕과 왕비의 죽음인 국휼(國恤)의 경우 빈전의 설치와 빈전에서의 상례, 발인에서 장례에 이르기까지의 장례 절차, 산릉의 조성과 혼전의 설치, 3년상을 끝낸 뒤 종묘에 부묘할 때까지의 관련 행사가 모두 의궤 제작의 대상이 되고 있다. 이들 행사와 관련해서는 각각 빈전혼전도감(殯殿魂殿都監), 국장도감(國葬都監), 산릉도감(山陵都監), 부묘도감(祔廟都監)이 설치되어 관련 업무를 관장하였고, 이들 도감이 설치되어 철폐되기까지 모든 관련 업무 내역이 의궤로 기록되었다. 현전하는 각종 의궤 가운데 압도적 다수를 차지하는 것이 국휼과 관련되어 설치된 빈전혼전도감, 국장도감, 산릉도감, 부묘도감에 관한 의궤이기도 하다.

그러나 왕, 왕비, 왕세자, 세자빈의 상장 의례와 관련해서 의궤가 제작되었다고 해서 이를 상장 의례가 지닌 의례적 중요성 때문으로 볼 수는 없다. 그보다는 오히려 흉례는 제례와는 달리 상시적으로 발생하는 일이 아니었기 때문이다. 조선왕조의 법전인 『경국대전(經國大典)』에는 왕이나 왕비, 왕세자, 세자빈의 상장례(喪葬禮)에 관해서는 명문화된 규정을 두지 않았으며, 물론 이에 관한 업무를 관장하는 상설 관서에 대한 규정도 두지 않았다. 국상 때에는 의례히 국장도감, 산릉도감, 빈전혼전도감의 세 도감이 그때그때 설치되어 국상에 따른 업무를 관장하였던 것이다.

국상 의례는 수많은 물력과 인력이 동원되는 국가적 행사였다. 그리고 왕과 왕비의 국상에 관한 의궤에는 무엇보다 물자와 인력의 동원 내역과 행사용 물건 및 소요 물품의 명세에 대해 자세히 기록하고 있다. 이 점은 의궤가 의례에 관한 기록물이기보다는 행사와 관련해서 투입된 물자와 인력의 소요 내역을 밝히고자 제작된 기록물임을 잘 보여주는 것이다. 국상에 관한 의궤가 이처럼 재정적 방면의 회계 내역에 대해 상세히 기록하고 있는 것은 국상을 빙자한 부정이나 비리, 국가 재정의 오남용을 미연에 방지하기 위해서라고 할 수 있다.

『국조오례의』에는 가례 의식, 즉 국가적 경사에 관한 의식이 50개조에 이른다. 여기에는 중국과의 사대 관계 행사 의식에 관한 것, 신하가 왕에게 조하(朝賀)하는 의식에 관한 것, 왕실 인사의 관례와 혼례 의식에 관한 것 등이 포함되어 있다. 이 가운데 의궤가 제작되는 행사로는 왕과 왕세자의 혼례, 왕세자와 왕비 책봉 의례에 관한 것 정도였다고 할 수 있다.

왕과 왕세자의 혼례나 왕비 책봉 또한 상시적으로 발생하는 일이 아니었다. 그러므로 이를 전담하는 상설 관서가 따로 없었고 사안이 발생할 때마다 가례도감(嘉禮都監), 책례도감(冊禮都監)과 같은 것이 설치되었다. 이들 행사 또한 많은 물력과 인력이 투입되는 국가적 행사였기에 이를 빙자한 국가 재정의 오·남용이나 부정을 방지할 필요가 있었다. 그러므로 관련 행사 내역을 자세히 기록으로 밝히게 되면서 의궤가 제작되었던 것이다.

이 밖에 『국조오례의』에는 빈례에 관한 의식과 군례에 관한 의식이 각각 6종씩 등재되어 있다. 빈례에 속하는 것으로 의궤가 제작되는 경우는 왕이나 왕세자가 중국 사신을 맞이할 때의 행사에 관한 것이 있다. 군례에 속하는 것으로 의궤가 제작되는 경우는 국왕이 사단(射壇)에 나아가 활을 쏘는 특별히 기념적인 행사 때의 의궤가 남아 있기도 하다. 그러나 이러한 특별한 행사와 관련해서 그 행사 내역을 기록한 의궤가 제작된 것도 이들 행사의 의례상의 중요성 때문으로 보기는 어렵다. 이들 행사의 경우 또한 상시로 발생하는 일이 아니었고 이를 전담하는 상설 관서가 있지 않았다. 이 또한 많은 국가 재정이 지출되는 행사이기도 하였으므로 행사 내역을 소상히 기록으로 밝히게 되면서 의궤가 제작되었다고 보아야 한다.

이상 『국조오례의』의 5례와 관련해서 의궤를 살펴보더라도 의궤와 의례의 직접적 연관성을 찾기 힘들다. 굳이 의궤를 의례적 행사와 관련되어 제작된 책자라고 하더라도 그것은 의례 중심의 기록이라고 볼 수는 없고, 의례를 거행하는 데 소용되는 제반 국가 재정에 관한 기록이라고 해야 하는 것이다. 더구나 조선왕조의 의궤에는 의례적 행사와는 직접적 관련이 없는 건축물의 영건에 관한 의궤, 서적 편찬에 관한 의궤, 의기 조성에 관한 의궤와 같은 수많은 의궤가 있음을 보더라도 의궤를 의례에 관한 기록물로 볼 수는 없는 것이다.

3. 의궤와 왕실 행사

의궤를 만들어 보고하게 되는 사업이나 행사는 많은 인적·물적 자원이 투입되는 국가적 행사나 사업이다. 이들 사업이나 행사를 위해서는 흔히 도감이 설치되고 여기에 여러 국가 관서의 관리가 파견되어 관련 업무를 수행하였다. 그런데 이러한 국가적 행사나 사업이 주로 왕실, 구체적으로는 왕실의 최상층에 있는 왕이나 왕비, 왕세자와 관련된 행사이거나 사업이었다. 그러므로 의궤는 왕실과 관련이 깊은 국가적 행사에 관한 기록물이라고 할 수 있다.

예컨대 가례도감의궤는 왕과 왕세자의 혼례 행사에 관한 기록물이고, 책례도감의궤는 왕세자나 왕비의 책봉 행사에 관한 기록물이며, 국장도감의궤는 왕이나 왕비의 장례 행사에 대한 기록물이다. 왕이나 왕비의 빈전과 혼전에서의 행사 의례나 장례에 관한 의궤, 3년상 뒤의 부묘 의례에 관한 의궤, 왕과 왕비의 공덕을 존숭하거나 추숭하는 행사에 관한 의궤, 궁중의 연회에 관한 의궤도 왕실과 관련된 행사 기록물인 것이다.

이 밖에 아주 드물게 나타나는 행사이기는 하지만 왕의 활쏘기 행사나 왕의 논갈이 행사, 왕비의 누에치기 행사에 대해서도 의궤가 제작되었으니 이 또한 직접적으로 왕이나 왕비가 주연으로 참여하는 행사에 대한 기록물이다. 왕과 왕비가 활동하고 생활하는 공간인 궁전의 영건과 수리, 왕실의 무덤인 능원묘의 조성, 왕실 사묘(祀廟)나 선왕의 영정을 모시는 진전(眞殿)의 영건에 관한 의궤도 왕실과 관련된 것이다. 제기나 악기의 조성 사업에 관해 기록한 제기도감의궤나 악기도감의궤도 왕실과 무관한 것이라 할 수는 없으며, 어진의 제작에 관해 기록한 의궤 또한 그러하다. 이 밖에 『선원보략(璿源譜略)』과 같은 왕실 족보의 편찬에 관한 의궤, 『실록』이나 『국조보감(國朝寶鑑)』의 편찬에 관한 의궤도 왕과 왕실에 관계되는 기록물이다. 화기도감(火器都監)의궤와 같이 왕실과의 연관을 짓기가 어려운 의궤가 있기도 하지만 이런 경우는 달리 사례를 찾기 어려운 거의 유일한 경우일 뿐이다.

의궤는 왕실 행사와 관련된 기록물이기는 하지만, 의궤 제작의 대상이 되는 왕실 관련 행사는 거의 모두가 국가적 행사로 치러진 것이다. 왕세자의 책봉은 국본(國本)을 정하는 일이었고, 왕과 왕세자의 혼례는 국혼이며, 왕과 왕비의 장례는 국장이라고 하였듯이 왕조 국가에서 이들 행사는 중요한 국가 행사였다. 그러므로 의궤는 왕실과 관련된 중요한 국가 행사에 관한 기록물이라고 할 수 있다.

의궤의 기록 대상이 되는 행사나 사업은 왕실과 관련되었기 때문에 행사 준비나 진행 과정에 투명성과 공개성이 특별히 요구되었다. 거의 모든 의궤는 우선 앞쪽에 국왕의 지시와 신하들의 건의 사항을 기록한 전교(傳敎)와 계사(啓辭)가 수록된다. 이는 본 행사가 왕과 신하의 협의를 거쳐 모든 사항이 공적으로 결정된 것임을 밝힌 것이다. 이 밖에 의궤에는 이문(移文), 감결(甘結), 품목(稟目)과 같은 각종 공문서 기록이 차례로 수록되어 있는데, 이 또한 행사를 주관하는 관서와 협력 기관과의 업무 협조 사항이나 연락 사항, 관리 부서와 실무 부서 간의 지시와 보고에 관한 사항이 모두 공적 문서를 통해 결정되어 진행되었음을 밝힌 것이다. 이는 행사를 진행하는 실무 부서의 관리자뿐만 아니라 행사를 총괄 관리하는 책임자라 할지라도 공적인 보고 계통을 생략한 사적 판단이나 재량에 의해 행사를 진행하는 것을 방지한 것이기도 하다.

의궤는 특히 행사를 위해 투입되는 각종 물자의 회계 내역에 대해서는 극히 세세한 사항까지도 철저히 기록하였다. 이는 국가 재정을 오·남용 없이 투명하게 사용하였음을 드러내어 밝히려 한 것이다. 또한 행사를 위해 제작된 의기나 의물, 시설물을 그림으로 자세히 그린다든지, 제작물에 들어간 각종 물품의 명세·수치를 자세히 기록한 것 또한 사업 내역을 투명하게 밝히기 위함이다. 이들 의기나 의물이 행사 현장을 향해 이동하는 모습을 그린 반차도가 각종 의궤에 수록되는 것 또한 행사를 위해 제조된 각종 물건의 모습을 생생하게 보여주려는 것이기도 했다.

의궤는 행사와 관련된 내역을 자세하고도 소상하게 기록할 뿐만 아니라 이를 여러 건의 책자로 제작하였다. 행사 내역을 왕에게 보고하는 것이 무엇보다 중요하였으므로 왕의 열람을 위한 의궤는 특별히 고급스럽게 제작하였다. 의궤는 국왕에 대해서만이 아니라 행사에 관여한 여러 유관 관서에도 보냄으로써 행사 내역을 누구나 살필 수 있도록 하였다. 나아가 의궤를 사고(史庫)에도 분상(分上)하여 역사적 기록물로 남김으로써 뒷날에도 당시의 사업이 올바르게 치러졌는지 살필 수 있게 하였다.

이처럼 조선왕조는 관리 감독이 철저히 요구되는 국가적 행사나 사업, 특히 그 사업이 왕실과 관련되는 행사나 사업일 경우, 공변되고도 투명하게 행사가 이루어지도록 하기 위해 모든 진행 과정을 공문서를 통한 보고와 지시에 따라 행하도록 하였다. 그러한 장치의 하나로 행사 내역을 자세히 기록하게 하고, 그 기록 내용을 당시만이 아니라 먼 훗날에도 열람할 수 있도록 하였으니, 의궤는 이러한 제작 배경을 갖는 국가 기록물이라고 할 수 있다.

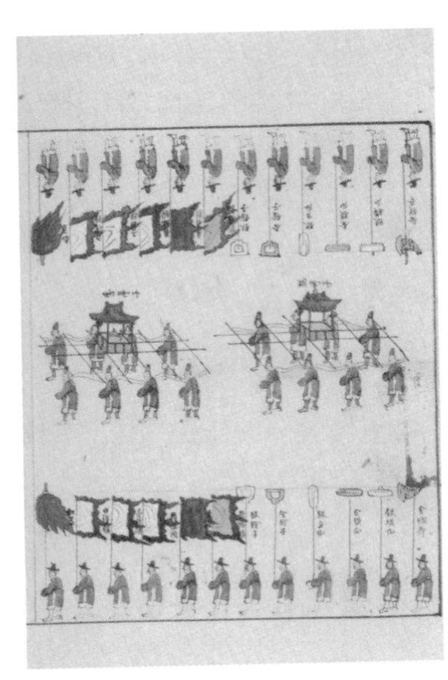
『[정순왕후]가상존호도감의궤』(1787)에 수록된 반차도. 의궤에 수록된 반차도는 행사를 위해 제조된 각종 물건의 모습을 보여주는 것이기도 하다.(서울대 규장각한국학연구원 소장)

의궤는 행사 내역을 충실히 기록하고 행사와 관련된 책임 소재를 분명히 하기 위해 특정한 기록 양식을 따랐다. 이를테면 거의 모든 의궤는 도감의 행사를 책임지는 관리자의 명단뿐 아니라 도감 조직의 말단에서 행정과 잡일을 수행하는 원역의 명단, 행사용 물건 제작을 위해 여러 작업소에 동원된 공장과 역부의 명단과 인원수에 이르기까지 모든 행사 종사자의 직임과 이름을 가능한 한 기록하였다. 그리고 행사와 관련해서 수발된 모든 공적 문서나 기록 사항은 행사 본부는 본부대로, 각 작업 부서는 부서대로 각각 그 내용을 기록하여 책임 소재를 분명히 하였다.

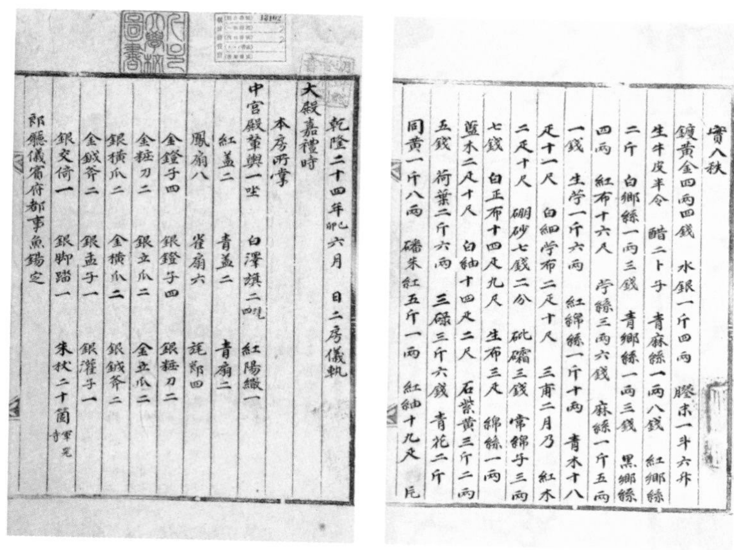

乾隆二十四年己卯六月 日二房儀軌
大殿嘉禮時
本房所掌
中宮殿輦輿一坐 白澤旗二隻 紅陽繖一
紅蓋二 青蓋二 青扇二
鳳扇八 雀扇六 旄節四
金鐙子四 銀鐙子四 銀粧刀二
金粧刀二 銀立瓜二 金立瓜二
銀橫瓜二 金橫瓜二 銀鉞斧二
金鉞斧二 銀盂子一 銀灌子一
銀交倚一 銀脚踏一 朱杖二十箇
郎廳儀賓府都事魚錫定

實入秩
鍍黃金四兩四錢 水銀一斤四兩 膠末一斗六升
生牛皮半令 醋二斗子 青麻絲一兩八錢 紅鄉絲
二斤 白鄉絲一兩三錢 青鄉絲一兩三錢 黑鄉絲
四兩 紅布十六尺 䒵絲三兩六錢 麻絲一斤五兩
一錢 生䒵一斤六兩 紅綿絲一斤十兩 青木十八
尺十一尺 白細䒵布二尺十尺 三甫二月乃 紅木
二尺十尺 硼砂七錢二分 砒礵三錢 常綿子三兩
七錢 白正布十四尺九尺 生布三尺 綿絲一兩
真木二尺十尺 白紬十四尺二尺 石紫黃三斤二兩
五錢 荷葉二斤六兩 三碌三斤六錢 青花二斤
同黃一斤八兩 磻朱紅五斤一兩 紅紬十九尺

영조와 정순왕후 가례 때 가례도감 2방에서 제조한 물건과 여기에 실제로 들어간 물자에 관한 기록(『[영조정순왕후]가례도감의궤』(1759), 서울대 규장각한국학연구원 소장)

의궤는 국가적으로 중요한 행사와 사업에 관한 기록이지만, 기록 내용은 주로 행사나 사업을 위해 특정 물건을 제작하기까지 투입된 각종 인적·물적 자원의 소요 내역에 중점을 두었다. 의궤의 기록 내용에 대해 『만기요람(萬機要覽)』이라는 책에서 "물력의 구획과 문첩의 거래, 물종의 실입을 사업의 시작 시점부터 종료 시점까지 빠짐없이 기록한다."라고 한 것이 바로 이를 두고 한 말일 것이다.[6]

그러므로 의궤는 사업 내역에 대한 '보고'나 '소명'을 위해 제작된

6 『만기요람(萬機要覽)』, 재용편(財用編) 5, 권설도감(權設都監).

기록물이라고 할 수 있다. 의궤는 일반 편찬물과는 달리 기록 내용이 권으로 구분되지 않으며, 내용 목차도 제대로 제시되지 않는 경우를 흔히 볼 수 있다.[7] 거의 모든 의궤의 기록 양식은 행사와 관련해서 왕래한 각종 공문서 내용을 문서 유형별로 나누고, 이를 날짜순으로 옮겨 기록하는 형식을 보이고 있다. 이러한 기록 양식은 공문서의 내용을 기록자가 임의로 손댐이 없이 원문서의 내용을 그대로 충실히 옮긴 것으로 그야말로 '증빙과 소명'을 위한 기록 양식인 것이다.

도감의궤의 경우를 보면 기록 내용은 대체로 도청의 업무에 관한 기록과 각 방(1방, 2방, 3방)의 업무에 관한 기록이 각각 나뉘어 기록된다. 이 경우 도청과 각 방의 업무에 관한 기록 내용은 어느 경우를 막론하고 이들 부서의 업무와 관련된 각종 공문서 기록을 그대로 옮겨 수록하는 형태를 취한다. 즉, 도청의 경우 '전교', '계사', '이문', '예관', '감결' 등이 주된 기록 내용으로, 각 방의 경우 '감결', '품목'과 같은 공문서 기록이 주를 이루는 것이 그러하다.

심지어 도감의 설립이나 도청의 구성, 도감의 사목, 각 방의 관장 업무나 각 방의 관리 책임자나 행정 보조원의 명부에 관한 기록까지도 공문서 원본의 기록을 그대로 옮겨 적는 방식을 취하였다. 이는 기록자가 임의로 기록 내용을 고친다거나 기록자의 설명이 들어간다거나 하여

7 의궤라는 명칭을 띤 책자 가운데 편찬물의 성격을 지닌 것으로 『종묘의궤』나 『종묘의궤속록』, 『사직서의궤』, 『경모궁의궤』와 같은 책자는 '행사 후 보고' 목적으로 제작된 일반 의궤와는 제작 배경이 다르다. 또한 『을묘원행의궤』를 위시해서 궁중 연회와 관련되어 활자로 제작된 의궤의 경우도 일반 의궤와는 달리 편찬물의 모습을 갖추고 있는데, 이는 대량 배포를 위해 특별히 편찬물로 제작한 경우라 하겠다.

원본 문서의 내용이 변조되는 일을 방지하려 한 것이다.

그러므로 의궤란 왕실과 관련된 국가적 행사나 사업과 관련해서 왕래한 각종 공문서 기록의 원본 문서 내용을 그대로 옮겨놓은 기록물이라고 할 수 있다. 이처럼 의궤의 기록 내용이나 형식이 특별히 공변되고 투명하였던 것은 그것이 왕실과 관련된 국가적 행사나 사업에 관한 기록이었기 때문으로 보인다.

2장

의궤의 현황과 분류

1. 현전 의궤의 현황

모든 의궤가 그렇지는 않지만 의궤는 대부분 유관 관서와 사고(史庫)에 보내기 위해 같은 종류의 것을 여러 건 만들고, 또한 국왕에 대한 보고용으로 한 건을 특별 제작하였다. 조선 시대에 왕의 어람을 거친 의궤는 창덕궁의 규장각이나 강화도 외규장각에서 보관하였고, 몇몇 곳에 분상된 의궤는 그대로 해당 관서나 사고에서 보관하였다. 여러 국가 기관에 보관되었던 이들 의궤 가운데 약탈, 도난, 유출, 분실을 면한 의궤는 조선왕조에 이어 대한제국과 일제 강점기를 거쳐 오늘에 이르기까지 여러 경로를 거쳐 현재 서울대학교 규장각한국학연구원과 한국학중앙연구원 장서각에서 대부분을 소장하고 있다. 이 밖에 대량 약탈을 당하거나 해외로 대량 유출되었던 의궤는 반환되어 국립중앙박물관과 국립고궁박물관에서 소장하게 되어 오늘에 이르고 있다.

조선왕조 의궤의 소장 현황은 거의 전모가 드러났다고 할 수 있다. 그런데도 이들 의궤가 모두 몇 종인지는 아직 정확히 파악하기가 쉽지 않다. 규장각, 장서각 등 의궤를 소장하고 있는 기관마다 각기 소장 의궤의 책 수, 건수, 종 수를 파악하여 분류하고 목록을 만들거나 해제 작업까지 마쳤다. 그러면서도 이들 소장처를 통틀어서 현전하는 조선왕조의 의궤가 모두 몇 종인지 정확히 파악되지 못하고 있는 것은 무엇 때문일까? 이는 각 소장 기관마다 의궤를 분류하고 종 수를 파악하는 방식에 혼선이 있거나 어떤 문제점을 내포하고 있기 때문이다.

조선왕조의 의궤에 대한 가장 최근에 이루어진 조사에 따르면 각 소장처별 소장 의궤의 현황은 다음과 같다.[8]

〈표 1〉 국내외 의궤의 소장 현황

의궤 소장처	종 수	건수	책 수	유일본
규장각	533	1567	2897	116
장서각	268	341	566	39
국립중앙박물관	189	192	297	26
국립고궁박물관	80	167		0
기타[9]		57	181	4
해외[10]		27		

의궤의 경우 종 수, 건수, 책 수에 차이가 나는 까닭은, 서명이 같은

8 국립문화재연구소, 『조선왕조 의궤 학술심포지엄』(2010) 및 국립중앙박물관, 『조선왕조 의궤 현황과 전망』(2012).

9 기타 기타 57건은 국립중앙도서관(15건), 경남 사천시청(3건), 충북 청원군청(1건), 서울역사박물관(6건), 이화여대(3건), 고려대(16건), 연세대(13건) 등 총 57건 181책이다.

10 해외 해외 27건은 천리대(6), 버클리대(7), 컬럼비아대(3), 영국도서관(4), 프랑스 기메박물관(1), 프랑스동양어학교(3), 카자흐스탄 국립도서관(3)에서 소장하고 있는 것이다.

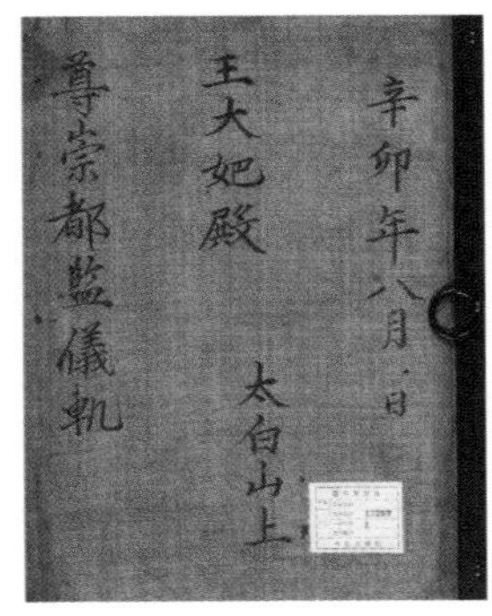
辛卯年八月 日
王大妃殿
尊崇都監儀軌
太白山上

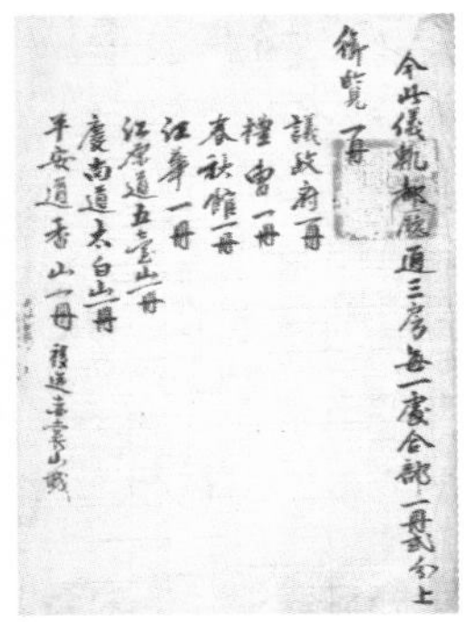
議政府一冊
禮曹一冊
春秋館一冊
江華一冊
江原道五臺山一冊
慶尚道太白山一冊
平安道香山一冊

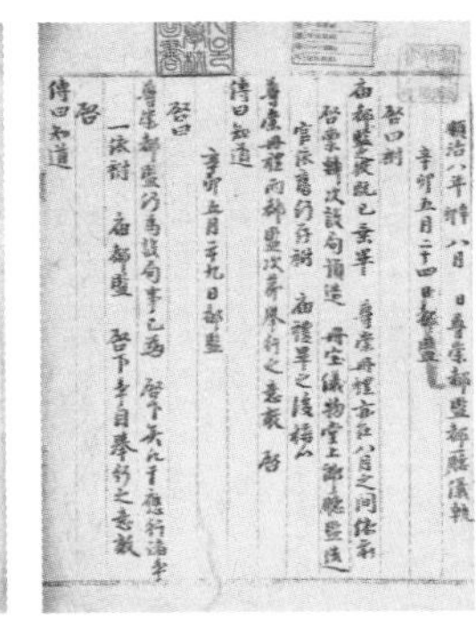
順治八年辛卯八月 日 尊崇都監都廳儀軌

『[장렬왕후]존숭도감의궤』(1651)의 표지와 내지 1, 2면(서울대 규장각한국학연구원 소장). 이 의궤는 표지에 '辛卯年八月 日 王大妃殿 尊崇都監儀軌 太白山上'이라고 되어 있다. 이는 신묘년(1651) 8월에 왕대비전(인조비 장렬왕후)에 존호를 올릴 때의 의궤이고 이를 태백산 사고에 올린 사실을 표시한 것이다. 의궤는 일종의 등록류 책자이기 때문에 내제(內題)가 없는 것이 많다. 이 의궤 본문의 첫머리는 '順治八年辛卯八月 日 尊崇都監都廳儀軌'로 시작되는데 이는 내제가 아니라 존숭도감의 도청 의궤에 해당하는 기록 내용부터 시작됨을 나타낸 것일 뿐이다.

의궤 1질이 몇 개의 책으로 이루어져 있을 수 있고, 또한 1질, 1종의 책자가 여러 벌 있을 수 있기 때문이다. 예컨대 철종의 국장 때(1863) 제작된 『빈전혼전도감의궤』의 경우 3책 1질로 6건이 제작되었는데, 현재 규장각에는 당시의 『빈전혼전도감의궤』를 4벌 소장하고 있다. 이런 경우 『[철종]빈전혼전도감의궤』는 규장각에 소장된 것이 종 수로는 1종, 건수로는 4건, 책 수로는 12책이 되는 것이다.

의궤는 일차적으로 종 수를 파악한 다음에 건수, 책 수의 현황을 파악할 필요가 있다. 또한 종 수를 파악하는 데도 일정한 기준이 필요하다. 한 종류의 의궤가 하나의 책자로 되어 있는 경우라면 그다지 문제가 없다. 그러나 한 종의 의궤가 여러 책으로 한 질을 이루고 있고 완질이 아닌 낱권 책자가 여러 소장처에 여기저기 흩어져 있으면 의궤의 전체 종 수를 파악하는 데 혼선을 가져올 수 있다.

의궤의 전체 종 수를 파악하는 데 있어서는 현재 의궤를 가장 많이 소장하고 있는 서울대 규장각한국학연구원의 소장 종 수부터 정확히 파악하고, 이를 기준으로 해서 다른 소장처에 있는 의궤 가운데 규장각에 없는 의궤가 어떤 것이며 그것의 완질 여부나 보유 건수를 파악하는 것이 바람직하다.

2002년에 서울대학교 규장각한국학연구원에서 펴낸 『규장각 소장 의궤 종합목록』에 따르면 당시까지 파악한 현전 의궤의 전체 종 수가 654종, 이 가운데 규장각 소장 의궤가 546종인 것으로 나타난다. 당시의 조사대로라면 규장각에 없는 의궤로 다른 소장처에서 소장하고 있는 의궤는 108종에 불과한 셈이고, 이 108종을 제외한 다른 소장 기관의 의궤는 모두 규장각에 같은 종류의 의궤가 있는 셈이다.

그런데 앞의 〈표 1〉에서 나타나듯이 최근의 조사에서는 규장각 소장 의궤의 종 수를 533종으로 파악하고 있어 당시와는 13종의 차이가 있다. 이 13종의 차이는 『선원보략수정의궤』라는 책자의 경우 동종의 의궤인데도 과거 조사 당시에는 책자의 내용 분량에 차이가 있어 각각 다른 종류로 잘못 파악하였기 때문이며, 조사 대상 책자가 그때와 지금에 차이가 있었던 것은 아니라고 한다.[11] 이런 경우는 착오로 인해 종 수를 잘못 파악한 경우라 할 수 있지만, 그렇다면 규장각 소장 의궤를 533종으로 파악한 것은 정확한 것일까?

의궤의 종 수를 파악함에 있어서 염두에 두어야 할 것은 어떤 경우

11 국립중앙박물관, 『조선왕조 의궤 현황과 전망』(2012).

를 동종 의궤로 볼 것인지의 기준을 정하는 일이다. 예컨대 도감의궤의 경우, 그 기록 내용은 도청과 각 방, 그 밖의 작업소별 기록 내용이 각각 수록된다. 그리고 의궤에 따라서는 이를 도청 의궤, 1방 의궤, 2방 의궤, 3방 의궤, 별공작 의궤 등으로 표시해 수록하는 경우가 많고, 그렇지 않더라도 대개 의궤는 도청의 업무에 관한 기록이 앞에 수록되고 뒤이어 각 작업소의 업무에 관한 기록이 차례로 수록되는 것이 일반적이다. 이들 세부적 내용이 '○○도감의궤'라는 책자 하나에 모두 수록되는 경우라면 한 종의 의궤로 파악해도 문제될 것이 없다. 그러나 내용적으로 도청 의궤, 1방 의궤, 별공작 의궤에 해당하는 것이 각각 별개의 책자로 나뉘어 만들어져 있을 경우는 이들을 각기 한 종의 의궤로 파악해야 하는지, 이들 전체 책자를 한 종으로 파악해야 하는지를 명확히 해야 한다.

예컨대, 현재 서울대학교 규장각에서는 광해군 2년(1610) 선조와 의인왕후를 종묘에 부묘할 때의 의궤로 『부묘도감1방의궤』, 『부묘도감2방의궤』, 『부묘도감3방의궤』의 세 책자를 소장하고 있고, 『규장각 소장 의궤 종합목록』에서는 이들 각각을 각각 한 종의 의궤로 파악하고 있다. 그런데 의궤의 종 수를 이런 식으로 파악해도 되는 것일까? 선조와 의인왕후 부묘 때 제작된 『부묘도감의궤』라는 책자는 원래 도청 의궤, 1방 의궤, 2방 의궤, 3방 의궤 등 여러 책으로 한 질의 책자가 구성되어 한 종의 책자로 제작되었던 것이나, 그중 일부가 망실되어 현재 1, 2, 3방의 의궤만이 남아 있는 것이다. 이는 앞서 언급한 『[철종]빈전혼전도감의궤』의 경우 같은 목록서에서 3책 1질의 1종 의궤로 파악한 경우와는 파악 방식이 다르게 된 것이다. 『[철종]빈전혼전도감의궤』의 경우 빈전혼전도감의 도청 의궤에 해당하는 것이 제1책이고, 제2책은 1방 의궤와 2방 의궤에, 제3책은 3방 의궤와 별공작 의궤에 해당하는 내용으로 이루어져 있으나 이들 세 책자를 합쳐서 1종의 의궤로 파악한 것인데, 이런 파악 방식이 올바른 것이라 할 것이다.

이처럼 완질이 남아 있지 않은 의궤의 경우라고 하더라도 일단 종수로는 1종으로 파악하고 그것의 완질 여부를 달리 표시하는 파악 방식이 강구되어야 한다고 본다. 필자의 견해로는 한 시기에 치러진 한 종류의 사업이나 행사와 관련해서 제작된 의궤라면 책 수가 몇 책으로 되어 있는지를 막론하고 모두 합쳐서 1종으로 파악해야만 전체 종 수 파악에 통일성을 기할 수 있다고 본다.

규장각 소장 의궤의 종 수와 규장각에 없는 타처 소장 의궤의 종 수를 파악하는 것이 중요한 것은 다음과 같은 이유에서이다. 규장각 소장 의궤의 경우 이 545종(〈표 2〉 참조)에 대해서는 '대표 건수'를 선정하여 이를 목록으로 제시하고 있고, 이 545종의 의궤에 대해서는 기본 정보, 상세 정보, 안내 정보와 함께 원문 이미지를 제공하고 있어 이 대표 건수 목록은 아주 유용하게 활용될 수 있다. 여기에 규장각에 없는 것으로 다른 기관에 소장된 의궤의 목록을 추가하기만 하면 현전하는 의궤 전체의 종류별 목록을 손쉽게 파악할 수 있는 것이다.

그리고 이렇게 해서 현전 의궤의 전체 종 수에 대한 목록이 확정되면 여기에 차후의 조사를 반영한다거나, 추후 같은 종인데 잘못 파악되었던 것을 바로잡는 일이 손쉬워질 수 있다. 이처럼 의궤의 종 수를 파악하거나 분류하는 방식을 제대로 표준화하여야 차후 필요에 따라 이를 달리 활용하는 경우에 대비할 수 있을 것이다. 그러므로 우선은 『규장각 소장 의궤 종합목록』을 중심으로 의궤의 현황을 살필 필요가 있고, 또한 이 목록서를 중심으로 의궤가 어떻게 분류되어야 하는지도 따져볼 필요가 있다.

2. 의궤의 분류

조선왕조의 의궤와 관련해서는 최근까지 연구 논문과 연구서, 교양서, 도록 등이 활발히 출판되고 있을 뿐만 아니라 의궤 자료에 대한 목록서, 해제, 영인서, 국역서의 간행도 활발히 간행되었다. 또한 다량의 의궤를 소장하고 있는 기관에서는 소장하고 있는 의궤에 대한 상세 정보와 함께 원문 이미지 등을 웹상에 제공하고 있어 자료 이용에 많은 도움을 주고 있다.

그런데 이들 소장 기관의 소장 의궤 목록이나 관련 인터넷 사이트에서 제공하는 의궤 목록 자료는 분류 방식이 서로 다르다. 이는 소장 기관마다 의궤의 성격을 서로 달리 이해하고 있다는 것인데, 그런데도 이것이 별문제가 되지 않은 채 오늘에 이르고 있다.

우선 국내외 의궤에 대한 종합적 목록을 제공하고 있는 『규장각 소장 의궤 종합목록』에서 의궤를 어떻게 분류하고 있는지 살펴보자. 이 목록서에는 '연대별 의궤 목록'과 함께 '분야별 의궤 목록'을 수록하고 있는데, 이 가운데 '분야별 의궤 목록'의 분류 내용과 해당 의궤의 종수를 헤아려서 표로 나타내면 다음과 같다.

〈표 2〉 현전 의궤의 분야별 종 수[12]

구분	세부 구분	전체	규장각 소장	타 기관(축식) 소장
길례	종묘, 영녕전, 사직, 악기	31	15	7 (9)
	진전	9	7	0 (2)
	대보단	2	2	0
	경모궁, 묘전, 단묘	35	8	2 (25)
흉례	국장	48	42	6
	산릉, 원소	98	69	29
	빈전(빈궁), 혼전(혼궁)	49	45	4
	부묘(부궁)	35	32	3
가례	가례	22	21	1
	책봉, 책례, 관례	31	29	2
	조회, 대례	2	2	0
	진연, 진찬, 진작, 화성 행사	17	15	2
빈례	사신 영접	16	16	0
군례	화기도감의궤, 대사례의궤	2	2	0
기타	선원보략 수정	106	100	6
	존호, 상호, 존숭, 추숭	69	66	3
	궁궐 영건	16	11	5
	공신녹훈	7	5	2
	실록 찬수, 수정	16	15	1
	출판	5	5	0
	시호, 묘호	9	9	0
	영정, 어진	11	10	1
	친경, 친잠	4	4	0
	화성 성역	2	1	1
	태실	9	9	0
	금보, 옥인, 보인	3	3	0
	기타 의궤	4	2	2
계		658	545	77 (36)

『규장각 소장 의궤 종합목록』의 이러한 분류는 '5례'를 기준으로 한 것이다. 그런데 5례를 기준으로 분류한 결과, 5례의 어느 경우에도 속하지 않는 의궤가 전체 658종 가운데 261종이나 되어 지나치게 많다. 이처럼 분류 기준에 들지 못하는 의궤가 지나치게 많다는 것에서도 의궤를 5례에 따라 분류하는 것이 타당치 않음을 알 수 있다. 이러한 분류 방식이 문제가 있다는 것은 일찍이 제기되기도 하였지만, 그보다도 5례에 속하는 의궤로 분류된 것마저도 실제로는 제대로 합당하게 분류되지 못하였음을 지적하고자 한다.

예컨대 이 목록서에는 〈표 2〉에 나타나듯이 길례의 '종묘, 영녕전, 사직, 악기'에 속하는 의궤로 모두 31종의 의궤가 등재되어 있는데, 이들 의궤는 거의 모두가 길례, 즉 제례 행사의 거행과는 직접적인 관계가 없는 것이다. 이들 의궤는 1) 종묘, 영녕전 건물의 개수나 증수에 관한 것이거나, 2) 종묘, 사직 등에서 사용하는 의례용 기물의 조성에 관한 것이거나, 3) 종묘서와 사직서와 같은 제례 담당 관서의 기관지(機關誌) 성격의 책자이거나, 4) 종묘, 사직의 제사 때의 축문식을 기록한 책자이다. 즉, 이 의궤의 제작과 관련되어 이루어진 사업 내용은 특정 시기의 제례 행사와는 아무런 관계가 없고, 종묘 등의 건축물을 '수리'한다거나, 어떤 의례용 기물을 '조성'한 사업 내역에 대한 것이다. 이를 제외한 나머지 의궤 또한 종묘서나 사직서와 같은 제례 담당 기관의 기관지 성격의 책자로 편찬된 것이거나, 종묘 사직의 제사 때 쓰는 축문

12 〈표 2〉는 『규장각 소장 의궤 종합목록』에 등재된 것을 필자가 하나하나 확인한 것으로 이 목록서에 수록된 규장각 소장 의궤에 대한 한영우의 해제(20쪽)에서 밝힌 숫자와는 약간 차이가 있다.

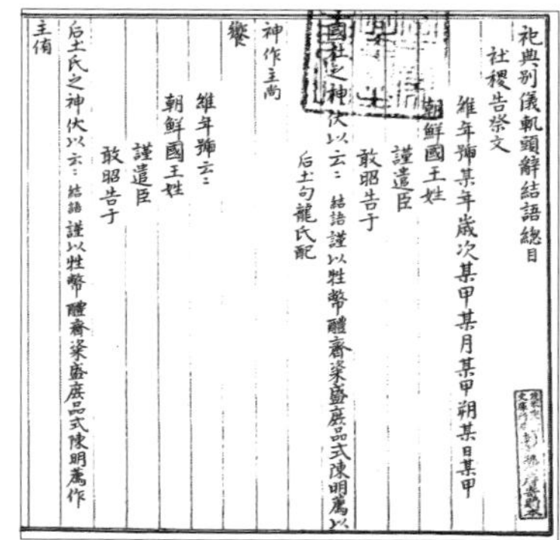

『사전별의궤』(1643). 제사 때 쓰는 제문이나 축문을 수록한 것도 표지에 '○○○의궤'라고 되어 있는 것이 있는데 이런 종류의 책자는 한국학중앙연구원 장서각에서만 수십 종이 보인다.(한국학중앙연구원 장서각 소장)

식 같은 것을 단순히 기록한 책자(주로 일제 때 이왕직에서 만듦)로서, 어느 특정한 시기에 실제로 행하였던 제례 행사에 관해 기록한 것은 아니다. 이 밖에도 분류상 길례로 분류된 진전이나 경모궁, 묘전, 단묘에 관한 의궤도 주로 이들 건축물의 영건이나 개수에 관한 것이지 어느 시기 이곳에서 행해진 제례 행사에 관한 기록은 보이지 않는다.

이처럼 『규장각 소장 의궤 종합목록』의 길례 분야 의궤를 살펴볼 때, 길례에 속하는 것으로 분류된 77종의 의궤는 대부분 제례 행사와는 직접적인 관계가 없고, 제례를 행하는 묘우나 제단과 같은 건조물의 영건이나 수리와 관련된 것이거나, 아니면 이들 제향처에서 제사 때 행하는 축문이나 제문을 기록한 것이다. 따라서 현존하는 의궤 가운데는 실제의 제례 행사와 관련된 행사 기록물로서의 의궤는 거의 전무하다고 할 수가 있어, 5례를 기준으로 의궤를 분류하는 방식은 타당치가 않다.

규장각 다음으로 많은 의궤를 소장하고 있는 한국학중앙연구원 장서각에서는 소장 의궤 총 331종 505책의 의궤를 크게 7가지로 분류하였다.[13] 이에 따르면 '왕실 전례'에 관한 의궤가 234종, '국가 전례'에 관한 의궤가 14종이며, 나머지는 건축 의궤 26종, 찬수 의궤 44종, 영정 의궤 4종, 영접 의궤 1종, 기타 9종으로 나타난다. 이러한 분류 방식 또한 '의궤=의례와 관련이 있는 기록물'이라는 관점이 작용된 것으로 분류 기준이 잘못되었다. 전례(典禮)에 관한 의궤를 '왕실 전례'와 '국가 전례'로 나눔에 있어서도 그 기준이 무엇인지 분명하지 않고, 왕실 전례와 국가 전례의 어느 곳에도 속하지 않은 나머지 의궤는 어떤 기준에서 각각 별도의 의궤로 분류되었는지도 명확하지 않다.

이처럼 다량의 의궤를 소장하고 있는 두 기관 가운데 한 기관에서는 의궤를 '5례'를 기준으로 분류하고, 또 다른 한 기관에서는 의궤를 왕실 전례와 국가 전례 등으로 분류하고 있음을 볼 수 있다. 이 가운데 5례를 기준으로 의궤를 분류하는 방식이 의궤에 대한 조사와 연구에 큰 영향을 끼쳤다고 할 수 있다. 5례를 기준으로 한 의궤 분류법은 『규장각 소장 의궤 종합목록』의 정리 방향을 정하는 것이었고, 이로써 소장 의궤에 대한 후속적인 해제 작업이나 관련 연구 사업에도 큰 영향을 끼쳤기 때문이다.

5례를 기준으로 하는 의궤 분류 방법이 문제가 있다고 보아 의궤를 '왕실의 일생'과 '왕실의 활동'이라는 범주로 나누어 분류해야 한다는

13 『장서각 소장 의궤 목록』에는 장서각에 소장된 의궤의 총수를 계산함에 있어서 이 목록서의 일러두기에는 총 331종(505책)의 의궤를 대상으로 하였다고 하였는데, 이 목록서에 실제로 등재된 의궤는 332종이다.

견해가 있다.[14] 이는 현재 규장각 인터넷 사이트에서 제공하는 규장각 소장 의궤의 분류 방식으로 일부 수용되고 있기도 한데 이를 나타내면 다음 〈표 3〉과 같다.

〈표 3〉 왕실 행사를 기준으로 한 의궤의 분류

구분	해당 의궤
왕실의 일생에 관한 의궤	출생에 관한 기록과 태실 의궤 / 왕세자의 책봉과 성인 의식 / 왕실의 즉위식과 대례 의례 / 왕실의 혼례식과 가례도감의궤 / 왕실의 사망·장례와 관련 의궤 / 왕실의 존숭·추숭 관련 의궤
왕실의 활동에 관한 의궤	왕실의 잔치 관련 의궤 / 왕실의 제사 / 외국 사신의 영접 / 기록물의 편찬 / 어진의 제작 / 성곽·궁궐의 영건
기타 의궤	공신의 녹훈 / 왕실 보인의 제작 / 화기의 제작 / 제기와 악기의 조성 / 노비의 추쇄 / 국왕과 왕비의 친경·친잠 행사 / 대사례 행사 의궤

이 분류법은 의궤를 '왕실'과 관련이 있는 책자로 파악한 것으로 의궤를 의례를 기준으로 파악한 것과는 분류 기준이 다르다. 그런데 '왕실의 일생'에 관한 의궤라는 것은 그렇다고 하더라도 '왕실의 활동'에 관한 의궤라는 것은 활동 주체가 '왕실'이어야 하는데 그렇게 볼 수 있는지가 의문이다. 의궤는 물론 왕실과 관련이 있는 책자라고 할 수 있지만, 그렇다고 의궤와 왕실과의 관련성을 이런 방식으로 관련짓는 것은 의궤의 성격을 지나치게 도식적으로 이해한 것이다. 이러한 분류 방

14 신병주, 「조선 왕실 의궤 분류의 현황과 개선 방안」, 『조선시대사학보』 57, 2011, 248쪽.

식 또한 의궤 제작의 배경이 되는 사업이나 행사의 성격을 고려하지 않은 견해이다.

그렇다면 의궤는 어떻게 분류해야 하는 것일까? 의궤는 의궤 제작의 배경이 된 행사나 사업의 성격에 따라 분류되어야 한다고 본다. 앞의 〈표 2〉을 가지고 의궤 제작의 배경이 된 행사나 사업의 내용을 하나하나 표시해보면 다음과 같다.

●선원보략 수정(106) → 서적의 출판 ●산릉 · 원소(98) → 건축물의 영건 ●존호 · 상호 · 존숭 · 추숭(69) → 통과의례성 행사 ●빈전 · 혼전(49) → 통과의례성 행사 ●국장(48) → 통과의례성 행사 ●부묘(35) → 통과의례성 행사 ●경모궁 · 묘전 · 단묘(35) → 건축물의 영건 ●책봉 · 책례 · 관례(31) → 통과의례성 행사 ●종묘 · 영녕전 · 사직 · 악기(31) → 건축물의 영건, 의기의 조성 ●가례(22) → 통과의례성 행사 ●진연 · 진찬 · 진작 · 화성 행차(17) → 특별 행사 ●실록 찬수(16) → 서적 출판 ●사신 영접(16) → 특별 행사 ●궁궐 영건(16) → 건축물의 영건 ●영정 · 어진(11) → 의기의 조성 ●태실(9) → 건축물의 영건 ●진전(9) → 건축물의 영건 ●시호 · 묘호(9) → 통과의례성 행사 ●공신녹훈(7) → 특별 행사 ●출판(5) → 서적 출판 ●친경 · 친잠(4) → 특별 행사 ●기타(4) → 특별 행사 · 통과의례성 행사 ●금보 · 옥인 · 보인(3) → 의기의 조성 ●화성 성역(2) → 영건 ●조회 · 대례(2) → 특별 행사 ●대보단(2) → 영건 혹은 특별 행사 ●군례(2) → 특별 행사, 기물 조성

이상은 조선왕조의 의궤가 거의 '서적의 출판', '건축물의 영건', '의기의 조성', '통과의례성 행사', '특별 행사'의 다섯 가지 범주 사업 혹은 행사와 관련해서 제작된 책자로 분류될 수 있음을 보여주는 것이다. 이 가운데 제작 빈도 면에서 압도적 다수를 차지하는 의궤는 왕실의 통과의례성 행사에 관한 의궤이다. 다음으로는 왕과 왕실의 현양에 관계되는 서적류의 편찬에 관한 의궤, 왕실의 권위에 관계되는 건축물의 영건에 관한 의궤, 특별 행사에 관한 의궤, 의례용 기물 조성에 관한 의궤의 순이다.

『종묘의궤』(1706). 종조(宗廟)의 연혁과 제도, 각종 의식의 절차, 관련 행사 등에 대해 기록한 책자로 종묘서에서 편찬한 것이다. 이런 종류의 책자는 특정 시기의 종묘 제례 행사와 관련되어 제작된 의궤가 아니다.(서울대 규장각한국학연구원 소장)

현존하는 의궤 중에는 이 다섯 가지 범주에 포함될 수 없으면서도 책자명이 의궤로 표시되어 있는 것도 있다. 이런 종류의 의궤로는 각종 제례의 축문이나 제문을 기록한 책자가 그 한 부류로서 대다수를 차지한다. 이 밖에 『종묘의궤』나 『사직서의궤』와 같이 국가 제례를 담당하는 관서의 업무 사례집 성격의 책자를 의궤로 지칭한 경우도 위의 다섯 가지 범주에 포함하기는 곤란하다. 이들 책자를 제외하면 의궤는 제작 배경이 되는 행사나 사업의 성격을 기준으로 분류할 경우 이상 다섯 유형으로 분류될 수 있으며 이에 해당하는 의궤는 다음 〈표 4〉와 같다.

〈표 4〉 의궤 제작의 배경(행사나 사업의 종류)에 따른 의궤의 분류

구분	해당 의궤
통과의례성 행사	가례 / 관례 / 책례 / 즉위 의례 / 국장(예장) / 빈전 · 혼전 / 부묘(부궁) / 존숭과 추숭
특별 행사	연회 / 영접 / 녹훈 / 기타(친경, 친잠, 행행, 대사례)
서적 편찬 사업	선원록 / 실록 / 기타(국조보감, 국조어첩, 열성어제, 열성지장, 삼강행실, 천의소감)
건축물 영건 사업	태실 / 궁전 / 능원묘 / 단묘 / 진전
의기 조성 사업	어진 / 악기 / 제기 / 위판 / 책보

3장

조선 시대의 의궤 제작

1. 선초 『실록』의 의궤에 관한 기록

조선왕조의 의궤는 왕실과 관련된 특별한 국가적 행사나 사업, 이를테면 통과의례적 행사나 건축물의 영건, 서적의 출판이나 의기의 조성, 그 밖의 특별한 행사나 사업을 치른 뒤에 제작되었음을 알 수 있다. 그러면 조선왕조에서 이런 종류의 행사나 사업을 치른 뒤 의궤가 만들어지게 되는 것은 언제부터일까? 현재 남아 있는 조선왕조의 의궤는 모두가 임진왜란 이후에 제작된 것이다. 그렇다면 의궤는 조선 후기에 이르러서야 만들어지게 된 것일까?

의궤로 일컬어지는 기록물은 조선 건국 초기부터 있었고, 이를 알려주는 기록은 『실록』의 도처에 보인다. 그렇지만 조선왕조 초기 『실록』에 언급되고 있는 의궤라는 기록물이 현전하고 있는 조선 후기의 의궤와 같은 성격의 책자였는지는 따져봐야 한다.

현전하는 의궤는 대개 도감과 같은 임시 기구가 국가적 행사나 사업을 관장하여 행사를 마친 뒤 제작한 것이다. 그러므로 의궤는 행사에 앞서 준비한 '행사 계획서'나 '행사 절차에 관한 규정'이 아니라 행사를 마친 뒤에 제작된 '행사 후 보고서'라고 하게 되는 것이다. 이러한 보고서의 제작을 위해 의궤청이 설치되어 왕과 여러 기관에 보낼 용도로 여러 건의 책자가 만들어졌던 것이다. 같은 종류의 의궤가 여러 건 오늘날까지 남게 된 것은 이런 까닭에서이다. 그러므로 의궤에 관한 기록을 살필 때에는 '행사 후 보고서' 성격의 책자를 '여러 건' 제작하게 되는 관행이 어느 시기부터 나타나는지를 주목해서 살필 필요가 있다.

『조선왕조실록』에서 의궤에 대해 언급된 가장 이른 시기의 기록은 종묘에 앵두를 천신(薦新, 계절마다 새로 난 과실이나 곡물을 먼저 신위에 올리는 일)하는 것과 관련해 『태종실록』에 보이는 다음의 기록이다.

> 종묘에 앵두를 천신하는 것이 의궤에 실려 있기로는 반드시 5월 초하루와 보름 때의 제사에 겸하여 행하도록 되어 있다. 만약 초하루 제사 때 앵두가 미처 익지 않으면 보름의 제사를 기다려서 겸하여 행하게 되어 있으니, 참으로 고루하고 편협하며 인정에도 부합되지 않는다. 앵두가 잘 익는 때는 바로 단오이니, 이제부터는 앵두를 수확하는 날짜에 따라 천신하도록 하고, 초하루나 보름에 구애받지 말도록 하라.[15]

여기서 종묘에 앵두를 천신하는 것에 관한 내용이 실려 있다는 의궤가 어떤 종류의 책자인지 알 수 없지만, 적어도 그것이 어느 시기에 행해졌던 행사나 사업에 대해 기록한 보고서 성격의 책자로 보기는 어렵다. 현전하는 의궤 가운데는 종묘 제례 행사에 대한 의궤가 제작된 경

15 『태종실록(太宗實錄)』 21권, 태종 11년 5월 11일 신미(辛未).

우를 찾을 수가 없기도 하지만, 그 행사 내역을 책자로 남길 만한 행사가 있다면 종묘대제 정도의 행사를 생각해볼 수는 있다. 그러나 종묘대제 때의 행사에는 '앵두를 천신하는' 의식이 있을 수가 없다. 천신이란 계절에 따라 새로 나오는 신물(新物)을 종묘의 여러 신위에게 올리는 비교적 간략한 의식으로 종묘대제와는 아무 관계가 없다. 종묘에 천신하는 의례는 종묘서령이 그 소속 인원을 거느리고 종묘 묘실의 문을 열어 소제를 한 뒤 신물을 바칠 때 행하는 의례로 연중 12차례에 걸쳐 행하도록 되어 있었다.[16] 그러므로 여기서 말하는 의궤는, 종묘 천신에 관한 규정을 의미하거나 그러한 규정에 대해 기록하고 있는 책자를 지칭하는 것으로 볼 수밖에 없다.

이상은 의궤라는 용어가 '행사 후에 제작된 책자'가 아닌 경우에 사용된 용례를 보여주는 것이다. 비단 이 한 사례만이 아니라 이 밖에 조선왕조 초기 『실록』의 여기저기에 보이는 의궤라는 용어가 행사 후 보고서라는 의미로 분명히 사용된 경우를 찾기는 쉽지 않다. 조선 초기 『실록』에 보이는 의궤라는 용어는 대개가 '의례에 관한 법식'을 뜻하거나, '의례의 법식에 관해 기록한 책자'라는 의미로 쓰인 경우가 대부분이다.

의례를 행할 때의 세부적인 절차를 뜻하는 '의주(儀註)'를 의궤로 지칭한 사례도 이러한 경우에 해당한다. 의주라는 것도 의례상의 법식의 하나이기 때문이다. 『중종실록』에는, 명나라 사신의 접대에 대비해 의궤를 제작하도록 한 다음과 같은 기록도 있다.

16 『국조오례의(國朝五禮儀)』 권1, 길례(吉禮), 천신종묘의(薦新宗廟儀).

> 사신을 접대하는 일은 전에 내가 보기는 하였으나 세월이 오래되었으므로 잊었고, 세자는 더욱이 알지 못하니, 담당 관서로 하여금 빨리 의궤(儀軌) 두 건을 만들게 하되, 하나는 대궐 안에 들이고 하나는 세자궁에 들여 미리 그 예를 알게 하는 것이 마땅할 듯하다.[17]

여기서 말하는 의궤는 명나라 사신을 접대하는 행사에 앞서 만든 것이므로, 행사가 끝난 뒤에 의궤청 같은 곳에서 만든 책자는 아니며, 중국 사신을 접대할 때의 의례상의 세부 절차, 즉 의주를 지칭한 것이다.[18] 이처럼 의례 절차를 미리 익히기 위하여 담당 관서에서 행사에 앞서 미리 만들어 들이는 의주를 의궤로 지칭한 경우는 이 밖에도 『실록』의 여기저기에 보인다.

반면 조선 초기에도 의례와 관련이 없는 국가적 행사나 사업과 관련되어 의궤가 제작된 경우도 있다. 『성종실록』에는 조선 건국 초 경복궁의 조성 사업과 관련된 책자로 '경복궁조성의궤'라는 것에 대한 언급이 보인다.[19] 경복궁을 영건하는 일은 의례와는 그다지 관련이 없는 사업이다. 경복궁은 새 왕조 조선의 정궁으로 지어진 것인 만큼 '경복궁영건의궤'는 경복궁을 영건할 때의 관련 기록물임은 분명하다. 이로써

17 『중종실록(中宗實錄)』 83권, 중종 31년 12월 4일 을유(乙酉).

18 한영우, 『조선왕조 의궤』 39쪽에는 이와 관련하여, "의궤는 원래 사전에 편찬하여 이를 참고하면서 행사를 진행하고, 행사가 끝난 뒤에 이를 수정 보완하여 한층 완벽한 의궤를 만드는 것이 관행이었다."라는 견해를 피력하였는데, 조선 전기에는 의주를 의궤로 지칭하는 사례가 있었음을 살피지 못한 잘못된 견해이다.

19 『성종실록(成宗實錄)』 172권, 성종 15년 11월 4일 정해(丁亥).

조선왕조 초기에도 의례와는 관련이 없는 국가적 사업이나 행사에 대한 기록물을 또한 의궤로 지칭하였음을 알 수 있고, 실제 그러한 책자가 있었던 사실을 알 수 있다.

한편 조선 초기에는 의궤라는 용어가 『국조오례의』와 같은 예전상의 규정과 비교되어 의주와는 다른 의미로 사용되기도 하였다. 예컨대 『중종실록』에 보이는 다음과 같은 기록이 그러하다.

> 의주(儀註)에는 '졸곡 후의 갓은 백립(白笠)을 쓴다'라고 했으나 성종의 전교에 따라 정희왕후의 상에 처음 흑립(黑笠)을 썼고 그 후 이를 근거로 의궤를 만들었기 때문에 지금도 이 의궤를 따랐으나 조정 의논이 의주를 따르지 않는 것은 옳지 않다고 합니다. 의주와 의궤 중 어느 것을 준행할 것인지 대신에게 의논함이 어떻겠습니까?[20]

여기서 보면 『국조오례의』와 같은 국가 예전에 규정된 의례상의 절차를 의주라 하였고, 이와는 달리 실제 행사 때의 규범이나 법식은 의궤라고 하였음을 알 수 있다.

한편 현전하는 의궤를 통해서 보면 의궤는 사업이나 행사를 마친 뒤 국왕과 여러 유관 관서에 보낼 목적으로 다수의 의궤를 제작하였음을 알 수 있다. 그러므로 어느 때부터 행사 후 여러 벌의 의궤를 만들어 유관 관서나 사고에 보내게 되었는지를 살펴볼 필요가 있다.

조선 초기 기록에서 한 종류의 행사를 두고 여러 벌의 의궤를 제작

20 『중종실록』 105권, 중종 39년 12월 30일 갑오(甲午).

했는지 여부를 알려주는 기록은 좀처럼 찾을 수 없다. 다만 세종 7년(1425)에 의례상정소(儀禮詳定所)에서 태종과 태종비 원경왕후의 상장 의궤를 각기 3벌 만들어 이를 예조와 충주 사고, 궁 안의 가각고(架閣庫)에 나누어 보관케 한 기록이 보인다.[21] 그런데 태종비 원경왕후의 죽음은 세종 2년(1420)이었고, 태종의 죽음은 세종 4년(1422)이었으므로 세종 7년이면 왕과 왕후의 장례 후 상당한 시간이 경과한 뒤이다. 그러므로 이때 만들어진 상장 의궤는 행사 직후 보고 용도로 제작하였던 조선 후기의 의궤와는 다르다고 할 것이다. 실제로 이때의 상장 의궤는 제작처가 의례상정소로 나타나, 도감의 업무를 종료하면서 의궤청 같은 곳이 설치되어 만들어진 의궤와는 다르기도 하다.

조선 초기에는 왕과 왕비의 상장 의례는 많은 시행착오를 거쳤다. 세종 때에 태종이 죽자 세종은 태종과 그보다 앞서 죽은 태종비 원경왕후의 상장 때 의례를 기준으로 왕과 왕비의 상장 의례에 관한 일정한 법식을 마련하고자 하였다. 그러한 작업을 의례상정소가 수행하여 이때에 이르러 완성하였던 것이다. 그러므로 이때 만들었던 상장 의궤는 그야말로 왕과 왕비의 상장 의례에 관한 궤범을 만들었던 사실을 말하는 것이라 하겠으나, 어쨌든 의궤로 지칭하는 책자를 3벌 만들어 이를 몇 곳에 보관했던 사실만은 확인된다.[22]

21 『세종실록』 30권, 세종 7년 11월 24일 기미(己未).

22 한영우, 앞의 책, 40쪽에서는 이 기사와 관련하여, "의궤를 여러 벌 편찬하여 서울과 지방에 분산 보관하는 관례가 이때부터 시작되었다."라고 하였다. 그러나 당시 3벌 제작되었던 의궤는 '의례상정소'에서 여러 시기의 상장 행사 때의 것을 참작 비교하여 국상 시 상장 의례에 관한 규범을 만든 것이므로, 이는 도감과 같은 권설(權設) 기

이처럼 조선 전기 『실록』에서 행사 후 보고서 성격의 기록물인 의궤의 제작 사실을 알려주는 분명한 기록은 좀처럼 찾아지지 않는다. 그렇다면 임란 이전의 의궤는 모두 왜란을 거치면서 망실되었다는 기록은 어떻게 이해해야 하는 것일까?

왜란으로 인해 의궤가 모두 망실되었다는 기록으로는, 임진왜란이 있은 다음 해인 선조 26년(1593)의 기록에, 예조에서 "난리를 겪은 뒤로 본조 삼사(三司)의 의궤가 남김없이 유실되어 비록 예사로운 항식(恒式)이라도 빙고할 데가 없다."라고 한 기록을 들 수 있다.[23] 그런데 여기서 말하는 삼사는 예조의 속사인 계제사(稽制司)와 전객사(典客司), 전향사(典享司)를 일컫는 것이다. 이들 삼사는 의례와 관련된 업무를 담당하는 기구이므로 여기서 말하는 의궤는 이들 삼사에서 보관했던 의례에 관한 사례집 성격의 책자일 수가 있는 것이다. 그러므로 이들 삼사에 보관되었다는 의궤 또한 도감과 같은 곳에서 행사 후 보고 목적으로 제작된 의궤와는 다른 것일 수 있다고 본다. 다만 의궤로 지칭되는 책자는 임란 이전부터 있었고, 이들 책자가 임란을 거치면서 모두 망실되었던 사실을 알려준다고 하겠다.

한편 현전하는 의궤는 대부분 '○○도감의궤'라는 책자 이름을 하고 있듯이 각종 도감에서 관장했던 사업 내역을 기록한 것이다. 그런데 도감은 비단 조선 후기에만 설치되었던 것은 아니고 조선 시대 전 시기를 통해 설치되었고 또한 고려왕조 때에도 수많은 도감이 설치되었다. 물

구에서 관장했던 사업을 끝낸 뒤 의궤청을 설치해 제작한 의궤와는 다른 것이다.

23 『선조실록』 권43 선조 26년 10월 4일 갑신(甲申).

론 도감이 고려왕조에 이어 조선 전기에 설치되었다고 해서 의궤와 같은 기록물이 일찍부터 제작되었다고는 할 수 없다. 그러므로 도감 제도와 관련해서 조선 전기의 도감의궤 제작 여부를 살펴볼 필요가 있다.

『실록』을 통해서 살펴볼 때 조선 초기에 '가례도감'의 존재는 확인되지만 '가례도감의궤'의 존재는 확인되지 않는다. 건축물의 영건과 관련해서 설치된 '영건도감(營建都監)'의 존재는 조선 초기에도 확인되지만 '영건도감의궤'의 존재는 확인되지 않으며, 대신에 '영건의궤'의 존재가 확인될 뿐이다. 그러나 당시의 '영건의궤'가 '영건도감의궤'와 같은 성격의 책자인지는 알 수 없다.

조선 초기에도 국왕과 왕비가 죽으면 상장 의례와 관련되어 빈전도감, 산릉도감, 국장도감이 설치되었다. 그런데 조선 초기에 '빈전도감의궤'나 '산릉도감의궤', '국장도감의궤'와 같은 도감의궤의 제작 여부는 확인되지 않는 반면에 '상장의궤'의 제작에 관한 기사는 여기저기에 보인다. 그리고 이때의 '상장의궤'는 앞서도 언급했듯이 도감이 아닌 의례상정소라는 기구에서 만든 것이다.[24] 이 경우 의례상정소에서 만든 상장 의궤는, 행사를 직접 관장한 도감에서 행사를 마친 뒤 행사 내역을 밝힐 목적으로 제작한 의궤와는 다르다고 할 것이다.

24 『세종실록』, 30권, 세종 7년 11월 24일 기미(己未).

2. 의궤의 제작과 분상(分上)

조선왕조에서 '행사 직후'에 행사 보고서 성격의 책자를 여러 건 제작하게 되었던 시작 시점을 밝혀내는 것은 용이하지 않다. 그러므로 현전하는 의궤 중에서 제작 시기가 오래된 것부터 차례로 의궤 제작에 관한 사실을 살펴볼 필요가 있다.

현전하는 의궤 가운데 가장 오래된 것은 규장각에서 소장하고 있는 선조 34년(1601)에 제작된 선조비 의인왕후 국장 때의 『빈전혼전도감의궤(殯殿魂殿都監儀軌)』와 『산릉도감의궤(山陵都監儀軌)』의 두 종류 의궤와 현재 경상남도 사천시청에 보관 중인 『세종태실석난간수개의궤(世宗大王胎室石欄干修改儀軌)』(1601)이다.

『[의인왕후]빈전혼전도감의궤』는 책의 앞쪽과 뒤쪽 모두에 일부 낙장이 있기는 하지만 도감사목(都監事目)에 관한 기록이 있고, 이어서 빈전과 혼전에서 행하는 각종 의식에 관한 내용, 혼전의 조성에 필요한 각종 물품에 관한 기록이 있으며, 뒤이어 도감의 업무 수행 과정에서 수발한 각종 공문서 기록이 차례로 수록되어 있다. 이러한 기록 내용이나 기록 형식은 왕비가 죽었을 때 제작된 그 이후 시기의 빈전혼전도감의궤와 다를 바가 없는 것이다.

『[의인왕후]산릉도감의궤』의 경우도 앞쪽에는 산릉 조성과 관련하여 도감과 예조 등에서 올린 계사와 국왕의 전교가 함께 수록되어 있고, 그 밖에 도감에서 업무상 여러 관서와 주고받은 문서, 하부 기관에 발송한 문서 내용이 차례로 수록되어 있다. 그 밖에 실무를 분담한 각소(各所)의 업무 내역에 관한 기록, 도감의 업무를 마친 뒤 의궤 제작에 관한 기록, 상격(賞格)에 관한 기록이 차례로 수록되어 있다. 이 또한 그 이후 시기의 산릉도감의궤와 기록 형식이 다르지 않다.

선조비 의인왕후의 장례와 관련해서는 당시 산릉 공사를 할 때 병조에서, "각 해의 의궤가 남김없이 유실되어 그 역군의 많고 적음을 상고할 데가 없다."라는 기록이 남아 있기도 하다.[25] 그런데 이때 병조에서 말하는 망실되었다는 의궤는 과거에 병조에서 보관하였던 의궤이고 이를 '산릉의궤'라고 하였다. 여기서 말하는 산릉의궤가 산릉도감의궤와 같은 것인지 의문이다. 현전하는 산릉도감의궤의 경우 대개 분상처가 춘추관, 의정부, 예조와 지방 사고 가운데 한두 곳 정도이고 병조에 분상되는 경우는 보이지 않는다. 그러므로 병조에서 보관하다가 망실한 의궤란 여러 해의 산릉 공사 때 병조의 업무와 관련된 기록물을 말하는 것으로 보이며 이 또한 의궤로 지칭하였던 사실을 알려준다.

의인왕후의 상장례와 관련되는 두 의궤와 거의 같은 시기에 제작된 의궤로는 현재 경남 사천시청에 보관 중인 『세종태실석난간수개의궤』가 있다. 이 의궤는 임진왜란을 겪는 과정에서 세종의 태실이 파괴

25 『선조실록(宣祖實錄)』 권127, 선조 33년 7월 1일 임인(壬寅).

되어 태실의 석난간 등을 수개하게 된 경위와 공사 내역을 기록한 것으로 이 의궤의 본문 제1면은 '만력 29년(1601년) 3월'이란 기록으로 시작하고 있다. 이 의궤는 기록 내용이 13면에 불과하지만, 태실 석난간의 수개와 관련해서 왕래한 몇몇 공문서 기록을 비롯해서, 공사의 진행 과정과 공사 내역, 관련 행사 의식 등을 비교적 충실히 기록하고 있어 '행사 후 보고서'로서의 책자 모습을 갖추고 있다. 그리고 이는 그 이후 시기에 제작된 다른 태실 관련 의궤와 비교했을 때 별다른 차이가 없다.

조선 후기에 제작된 의궤의 경우, 기록 형식이나 의궤 제작 건수에 있어서 시기에 따른 차이는 그다지 뚜렷하지 않다. 우선 의궤의 제작 건수는 대체로 전 시기와 비슷하다. 이를 여러 시기에 제작된 부묘도감 의궤의 경우를 통하여 살펴보자.

현전하는 부묘도감의궤 가운데 가장 오래된 것은 1610년 선조 부묘 때의 의궤로 당시의 의궤는 『부묘도감1방의궤』, 『부묘도감2방의궤』, 『부묘도감3방의궤』가 각각 1책으로 제작되었다. 이때의 부묘도감의궤는 '부묘도감도청의궤'에 해당하는 책자가 남아 있지 않아 의궤 제작에 관한 내용을 알 수가 없으나, 당시의 부묘도감의궤도 도청과 각 방별로 각각 담당 업무를 구분해서 기록하였음을 알 수 있다.

선조의 부묘에 뒤이은 것으로는 1651년(효종 2) 인조와 인조비 인열왕후 부묘 때의 의궤로 여기에는 분상처가 적혀 있다. 이 의궤에 수록된 의궤 제작에 관한 기록을 보면, 어람 1건과 각처 분상 8건을 합쳐 총 9건의 의궤를 제작했던 사실이 나타난다. 분상처로는 의정부, 예조, 춘추관, 강화부, 태백산, 오대산, 묘향산, 종묘서의 여덟 곳이다. 이때는 의

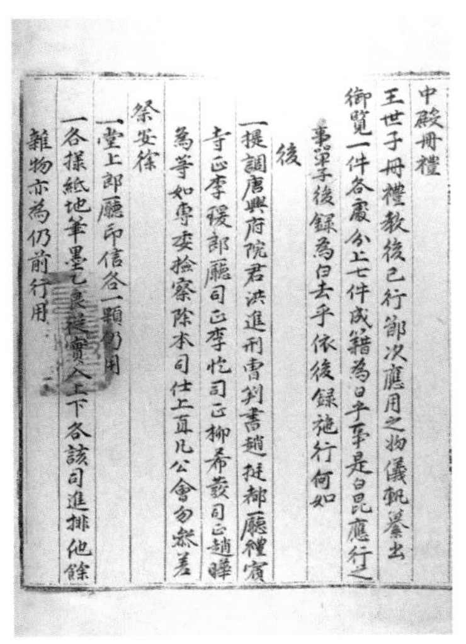

中殿冊禮
王世子冊禮教後已行節次應用之物儀軌纂出
御覽一件各處分上七件成籍為白乎事是白昆應行之
事草字後錄為白去乎依後錄施行何如
後
一提調唐興府院君洪進刑曹判書趙挺都廳禮賓
寺正李瑗郎廳司正李忭司正柳希䕫司正趙曄
為等如啓要捡察除本司仕上直凡公會勿然差
祭安徐
一堂上郎廳印信各一顆仍用
一各樣紙地筆墨已良從實入上下各該司進排他餘
雜物亦為仍前行用

『[의인왕후]상존호…왕세자책례관례시책례도감의궤(冊禮都監儀軌)』(1610)에 수록된 의궤사목에 관한 기록(서울대 규장각한국학연구원 소장)

궤를 제작하는 곳을 '의궤청'이라 이름하지 않고 '의궤성적처소(儀軌成籍處所)'라고 불렀다.[26]

의궤 제작을 담당하는 곳을 '의궤성적처소'라고 하는 경우는 이보다 앞선 시기인 『의인왕후상존호…왕세자책례관례시책례도감의궤(懿仁王后上尊號…王世子冊禮冠禮時冊禮都監儀軌)』(1610)에도 보인다. 그러다가 그 뒤 1661년 효종 부묘 때에 이르러 의궤를 제작하기 위해 설치된 기구를 '의궤청'으로 호칭하기 시작하였다. 의궤를 제작하는 곳을 의궤성적처소라고 하는 경우 의궤 제작에 따른 책임 소재가 도감 도청에 있었다고 하겠으나, 의궤청이 설치되면서부터는 의궤 제작에 따른 책임은 의궤청이 지게 되었다고 할 수 있다.

1610년에 제작된 것에서부터 300년 뒤인 1906년 헌종 계비 효정왕후의 부묘에 이르기까지 부묘도감의궤는 30여 시기의 30종이 남아 있는데 이들 의궤의 분상처는 대체로 어람용, 의정부, 예조, 종묘서, 춘추관과 4대 사고의 9곳 내외이다. 이는 300년의 세월이 흐르면서도 의궤의 경우 분상 건수나 분상처가 대동소이함을 보여준다.

26 『인조인렬왕후부묘도감의궤(仁祖仁烈王后祔廟都監儀軌)』, 도청의궤(都廳儀軌), 110면.

부묘도감의궤는 비교적 많은 건수가 제작된 편이나 의궤는 대부분 앞 시기에 4~5건 정도 제작되다가 이후 시기로 가면 5~6건 정도가 제작되는 것이 일반적이었다. 이러한 사례로는 영건도감의궤, 국장도감의궤, 산릉도감의궤, 원소도감(園所都監)의궤, 가례도감의궤 등의 경우를 들 수 있다. 의궤가 4~5건 제작되는 경우 어람용을 제외한 나머지 분상처는 대개 예조, 춘추관, 지방 사고 가운데 한 곳 정도였다.

의궤는 서사관(書寫官)을 두어 몇 건의 의궤를 필사하여 제작하였으나, 정조 때 『원행을묘정리의궤(園幸乙卯整理儀軌)』를 시작으로 활자본 의궤가 등장하였다.[27] 이후 궁중에서의 연회 행사에 관해 기록한 진연(進宴)의궤, 진찬(進饌)의궤와 같은 것은 흔히 활자본으로 제작하였다. 의궤를 활자본으로 제작하게 된 것은 많은 수량의 의궤를 제작하기 위함이었다. 이처럼 많은 수량의 의궤를 제작한 경우는 그 용도를 분상용이라고 하기보다는 배포용이라고 해야 할 것이다.

『원행을묘정리의궤』의 경우 왕실에 42건, 관청에 26건을 비롯해서 31인에 달하는 관료들에게 배포되어 총 101건의 의궤가 배포되었다.[28] 『원행을묘정리의궤』 이후에도 궁중 연회에 관해 기록한 진찬의궤나 진연의궤는 활자본으로 제작되었다. 이런 종류의 의궤는 궁중에 내입하거나 각 기관에 분상하는 것 외에 배포처가 수십 곳에 달하였다.

『원행을묘정리의궤』 이래 활자본 의궤가 나타난 것은 많은 사람이 의궤의 기록 내용을 열람할 수 있도록 한 것이기도 하다. 왕실 행사, 특

27 한영우, 「조선시대 의궤 편찬 시말」, 『한국학보』 107, 23쪽.

28 김문식, 「의궤사목에 나타나는 의궤의 제작 과정」, 『규장각』 37, 178쪽.

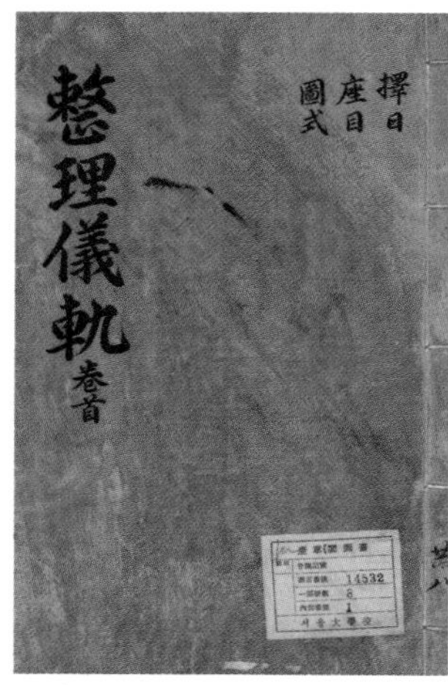

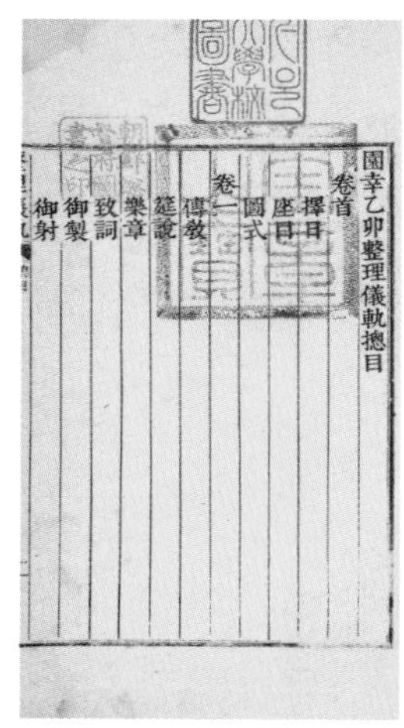

『원행을묘정리의궤』(1796)의 표지와 총목의 일부. 이 의궤는 권수(卷首) 1책, 원편 5권 5책, 부편 4권 2책 등 총 10권 8책으로 구성된 정연한 편찬 체제를 갖춘 편찬서로서 등록류의 책자로 만들어진 일반 필사본 의궤와는 다르다.(서울대 규장각한국학연구원 소장)

히 궁중 연회의 경우 국가 재정의 지출에 따른 비난의 소지가 많을 수 있기에 행사 내역을 투명하게 밝히고 이를 널리 알릴 필요가 있었던 것이다. 활자본 의궤는 여러 곳의 많은 인사들에게 배포되었던 때문인지 기록 형식 또한 정연한 편찬 체제를 갖추는 등 필사본 의궤와는 많은 차이를 보이게 된다.

영조가 기로소에 들어가게 되는 것을 경축한 행사 때에 제작된『진연의궤(進宴儀軌)』(1744)만 하더라도 필사본으로 제작된 것인데, 이를 순원왕후의 40세 생일을 경축한 행사 때 활자본으로 제작된『진작의궤(進爵儀軌)』(1828)와 내용 목차를 비교하면 다음 표와 같다.

〈표 5〉 필사본 『진연의궤』와 활자본 『진작의궤』의 내용 목차

	목차	비고
『진연의궤』 (1744, 필사본)	목록 · 계사질 · 서계(書啓) · 상격(賞格) · 의궤 · 이문질 · 내관질 · 감결질 · 1방(품목질) · 2방(품목질 · 감결질 · 복정질 · 공장질)	불분권 1책
『진작의궤』 (1828, 활자본)	권1 – 목록 · 영교(令敎) · 연설(筵說) · 악장(樂章) · 치사(致詞) · 전문(箋文) · 의주 · 신목(申目) 권2 – 목록 · 찬품(饌品) · 기용(器用) · 수리(修理) · 배설(排設) · 의위(儀衛) · 내외빈 · 악기풍물 · 상전(賞典) 부편 – 목록 · 택일 · 영교 · 악장 · 의주 · 찬품 · 기용 · 수리 · 배설 · 의위 · 공령(工伶) · 상전	2권 2책

여기서 보듯이 필사본 의궤의 경우 기록 내용은 사실상 진연청의 도청과 각 방에서 업무 수행 과정상 작성해둔 등록을 그대로 옮겨 등서한 책자의 모습을 크게 벗어나지 못한다. 반면에 활자본 의궤의 경우 전체 내용을 권으로 나누고, 각 권의 내용 또한 여러 내용 항목에 따라 나누어 정리, 수록하는 등 편찬물로서의 모습을 갖추고 있다. 이는 필사본 의궤가 진연청의 업무를 담당한 각각의 부서가 무엇을 했는지를 밝힌 기록물이라면, 활자본 의궤는 해당 잔치가 어떻게 준비되어 어떠한 내용으로 치러졌는지를 사항별로 각각 나누어 정리한 편찬물이라 할 수 있다.

활자본 의궤는 궁중 연회와 같은 경축 행사, 특별히 많은 국가 재정이 투입되는 소비적인 행사 때에 제작되었을 뿐 이것이 의궤 제작의 일반적 관행이 되었던 것은 아니다. 궁중 잔치에 관한 의궤를 제외한 그 밖의 각종 도감의궤는 여전히 이전의 관행을 따라 필사본으로 제작하였고, 그 제작 건수 또한 수 건에 불과하였다. 그리고 필사본 의궤의 경

우는 기록 양식에 있어서 조선 후기 전 시기를 통해 시기에 따른 차이는 그다지 보이지 않는다.

3. 어람용 의궤의 제작

조선왕조에서 왕의 열람을 위해 특별히 별도의 의궤를 제작하게 된 것은 언제부터일까? 현전하는 가장 오래된 의궤 가운데 하나인 『[의인왕후]빈전혼전도감의궤』(1601)의 경우 기록 내용이 온전히 남아 있지 않아서 어람용 의궤의 제작 여부를 확인할 수가 없다. 또한 같은 시기에 제작된 『[의인왕후]산릉도감의궤』에는 의궤 제작에 관한 사실이 기록되어 있는데도 어람용 의궤의 제작에 관한 언급은 보이지 않는다.

이 두 의궤와 같은 시기에 제작된 『세종태실석난간수개의궤』에는 당시 의궤를 4건 제작하여 예조, 관상감, 감영, 본 고을의 네 곳에 분상한다는 사실을 기록하고 있어 어람용 의궤는 별도로 제작되지 않았음을 알 수 있다. 현재 경남 사천시청에서는 이 『세종태실석난간수개의궤』보다 뒤에 제작된 『세종단종태실수개의궤(世宗端宗胎室修改儀軌)』(1730)와 『세종단종태실표석수립시의궤(世宗端宗胎室表石竪立時儀軌)』(1734)의 두 종류 의궤도 소장하고 있는데, 이 두 의궤에는 모두 어람용 의궤의 제작 사실이 언급되어 있다. 따라서 사업의 성격이 비슷한데도 어람용 의궤를 별도로 제작하지 않았던 사례를 여기서 확인할 수 있다.

어람용 의궤의 제작은 언제부터 시작된 것일까? 왕실 관련 서적을 보관할 목적으로 강화도에 설치했던 강화도 외규장각의 병진년(1856) 당시 소장 도서 목록을 통해서 보면 당시 외규장각에 소장된 의궤 가운데 가장 오래된 것은 선조 계사년(1593)에 제작된 『중종대왕정릉개장의궤(中宗大王靖陵改葬儀軌)』로 나타난다. 외규장각에서 소장한 의궤가 거의 대부분 어람용 의궤임을 고려할 때 『중종대왕정릉개장의궤』는 어람용이었을 가능성이 있다. 따라서 조선왕조에서 어람용 의궤를 만든 시기는 선조 계사년까지 거슬러 올라갈 수 있는 것으로 추정해볼 수는 있겠다.

현전 의궤 가운데 '의궤사목', 즉 의궤 제작에 대한 지침이 기록되어 있는 의궤로 가장 오래된 것은 선조 38년(1605)에 제작된 『사직종묘문묘제기도감의궤(社稷宗廟文廟祭器都監儀軌)』인데, 이 의궤 역시 어람용은 제작하지 않았던 사실이 확인된다. 이 의궤는 분상용으로만 총 5건을 제작하여 이를 의정부·예조·공조·사직서·종묘서에 나눠 보냈던 사실이 기록되어 있다.

현전 의궤 가운데 어람용 의궤의 제작 사실이 확인되는 가장 오래된 기록은 광해군 2년(1610)의 『책례도감의궤(冊禮都監儀軌)』이다. 이 의궤는 선조비 의인왕후와 계비 인목왕후에게 존호를 올리고, 세자빈 유씨를 왕비로 책봉하고, 원자 이지(李祬, 1598~1623)를 왕세자로 책봉한 여러 복합적인 행사에 관해 기록한 의궤이다. 이 의궤의 말미에는 의궤 제작에 관한 내용이 있고, 여기에는 어람용 1건과 분상용 7건의 의궤 제작 사실이 기록되어 있다.[29] 분상처 일곱 곳이 어딘지를 명시하고 있지는 않으나, 의궤의 제작과 관련해서, "이미 행한 절차와 사용 물자를 의궤로 찬출(纂出)한다."라고 하여 의궤가 행사 절차와 사용 물자를 밝히기 위한 기록임을 명시하고 있는 점도 주목된다.[30]

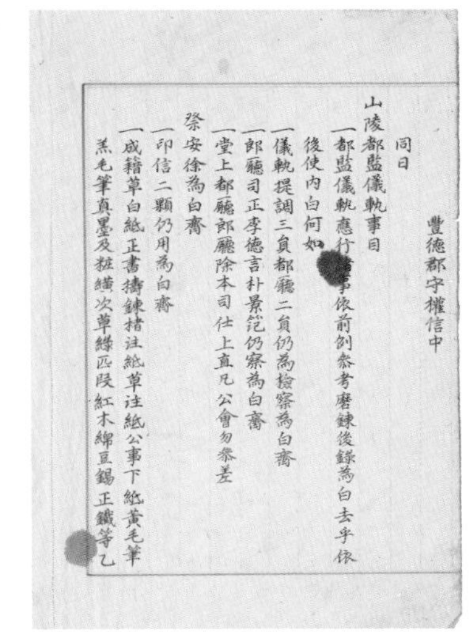

豐德郡守權信中
同日
山陵都監儀軌事目
一都監儀軌應行[illegible]事依前例參考磨鍊後錄爲白去乎依
後使內白何如
一儀軌提調三員都廳二員仍爲檢察爲白齊
一郎廳司正李德言朴景範仍察爲白齊
一堂上都廳郎廳除本司仕上直凡公會勿參差
癸安徐爲白齊
一印信二顆仍用爲白齊
一成籍草白紙正書擣鍊楮注紙草注紙公事下紙黃毛筆
羔毛筆眞墨及粧纊次草綠匹段紅木綿豆錫正鐵等乙

『[선조목릉]천장산릉도감의궤』(1630)의 의궤사목. 현전하는 가장 오래된 어람용 의궤이다.(국립중앙박물관 소장)

현전하는 의궤 가운데 어람용 의궤로 가장 오래된 것은 현재 국립중앙박물관에서 소장하고 있는 『[선조목릉]천장산릉도감의궤([宣祖穆陵]遷葬山陵都監儀軌)』(1630)이다. 이 의궤는 동구릉의 태조 건원릉(健元陵) 서쪽 언덕에 위치했던 선조의 목릉(穆陵)을 인조 8년에 건원릉 가까운 곳으로 천장(遷葬)했던 사업에 관한 의궤이다. 이 의궤의 뒷부분에는 의궤사목이 실려 있는데도 어람용 의궤의 제작 여부나 제작 건수 및 분상처에 대한 언급은 보이지 않는다. 강화도 외규장각에 소장되었다가 현재까지 전해오는 의궤 중에는 이 『[선조목릉]천장산릉도감의궤』보다 제작 시기가 앞서는 것으로 『풍정도감의궤(豊呈都監儀軌)』(1630)라

29 『의인왕후상존호…왕세자책례관례시책례도감의궤(懿仁王后上尊號…王世子冊禮冠禮時冊禮都監儀軌)』, 100면.

30 이 의궤는 『외규장각형지안(外奎章閣形止案)』(丙辰年, 1856)에도 등재되어 있다.

는 것이 있으나 이 의궤는 어람용 의궤의 형태를 갖추고 있지 않다.[31]

어람용 의궤는 정조 때에 이르러 제작이 중단되었다. 정조는 즉위하던 해에 다음과 같은 이유를 들어 어람용 의궤를 만들지 못하도록 명하였다.

> 의궤는 비록 어람건(御覽件)이 있으나 궁중의 휴지에 불과하고 이를 보관하려면 강화도에 옮겨 보관하는 것에 불과하다. 강화도에는 사고가 있으니 분상건(分上件)은 심히 요긴하지 않다. 이후로는 의궤는 어람건을 마련하지 말 것을 분부하니 각 도감에서도 이를 법식으로 삼아 준행할 것이다.[32]

이로써 정조 때 이후로는 어람용 의궤가 만들어지지 않았다. 실제로 정조 원년(1776)에 편찬된 『[장조]상시봉원도감의궤』의 경우 6건의 의궤를 만들면서 춘추관과 예조 및 네 곳의 사고에 분상하였고 어람용은 별도 제작하지 않았음이 확인된다. 이후에도 이러한 관행이 지켜져 정조 때에는 영조의 국상을 치른 뒤 산릉도감의궤, 빈전혼전도감의궤, 국장도감의궤를 제작함에 있어서 어람용 의궤는 만들지 않았으며, 그 밖의 각종 행사나 사업과 관련해 의궤를 제작해야 하는 경우에도 분상용 의궤만을 제작하였다.[33] 다만 정조 7년(1783) 『국조보감』을 편찬할 때에

31 국립중앙박물관 외규장각 의궤(http://yuigwe.museum.go.kr), 해제, 풍정도감의궤.

32 『승정원일기』 77책(탈초본 1386책) 정조 즉위년 7월 29일 무술(戊戌).

33 『국조보감의궤(國朝寶鑑儀軌)』 감인청사실(監印廳事實), 147면.

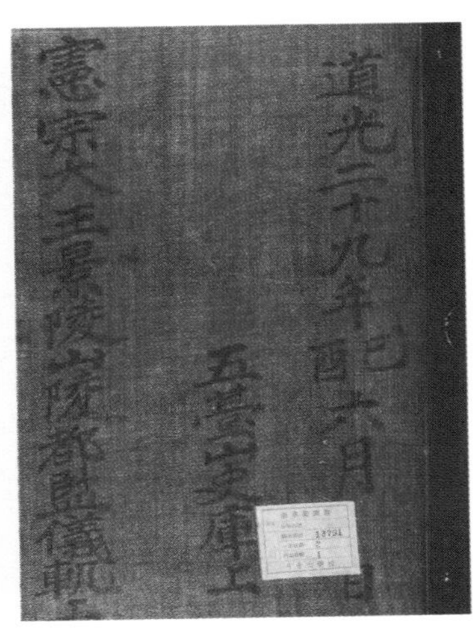

『[헌종]산릉도감의궤』(1849)의 어람본(왼쪽, 국립중앙박물관 소장)과 분상본(서울대 규장각한국학연구원 소장) 표지. 어람용 의궤와 분상용 의궤는 표지와 제책 형식이 다름을 살필 수 있다.

만 예외적으로 어람용 의궤가 제작되었다. 조선왕조 역대 국왕의 치적 중에서 귀감이 될 만한 사실을 채록해 만든 『국조보감』의 편찬에는 정조 자신이 지대한 관심을 기울였기 때문에 『국조보감』의 편찬에 관한 의궤는 특별히 정조 자신이 관심을 가졌던 것이다.

어람용 의궤는 분상용과는 달리 책자를 아주 고급스럽게 제작하였다. 종이의 질이나 표지, 지면을 두른 인찰선(印札線)이나 제책 형태, 글씨 등에서 어람용은 분상용과 많은 차이가 있다.[34] 무엇보다도 어람용은 초주지라는 고급 종이를 쓰고 분상용은 일반 종이(저주지)를 사용했다. 어람용은 표지를 초록 혹은 청색빛을 띤 구름무늬의 비단으로 싸

34 한영우, 「조선시대 儀軌 편찬과 현존 儀軌 조사 연구」, 『韓國史論』 48, 2002. 29쪽.

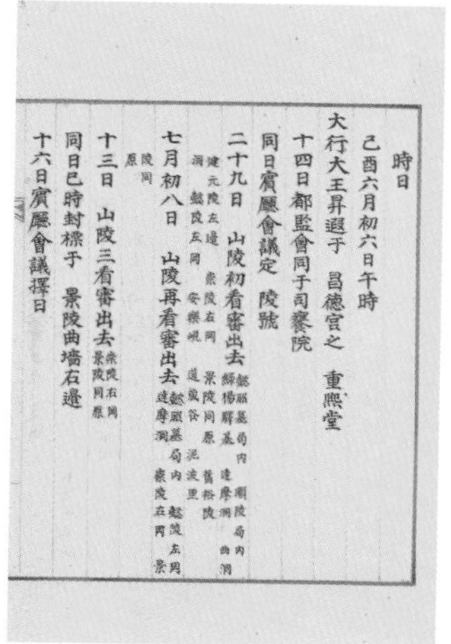

時日

己酉六月初六日午時

大行大王昇遐于 昌德宮之 重熙堂

十四日都監會同于司饔院

同日賓廳會議定 陵號

二十九日 山陵初看審出去

七月初八日 山陵再看審出去

十三日 山陵三看審出去

同日巳時封標于 景陵曲墻右邊

十六日賓廳會議擇日

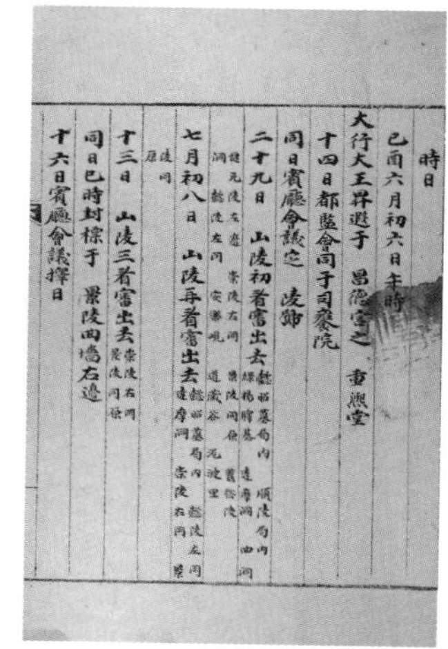

時日

己酉六月初六日午時

大行大王昇遐于 昌德宮之 重熙堂

十四日都監會同于司饔院

同日賓廳會議定 陵號

二十九日 山陵初看審出去

七月初八日 山陵再看審出去

十三日 山陵三看審出去

同日巳時封標于 景陵曲墻右邊

十六日賓廳會議擇日

『[헌종]산릉도감의궤』(1849) 어람본(왼쪽, 국립중앙박물관 소장)과 분상본(서울대 규장각한국학연구원 소장)의 본문. 어람본과 분상본의 글씨와 인찰선(印札線)의 차이를 엿볼 수 있다.

고 놋쇠로 가장자리를 대어 변철(邊鐵)한 다음에 박을못으로 이를 묶고, 박을못 밑에는 둥근 국화무늬 판을 대어 못이 빠지지 않도록 했다. 이에 비해 분상용은 붉은 무명이나 삼베로 표지를 싸고, 변철과 박을못과 고리를 모두 시우쇠(正鐵)로 만들었다. 또한 박을못의 수효도 분상용은 3개의 못을 사용하나, 어람용은 대개가 5개였다. 어람용은 글씨를 아주 잘 쓰는 최고의 서사자가 해서체로 정성을 들여 썼으나, 분상용은 행서나 반초서로 쓴 경우가 많으며, 해서로 쓴 경우라 할지라도 글씨의 수준이 어람용에 비해 훨씬 떨어졌다.

4장

의궤의 내용 구성

의궤는 등록과 함께 잡다한 기록 내용이 뒤섞인 책자로 일컬어지는 경우를 볼 수 있다. 정조 때 간행된 『명의록(明義錄)』 서문에는 의궤에 대해 다음과 같은 글이 보인다.

> 책을 만드는 데에는 바꾸지 않는 규례가 있으니 결코 잡다히 뒤섞여 근엄한 모습을 잃게 해서는 안 된다. 사실을 서술하는 글에 윤음(綸音)을 함께 기록하거나 역사를 저작하는 데 일기를 함께 엮는다면, 이는 도감의 의궤나 각사(各司)의 등록과 마찬가지 꼴이 되는 것이다.[35]

여기서 보면 의궤는 도감의 기록물로, 등록은 여러 관서의 기록물로 언급되고 있고, 두 책자 모두 일관된 편찬상의 원칙이 없이 이것저것 잡다한 내용을 기록한 책자라는 점이 지적되고 있다.

35 『명의록(明義錄)』, 명의록서(明義錄序).

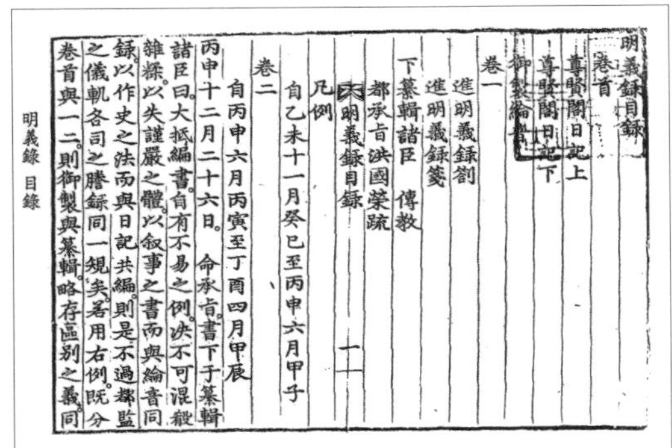
明義錄目錄
卷首
尊賢閣日記上
尊賢閣日記下
御製綸音
卷一
進明義錄箚
進明義錄箋
下纂輯諸臣 傳教
都承旨洪國榮疏
明義錄目錄 一
凡例
自乙未十一月癸巳至丙申六月甲子
卷二
自丙申六月丙寅至丁酉四月甲辰
丙申十二月二十六日。命承旨。書下于纂輯
諸臣曰。大抵編書。自有不易之例。決不可混殽
雜糅。以失謹嚴之體。以敘事之書而與綸音同
錄。以作史之法而與日記共編。則是不過都監
之儀軌各司之謄錄同一規矣。若用右例。既分
卷首與一二。則御製與纂輯。略存區別之義。同

明義錄 目錄

『명의록』(1776)과 서문(서울대 규장각한국학연구원 소장)

의궤나 등록이 이처럼 잡다한 기록 내용을 지니게 되는 까닭은, 두 책자 모두 공무 수행 과정에서 수발한 각종 공문서 기록을 수록하였기 때문이다. 그렇다면 도감의 의궤와 일반 상설 관서의 등록은 어떤 차이가 있는 것일까?

도감 제도는 고려 시대부터 있었으므로 당시부터 도감이 관장한 업무에 대해서는 어떤 형태로든 기록물이 있었을 것이다. 그러다가 어느 시기부터인가 도감과 같은 권설(權設) 기구가 담당한 업무의 경우 그 내역을 여러 유관 관서에 보고하고 나아가 국왕에게도 보고할 필요가 있게 되면서 동일 내용의 기록물을 여러 건 제작하는 관행이 자리 잡았던 것으로 보인다. 의궤라는 조선왕조 특유의 국가 기록물이 나타나게 된 것은 이런 까닭에서였다고 본다.

의궤를 제작하기 위해 의궤청이 설치되면 의궤청에서는 의궤 제작에 관한 지침을 마련하여 이를 국왕에게 보고해 승인을 받게 되어 있었다. 이때 의궤청에서 국왕에게 올린 글에는, "이번에 ○○등록을 수정할 때 거행해야 할 일들을 뒤에 기록한 것과 같이 마련하였으니 이에 따라 시행해도 되겠는지요."라는 글을 흔히 볼 수 있다.[36] 이로써 보면 의궤란 도감과 같은 권설 기구가 업무 수행 과정에서 그때그때 등록해두었던 기록을 토대로 만들었던 책자임이 나타난다. 의궤는 등록을 수정한 것이라는 점에서 등록과 구별되기는 하나, 의궤 또한 등서해둔 기록을 바탕으로 제작된다는 점에서 일종의 등록류 책자라 할 것이다. 이런 까닭에 의궤를 한편으로는 등록으로 지칭하는 경우를 흔히 볼 수 있다.

도감의 경우도 일반 관서의 경우처럼 업무 수행 과정에서 수발한 각종 공문서 기록이나 소요 물품의 내역, 회계 관련 명세 등 각종 기록 사항을 그때그때 등서해두기 마련이다. 그리고 업무와 관련해서 수발한 공문서를 등서해두는 일은 도감 본부인 도청만이 아니라 각 작업소에서도 마찬가지였다. 이들 각 부서에서 등서해둔 기록은 도감의 업무가 종료되어 의궤청이 설치되면 이를 모두 의궤청으로 이관하게 되고, 의궤청에서는 이를 일정한 형식에 맞추어 재등서하여 마침내 의궤를 제작하였던 것이다.

의궤는 주로 도감의 업무와 관련되어 제작된 것이 대부분이다. 그러므로 도감 제도와 관련해서 의궤의 제작 과정을 살펴볼 필요가 있다. 순조 8년(1808)에 왕명에 의해 편찬된 『만기요람(萬機要覽)』에서는 도감의 설치와 의궤 제작 과정을 다음과 같이 설명하고 있다.

36 『[숙종인현왕후(肅宗仁顯王后)]가례도감의궤(嘉禮都監儀軌)』, 도청의궤(都廳儀軌), 의궤사목(儀軌事目), 140면.

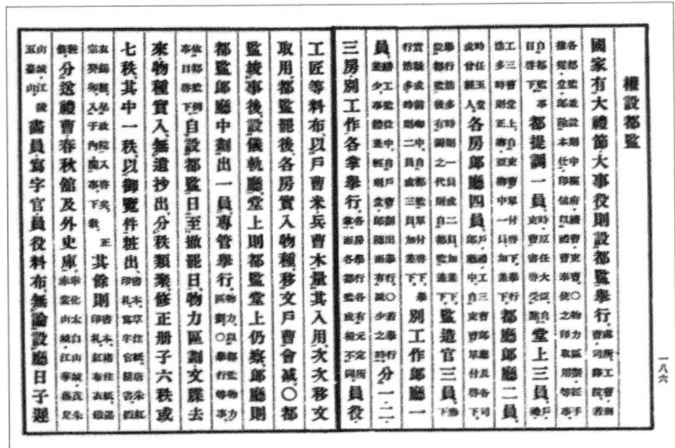

權設都監

國家有大禮節大事役則設都監擧行

都提調一員 堂上三員

各房郎廳四員 都廳郎廳二員

監造官三員

別工作郎廳一員 分一二三房別工作各掌擧行 員役

工匠等料布以戶曹米兵曹木量其入用次次移文取用都監罷後各房實入物種移文戶曹會減○都監竣事後設儀軌廳堂上則都監堂上仍察郎廳則都監郎廳中割出一員專管擧行 自設都監日至撤罷日物力區劃文牒去來物種實入無遺抄出分秩類聚修正冊子六秩或七秩其中一秩以御覽件粧出 其餘則 分送禮曹春秋館及外史庫 書員寫字官員役料布無論設廳日子遲

『만기요람』(1808)의 권설도감에 관한 기록(서울대 규장각한국학연구원 소장)

국가에서 큰 예절이나 큰 사역이 있으면 도감을 설치하여 거행하는데, 도제조 1인, 당상 3인, 도청 낭청 2인, 각 방 낭청 4인, 감조관 3인, 별공작 낭청 1인이 1방, 2방, 3방, 별공작으로 나누어 각기 맡아 거행하였다. (중략) 도감에서 사무를 끝낸 뒤에는 의궤청을 설치하는데, 당상은 도감 당상이 그대로 총찰(摠察)하고 낭청은 도감 낭청 중에서 1인을 획출하여 전관(專管) 거행한다. 도감을 설치한 날로부터 철파한 날까지의 물력의 구획, 문첩(文牒)의 거래, 물종(物種)의 실입(實入)을 빠짐없이 뽑아내어 차례를 나누고 종류별로 모아서, 책자를 6질이나 7질을 만들되 그중에서 한 질은 어람건(御覽件)으로 장출(粧出)하고 나머지는 예조와 춘추관, 외방의 사고에 나누어 보낸다.[37]

『만기요람』에 따르면 도감은 도청과 세 곳의 방, 별공작이라는 조직

37 『(국역)만기요람』, 재용 편 5, 권설도감.

을 갖고 있었다. 물론 이러한 조직은 전형적인 경우이고 모든 도감이 이렇게 조직되었던 것은 아니다. 여하튼 도감이란 당상과 낭청, 감조관(監造官)의 직함을 가진 관리들이 배속되어 이들의 관리 감독하에 행정 실무를 맡은 원역의 보조를 받아 수많은 장인의 작업을 통해 행사에 필요한 물건을 만드는 곳이었다. 의궤는 도감의 업무 내역을 기록함에 있어서, 작업을 어떻게 분담했는지, 왕래한 공문서의 내용은 어떠했는지, 투입된 물자의 종류나 수량이 어떠했는지를 빠짐없이 가려내어 차례에 따라 기록한다고 했다.

현전하는 도감의궤를 통해서 볼 때 도감에는 도청으로 불리는 관리 부서가 있고, 그 아래 방 혹은 소로 불리는 몇 개의 작업소가 있다. 또한 도감의 작업소 중에는 도감 직속의 작업소인 방이나 소 외에도 상설 관서의 출장소 형태로 또 다른 지원 부서가 부설되기도 하였다. 의궤란 이들 도청과 실무를 맡은 방과 소, 도감에 부설된 지원 부서의 업무 활동 내역을 기록한 것이라고 할 수 있다.

1. 관리 부서(도청)의 기록

도감의 활동에 대해 기록한 의궤의 경우 맨 앞쪽에 수록되는 것은 도감 도청의 업무 활동에 관한 기록인 도청 의궤이다. 도청 의궤는 거개가 각종 공문서 기록으로 이루어져 있는데 이를 도청 의궤로 표시한 의궤도 있지만 이를 명시하지 않은 경우도 적지 않다.

도청이란 도제조와 제조, 도청 낭청을 관리자로 하는 도감의 지휘부이다. 도청은 도감 조직상 관리나 지휘를 맡은 본부를 지칭하기도 하지만, 한편 도감 도청 소속의 낭청을 각 방 소속의 낭청과 구별하는 호칭이기도 하였다. 도청 소속의 낭청을 도청이라 한 것에서 알 수 있듯이, 도청에서는 실무적으로 도제조나 제조의 역할보다도 도청의 역할이 중요했다. 도감 제도 아래서는 '검찰'의 역할이 아주 중요한데 이에 대한 권한과 책무는 도제조나 제조에게가 아니라 도청에게 주어졌기 때문이다.

국왕의 명령이나 신하들의 건의로 어떤 국가적 행사나 사업의 시행이 결정되면, 사업 규모나 중요도에 따라 도감의 설치 여부가 거론된다. 도감의 설치가 결정되면 도감의 업무를 관리할 책임자급 고위 관

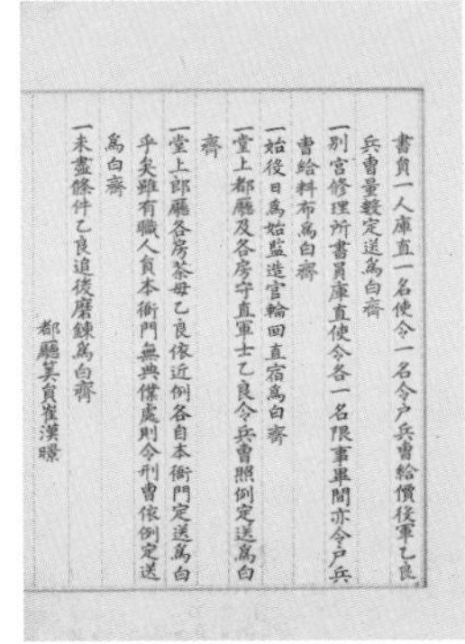

書員一人庫直一名使令一名令戶兵曹給價役軍乙良
兵曹量數定送爲白齊
一別宮修理所書員庫直使令各一名限事畢間亦令戶兵
曹給料布爲白齊
一始役日爲始監造官輪回直宿爲白齊
一堂上都廳及各房守直軍士乙良令兵曹照例定送爲白
齊
一堂上郎廳各房茶母乙良依近例各自本衙門定送爲白
乎矣雖有職人員本衙門無典僕處則令刑曹依例定送
爲白齊
一未盡條件乙良追後磨鍊爲白齊
都廳某員崔漢暻

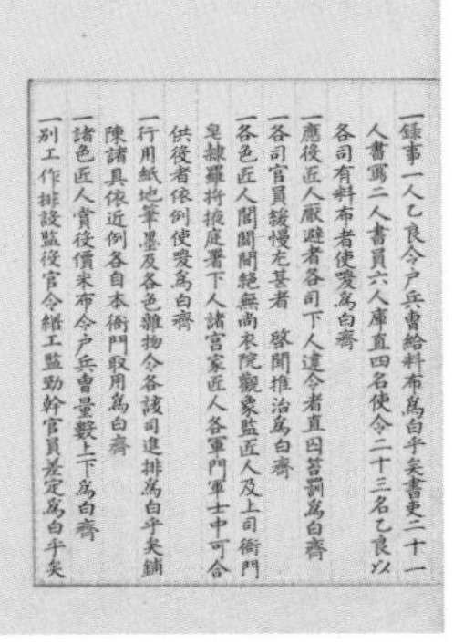

一錄事一人乙良令戶兵曹給料布爲白乎矣書吏二十一
人書寫二人書員六人庫直四名使令二十三名乙良以
各司有料布者使喚爲白齊
一應役匠人厭避者各司下人違令者直囚笞罰爲白齊
一各司官員緩慢尤甚者 啓聞推治爲白齊
一各色匠人閪闕絶無尙衣院觀象監匠人及上司衙門
皂隷羅將掖庭署下人諸宮家匠人各軍門軍士中可合
供役者依例使喚爲白齊
一行用紙地筆墨及各色雜物令各該司進排爲白乎矣鋪
陳諸具依近例各自本衙門取用爲白齊
一諸色匠人實役價米布令戶兵曹量數上下爲白齊
一別工作排設監役官令繕工監勘幹官員差定爲白乎矣

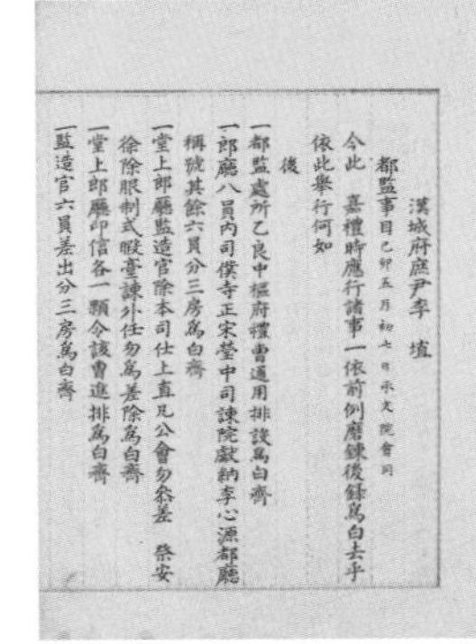

漢城府庶尹李 埴
都監事目 己卯五月初七日承文院會同
今此 嘉禮時應行諸事一依前例磨鍊後錄爲白去乎
依此舉行何如
後
一都監處所乙良中樞府禮曹通用排設爲白齊
一郎廳八員內司僕寺正宋瑩中司諫院獻納李心源都廳
稱號其餘六員分三房爲白齊
一堂上郎廳監造官除本司仕上直凡公會勿叅差 祭安
徐除服制式暇臺諫外仕勿爲差除爲白齊
一堂上郎廳印信各一顆令該曹進排爲白齊
一監造官六員差出分三房爲白齊

영조-정순왕후 가례 때 가례도감의 사목〔『[영조정순왕후]가례도감의궤』(1759), 국립중앙박물관 소장〕

리는 이조에서 적임자를 추천하여 국왕의 재가를 얻는다. 이조의 추천을 받아 국왕의 재가를 받는 관리는 당상관으로 임명하는 도제조와 제조를 비롯하여 중견의 당하관 가운데 임명하는 낭청까지가 이에 해당한다. 이들 도감의 책임자급 관리들은 임명이 결정되면 수일 내에 특정 장소에 회동하여 도감 운영의 지침을 정하게 되는데 이를 '도감사목(都監事目)'이라고 한다.

도감사목은 대개 이전 시기 같은 종류의 사업이나 행사 때의 도감사목을 참고하여 정한다. 그러므로 같은 명칭의 도감이면 도감의 설치 시기가 다르더라도 도감사목의 내용은 거의 유사하게 된다. 일례로 영조와 정순왕후 가례 때의 『가례도감의궤』에서 도감사목의 내용을 일부 옮기면 다음과 같다.

1. 도감의 설치 장소는 중추부와 예조를 통용한다.

1. 낭청 8원(員) 중에 사복시정 송영중과 사간원 헌납 이심원을 도청(都廳)으로 하고, 나머지 6원은 세 방(房)에 나누어 배치한다.

1. 당상과 낭청, 감조관은 소속 관아에 상직(上直)하는 것을 제외하고는 모든 공회(公會)에 참석하지 말며 제사에도 차출하지 않는다. 복제(服制)나 식가(式暇)를 제외하고는 대간은 외임(外任)에 임명하지 않는다.

1. 당상과 낭청의 인신(印信)은 해당 조(曹)에서 각각 한 과(顆)씩 제조해서 올린다.

1. 감조관 6원을 차출하여 세 방에 나누어 배치한다.

1. 녹사(錄事) 1인은 호조와 병조에서 요포(料布)를 지급하되, 서리(書吏) 21인, 서사(書寫) 2인, 서원(書員) 6인, 고지기〔庫直〕 4명, 사령(使令) 23명은 각사(各司)의 요포 있는 자로 부리도록 한다.

1. 부역에 응해야 할 장인(匠人)이 회피하거나 각사의 하인으로서 영(令)을 어기는 자는 즉시 잡아 가두고 태형(笞刑)으로 벌한다.

1. 각사의 관원으로 태만함이 특히 심한 자는 보고하여 죄를 다스린다.

1. 각종 장인이 여염 간(閭閻間)에 전혀 없는 경우에는 상의원(尙衣院)과 관상감(觀象監)의 장인 및 상급 아문의 조례(皁隷), 나장(羅將), 액정서(掖庭署)의 하인, 여러 궁가(宮家)의 장인, 각 군문(軍門)의 군사 중에서 공역(供役)에 합당한 자를 관례대로 부린다. (하략)[38]

38 박소동, 『가례도감의궤(영조정순왕후)』(국역), 한국고전번역원, 1997.

이상의 도감사목은 도감의 업무를 관리하고 실무를 책임질 도제조 1, 제조 3, 낭청 8, 총 12인의 중견 관료가 영조 35년(1757) 5월 7일 승문원에 모여 결정한 것으로 향후 가례도감의 활동에 관한 지침을 정한 것이다. 이렇게 해서 결정한 도감사목 또한 국왕의 재가를 받게 되어 있었다. 이들 12인의 임원이 회동하여 결정한 것 가운데 주목되는 것은 낭청 8인 가운데 도청에 근무할 2인을 누구로 하며, 나머지 각 방을 담당할 책임자를 누구로 할 것인지를 먼저 정하고 그다음 도감 운영에 관한 다른 세부 지침을 정하고 있다는 점이다. 위 사목을 통해서 보면 도감의 업무에 관한 결재권은 이들 12인의 당상과 낭청에게만 주어지고 있음도 살필 수 있다.

이들 12인의 당상과 낭청은 1차 회합을 통해 도감사목을 정한 뒤에는 각 방에 소속되어 공장들의 현장 작업을 감독할 감조관을 누구로 할 것인지를 결정하고 감조관을 정한 뒤에는 각 방에 소속할 낭청과 감조관을 어떻게 구성할 것인지를 결정하게 된다. 영조와 정순왕후 가례 때의 경우를 보면 5월 6일에 당상과 낭청이 임명되고, 다음 날에 도감사목을 확정하고, 같은 날 감조관을 차정하고 이들이 소속할 방의 배정이 이루어졌다. 이 과정에서 도감의 당상과 낭청을 추천하는 권한은 이조가 행사하지만 감조관을 누구로 할 것인지는 도감의 당상과 낭청이 상의해서 결정하였다. 낭청은 도감이 설치되기 이전에는 이조의 추천으로 임명되지만 일단 도감이 설치된 뒤에는 낭청도 도감에서 추천하여 왕의 윤허를 받았다.[39]

39 『제기도감의궤(祭器都監儀軌)』(1612) 13면, 계사(啓辭) 10월 11일.

다음으로 도감의 당상과 낭청이 구체적으로 어떻게 구성되는지를 영조와 정순왕후 가례 때의 사례를 예시하면 다음과 같다.

영조-정순왕후 가례 때 가례도감의 당상과 낭청

도제조 : 의정부 우의정 신만

제조 : 행호조판서 홍봉한, 행예조판서 홍상한, 병조판서 조운규

도청 : 사복시정 송영중, 사간원헌납 이심원

낭청 : 호조정랑 정일상, 병조정랑 윤면동
공조정랑 김치량, 예조좌랑 강윤
장례원사의 어석정, 한성부서윤 이식

여기서 보면 당시 가례도감의 도제조는 우의정이 임명되고, 제조는 호조, 예조, 병조의 3조 판서가 임명되고 있음을 볼 수 있다. 그리고 각 방 소속의 낭청은 제조인 호조, 예조, 병조 판서와 소속 관서가 같은 호조정랑, 병조정랑, 예조좌랑이 임명되고 있고, 이 밖에 다른 관서의 동급 관리가 동수로 임명되고 있다. 이는 도감의 지휘부인 제조는 호조, 예조, 병조의 3조 판서로만 임명되나 각 방 낭청은 3조의 낭관에다가 다른 관서의 동급 관리가 임명되는 구조이다. 한편 도청(도청 낭청)은 3조 소속이 아닌 타 관서의 중견 관리가 임명되고 있음도 주목된다. 이로써 도감이란 기구는 3조의 고위·중견 관리를 핵심으로 하면서도 타 관서의 중견 관리도 함께 관여함으로써 관서 간에 적절히 견제와 균형을 갖춘 조직임을 알 수 있다.

영조 가례 때의 경우 가례도감의 제조는 호조, 예조, 병조의 판서가

맡는 경우로 나타나지만, 대부분의 도감에서는 호조, 예조, 공조의 판서가 제조로 차출되며 낭청 또한 이들 3조의 낭관 중에서 임명되는 경우가 많다.[40] 따라서 도감은 호조, 예조, 공조의 3조 당상과 낭청을 핵심으로 하여 여기에 다른 관서의 중견 관리가 일부 참여하여 지휘 및 실무 책임을 맡고, 이들과 손발을 맞출 수 있는 다른 관서 소속의 하급 관리가 감조관으로 선임되어 업무를 추진하는 조직이라고 볼 수 있다.

제조란 원래 2품 이상이 겸직하는 직임으로 도감뿐만 아니라 당상관이 없는 6조의 속아문에도 설치되는 보직이었다. 1품은 도제조, 2품은 제조라 하였는데, 도제조를 둔 도감에는 몇 사람의 제조가 있게 되지만, 도제조가 없이 몇 사람의 제조와 낭청만으로 도감의 임원을 갖추는 경우도 적지 않았다.

도감의 도제조는 시임(時任) 혹은 원임(原任) 대신 가운데 이조에서 서계로 아뢰어 낙점을 받아 임명되고, 제조 3인은 호조, 예조, 공조의 당상을 이조에서 단부(單付)로 아뢰어 임명되었다. 이들 도제조와 제조는 도감의 업무와 관련해서 왕명을 전달하거나, 도감의 업무 추진 과정에서 발생하는 중요 사안을 보고받아 이를 국왕에게 보고하거나 건의하는 역할을 수행하였다. 도제조가 도감을 대표하는 지위에 있었기 때문에 도감에서 사업을 추진하는 과정에서 실무적으로 필요한 사안을 왕에게 올릴 때에는 항상 '도제조의 뜻'임을 밝히는 형식을 취하였다.

도청 소속의 낭관인 도청은 도감의 업무와 관련되어 발생할 수 있

40 나영훈, 「『의궤』를 통해 본 조선후기 도감의 구조와 그 특성」, 『역사와 현실』 93, 245쪽.

는 업무상의 과실이나 부정, 비리를 '검찰'하는 직임을 수행하였다. 이 때문에 도청은 특별히 청렴성이 요구되어 주로 홍문관 소속의 현임 관리나 일찍이 청요직을 거쳐 공직 생활에 결점이 없는 관리가 임명되었다.[41]

도청에서 하는 중요한 역할은 도감 전체의 업무를 관리 감독하면서 공적인 결정 사항을 각 방에 전달하고 지시하는 업무를 수행하는 일이었다. 그러므로 도청 의궤는 주로 도청의 업무와 관련되어 왕래한 각종 공문서 기록으로 이루어진다. 이 경우 왕래한 공문서는 의궤 제작 과정에서 대개 공문서 유형별로 나누어 수록되고, 또한 이를 날짜순으로 차례〔秩〕대로 수록된다. 예컨대 영조와 정순왕후 가례 때 의궤의 경우 도청 의궤의 기록 내용이 계사질(啓辭秩), 예관질(禮關秩), 이문질(移文秩), 내관질(來關秩), 품목질(稟目秩), 감결질(甘結秩)의 순서로 이루어진 경우가 그러하다.

거의 모든 도감의궤에서 도청 의궤에 해당하는 기록은 계사와 전교(傳敎)를 날짜순으로 수록한 것에서 시작된다. 계사란 신하가 임금에게 품의한 글이나 말을 말하며 전교는 왕의 지시 사항을 말한다. 의궤에 수록된 계사는 도감의 도제조나 제조가 왕에게 말로써 품의한 내용이 주를 이루지만, 말이 아니라 문서로 국왕에게 올린 것도 수록되는데, 이런 경우에는 반드시 '도제조의 뜻'이라는 형식을 취하게 된다.

계사질에는 계사 외에도 왕의 지시 사항인 전교가 함께 수록된다. 그러므로 목차상으로는 계사질이라고 되어 있지만 실제 기록 내용은

41 나영훈, 앞의 논문, 246쪽.

계사만이 아니라 전교도 함께 수록된다. 후대의 의궤에서는 목차에 계사라 하지 않고 전교라 하는 경우도 나타나는데 이 또한 전교만이 아니라 계사를 함께 수록한 것이다.

'예관(禮關)질'은 예조에서 도감에 보내온 관문을 날짜별로 수록한 것이다. 관(關)이란 동등한 관서나 상급 관청에서 하급 관청에 보내는 문서를 지칭하는 것이다. 그러나 실제 예관질의 기록 내용을 보면 대부분 예조에서 첩정의 형태로 도감에 보낸 공문이 등재되어 있다. 첩정이란 하급 관서에서 상급 관서에 올리는 문서로, 예조에서 도감을 높이는 뜻에서 첩정의 형식으로 보낸 것이겠으나 이를 등록하는 과정에서는 예관이라 하여 수록하게 된다.

예관질에 수록된 내용을 살펴보면 도감은 도감대로 담당 업무를 수행하기도 하지만, 한편 관련 관서는 관서대로 관련 사안을 품의하기도 하고, 이 경우 국왕의 재가를 얻어 결정된 사안은 이를 도감에 통지함을 볼 수 있다. 영조와 정순왕후 가례 때의 의궤에 수록된 예관 중에는, 당시의 가례와 관련해서 예조에서 도감에 보낸 통지문 가운데 다음과 같은 내용을 볼 수 있다.

1. 책비 시 머무르실 별궁의 수리와 배설(排設) 등의 일은 각기 해당 관서에서 거행하도록 하되 도감에서 감독한다.
1. 별궁에 나아갈 때 도감 당상과 낭청, 그리고 본조 당상과 낭청은 모두 흑단령으로 배종한다.
1. 책비일과 삼간택일 별궁에 나아가실 때 시위와 단속 등의 일은 병조와 내시부 등 각기 해당 관서에서 전례를 참고해서 마련하여 거

행한다.

1. 별궁에 나아갈 때의 도로는 한성부에서 미리 보수하며, 나가는 궁문은 홍화문 동쪽 협문으로 거행한다.
1. 시간을 알리는 등의 일은 관상감이 전례를 참고해서 마련하여 거행한다.
1. 공상(供上) 등의 일은 호조와 각기 해당되는 관서에서 전례를 참고해서 마련하여 거행한다.
1. 각처에 치는 장막과 배설하여야 할 곳은 각기 해당되는 관서의 담당 관원이 직접 나아가 설치하고 사약(司鑰)이 지휘하여 거행한다.
1. 거행하는 모든 일은 도감에서 전담하여 감독 시행한다.
1. 미진한 조건들은 추후 마련한다.[42]

위의 내용은 삼간택 당일에 각사에서 할 일을 도감, 도감과 예조, 병조와 내시부, 한성부, 관상감, 호조, 해당 관사, 도감의 차례로 열거한 것이다. 이 가운데 가례도감이 할 일로는 특별히 '감독'과 '배종'에 관한 업무가 언급되고 있다. 이처럼 가례와 관련하여 중요한 사안에 대해서는 예조에서 품의해 이를 도감에 통지하게 됨을 볼 수 있다.

'이문질'은 도감의 업무 수행 과정에서 보낸 이문을 날짜별로 수록한 것이다. 이문이란 2품 이상의 중앙과 지방 관청 사이에서 보내는 협조 공문이다. 예컨대 다음과 같은 내용이 여기에 수록된다.

42 박소동, 앞의 책, 예관질, 기묘(己卯) 5월 24일.

> 삼군문과 총융청에서 살피기 바랍니다. 본 도감에서 각종 그릇을 제조하는 데 사용하기 위해 전에 배정한 정철과 숯을 이미 다 사용하였기 때문에 정철 각 300근, 숯 각 50석을 다시 배정하오니, 즉시 수송하되 총융청에서는 숯 40석과 정철 250근을 수송할 것입니다.[43]

'내관질'은 예조를 제외한 다른 상설 관서에서 도감에 보낸 공문으로 주로 첩보 형식으로 회신한 것이다. 영조 가례 때의 도감의궤에 등재된 내관으로는 선공감(繕工監), 훈련도감, 어영청, 병조, 사복시(司僕寺) 등에서 보내온 공문이 기록되어 있는데, 주로 해당 관서에서 왕에게 건의하여 왕의 재가를 받아 결정된 사항 가운데 도감의 업무와 관련되는 것을 통보한 것이다.

'품목질'은 도청의 실무자들이 도청의 당상에게 품의한 문서를 차례대로 수록한 것이다. 여기에는 주로 도감에서 업무 수행상 필요한 각종 용품이나 기물의 조달, 식량과 요포의 지급과 같은 일에 대해 보고하고 결재받은 내용이 수록되어 있다. 품목의 경우 여러 날짜에 걸쳐 품의한 내용이 날짜의 명시 없이 차례로 열거되는 경우가 많다.

이 밖에 '감결질'은 도감의 당상이 도청의 하급 관리에게 내린 지시 사항을 날짜순으로 수록한 것이다. 감결의 경우도 여러 날짜에 걸쳐 처분한 내용이 날짜의 명시 없이 차례로 열거되는 경우가 많다. 품목이나 감결은 도감 내부에서 왕래한 문서이므로 비단 도청 의궤에만 한정되어 수록되는 것은 아니며, 각 방 의궤나 도감에 부설된 지원 부서의 의

43 박소동, 앞의 책, 이문질, 기묘 5월 17일.

궤에는 주된 기록 내용이 되기도 한다.

도감의 업무를 수행하는 과정에서 왕래한 이들 각종 공문서는 원래 도청에서 그때그때 등서해두었던 것이다. 도감의 업무가 종료되어 의궤청이 설치되면서 이를 공문서 유형별로, 또한 날짜별로 정리하는 2차적인 등서 작업을 거쳐 마침내 도청 의궤의 내용으로 구성되는 것이다.

한편 도감의 업무를 종료하면서 도감의 업무에 종사한 관리 및 행사 참가자 및 장인들에 대한 논상(論賞)과 관련된 기록 내용이나 의궤의 제작에 관한 기록 내용 또한 도청 의궤에 수록되는 경우가 많다.[44]

논상에 관한 기록 내용은 우선 행사에 관계되어 논상의 대상이 되는 수많은 관원 및 원역, 공장의 명단을 왕에게 글로 올린 서계(書啓)와 이를 바탕으로 이루어진 실제의 논상 내용으로 구성된다. 서계에는 도감의 관원인 도제조, 제조, 도청, 낭청, 감조관 등의 명단과 이들의 교체 내역에 대한 것이 가장 먼저 기록되고, 이어서 행사 진행 과정에서 중요한 역할이나 책임을 맡은 관원의 명단을 그다음에 기록한다. 예컨대 영조 가례도감의궤의 경우, 도감의 제조나 낭청 등의 명단을 위시해서 납채(納采), 납징(納徵), 고기(告期), 책례(冊禮) 때의 담당 관원의 명단을 수록하고, 다음으로 교명문, 전문, 옥책문, 금보전문의 제술관과 서사관의 명단, 별간역(別看役)과 산원(散員)의 명단, 도감 원역(員役, 녹사·서리·서사·고지기·사령)의 명단을 기록하였으며, 끝으로 도감에서 일한 공장(工匠)의 명단도 수록하였다.

44 논상에 관한 기록과 의궤 제작에 관한 기록은 도청 의궤가 아닌 의궤 말미에 기록되는 경우도 적지 않다.

서계를 마지막으로 도감의 업무가 끝나게 되면 상전(賞典)이 베풀어진다. 참고로 영조와 정순왕후 가례 때의 상전 내용을 일부 옮겨보면 다음과 같다.

> 가례도감 도제조에게 안구마 1필, 제조 3인 및 교명문 제술관과 서사관, 옥책문 제술관과 서사관에게 각각 숙마(熟馬) 1필을, 교명 전문 서사관과 금보 전문 서사관에게 각각 반숙마(半熟馬) 1필을 사급(賜給)할 것. 교명 차비, 옥책 차비, 금보 차비, 명복 차비는 모두 가자(加資)하고 (중략) 납채 시, 납징 시, 고기 시, 책비 시의 정사와 부사에게 각각 숙마 1필을 면급(面給)할 것. 납채 시, 납징 시, 고기 시의 각 봉교문관, 책례 시의 봉교명관, 봉옥책관(奉玉冊官), 봉금보관(奉金寶官), 전정 집사(殿庭執事) 등과 입시 승지, 분승지와 찬의(贊儀) 및 동뢰상(同牢床)의 미수(味數)와 찬화(撰花) 감조 낭청에게 각각 아마 1필을 사급할 것.(하략)[45]

이 밖에 도청 의궤에는 의궤 제작에 관한 업무 내역도 수록되는 경우가 많다. 의궤의 제작에 관한 업무는 의궤청이 설치되어 독자적으로 수행하는 업무이므로 도청의 업무와는 구분되는 것이어서 의궤의 말미에 수록되는 경우도 있지만 도청 의궤에 부록 형식으로 기록되는 경우가 많다. 『[영조정순왕후]가례도감의궤』에 수록된 의궤사목을 통해서 의궤 제작에 관한 업무 지침이 어떠한 내용인지를 살펴보면 다음과

45 박소동, 앞의 책, 논상, 기묘 6월 23일.

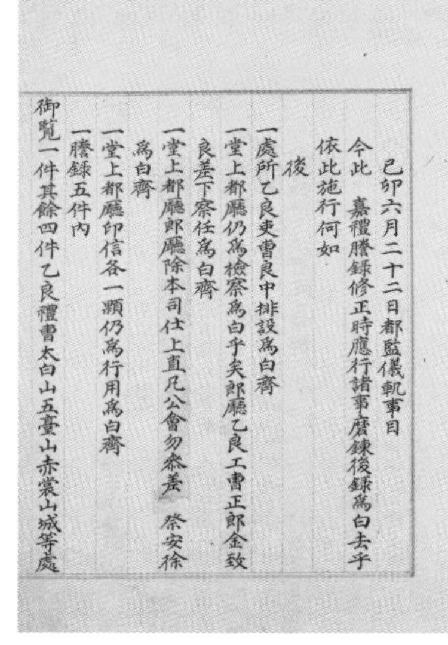

己卯六月二十二日都監儀軌事目
今此 嘉禮謄錄修正時應行諸事磨鍊後錄爲白去乎
依此施行何如
後
一處所乙良吏曹良中排設爲白齊
一堂上都廳仍爲檢察爲白乎矣郞廳乙良工曹正郞金致
良差下察任爲白齊
一堂上都廳郞廳除本司仕上直凡公會勿叅差 祭安徐
爲白齊
一堂上都廳印信各一顆仍爲行用爲白齊
一謄錄五件內
御覽一件其餘四件乙良禮曹太白山五臺山赤裳山城等處

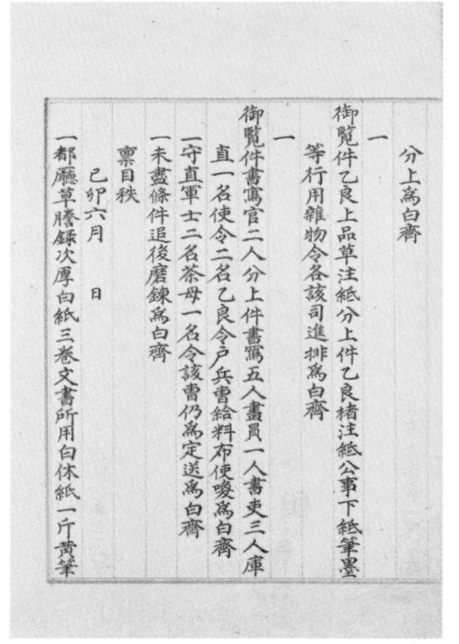

分上爲白齊
一
御覽件乙良上品草注紙分上件乙良楮注紙公事下紙筆墨
等行用雜物令各該司進排爲白齊
一
御覽件書寫官二人分上件書寫五人書員一人書吏三人庫
直一名使令二名乙良令戶兵曹給料布使喚爲白齊
一守直軍士二名茶母一名令該曹仍爲定送爲白齊
一未盡條件追後磨鍊爲白齊
稟目秩
己卯六月 日
一都廳草謄錄次厚白紙三卷文書所用白休紙一斤黃筆

영조-정순왕후 가례 때의 의궤청 사목〔『[영조정순왕후]가례도감의궤』(1759), 국립중앙박물관 소장〕

같다.

1. (의궤청) 장소는 이조에 설치한다.

1. 당상과 도청이 그대로 감독 관리하되 낭청은 공조 정랑 김치량(金致良)을 임명하여 직무를 살피도록 한다.

1. 당상과 도청, 낭청은 본사(本司)에 상직(上直)하는 것을 제외하고는 모든 공회(公會)에 참석하지 않으며, 제례(祭禮)에도 차출하지 않는다.

1. 당상과 도청의 인신(印信) 각 1과(顆)는 그대로 사용한다.

1. 5건의 등록 중 어람용(御覽用) 1건 이외의 나머지 4건은 예조, 태백

산, 오대산, 적상산성 등에 나누어 보관한다.

1. 어람용은 상품 초주지(上品草注紙)로, 나머지는 저주지(楮注紙)와 공사하지(公事下紙)로 하며, 필묵 등 많이 쓰이는 잡물은 각 해당 사(司)에서 올린다.

1. 어람용 서사관 2인, 분상건 서사관 5인, 화원 1인, 서리 3인, 고지기 1명, 사령 2명은 호조와 병조에서 요포(料布)를 지급하여 부린다.

1. 수직 군사 2명, 다모(茶母) 1명은 해당 관서에서 배정하여 보낸다.

1. 미진한 사항은 추후에 마련한다.[46]

의궤의 제작에 관한 업무는 도감과는 별도의 의궤청 소관이므로 의궤사목에 뒤이어 의궤의 제작과 관련된 각종 공문서 기록이 또한 수록된다. 이 경우 의궤의 제작과 관련되는 기록 내용은 감결과 품목 같은 것이 주를 이룬다.

이상에서 알 수 있듯이 도청 의궤의 내용은 도감의 업무를 수행하는 과정에서 왕래한 각종 공문서 기록을 유형별로, 그리고 날짜별로 기록한 것이라 할 수 있다. 여기에 도감의 업무를 종료한 뒤의 행사 참여자에 대한 논상과 관련된 기록, 의궤 제작에 관한 기록이 부록의 형태로 수록되기도 한다.

도감 제도 아래서 도청이 하는 역할과 기능이 무엇인지는 이들 공문서 기록을 통하여 엿볼 수 있다. 도감에서 도청은 국왕에게 품의하는 경우를 제외하고는 상급 관서에 보고하거나 요청하는 사안은 거의 없

46 박소동, 앞의 책, 도청의궤, 도청의궤사목.

다고 할 수 있다. 그러므로 동급 관청 혹은 하급 관청에 도감의 업무와 관련해서 협조를 구하거나 명령과 지시를 내리는 것이 도감 도청의 주된 업무이고 그것이 도청 의궤의 주된 기록 내용으로 나타나게 된다.

2. 작업 부서(방 혹은 소)의 기록

도감에서 실제 작업을 수행하는 곳은 방(房)이나 소(所)로 불리는 작업장이다. 도감이란 일종의 감독 기구이므로 무엇보다도 방이나 소에서 이루어지는 작업을 감독하고 관리하는 일이 중요하였다. 도감에서 작업 현장의 감독은 감조관이나 감역관이 담당하고, 다음으로 이를 각 방(소) 낭청이 감찰하며, 또한 이를 도감 본부인 도청의 당상이나 낭청이 관리하고 검찰하는 2중, 3중의 감독 형태를 띤다고 할 수 있다. 따라서 실무 작업장인 방이나 소에 소속된 낭청과 감역관(혹은 감조관)이 실무적으로는 도감에서 가장 핵심적인 감독 업무를 수행한다고 할 것이다.

방은 실내에 작업 시설을 갖춘 작업소로 대개 도감 본부가 위치한 곳이나 그 가까이에 위치한다. 소는 방과는 달리 작업장이 도감 본부가 위치한 곳에서 떨어져 있는 경우로 주로 야외 작업장을 지칭한다. 여러 가지 물건을 한 장소에 모여서 제작할 때의 작업장은 가옥 시설을 갖춘 방이 적당하나, 작업의 성격상 노역 노동이 중심이 되는 경우는 한데 작업장에서 작업이 이루어지게 된다. 방에서는 '감조관'의 감독 아래 여러 기능공의 분업과 협동으로 행사에 필요한 물건의 '제조' 작업이

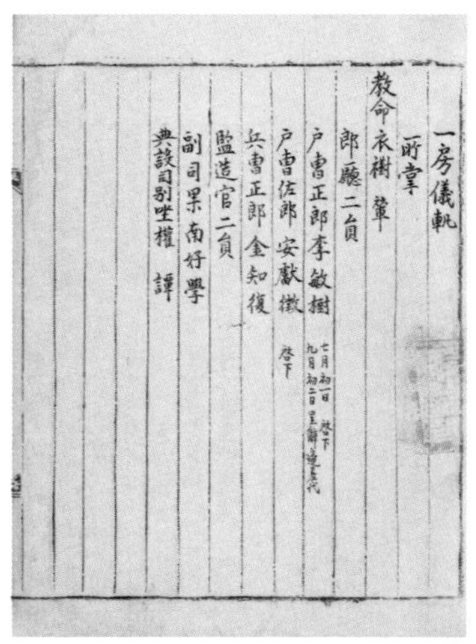

一房儀軌

所掌

教命衣樹 韋

郎廳二員

戶曹正郎李敏樹

戶曹佐郎安獻徵

兵曹正郎金知復

監造官二員

副司果南好學

典設司別坐權 譚

소현세자 가례 때의 가례도감 제1방의 관장 업무와 담당 관리에 관한 기록(『[소현세자]가례도감의궤』(1627), 서울대 규장각한국학연구원 소장)

이루어진다. 반면에 소에서는 '감역관'의 현장 감독 아래 주로 노역 노동이 중심이 된 '사역' 활동이 이루어지는 것이 보통이다.

방의 경우 세 개의 방으로 구성되는 것이 가장 전형적인 형태이고, 이 경우 각 방은 1방, 2방, 3방으로 지칭된다. 소의 경우도 1소, 2소, 3소 등으로 작업소를 구별하는 경우도 있으나, 대개는 산릉도감의 경우처럼 '삼물소(三物所)', '부석소(浮石所)', '보토소(補土所)' 등과 같이 노역 작업의 내용에 따라 호칭하였다.

도감의 가장 전형적인 작업 분담 조직은 3방 체제라고 할 수 있다. 국장(예장, 장례)도감, 빈전(빈궁)도감, 가례도감, 책례도감, 부묘(부궁, 입묘)도감, 존숭(추숭, 존호, 상호)도감 등 왕실의 통과의례성 행사를 관장하는 거의 모든 도감은 3방의 조직을 갖추었다. 다음은 가례도감, 책례도감, 존숭도감, 국장도감, 부묘도감의 경우 각 방이 담당하는 업무를 표로 나타낸 것이다.

〈표 6〉 왕실의 통과의례성 행사를 관장하는 도감 각 방의 제작 물건

	1방	2방	3방
가례도감 (영조정순왕후)	교명·의대·포진·의주·상탁함궤	(중궁전)연여·의장	옥책·금보 및 관련 제구
책례도감 (사도세자)	교명·죽책과 의대	옥인·인통·주통·인록·호갑·채여	연여·교자·의장
존숭도감 (인원왕후)	옥책·갑(匣)·내함(內函)·외궤(外櫃)·배안상·독안상	옥보·보통·주통·보록·호갑·주홍배안상	연여·의장
국장도감 (정조)	연여·평교자·영좌교의(靈座交椅)·방상(方床)·평상(平床)	길의장·흉의장·복완·명기·악기·포연(鋪筵)	시책·시보·애책·증옥·증백·삽선(翣扇)·만장·제기
부묘도감 (인조인렬왕후)	여연·향정(香亭)·상탁·유가(油家)·목물(木物)·병풍	의장·욕장(褥帳)·좌의자(座倚子)·우산·거촉(炬燭)	각종 제기와 옥책보·시책보·휘호책보

도감에서 각 방은 보고 계통상 도청의 지휘를 받게 되지만 분담받은 업무와 관련해서는 각 방이 각기 책임을 지니기에 각 방도 자체적으로 업무 수행 과정에서 수발하는 공문서는 자체적으로 기록 보존하였다. 방에서 업무를 수행하는 과정에서 취급하는 공문은 주로 도청에 품의하여 결재를 받은 내용(품목), 도청에서 각 방에 지시한 내용(감결)이 중심이 된다. 방에서도 다른 관서에 협조 공문(이문)을 직접 보내기도 하고, 또한 방에서도 왕에게 직접 계사를 올리는 경우도 있으나 그러한 경우는 아주 드물었다.

일례로 영조와 정순왕후 가례 때의 의궤를 보면, 가례도감 2방의 기록 내용 중에는 2방에서 직접 경기 감영에 보낸 협조 공문으로 다음과 같은 것을 볼 수 있다.

경기 감영에서 살피기 바랍니다. 본 도감에서 부릴 일이 매우 시급한바, 주렴장(朱簾匠) 강민(姜民) 등 8명이 고양 고을에 있으니 신속히 보내되 혹 문제가 있거든 솜씨 있는 장인을 대신 보낼 것을 통보합니다.[47]

이 내용은 아주 시급을 다투는 일이었던 듯하고 이처럼 시급을 다투는 일에는 도감 도청을 경유하지 않고 실무 작업소에서 직접 공문을 보내기도 하였음을 알 수 있다.

이 밖에 각 방에서는 행사용 물건의 제조 과정에서 실제 사용한 물자의 내역을 기록하는 것과 사용하고 남은 것으로 뒤에 돌려줄 물자의 내역을 기록하는 일이 중요하였다. 이 경우 사용한 물자의 명세는 '실입(實入)'에, 사용 후 남아서 돌려줄 물자의 명세는 '용환(用還)'이라고 하여 각각 따로 기록하였다.

도감 조직에서 각 방은 행사용 물건을 실제 제작하는 작업소이므로 각 방에 소속되어 행사용 물건의 제조 작업에 동원된 공장에 관한 기록도 중요하였다. 각 방 소속의 공장에 대한 기록은 각 공장별로 인명이나 인원을 하나하나 기록하였다. 이는 제조된 물건에 대한 책임 소재를 분명히 하기 위함이기도 하고, 또한 행사가 끝난 뒤의 논상에 대비하기 위함이기도 하다. 공장의 경우 논상 대상자를 몇 명으로 일괄하여 기록하기도 하고 인명을 하나하나 열거하기도 하였다.

통과의례적 성격의 왕실 행사를 관장하는 도감의 경우와는 달리 능

47 박소동, 앞의 책, 2방의궤, 이문질, 기묘 5월 12일.

원묘의 조성이나 왕실 건축물의 영건과 같이 건축 토목에 관한 사업을 수행하는 도감의 경우에는 실무 작업 부서를 '소'로 칭한다. 현전하는 의궤를 통해 볼 때 도감의 실무 조직으로 소를 두는 경우에는 대개 6~7개 정도를 두는 경우가 보통이나 드물게는 두서너 곳, 혹은 다섯 곳이나 아홉 곳을 두는 도감도 있어 일률적이지 않다. 도감의 종류에 따른 소의 개수를 표시하면 다음 표와 같다.[48]

〈표 7〉 2~9소의 작업소를 둔 조선 후기의 도감

구분	해당 도감
2소	혜릉석물추배도감(1722)
3소	종묘개수도감(1726), 종묘영녕전증수도감(1836)
4소	창덕궁만수전수리도감(1657), 영녕전개수도감(1667)
5소	창덕궁창경궁수리도감(1652), 명성왕후숭릉산릉도감(1684)
6-7소	창덕궁수리도감(1647), 산릉도감, 봉릉도감, 봉묘도감, 묘소도감, 상시봉원도감, 원소도감
9소	인목왕후산릉도감(1632)

〈표 7〉에서 보듯이 거의 모든 산릉도감, 봉릉도감, 봉묘도감, 묘소도감, 상시봉원도감, 원소도감의 경우 6~7개의 작업소를 두는 것으로 나타난다.

도감이면서도 2소의 작업소를 둔 경우는 혜릉석물추배도감의 경우가 유일한 경우이다. 이 도감은 당상 2인, 낭청 2인, 감조관 4인만으로

48 나영훈, 앞의 논문, 253~254쪽.

관리 감독관을 구성하여, 이 가운데 낭청 두 사람은 도청에 속하는 한편 부석소와 노야소(爐冶所)의 낭청을 겸하였다. 4인의 감조관은 부석소에 2인, 노야소에 1인, 나머지 1인은 사산(四山)감역관으로 활동하였다. 이 도감에는 도감 직속의 이 2개 소 외에도 타 관서의 분소로 별공작과 수석소가 부설되었다. 이 사례는 당상 2인, 낭청 2인, 감조관 4인의 관리자로 구성된 영세한 관리 감독 조직인데도 이를 도감이라고 한 경우로 이러한 경우는 혜릉석물추배도감이 거의 유일한 사례이다.

도감에 3소를 둔 경우로는 종묘개수도감, 종묘영녕전증수도감의 경우를 들 수 있다. 두 도감의 경우 도청 산하에 1소, 2소, 3소의 세 소를 두었다. 작업소를 이렇게 1소, 2소, 3소로 구분하는 경우는 하나하나의 소가 여러 형태의 사역을 수행하는 경우이다. 종묘개수도감의 예로 보면, 1소는 목역(木役)·파옥(破屋)·주렴과 탁상 등의 보수, 거동 시의 배설(排設) 등을 맡고, 2소는 부석(浮石), 개묘(開墓), 지정(地正), 정초(定礎), 토역(土役), 방전(方甎), 비석, 수소(修掃) 등을 담당하였으며, 3소는 구재와(舊材瓦) 운반, 개와(蓋瓦), 단청, 신련(神輦) 및 신여(神轝) 등의 수보(修補), 의주, 제기고(祭器庫)와 전사청(典祀廳) 및 수복방(守僕房) 등의 개조를 담당하였다.

이 밖에 창덕궁창경궁수리도감의 경우 창덕 1소, 창덕 2소, 창경 1소, 창경 2소, 굴토(掘土) 1소의 5개 소로 나누어 작업팀을 구성하였으며, 창경궁수리도감의 경우 재목소, 1소, 2소, 3소, 4소, 5소의 6개 소로 작업 조직을 구성하였다. 작업소의 명칭이 '재목소'라고 하는 경우는 재목에 관한 한 종류 사역을 수행하고, 1소, 2소와 같이 숫자로 표시되는 작업소는 한 작업소가 여러 종류 작업을 수행하였다.

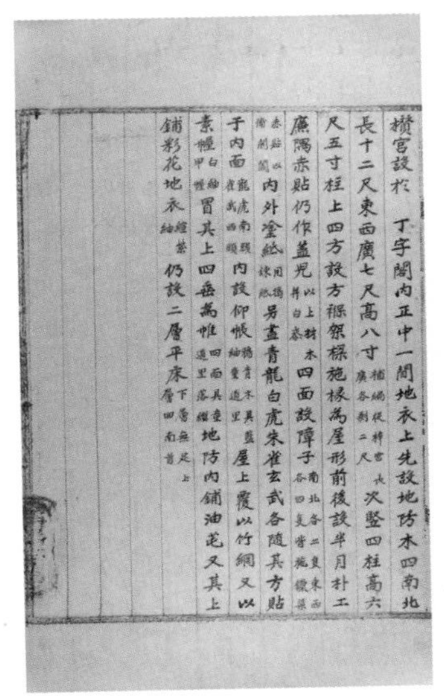

欑宮設於 丁字閣內正中一間地衣上先設地防木四南北
長十二尺東西廣七尺高八寸 次竪四柱高六
尺五寸柱上四方設方樑架椽施椽爲屋形前後設半月朴工
廉隅赤貼仍作蓋兒 四面設障子
內外塗紙 另畫青龍白虎朱雀玄武各隨其方貼
于內面 內設仰帳 屋上覆以竹網又以
素幭 冒其上四岳爲帷 地防內鋪油芚又其上
鋪彩花地衣 仍設二層平床

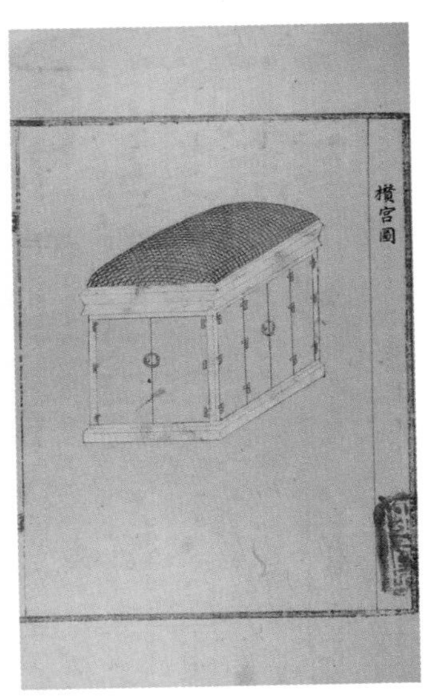

정조 장례 때의 『산릉도감의궤』(1800)의 조성소 의궤에 수록된 찬궁도설(서울대 규장각한국학연구원 소장)

종묘나 궁궐의 영건과는 달리 능원묘의 조성을 위해 설치되는 도감의 경우는 도감 직속의 작업소가 삼물소(三物所), 조성소(造成所), 대부석소(大浮石所), 소부석소(小浮石所), 노야소, 보토소(補土所), 수석소(輸石所)와 같은 6~7개의 작업소를 갖추는 것으로 나타나며, 많게는 9개 작업소까지 나타나는 경우도 없지 않다.

도감 직속의 작업소 의궤에는 이들 작업소의 활동과 관련해서 각종 도설이 수록된다. 예컨대 산릉도감의 조성소는 정자각(丁字閣)이나 옹가(甕家) 등을 축조하는 일을 담당하므로 조성소의 업무를 기록한 의궤에는 정자각, 찬궁(欑宮), 사수(四獸)와 같은 각종 도설이 조성소 의궤에 수록되게 된다. 또한 산릉도감의 대부석소에서는 능 주변의 큰 석물을 조성하는 일을 담당하므로 대부석소 의궤에는 능소를 조성할 때 만들어진 각종 석물에 대한 도설이 수록된다.

산릉도감의 경우 이들 도감 직속의 6~7개 작업소 외에도 별공작(別工作), 분장흥고(分長興庫), 번와소(燔瓦所)와 같이 다른 관서의 파견 분소 형태의 작업소가 부설되기도 한다. 이들 부설 작업소는 본사에서 파견된 관리가 감역관 혹은 감조관이 되어 독립적으로 필요한 작업을 수행하였고 도감의 직접적 관리 감독을 받지 않는다는 점에서 도감 직속 작업소와는 차이가 있다. 이 때문에 도감 직속 작업소에 두는 낭청이 부설 작업소에는 없다. 또한 도감 직속 작업소에서 업무와 관련해서 상사에 품의한 내용은 '품목'이라 하여 의궤에 수록되지만, 별공작과 같은 부설 작업소에서 업무상 도감에 품의한 것은 '수본(手本)'이라 하여 의궤에 수록되었다.

3. 기타 지원 부서의 기록

도감에 따라서는 방 혹은 소로 불리는 도감 직속 작업소 외에 일반 관서의 분소 형태의 여러 작업소가 부설되기도 하였다. 거의 모든 도감의궤에는 1, 2, 3방의 업무 내역에 대한 기록에 이어 '별공작'의 업무에 관한 기록이 수록되는데 이 별공작이 바로 도감에 가장 흔하게 설치되는 부설 작업소이다.

도감에 부설된 별공작은 선공감에서 파견된 관리가 작업 감독을 담당하는 별도의 작업장이다. 도감 직속의 방이나 소가 각종 행사용 물건의 제작을 담당하는 것과는 달리 별공작은 이들 작업장에서 일하는 장인이나 역부들의 작업과 생활에 필요한 용구와 비품 및 시설을 만드는 일을 담당하였다.

대부분의 도감에 부설되는 별공작 외에도 전설사(典設司), 장흥고(長興庫), 와서(瓦署), 봉상시(奉常寺)와 같은 관서의 관원이 파견되어 작업소를 꾸려 도감의 업무를 지원하는 경우도 있다. 도감의궤 중에는 '분장흥고 의궤', '분전설사 의궤', '번와소 의궤'와 같은 것이 수록된 경우를 볼 수 있는데, 이는 도감의 요청으로 장흥고, 전설사, 와서와 같은 관

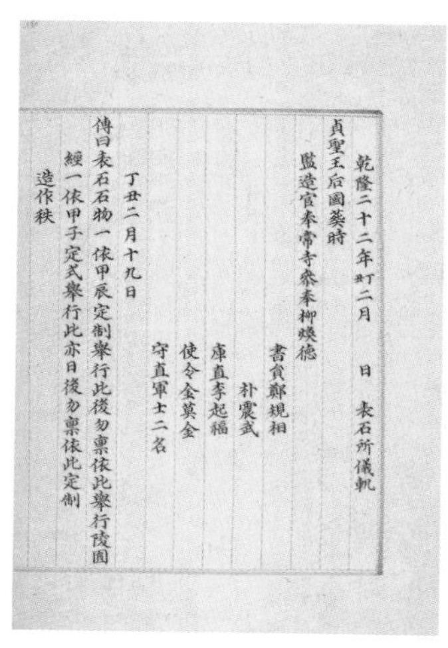
乾隆二十二年丁丑二月 日 表石所儀軌
貞聖王后國葬時
監造官奉常寺叅奉柳煥德
書員鄭矨相
朴震武
庫直李起福
使令金莫金
守直軍士二名
丁丑二月十九日
傳曰表石石物一依甲辰定制舉行此後勿禀依此舉行陵園
經一依甲子定式舉行此亦日後勿禀依此定制
造作秩

정성왕후 장례 때 국장도감에 부설된 표석소의 감조관과 원역 명단(『[정성왕후]국장도감의궤』(1757), 국립중앙박물관 소장)

서에서 파견된 관리가 소속 공장을 거느리고 담당 업무를 수행하여 그 업무 내역을 기록한 것이다.

이 밖에 국장(國葬)이나 예장(禮葬), 능원묘의 천장에 관한 의궤에 수록된 '지석소(誌石所) 의궤', '표석소(表石所) 의궤', '우주소(虞主所) 의궤', '지방소(紙牓所) 의궤', '조주소(造主所) 의궤'와 같은 것도 도감 직속의 작업 부서와는 다른 별도의 부설 작업소의 기록이다. 주로 장례에 필요한 특수 물건의 제작을 위해 설치된 이들 부설 작업소는 봉상시에서 파견된 관원이 소속 장인을 거느리고 특수한 물건의 제작을 담당하였다.

이들 상설 관서의 분소 성격의 작업소는 도감 직속 실무 부서인 방과 소와는 달리 낭청의 직함을 가진 관리가 없었다. 부설 작업소는 도감으로부터 직접적으로 관리, 감독을 받지는 않으며 본사에서 파견된 관리가 감조관 혹은 감역관이 되어 작업을 감독하였다.

다음의 〈표 8〉은 각종 도감에 부설된 상설 관서의 출장 작업소를 나타낸 것이다.[49]

49 〈표 8〉은 나영훈, 앞의 논문 264~265쪽의 표를 재정리한 것이다.

〈표 8〉 각종 도감에 부설된 타 관서의 출장 작업소

	분장흥고	분전설사	번와소	지석소	표석소	우주소	수석소	상지관	종묘수리소	별궁수리소	수리소	지방소	개제주소	조주소	신주조성청
국장도감	○	○		○	○	○									
예장도감	○	○		○	○	○								○	
천봉도감	○	○		○	○							○			
상례도감	○	○			○									○	
빈궁혼궁도감	○														
묘소도감	○		○				○	○							
봉릉도감	○		○				○	○							
봉묘도감	○		○				○	○							
산릉도감	○		○				○	○							
원소도감	○		○					○							
천봉산릉도감	○		○					○							
천봉원소도감	○		○					○							
상시봉원도감	○		○		○			○							
개수도감			○												
추숭도감					○								○	○	
부묘도감									○		○				○
부궁도감									○						
입묘도감									○						
가례도감										○	○				
선시(宣諡)도감				○									○		
시호도감													○		
존호도감													○		
천묘도감				○											

대부분의 도감에 부설되는 별공작을 제외하면, 여러 부설 작업소가 딸린 도감은 대체로 장례에 필요한 특정 물건의 제작이나 능원묘의 조성과 같은 사업을 위해 설치되는 도감인 것으로 나타난다. 이들 부설 작업소는 대체로 선공감을 비롯해 장흥고, 전설사, 와서를 본사로 하는 작업소들이라고 할 수 있다.

장흥고는 조선 시대에 돗자리와 기름 먹인 종이 등의 조달을 담당하던 관서이다. 분장흥고는 대개 종7품의 장흥고 직장이 파견되며 국장과 예장, 능원묘의 천장과 같은 행사를 관장하는 도감에는 거의 예외 없이 두었다.

전설사는 국가적 행사 의례를 거행할 때 행사장에 필요한 설치물의 조달이나 기물의 운반에 관한 업무를 담당하는 관서이다. 도감에 전설사 관원이 분차관으로 파견되는 경우는 국장이나 예장, 능원묘의 천장 때에 한정되었다.

번와소는 궁궐 건축에 필요한 기와를 공급하는 관청인 와서(瓦署)의 분소이다. 주로 와서의 별제(別提)가 파견되어 감조관의 직임을 띠고 개와장(蓋瓦匠)이나 와장(瓦匠), 적눌장(積訥匠) 등을 감독하였다. 번와소는 기와 제작에 필요한 땔감 등을 조달하였으며, 왕릉 조성 시 봉분 앞에 짓는 정자각과 재실, 각종 건축물, 원소(園所)의 담장 조성에 필요한 기와를 현지에서 제작하여 조달했다.

상설 관서에서 파견된 관리가 작업 인부를 감역하는 이들 부설 작업소는 도감의 업무를 보조하는 일종의 지원 부서라고 할 수 있지만 이들 지원 부서에서도 소관 업무와 관련해서 업무 내역을 상세히 기록하였다. 의궤에는 이들 지원 부서의 업무에 관한 기록까지도 수록되는 것으로 볼 때 도감은 담당 부서별로 각기 자기책임주의의 원칙에 따라 담당 업무를 수행하고 이를 기록으로 남겼음을 알 수 있다.

『산릉도감의궤』에 나타나는 각종 작업소의 기록을 통하여 도감의 도청과 도감 직속 작업소, 타 관서에서 파견되어 도감에 부속된 작업소에 따라 기록 내용에 어떠한 차이가 있는지를 비교해보기로 한다. 다음은 정조 국장 때의 『산릉도감의궤』에 보이는 도감 각 부서의 의궤 목록을 부서별로 나누어 표로 나타낸 것이다.

〈표 9〉 정조 국장 시 『산릉도감의궤』에 수록된 도청 및 각종 작업소의 의궤

차례		내용 목차
도청	(도청 의궤)	좌목 · 전교계사 · 서계 · 상전 · 이문 · 감결 · 내관 · 예관 · 의주 · 반사 · 재용 · 부의궤(附儀軌) · 의궤사목별단 · 이문 · 감결 · 주계(奏啟) · 용환(用還)
도감 직할 작업소	삼물소 의궤	좌목 · 도설 · 품목 · 이문 · 감결 · 내관 · 일록 · 각항견양(各項見樣) · 실입 · 용환 · 소화질(燒火秩) · 공장
	조성소 의궤	좌목 · 도설 · 시일 · 품목 · 실입 · 용환 · 소화질 · 이문 · 내관 · 공장
	대부석소 의궤	좌목 · 도설 · 시일 · 이문 · 내관 · 품목 · 실입 · 용환 · 석물배설 · 기지척량(基址尺量) · 사례 · 공장
	노야소 의궤	좌목 · 시일 · 품목 · 실입 · 용환 · 철탄식(鐵炭式) · 타조철물(打造鐵物) · 탄 · 공장
	보토소 의궤	좌목 · 시일 · 품목 · 이문 · 실입 · 용환 · 공장
	소부석소 의궤	좌목 · 시일 · 품목 · 석물 · 철물 · 실입 · 용환 · 공장
파견 분소	수석소 의궤	시일 · 수본(手本) · 이문 · 실입 · 용환 · 기계조작(機械造作) · 공장
	별공작 의궤	시일 · 수본 · 내관 · 실입 · 용환 · 공장
	분장홍고 의궤	좌목 · 시일 · 수본 · 영배(永排) · 소화질 · 실입 · 공장
	번와소 의궤	좌목 · 시일 · 수본 · 와전실입(瓦甎實入) · 봉수(逢授) · 실입 · 용환 · 공장

이 도감의궤의 목차에는 '도청 의궤'라는 표시가 보이지 않지만 의궤의 첫 장에서부터 '삼물소 의궤'의 앞쪽까지 수록된 내용은 도청의 업무와 관련된 도청 의궤이다. 이 도청의 업무에 관한 기록 가운데 뒤쪽에 수록된 '부의궤(附儀軌)'는 의궤청의 업무에 관한 기록으로 이를 부록 형식으로 도청 의궤에 포함시킨 것이다. 의궤청은 도청의 업무가 완료된 뒤 의궤 제작을 위해 설치되며 기록 내용은 의궤사목에 이어 의궤청 업무와 관련된 공문서 기록으로 이루어져 있음을 알 수 있다.

『산릉도감의궤』의 기록 가운데 삼물소 의궤 이하 조성소·대부석소·노야소·보토소·소부석소의 의궤는 도감에 직속된 각 작업소의 업무에 관한 기록이고, 나머지 수석소·별공작·분장흥고·번와소 의궤는 도감의 사업을 지원하는 타 관서 출장소의 업무 내역에 관한 것이다.

도감 직속의 작업소 의궤와 출장 작업소 의궤는 기록 내용에서 전자는 '품목'이, 후자는 '수본'이 수록되는 것으로 구별된다. 수본은 공적 사무에 관하여 상사(上司)나 관계 관서에 보고하는 문서이다. 따라서 이들 파견 작업소의 경우 도감에 파견된 기간 동안은 도감 도청을 상사로 하여 공적 보고가 이루어졌음을 알 수 있다.

그러나 모든 의궤가 이처럼 관리 부서인 도청의 기록, 실무 부서인 각 방(혹은 소)의 기록, 기타 부설 작업소의 기록으로 내용이 구성되는 것은 아니다. 그 수가 많지는 않지만 의궤 중에는 도감 대신에 '청'이나 '소'가 설치되어 그 활동 내역을 기록한 것이 있는가 하면, 예조나 호조와 같은 상설 관서가 특정 사업이나 행사를 일시적으로 도맡아 그 사업 내역을 의궤로 남긴 경우도 있다. 전자의 경우로는 예컨대 『실록찬수청의궤(實錄纂修廳儀軌)』, 『국조보감감인청의궤(國朝寶鑑監印廳儀軌)』, 『선원보략교정청의궤(璿源譜略校正廳儀軌)』, 『악기조성청의궤(樂器造成廳儀軌)』와 같은 것을 들 수 있고, 후자의 경우로는 『친경의궤(親耕儀軌)』, 『대사례의궤(大射禮儀軌)』, 『인정전중수의궤(仁政殿重修儀軌)』 등과 같이 사업을 관장한 기구가 명시적으로 드러나지 않는 의궤를 들 수 있다.

도감 제도는 관리 부서와 실무 부서, 지원 부서로 이루어지는 활동 조직이기도 하지만 이들 각각의 부서는 각기 소관 업무와 관련하여 자기책임주의 원칙 아래 활동하였다. 그러므로 도감의궤의 경우 각기 소관 부서별로 기록 내용이 구성되지만, 비도감의궤의 경우 작업 부서별로 사업과 관련되는 활동이 뚜렷이 드러나지 않는다.

예컨대 인조 11년(1633) 3월부터 7월까지 창경궁 수리 공사를 기록한 『창경궁수리소의궤』의 경우를 보면, 당시 수리소 의궤의 기록 내용이 좌목, 계사, 관문, 의궤, 상전, …… 미포겸잡물소(米布兼雜物所), 재목소, 1소, 2소, 3소, 4소, 5소, 노야소의 순으로 수록되어 있다.[50] 그런데 이 의궤에는 창경궁수리소에 딸린 잡물소, 재목소 및 6개의 작업소에서 각각 소관 업무와 관련된 공문서 기록은 보이지 않는다. 이 수리소에도 여느 수리도감과 마찬가지로 당상, 도청과 같은 지휘부가 있었고, 각소에 낭청과 감역관을 두었음에도 불구하고 각소별 활동 내역이 기록상으로 드러나지 않는다. 이로 볼 때 소의 경우 공문서 기록은 본청에서 관장하고 예하 작업소별로는 업무와 관련하여 기록 책임이 없었던 것으로 보인다.

50 규장각한국학연구원 의궤종합정보(http://e-kyujanggak.snu.ac.kr/center/main/main.jsp), 의궤디지털서고, 창경궁수리소의궤, 상세 정보.

소와는 달리 '청'에서 행사를 담당한 의궤의 경우 도감의궤와 뚜렷한 차이를 찾을 수 없다. 숙종 3년(1677)에 남별전을 중건할 때의 의궤인 『남별전중건청의궤』의 경우를 보면 본청 및 각 작업소의 업무 내역에 관한 기록이 다음 〈표 10〉과 같다.[51]

〈표 10〉 『남별전중건청의궤』의 도청 의궤 및 각소 의궤의 기록 내용

담당	기록 내용
본청	좌목 · 계사 · 상량의 · 상량문 · 이문 · 내관 · 감결 · 미포상하전(米布上下錢)
1소	좌목 · 품목질 · 감결질 · 실입질 · 용여환하질(用餘還下秩) · 용후환하질(用後還下秩) · 공장질
2소	좌목 · 품목질 · 감결질 · 실입질 · 환하질 · 공장질
3소	품목질 · 남별전이안의 · 예조절목 · 이문 · 감결질 · 환안의(還安儀) · 예조절목 · 실입급용여(實入及用餘) · 용후환하질 · 이안시차비관 · 환안시차비관 · 공장질
기타	의궤사목 · 상전

도감이 제조(도제조-제조)-도청-낭청을 주축으로 하는 제조제에 입각한 업무 시스템으로 지휘와 관리, 감찰 활동이 중시되는 업무 조직이라면, 청은 당상-낭청을 주축으로 하는 시스템으로 관리나 감찰보다는 작업 효율이 중시된다고 할 수 있다. 그러므로 도감의 경우 본청에 도제조와 제조 외에 감찰의 업무를 담당하는 도청으로 불리는 낭청을 두지만, 청에는 도청 없이 당상과 낭청만으로 업무가 관리되며, 청의 당상이 제조의 직임을 띠지 않는 것이 보통이었다.

51 앞의 사이트, 남별전중건청의궤, 상세 정보.

1677년의 『남별전중건청의궤』를 보면 당시 중건청의 당상으로는 예조판서, 공조판서, 호조판서의 3인이 차출되고, 낭청으로는 호조좌랑, 예조좌랑, 공조정랑이 차출되었다. 이는 남별전 중건 공사를 호조와 예조, 공조의 3조 판서와 3조 낭관의 책임하에 수행한 것이라고 할 수 있는데, 이 사업의 경우에는 검찰 업무를 수행하는 도청을 두지 않았다.

『실록』의 편찬을 담당하는 실록청의 경우도 제조-도청-낭청이 아닌 당상-낭청을 주축으로 하는 실무 시스템을 보여준다. 도청이나 각 방이 모두 당상과 낭청으로 구성되었으며 여기에 감찰 임무를 수행하는 한림 1원을 두기도 하나 이를 도청으로 호칭하지는 않았다. 또한 실록청의 경우 도청에도 낭청이 있었으나 이 경우 도청 소속의 낭청을 도청으로 호칭하지는 않았다.

이와 달리 사업의 규모나 행사의 비중이 도감을 설치할 정도가 못 되는 경우에도 이를 청으로 지칭하였다. 정조가 왕세손으로 가례를 치를 때에 일시 설치된 기구는 가례도감이라 하지 않고 가례청이라 하였다. 이때의 가례청의 업무 조직과 관리 임원을 소현세자 가례 때 가례도감의 그것과 비교하기 위해 표로 나타내면 다음과 같다.

〈표 11〉 가례도감(1627)과 가례청(1762)의 업무 조직에 대한 비교

	(소현세자)가례도감(1627)	(왕세손)가례청(1762)
업무 조직	도청-3방	도청-2방
당상	도제조 1, 제조 3	제조 2
낭청	도청 2, 각 방 낭청 6	도청 1, 각 방 낭청 2

왕세자의 가례 때 설치된 가례도감의 경우 도제조와 3원의 제조가 있는 반면에, 왕세손의 가례 때 설치된 가례청은 도제조 없이 제조만을 두며, 낭청도 가례도감은 8원의 낭청이 임명되어 2원을 도청에, 나머지 6원을 각 방에 배속하고 있으나, 가례청은 3원의 낭청을 임명하여 1원을 도청에, 나머지 2원을 각 방에 배속하고 있다. 이처럼 가례청도 도청이 있고 제조제에 따른 업무 분담 조직을 갖추고 있는 점에서는 가례도감과 비슷하나 행사의 비중이 다름으로 인해 도청과 각 방에 배속된 당상과 낭청의 수에서 뚜렷한 차이를 보이게 된다.

5장

왕실의 통과의례에 관한 의궤

조선왕조의 의궤에는 왕실의 통과의례에 관한 것이 가장 많이 남아 있다. 통과의례는 한 개인이 출생, 성년, 결혼, 죽음과 같은 과정을 통과할 때 행하는 의례로, 사회적 인간은 통과의례를 거침으로써 사회적 지위나 신분에 변화를 겪게 된다. 왕비나 왕세자의 책봉, 왕과 왕세자의 혼례, 왕과 왕비의 상장 의례, 왕과 왕후의 부묘 의례와 같은 것이 왕실의 중요한 통과의례성 행사라 할 수 있다. 이 밖에 재위 중인 국왕이나 왕실의 존장, 혹은 선왕이나 선왕후에 대해 존호를 올리는 의례 또한 일종의 통과의례성 행사라 할 수 있다. 왕조 국가에서는 이들 왕실의 통과의례성 행사가 중요한 국가적 행사로 간주되어 이에 관한 행사 기록이 현전하는 의궤의 압도적 다수를 점하기도 한다.

1. 책례도감의궤

일반 국가 관료를 임명할 때와는 달리 왕세자, 비빈(妃嬪), 부마, 공신과 같은 특별한 신분을 부여할 때는 이를 옥책이나 죽책에 기록하여 당사자에게 전달하는 의례를 행하게 되는데 이를 책례라고 한다. 책례를 거침으로써 당사자는 비로소 왕비, 왕세자, 비빈, 부마와 같은 왕실 성원으로서의 신분을 확정받게 되므로 책례는 왕실의 가장 대표적인 통과의례성 행사라고 할 수 있다. 그러므로 책례를 거쳐 왕비나 왕세자의 지위가 확정되고 나서 이를 무효화하는 일은 커다란 정치적 파동과 혼란을 초래하기도 하였다.

조선왕조의 책례에 관한 의궤는 25시기의 29종 의궤(책례도감의궤 25종, 별삼방의궤 4종)가 남아 있다. 여기에 대한제국 시기의 의궤 5종을 포함하면 책례에 관한 의궤는 모두 34종이 현전하고 있는 셈이다.

〈표 12〉에서 볼 수 있듯이 책례에 관한 의궤는 왕비 책봉에 관한 의궤와 왕세자(왕세손) 책봉에 관한 의궤로 나누어진다. 왕세자빈도 책봉의례를 거치게 되나 세자빈의 책봉은 혼례를 치르는 과정에서 이루어지기 때문에 세자빈 책봉에 관한 것은 가례도감의궤에 남게 된다. 이

〈표 12〉 조선왕조의 왕비 및 왕세자(왕세손) 책례에 관한 의궤

시기	서명	시기	서명
1610	…중궁전세자책례도감의궤	1722	[단의왕후선의왕후]책례도감의궤
1634	[소현세자]책례도청의궤	〃	(책례도감)별삼방의궤
1645	[효종]왕세자책례도감의궤	1725	[효장세자]책례도감의궤
1649	[현종]왕세손책례도감의궤	1726	[정성왕후복위시]책례도감의궤
1651	[효종인선왕후]중궁전책례도감의궤	〃	(책례도감)별삼방의궤
1661	[현종세자]책례도감의궤	1736	[장조세자]책례도감의궤
1661	[명성왕후]책례도감의궤	1751	[의소세손]책례도감의궤
〃	(책례도감)별삼방의궤	1759	[정조왕세손]책례도감의궤
1667	[숙종세자수책시]책례도감의궤	1778	[효의왕후]책례도감의궤
1676	[인경왕후중궁전]책례도감의궤	1784	[문효세자]책례도감의궤
〃	(책례도감)별삼방의궤	1800	[순조왕세자]관례책저도감의궤
1690	[경종왕세자]책례도감의궤	1812	[효명세자]책례도감의궤
1690	[옥산대군빈승후]책례도감의궤	1830	[헌종왕세손]책저도감의궤
1694	[인현왕후]책례도감의궤	1875	[순종왕세자수책시]책례도감의궤
1721	[영조왕세제]책례도감의궤		

점은 왕비 책봉례를 왕과의 혼례 과정에서 치르는 경우도 마찬가지이다.[52]

표에서 보면, 왕비 책봉에 관한 의궤는 효종비(인선왕후), 현종비(명성왕후), 숙종비(인경왕후), 숙종 계비(희빈장씨), 숙종 계비(인현왕후), 경종비(단의왕후와 선의왕후), 영조비(정성왕후)의 왕비 책봉에 관한 의궤가

52 『국조오례의(國朝五禮儀)』 권3, 가례(嘉禮), 납비의(納妃儀).

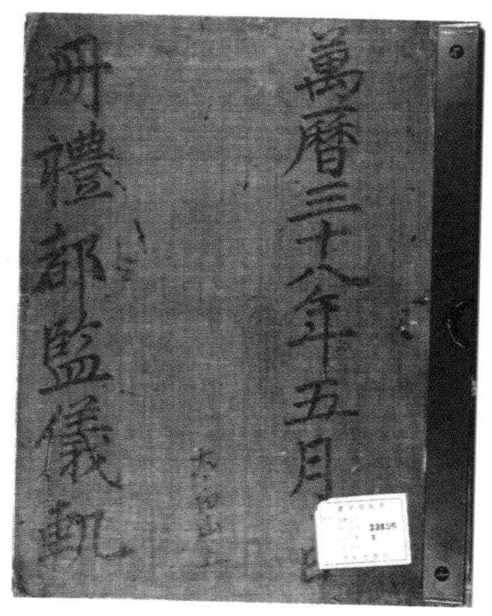
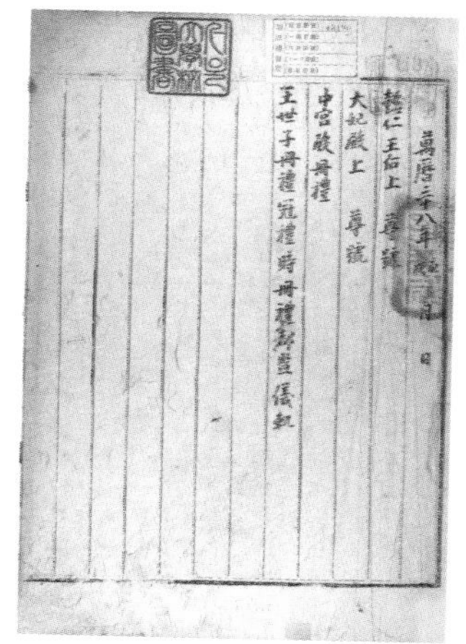

『[의인왕후]상존호……왕세자책례관례시책례도감의궤』(1610)의 표지와 본문 제1면. 책례에 관한 의궤로 가장 오래된 것이다. 이 책례 행사 때에는 선조비 의인왕후 박씨(1555~1600)와 인목왕후 김씨(1584~1632)에게 존호를 올리고, 세자빈 유씨(1576~1623)를 왕비로 책봉하고, 원자 이지(李祬, 1598~1623)의 왕세자 책봉이 동시에 이루어졌다.(서울대 규장각한국학연구원 소장)

남아 있는데, 왕비 책봉에 관한 이들 의궤는 모두 세자빈 혹은 빈궁의 신분에서 왕비의 신분으로 바뀌면서 치러진 책봉 의례에 관한 것이다.

세자빈은 혼례를 행하는 과정에서 책봉 의식을 행하므로 세자가 왕으로 즉위하면 왕비 책봉 의례를 다시 거쳐야 했다. 왕세자의 경우 부왕이 죽으면 왕위를 비워둘 수 없으므로 국상 절차상 성복(成服) 뒤에는 빈전이 소재한 궁궐의 법전(法殿) 정문에 어좌를 설치하여 즉위식을 거행한다. 왕세자는 이렇게 해서 왕위에 오르게 되지만 세자빈의 왕비 책봉 의례는 전 임금의 3년 상기를 마친 뒤에 행하였기 때문이다.

전 임금의 3년상이 끝난 뒤 행하는 왕비 책봉 의례는 부묘 의례와 시기적으로 맞물리게 된다. 이 경우 왕실의 존장인 왕대비나 대왕대비가 살아 있을 경우에는 이들 왕실 어른에 대해 존호를 올리는 의례를 함께 행하는 경우가 많았다. 그래서 왕비의 책례 때에는 흔히 '부묘도감', '존숭도감', '책례도감'의 3도감이 동시에 설치되기도 했다. 예컨대 효종의 부묘가 이루어질 당시 인조의 계비(장렬왕후)와 효종비(인선왕후)가 생존해 있었기 때문에 현종비 명성왕후의 책례 때에는 부묘도감, 존숭도감, 책례도감의 3도감이 설치되었다. 이 경우 3도감은 같은 장소에 설치되고 도감의 업무를 지휘하고 관리하는 도제조, 제조, 도청, 낭청은 3도감의 직임을 겸하였다.

이 밖에 왕비 책봉 의례와 관련해서는 책례도감의궤와는 별도로 '별삼방의궤'가 제작되기도 하였다. 별삼방(別三房)은 왕비 책례 시 필요한 왕의 곤룡포와 연여(輦輿), 산선(繖扇), 의장(儀仗)과 같은 물건을 제작하기 위해 설치된 작업소를 일컫는 것으로 현종 2년(1661)에 처음 설치되었다. 이전까지만 하더라도 이들 물건의 제작은 책례도감과는 별도로 설치된 '의물조성청'에서 맡았으나 이때에 이르러 도감에서 맡게 되면서 그 작업소를 별삼방으로 칭하였던 것이다. 별삼방에서는 의물(儀物)에 관한 일은 공조 낭청이, 연여에 관한 일은 상방(尙方) 관원이 담당하여 관리하였는데 이들을 각기 '별삼방낭청', '별삼방감조관'으로 불렀다.[53] 이렇게 해서 책례도감의궤와는 별도로 별삼방의궤가 제작되고 이후에도 이것이 관례가 되면서 별삼방의궤는 현종 2년(1661), 숙종 2년(1676), 경종 2년(1722), 영조 2년(1726)의 네 시기의 것이 지금까지 전한

53 『책례도감별삼방의궤(冊禮都監別三房儀軌)』(1661), 7면.

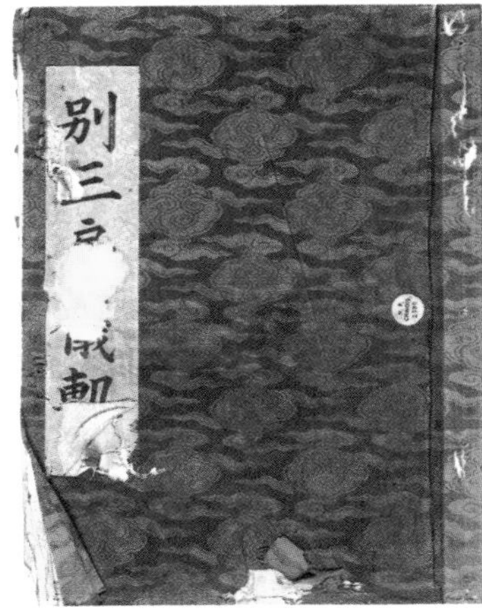

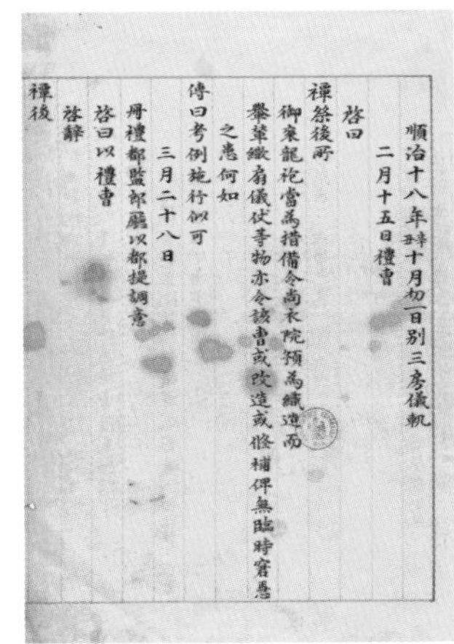

順治十八年辛丑十月初一日別三房儀軌

二月十五日禮曹

啓曰

禫祭後所

御乘龍袍當爲措備令尚衣院預爲織造而

輦輿繖扇儀仗等物亦令該曹或改造或修補俾無臨時窘急

之患何如

傳曰考例施行似可

三月二十八日

册禮都監郎廳以都提調意

啓曰以禮曹

啓辭

禫後

『별삼방의궤』(1661)의 표지와 본문 제1면(국립중앙박물관 소장)

다.[54]

책봉 의례의 주된 내용은 왕이 문무백관과 종친들이 참여한 자리에서 왕비나 왕세자, 세자빈의 책봉 사실을 선포하고, 이러한 사실을 기록한 책, 교명(敎命), 보(인)와 같은 증표물을 전달하는 것이다. 그러나 책봉 의식이 행사장인 궁궐 정전에서 국왕과 책을 받을 당사자 사이에 직접적으로 수수되는 경우는 왕세자를 책봉할 때이고, 왕비와 왕세자빈의 책봉 의례는 이와는 달랐다.

왕세자 책봉 의례는 궁궐 정전에서 국왕이 직접 임석한 가운데 책문을 선포한 후 왕세자에게 교명, 책, 인수(印綬)를 차례로 전달하는 의식

54 이들 네 시기의 별삼방의궤는 모두 어람용으로 제작된 것만이 외규장각에 보관되어 현전하고 있다.

으로 진행되었다. 이와 달리 왕비나 왕세자빈을 책봉하는 경우에는 왕명을 수행하는 사신이 교명, 책, 보(인)를 대신 받아 이를 가지고 왕비의 처소에 이르러 전달하는 의식으로 진행되었다. 왕세자 책봉도 왕세자가 너무 어려서 정상적인 의례를 감당하기 어려운 경우에는 왕비 책봉 때처럼 사신을 통해 전달하는 방식으로 진행되었다.

이처럼 책봉은 책봉 사실을 나타내는 교명, 책, 인수와 같은 세 종류 의물을 일정한 의식과 절차에 맞추어 수수하는 의례적 행사라고 할 수 있다. 왕비나 세자빈의 책봉례에는 이 세 종류 의물에 왕비나 세자빈의 예복인 명복(命服)이 추가된다. 따라서 책례를 거행하기 위해서는 교명, 책(죽책·옥책·금책), 보(인), 명복의 제작에 관한 일이 책례도감의 중요 업무라고 할 수 있다.

책례도감에는 작업소로 3개의 방을 둔다. 대개 1방에서는 책봉 당사자의 복식, 교명, 옥책이나 죽책 및 그와 관련된 제반 물건을 마련하는 일을 담당하고, 2방에서는 옥인(玉印)의 제조와 관련 물품을 마련하는 일을 맡으며, 3방에서는 책과 보(인)를 싣고 갈 각종 가마와 의장을 준비하는 일을 관장하였다.

책례에 쓸 교명, 책, 보(인)는 행사 당일 파루 직후 도감 대청에 배설해 우선 도제조, 당상, 낭청이 이를 봉심(奉審)하였다. 그다음 미리 연습하여 준비된 반차에 따라 이들 의물을 실은 가마가 성대한 행렬을 이루어 궁중을 향해 출발하게 된다. 책례도감의궤에는 이때의 행렬을 그린 반차도가 수록되어 있다. 여기에는 길을 인도하는 관원의 뒤로 좌우로 늘어선 의장(儀仗)과 고취(鼓吹) 행렬이 보이고, 그 뒤를 조복(朝服) 차림을 한 도감 관원이 교명, 책, 인을 실은 화려하게 채색한 가마 뒤를 시종

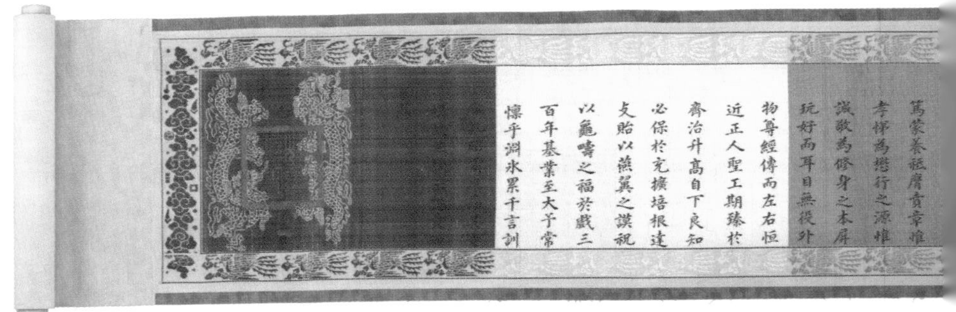

篤蒙養祗膺貴章惟
孝悌為懋行之源惟
誠敬為修身之本屏
玩好而耳目無從外
物尊經傳而左右恒
近正人聖工期臻於
齊治升高自下良知
必保於充擴培根達
支貽以燕翼之謨祝
以龜疇之福於戲三
百年基業至大予常
懍乎淵氷累千言訓

정조를 왕세손으로 책봉할 때의 교명(국립고궁박물관 소장)

『[문효세자]책례도감의궤』(1784)에 수록된 교명 도식(敎命圖式) (국립중앙박물관 소장)

하여 궁으로 향하는 모습이 그려져 있다.

반차도에 보이는 이러한 행렬이 정문을 통과하여 궐정에 도착하면 교명에 옥새를 찍는 의례〔安寶禮〕를 행하게 되며, 이를 마친 뒤에는 교명, 책, 인을 즉시 궁내에 들여 왕의 어람을 받는다.

이렇게 해서 행사 당일이 되면 정전에서 종친과 문무백관이 참석한 가운데 책봉 의례가 치러진다. 책례에 앞서서는 길한 날짜를 잡아 사직과 종묘에 고유제를 지내고, 책례 의식이 끝난 다음 날에는 종친과 문무백관이 임금에게 진하하는 의식, 국왕이 책봉 사실을 널리 신하와 백성에게 알리는 교서의 반포가 행해진다. 백관은 책봉을 받은 당사자

에게 하례를 올리고, 책을 받은 당사자인 왕비나 왕세자, 세자빈은 대전, 대비전, 왕대비전 등을 차례로 찾아가 조하한다.

아주 어린 나이에 왕세자에 책봉되기로는 영조의 차남인 사도세자와 대한제국 마지막 황제인 순종의 경우로, 세자로 책봉될 당시의 나이가 두 살이었다. 다음으로는 경종과 정조의 장남 문효세자가 3세, 순조의 아들 효명세자가 4세, 숙종과 영조의 장남 효장세자가 7세, 현종과 순조가 11세에 왕세자로 책봉되었다. 아주 늦은 나이에 왕세자로 책봉되기는 정종이 세자 책봉 당시 43세였고, 태종은 34세에 왕세자로 책봉되었다.

태종은 정종의 동생이지만 왕세자로 책봉되었으니 명분상 정종의 아들로서 왕위를 계승하였다. 반면에 영조는 경종의 아우로서 왕세제로 책봉되어 왕위에 올랐다. 조선왕조를 통틀어 왕세제로 책봉되어 왕위를 이은 경우는 영조가 유일하다고 할 수 있다. 왕세손 책봉의 경우 현종이 8세에, 영조의 손자 의소세손이 2세, 정조가 8세, 헌종이 4세에 왕세손으로 책봉되었다. 이 가운데 의소세손은 3세에 죽고, 정조와 헌종은 세손으로서 각각 25세와 8세에 즉위했다. 현종은 9세 때 세손으로 책봉되었다가 효종이 왕위에 오른 뒤에는 다시 11세에 세자로 책봉되었고 그 뒤 19세에 즉위했다. 책례도감의궤 중에는 현종이 왕세손으로 책봉될 때의 의궤와 왕세자로 책봉될 때의 의궤가 각각 남아 있다.

대한제국 시기에 이르러 고종이 황제로 즉위함에 따라 태조·장조·정조·순조·익종과 그 비를 황제와 황후로 추존하고, 순종을 황태자로, 둘째 황자 은을 영왕으로 책봉하였으며, 영왕의 생모인 순빈 엄씨를 순비로 책봉하였다. 융희 4년(1910) 8월에는 흥선대원군의 장남인 흥군 이재면을 흥왕으로, 그 부인을 흥왕비로 책봉하였다. 이렇게 대한제국 시기에 있어서 왕자를 왕으로 책봉하고, 후궁을 비로 책봉하며, 백부를 왕으로 책봉하는 것과 같은 책봉 사례는 조선왕조에는 없었던 일로 이에 관한 의궤가 몇 종 현전하고 있다.

2. 가례도감의궤

조선 시대에는 왕과 왕세자의 혼례는 국혼이라고 하여 국혼에 따른 행사 준비를 관장하기 위해 가례도감이 설치되었다. 조선왕조에서 가례도감이 처음 설치된 것은 태조 6년(1397) 10월 왕세자 방석(芳碩)의 혼례 때였다.[55]

현재 남아 있는 가례에 관한 의궤는 모두 21종이다. 거의 모두가 왕이나 왕세자의 혼례에 대한 기록이고, 또한 대부분이 도감의궤이다. 왕과 왕세자(왕세손)의 혼례에 관한 것이 아닌 현전 의궤로는 사도세자의 딸이 혼례를 치를 때의 의궤인 『청근현주가례의궤(淸瑾縣主嘉禮儀軌)』가 유일하다. 그리고 정조가 왕세손으로 혼례를 치를 때의 의궤는 '가례청'에서 이를 관장하였으므로 가례도감의궤는 아니다. 이들 두 의궤와 현전하는 가장 오래된 의궤인 『소현세자가례도감의궤』를 제외하면 현전하는 가례도감의궤는 모두 어람용이다.

55 『태조실록(太祖實錄)』 12권, 태조 6년, 10월 5일, 계미(癸未).

〈표 13〉 현전하는 가례도감의궤의 현황

시기	서명	시기	서명
1627	[소현세자]가례도감의궤	1762	[정조효의왕후]가례청의궤
1638	[인조장렬왕후]가례도감의궤	1772	청근현주가례의궤
1651	[현종명성왕후]가례도감의궤	1802	[순조순원왕후]가례도감의궤
1671	[숙종인경왕후]가례도감의궤	1819	[효명신정왕후]가례도감의궤
1681	[숙종인현왕후]가례도감의궤	1837	[헌종효현왕후]가례도감의궤
1696	[경종단의왕후]가례도감의궤	1844	[헌종효정왕후]가례도감의궤
1702	[숙종인원왕후]가례도감의궤	1851	[철종철인왕후]가례도감의궤
1718	[경종선의왕후]가례도감의궤	1866	[고종명성후]가례도감의궤
1727	[진종효순왕후]가례도감의궤	1885	[순종순명후]가례도감의궤
1744	[장조헌경왕후]가례도감의궤	1906	[순종순종비]가례도감의궤
1759	[영조정순왕후]가례도감의궤		

가례도감도 도감 본부인 도청 아래 1, 2, 3방으로 불리는 세 곳의 작업 부서를 갖추며, 여기에 도제조 1인, 제조 3인, 도청 2인, 낭청 6인, 감조관 6인이 도청 및 각 방에 소속되어 업무를 담당하였다. 이 밖에 가례도감에는 각 방의 업무를 지원하기 위해 별공작이 설치되거나 별궁을 수리하기 위해 수리소를 따로 두기도 하였다.

영조 35년(1759)에 영조와 정순왕후가 가례를 행할 때의 의궤를 통해서 가례도감의 업무 분장 내용을 보면, 1방에서는 교명(敎命), 의대(衣襨), 포진(鋪陳), 상탁(床卓)·함(函)·궤(樻)를 마련하는 업무를, 2방에서는 왕비의 연여와 의장을 마련하는 업무를, 3방에서는 옥책과 금보 제작에 관한 일을 각각 담당하였다. 이들 물건의 제작에 얼마나 많은 공

『[영조정순왕후]가례도감의궤』(1759) 반차도에 보이는 왕의 연(輦)(서울대 규장각한국학연구원 소장)

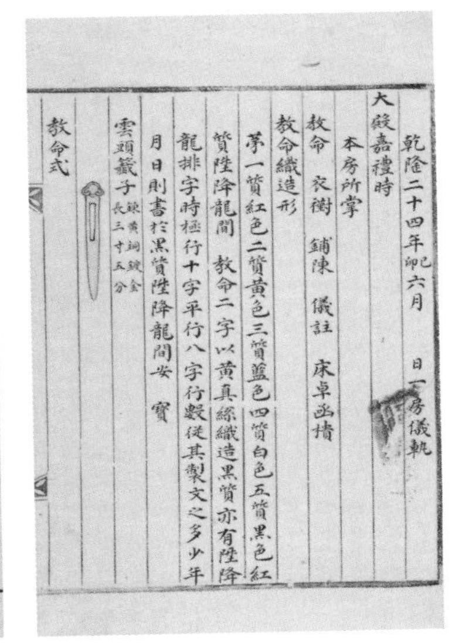

乾隆二十四年己卯六月 日一房儀軌
大婚嘉禮時
本房所掌
敎命 衣襨 鋪陳 儀註 床卓函樻
敎命織造形
第一幅紅色二幅黃色三幅藍色四幅白色五幅黑色紅
幅陞降龍間 敎命二字以黃真絲織造黑幅亦有陞降
龍排字時極行十字平行八字行數從其製文之多少年
月日則書於黑幅陞降龍間安 寶
雲頭簽子 鍮黃銅鍍金 長三寸五分
敎命式

『[영조정순왕후]가례도감의궤』(1759)에 수록된 교명 제작에 관한 기록(서울대 규장각한국학연구원 소장)

력이 드는지를 살피기 위해 당시 가례도감의 각 방에 배속되었던 공장의 종류와 인원을 표로 나타내면 다음 〈표 14〉와 같다.

1방에 92명, 2방에 109명, 3방에 109명, 총 310명의 공장이 동원되고 있다. 이 밖에도 당시의 가례도감에 부설된 별도의 작업소인 별공작에는 48명의 공장이, 별궁수리소에는 54명의 공장이 각각 동원되었다.

가례도감의 경우와는 달리 가례청이 설치되는 경우는 의정급이 맡는 도제조를 두지 않으며, 실무 부서도 3방이 아닌 2방만을 갖추었다.[56]

56 『정조효의왕후가례청의궤(正祖孝懿王后嘉禮廳儀軌) 상(上)』, 좌목(座目).

〈표 14〉 영조-정순왕후 가례 시 가례도감 각 방 소속 공장의 종류와 인원

구분	물건	공장의 종류와 인원
1방	교명, 의대, 포진(鋪陳), 상탁함궤(床卓函櫃)	사자관(寫字官) 10 · 화원(畫員) 7 · 칠장(漆匠) 7 · 옥장(玉匠) 1 · 책장(冊匠) 1 · 입장(笠匠) 3 · 소목장(小木匠) 8 · 다회장(多繪匠) 2 · 온혜장(溫鞋匠) 5 · 두석장(豆錫匠) 1 · 우산장(雨傘匠) 3 · 가칠장(假漆匠) 4 · 조각장(雕刻匠) 1 · 천혈장(穿穴匠) 1 · 마경장(磨鏡匠) 1 · 관자장(貫子匠) 1 · 병풍장(屛風匠) 3 · 각수(刻手) 1 · 은장(銀匠) 1 · 인장(茵匠) 2 · 침선비(針線婢) 4 · 수모(手母) 25 / 계 92
2방	연여, 의장	화원(畫員) 7 · 은장(銀匠) 2 · 야장(冶匠) 2 · 목수(木手) 2 · 주장(注匠) 2 · 기장(旗匠) 2 · 피장(皮匠) 1 · 시장(匙匠) 2 · 진칠장(眞漆匠) 5 · 두석장(豆錫匠) 4 · 소목장(小木匠) 6 · 천혈장(穿穴匠) 2 · 모절장(旄節匠) 2 · 양산장(陽繖匠) 2 · 원선장(圓扇匠) 1 · 조각장(雕刻匠) 4 · 조과장(造裹匠) 3 · 다회장(多繪匠) 4 · 개아장(盖兒匠) 2 · 사입장(斜笠匠) 1 · 가칠장(假漆匠) 2 · 매듭장(每緝匠) 4 · 마경장(磨鏡匠) 2 · 입사장(入絲匠) 2 · 조이장(助伊匠) 1 · 인사장(引絲匠) 1 · 모의장(毛衣匠) 2 · 소조리장(小條里匠) 1패 · 안자장(鞍子匠) 1 · 마조장(磨造匠) 1 · 도자장(刀子匠) 2 · 부금장(付金匠) 2 · 부랍장(付鑞匠) 3 · 목혜장(木鞋匠) 1 · 주렴장(朱簾匠) 5 · 대은장(大銀匠) 2 · 병풍장(屛風匠) 1 · 관자장(貫子匠) 2 · 소로장(小爐匠) 2 · 박배장(朴排匠) 2 · 동장(銅匠) 2 · 철장(鐵匠) 3 · 시인(矢人) 1 · 궁인(弓人) 5 · 침선비(針線婢) 4 / 계 109, 1패
3방	옥책, 금보 및 관련 제구	옥장(玉匠) 15 · 각수(刻手) 7 · 도자장(刀子匠) 7 · 대은장(大銀匠) 4 · 사자관(寫字官) 4 · 다회장(多繪匠) 3 · 두석장(豆錫匠) 3 · 마경장(磨鏡匠) 2 · 소목장(小木匠) 2 · 호갑장(護匣匠) 2 · 조각장(雕刻匠) 4 · 관자장(貫子匠) 2 · 이지장(耳只匠) 2 · 권로장(權爐匠) 2 · 소로장(小爐匠) 2 · 소은장(小銀匠) 2 · 변철장(邊鐵匠) 2 · 천혈장(穿穴匠) 2 · 연마장(鍊磨匠) 1 · 모전장(毛氈匠) 1 · 단추장(丹樞匠) 1 · 모의장(毛衣匠) 1 · 병풍장(屛風匠) 1 · 박배장(朴排匠) 1 · 쇄약장(鎖鑰匠) 1 · 마조장(磨造匠) 1 · 동장(銅匠) 3 · 칠장(漆匠) 3 · 화원(畫員) 4 · 유장(鍮匠) 4 · 석수(石手) 2 · 납장(鑞匠) 1 · 책장(冊匠) 1 · 인장(茵匠) 1 · 주장(注匠) 2 · 보장(寶匠) 2 · 보시장(寶匙匠) 1 · 보통장(寶筒匠) 1 · 보통시장(寶筒匙匠) 2 · 주통시장(朱筒匙匠) 2 · 두석쇄약장(豆錫鎖鑰匠) 1 · 침선비(針線婢) 4 / 계 109

이 경우 1방에서 교명과 은인(銀印), 의대(衣襨)의 마련과 의주에 관한 일을 맡고, 2방에서 가마류, 죽책, 의장물을 담당하였다.

국혼의 절차는 먼저 왕비의 간택(揀擇)이 있고, 그다음으로 납채(納

采)·납징(納徵)·고기(告期)·책비(冊妃)·봉영(奉迎)·동뢰(同牢)의 순서로 이루어지는데 이를 6례라고 한다. 이들 행사를 모두 치르는 데는 적게는 2개월, 길게는 6개월이 소요되었다. 왕세자가 세자빈을 맞이하는 행사도 이와 마찬가지이나, 국왕 가례 때 사자를 보내어 신부를 맞이하는 봉영(奉迎)례를 왕세자 가례 때에는 세자가 직접 세자빈을 맞이하는 친영(親迎)례로 행하였던 점이 달랐다.

1866년(고종 3) 고종과 명성황후 혼례 때의 『가례도감의궤』에서 당시에 이루어진 국혼의 중요 행사 일정을 표로 나타내면 〈표 15〉와 같다.

이 표를 통해서 국혼에서 왕비의 간택에 이어 이루어지는 6례의 절차, 즉 납채·납징·고기·책비·친영(親迎)·동뢰연(同牢宴)의 시간적 간격과 이에 따르는 제반 준비 사항이 어떠한지를 대략 엿볼 수 있다. 또한 이러한 각종 절차에 앞서서는 국왕(왕세자)이 종묘와 사직에 가서 왕비(세자빈)를 맞이하게 됨을 고하는 절차가 있다.

6례의 첫 절차인 납채는 혼인을 청하는 의식이다. 이는 왕이 혼약 사실을 알리는 교서와 산 기러기를 사자(使者)에게 전하는 궁궐에서의 의식과, 이를 받든 사자가 신부 집에 이르러 교서를 선포하고 신부 집으로부터 답서인 전문(箋文)을 받아오는 의식으로 진행된다.

납징은 혼인이 성사된 사실을 알리는 증표로 예물을 보내는 의식이다. 이는 사자를 통해 역시 교서와 함께 속백을 실은 함〔束帛函〕을 신부 측에 보내어 혼인이 성사되었음을 통보하는 것으로 진행된다. 속백함은 비단을 담은 예물 상자로, 국혼에서는 검은색 비단 6필과 붉은색 비단 4필을 담는다. 예물을 보낸 뒤에는 대궐에서 혼인하기 좋은 날을 택하여 이를 신부 집에 알리게 되는데 이에 따르는 의식을 고기라 한다.

〈표 15〉 고종-명성황후 가례 행사 때의 준비 및 진행 과정

일자	행사 내용	일자	행사 내용
2월 25일	초간택. 도감의 당상과 낭청 임명	3월 12일	책비의와 친영의를 습의
2월 26일	도감 당랑 관상감에서 회동. 각 방 업무 개시	3월 13일	별궁에서 비수책 친영 습의
2월 29일	재간택	3월 15일	반차도 입계. 각양의 의주를 입계. 별궁에 언서 의주를 들임
3월 3일	교명전문(敎命篆文)을 입계(入啓)	3월 16일	대내에서 동뢰연, 조현례를 습의
3월 4일	별궁 진배 및 기명 영납(領納)	3월 17일	고기
3월 6일	삼간택, 예별궁	3월 18일	교명·옥책·금보를 봉과(封裹). 옥책·금보 인출, 장황 입계. 각 방 공역 완료
3월 7일	대내 진배. 빙재 물종을 영납. 납채 의주를 입계	3월 19일	교명·옥책·금보를 대내에 들임
3월 8일	납채(納采)·납징(納徵)·고기(告期) 의식 습의(習儀). 별궁 예물을 영납. 금보전문과 옥책문의 초도서(初圖書) 입계	3월 20일	교명·책보·명복을 청출(請出)하여 대내에 배설하고 봉심. 책비 행사
3월 9일	납채. 납징 의주를 입계	3월 21일	진시(辰時)에 친영. 정시(丁時)에 동뢰연. 대왕대비전에 조현례
3월 10일	본방 예물 영납. 교명문 초도서, 옥책문과 금보문의 진언서(眞諺書)를 입계	3월 22일	왕대비전에 조현례. 대비전에 조현례
3월 11일	납징. 납징 예물을 영납		

책비(책빈)는 왕비(왕세자빈)로 책봉하는 의식으로, 왕과 왕세자의 혼례에만 있는 의식이다. 왕비의 경우는 왕비 책봉 사실을 기록한 옥책(玉冊)과 이에 따른 훈유 문서인 교명문, 왕비가 사용하는 도장인 금보(金寶), 왕비가 입을 법복인 명복(命服)을 각각 함에 넣어 화려하게 채색한 네 개의 가마에 각각 싣고 문무백관의 시종과 수많은 호위 병사의 호위를 받으며 전달하는 의식으로 진행된다. 왕세자빈의 책봉 때에도 절차

는 마찬가지나 왕비와는 신분의 차이가 있으므로 옥책 대신에 죽책을, 금보 대신에 옥인을 보낸다.

왕비(세자빈)에 책봉된 신부를 왕(왕세자)이 직접 별궁에 가서 맞이하여 대궐로 돌아오는 의식을 친영이라 한다. 친영례에는 먼저 신랑이 기러기를 신부 집에 들이는 예절인 전안례(奠雁禮)을 행하며, 그런 다음 신랑이 신부와 함께 대궐로 돌아온다.

조선의 왕실에서는 일찍부터 혼례에 친영 의례가 도입되어 왕세자, 왕세손의 혼례는 친영의를 행하였다. 그러나 국왕의 혼례는 이를 사신을 보내어 맞이하는 의식으로 치르다가 영조와 정순왕후의 가례 때 처음으로 왕이 신부를 친히 맞이하는 의례가 행해졌다.

동뢰는 신랑과 신부가 서로 절하고 음식과 술잔을 나누는 의식으로, 이를 위해 행사 당일에는 주정을 실내에 설치하고 술잔과 찬안상(饌案床)을 준비해둔다. 의식이 시작되면 왕과 왕비가 정해진 자리에 선 뒤, 왕이 왕비를 인도해서 준비된 방으로 들어간다. 왕과 왕비의 앞으로 음식을 담은 상이 들어오면 술을 세 차례 마시고 탕식(湯食)을 먹은 다음 찬안을 치운다. 그런 다음 왕은 상궁의 인도로 동방(東房)에 들어가 상복(常服)으로 갈아입고, 왕비도 상궁의 인도로 악차(幄次, 임금이 거둥할 때에 잠깐 머무를 수 있도록 장막을 둘러친 곳)에 나아가 적의를 벗는다. 그런 다음 왕이 왕비가 있는 악차에 들어간다.

신혼 첫날밤을 치른 다음 날 왕비는 왕실의 존장인 대왕대비와 왕대비를 차례로 뵙고 아침 문안을 드리는 의례를 행한다. 이를 마치면 왕비가 조정의 백관과 내외 명부로부터 인사를 받는 하례식이 거행되며 이로써 가례와 관련된 행사를 모두 마치게 된다.

『[헌종효현왕후]가례도감의궤』(1837)에 수록된 근배(巹杯). 근배는 왕과 왕비가 절을 주고받은 뒤 술잔을 서로 나누는 동뢰연(同牢宴)을 할 때 사용하던 술잔이다.(국립중앙박물관 소장)

『[헌종효현왕후]가례도감의궤』(1837)에 수록된 쌍이단엽잔(雙耳單葉盞). 왕과 왕비의 동뢰연 때 사용하던 술잔의 일종이다.(국립중앙박물관 소장)

공식적인 행사가 끝나면 국왕은 법전(法殿)에서 왕비 책봉을 알리는 교서를 반포하였다. 대부분의 교서에는 왕비를 새로 맞은 왕의 기쁨과 감회, 왕비의 덕을 칭송하는 내용이 담긴다. 조정에서는 이러한 경축일을 맞아 죄수들을 특별 사면하며, 가례의 진행과 준비에 공로가 있는 관원들에게 포상한다. 더불어 특별 과거 시험인 별시(別試)를 설행(設行)하여 국가와 왕실의 경사를 기념하기도 하였다.

모든 가례도감의궤에는 반차도가 수록되어 있다. 가례도감의궤에 수록된 반차도는 주로 친영(봉영) 때의 행렬을 그린 것으로 여기에는 각종 기치(旗幟)와 의장 행렬을 앞세운 왕(왕세자)과 왕비(세자빈)의 가마 행렬이 그려져 있다. 이 가운데 왕비(세자빈)의 행렬 앞에 있는 4개의 가마, 즉 교명, 책, 보, 명복을 실은 채색 가마가 바로 왕비(세자빈)의 책

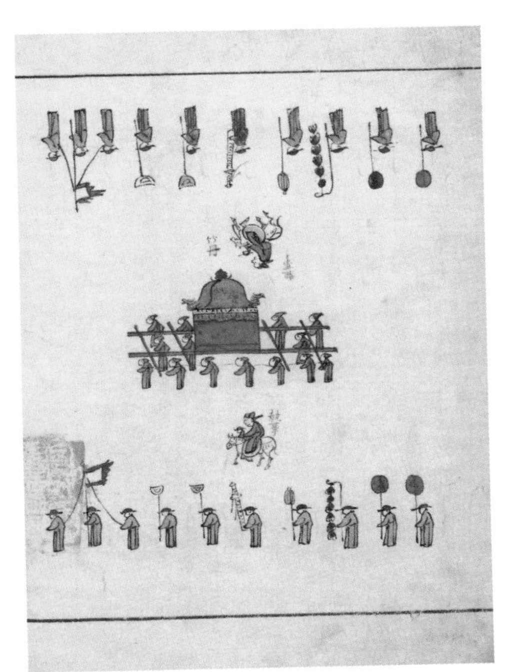

『[소현세자]가례도감의궤』(1627)에 수록된 8면의 반차도 가운데 한 면. 죽책을 실은 가마 행렬과 그 좌우로 나아가는 기치류 의장의 행렬이 그려져 있다.(서울대 규장각한국학연구원 소장)

봉 사실을 보여주는 증표물이다. 이로써 보면 국혼에서도 의례적인 의미에서 가장 중요한 행사는 책봉 의례라 할 수 있다.

3. 국상(國喪)에 관한 의궤

조선왕조의 국가 의례 중 가장 큰 비중을 차지한 것은 왕과 왕비의 죽음과 관련된 행사 의례이다. 왕과 왕비의 죽음은 국휼이라고 하여 임종과 장례 준비, 무덤의 조성, 장례 행사, 3년상 동안의 제사, 3년상 후의 부묘(祔廟)에 이르기까지 엄중하면서도 성대한 의례가 행해졌다. 현존하는 의궤 가운데 가장 많은 수량을 차지하는 의궤가 국왕과 왕비의 상장 의례에 관한 것이고 기록 내용 또한 가장 자세하다고 할 수 있다.

왕(왕비)의 상을 당하면 임종한 당일로 장례에 관한 업무는 국장도감(國葬都監), 빈전도감(殯殿都監), 산릉도감(山陵都監)의 세 도감이 설치되어 장례에 따른 업무를 분담하였다. 국상의 경우 세 도감이 동시에 설치되므로 세 도감 전체를 총호사(總護使)로 불리는 한 사람의 의정이 총괄해서 관장하였다. 그러므로 각각의 도감에는 도제조를 두지 않고 제조 이하 여러 관리가 차출되어 분담된 업무를 담당하였다.

장례에 앞서 빈전이 유지되는 동안의 상례에 관한 업무는 빈전도감에서, 장례 행사에 관한 일은 국장도감에서, 시신을 안장할 능소의 조성과 능역의 정비에 관한 일은 산릉도감에서 담당하였다. 한편 장례를 치른 뒤에는 신주를 모실 혼전이 있어야 하므로 빈전도감이 설치된 뒤에는 곧이어 혼전도감(魂殿都監)이 설치되어 혼전의 조성에 관한 업무를 맡았다.

1) 빈전 · 혼전도감의궤

국상 때 왕이나 왕비의 시신을 모실 빈전의 설치를 전후해서 발인에 이르기까지의 각종 상례 절차와 관련된 업무를 관장하는 도감을 빈전도감이라 하며, 장례를 마친 뒤 왕과 왕비의 신주를 봉안할 혼전의 조성에 관한 일을 맡는 도감을 혼전도감이라 한다. 빈전과 혼전에 대하여 왕세자나 세자빈의 장례 전 시신을 모신 곳을 빈궁, 장례 후 신주를 모신 곳을 혼궁이라 하였다. 빈궁, 혼궁의 유지와 설치를 위해서도 도감이 설치되었으며 이를 각각 빈궁도감, 혼궁도감이라 하였다.

빈전(빈궁)은 시신을 실은 재궁(재실)이 궁궐을 떠나게 되면 철훼(撤毁)되는데, 이때부터는 빈전(빈궁)도감은 혼전(혼궁)도감으로 전환되어 혼전(혼궁) 조성에 관한 일을 맡게 된다. 두 도감은 서로 업무상 연속성을 갖기 때문에 두 도감의 업무에 관한 의궤는 혼전도감의 업무까지를 마친 뒤 의궤청이 설치되어 한꺼번에 이루어진다. 그러므로 국상 때 설치되는 빈전도감과 혼전도감의 업무에 관한 의궤는 이를 '빈전혼전도감의궤'로 지칭하는 것이 타당하다. 빈전혼전도감의궤는 흔히 2책으로 제작되어 그중 하나는 빈전도감의궤, 나머지 하나는 혼전도감의궤로 책제를 한 경우가 있는데, 이 경우에도 이를 2종의 의궤로 파악할 것이 아니라 2책으로 이루어진 1종의 의궤로 보아야 할 것이다. 실제로 정조

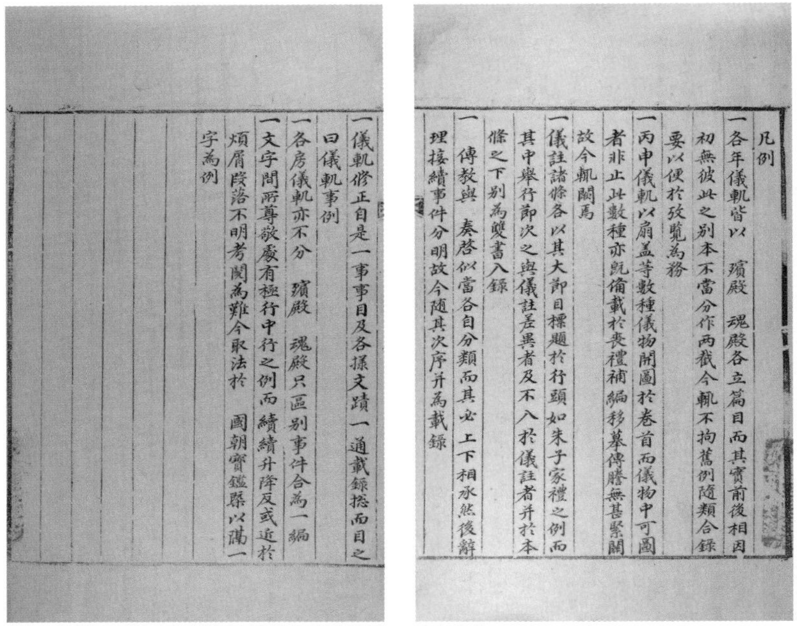
凡例
一各年儀軌皆以 殯殿 魂殿各立篇目而其實前後相因
初無彼此之別本不當分作兩截今輒不拘舊例隨類合錄
要以便於攷覽爲務
一丙申儀軌以扇蓋等數種儀物開圖於卷首而儀物中可圖
者非止此數種亦既備載於喪禮補編移摹傳謄無甚緊關
故今輒闕焉
一儀註諸條各以其大節目標題於行頭如朱子家禮之例而
其中舉行節次之與儀註差異者及不入於儀註者幷於本
條之下別爲雙書入錄
一 傳敎與 奏啓似當各自分類而其必上下相承然後辭
理接續事件分明故今隨其次序幷爲載錄
一儀軌修正自是一事事目及各樣文蹟一通載錄揔而目之
曰儀軌事例
一各房儀軌亦不分 殯殿 魂殿只區別事件合爲一編
一文字間所尊敬處有極行中行之例而續續升降反或近於
煩屑段落不明考閱爲難今取法於 國朝寶鑑縣以隔一
字爲例

『[정조]빈전혼전도감의궤』(1800)의 범례. 빈전과 혼전의 편목을 달리해서 의궤를 만들었던 것은 잘못된 것이니 이를 합쳐서 의궤를 만들도록 했다는 내용을 살필 수 있다.(서울대 규장각한국학연구원 소장)

의 국상 때부터는 빈전도감과 혼전도감의 의궤는 편목을 통일함으로써 의궤의 명칭도 '빈전혼전도감의궤'라고 하였다.

현전하는 빈전혼전(빈궁혼궁)도감의궤는 1600년 선조비 의인왕후 국상 때의 의궤로부터 1926년 순종 장례 때의 의궤에 이르기까지 모두 42종이 남아 있다. 이 가운데 국왕의 빈전혼전에 관한 의궤가 13건, 왕후 19건, 왕세자 5건, 세자빈과 후궁의 것이 5건이다. 이를 표로 나타내면 다음과 같다.

〈표 16〉 현전하는 빈전혼전(빈궁혼궁)도감의궤의 현황

의궤	대상
(국왕)빈전혼전도감의궤	인조·효종·현종·숙종·경종·진종·영조·정조·순조·헌종·철종·고종·순종
(왕후)빈전혼전도감의궤	의인왕후(선조비)·인목왕후(선조계비)·장렬왕후(인조계비)·인선왕후(효종비)·명성왕후(현종비)·인경왕후(숙종비)·인현왕후(숙종계비)·인원왕후(숙종계비)·선의왕후(경종비)·정성왕후(영조비)·정순왕후(영조계비)·효의왕후(정조비)·순원왕후(순조비)·신정왕후(익종비)·효현왕후(헌종비)·효정왕후(헌종계비)·철인왕후(철종비)·명성황후(고종후)·순명황후(순종후)
(세자)빈궁혼궁도감의궤	소현세자·의소세손·사도세자·문효세자·효명세자
(빈·궁)빈궁혼궁도감의궤	단의빈·헌경혜빈·효순현빈·현목수빈·순헌귀비

빈전혼전도감의궤의 경우 어람용과 분상용 의궤가 거의 모두 현전하고 있다. 현종 14년(1674) 효종비 인선왕후의 국상 때까지는 어람용, 분상용을 막론하고 1책의 의궤로 제작되다가, 현종의 국상(1675)부터 숙종 14년(1688) 장렬왕후의 국상까지는 분상용은 1책으로 어람용은 2책으로 제작되었다. 그리고 숙종 28년(1702) 인현왕후 국상 이후로는 어람용과 분상용을 막론하고 대체로 2책의 책자로 제작되었고, 이후로 1질 3책 이상으로 제작되는 추세를 보인다.

『국조오례의』를 통하여 빈전이 유지되는 동안의 상례 절차를 보면 고명(顧命), 초종(初終), 복(復), 역복불식(易服不食), 계령(戒令), 목욕(沐浴), 습(襲), 전(奠), 위위곡(爲位哭), 거림(擧臨), 함(含), 설빙(設氷), 영좌(靈座), 명정(銘旌), 고사묘(告社廟), 소렴(小斂), 전(奠), 치벽(治椑), 대렴(大斂), 대렴전(大斂奠), 성빈(成殯), 성빈전(成殯奠), 여차(廬次), 성복(成服), 복제(服制), 사위(嗣位), 반교서(頒敎書), 고부청시청승습(告訃請諡請承襲), 조석곡

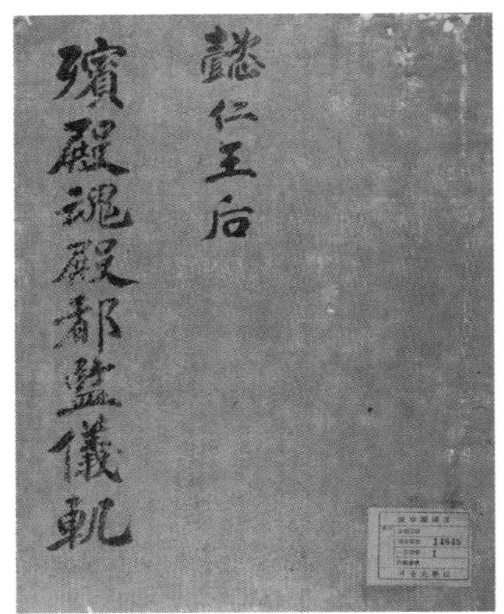

懿仁王后
殯殿魂殿都監儀軌

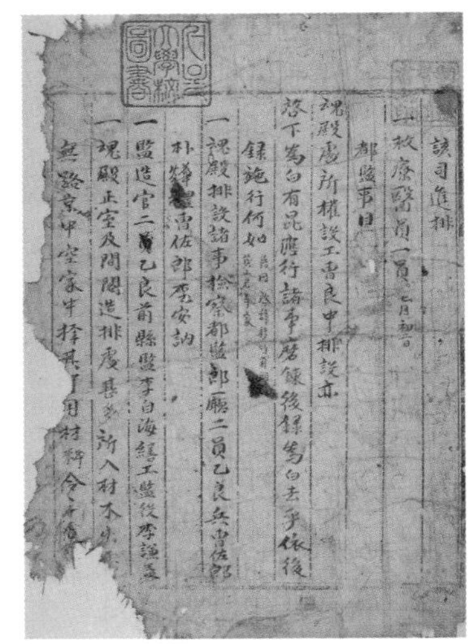

『[의인왕후]빈전혼전도감의궤』(1601)의 표지와 본문. 현전하는 빈전혼전도감의궤 가운데 가장 오래된 의궤로 책자의 앞뒤 쪽에 낙장이 있다.(서울대 규장각한국학연구원 소장)

전급상식의(朝夕哭奠及上食儀), 삭망전(朔望奠), 의정부솔백관진향의(議政府率百官進香儀)의 차례로 진행되는데 이에 대해 살펴보기로 한다.

국왕의 임종을 맞이하게 되면 궁궐 관리 업무를 맡은 액정서에서는 평상시 왕이 정사를 돌보는 편전에 휘장을 치고 병풍을 두른다. 그런 다음 내시들이 왕을 부축하여 모셔와 기대어 앉게 하고 왕세자가 옆에서 모시며, 대신과 근시들이 자리를 정한 후 마지막 유명을 기다린다(顧命). 죽음이 임박하면 내시가 부축하여 머리를 동쪽으로 하고 네 사람이 그 손발을 잡은 뒤, 안팎을 조용하게 하고 내시가 새 솜으로 입과 코 위에 대어 움직이는가를 본 후 숨이 끊어지면 곡을 한다(初終).

내시는 왕이 평소에 입던 웃옷을 가지고 지붕으로 올라가 왼손으로

옷깃을 잡고 오른손으로 허리 부분을 잡고 북쪽을 향해 '상위복(上位復)'을 세 번 부르며, 그런 다음 옷을 앞으로 던지면 내시가 곁에서 받아 함에 넣고 들어와 왕의 시신을 덮는다〔復〕. 왕세자와 대군 및 왕비·내명부·빈 이하 모두가 관(冠)과 웃옷을 벗고 머리를 풀고 흰옷과 흰 신과 거친 베로 된 버선을 신고 3일 동안 음식을 먹지 않는다〔易服不食〕.

병조에서는 내외의 경계를 엄중히 하고, 예조에서는 상사에 관한 모든 일을 의정부에 보고하고, 또한 상례 절차에 소홀함이 없도록 감독하며, 5일간 시장을 철시하고 졸곡(卒哭)까지 음악과 결혼, 도살을 금지한다. 이조에서는 초상을 집행할 관원과 관장할 업무를 정한다〔戒令〕.

내시들은 왕의 시신을 휘장으로 가리고 목욕을 시키고〔沐浴〕, 왕의 시신에 옷을 입힌 다음〔襲〕, 예찬(禮饌)을 드린다〔奠〕. 내시들이 왕세자·대군·왕비·내명부빈·왕세자빈 등의 위(位)를 마련하면, 각자의 위에 나아가 곡을 한다〔爲位哭〕. 전의(典儀)가 종친과 문무백관들의 자리를 바깥뜰에 설치하면 모두 곡하고 네 번 절한다〔擧臨〕.

사도시(司䆃寺)에서 쌀을 바치고 상의원(尙衣院)에서 진주를 바치면 내시가 이를 시신의 입에 넣어준다〔含〕. 시신이 부패하지 않도록 나무틀을 짜서 얼음을 넣어 시신의 사면을 둘러싼다〔設氷〕. 붉은 칠을 한 교의(交椅)를 시신 앞에 있는 상 위에 남향으로 놓고, 내시가 왕이 입던 옷을 함에 넣고 백초(白綃) 한 필로 혼백(魂帛)을 만들어 교의에 안치한다〔靈座〕. 붉은 천에 금박으로 '大行王梓宮(대행왕재궁)'이라고 써서 영좌의 오른편에 둔다〔銘旌〕.

3일째 되는 날 대신을 보내 사직·종묘·영녕전에 고한다〔告社廟〕. 베로 시신을 싸서 묶고〔小殮〕, 예찬을 드린다〔奠〕. 공조에서 관을 준비한〔治

椑〕 뒤, 시신을 완전히 묶어 관에 넣는다〔大斂〕. 대렴 후 다시 예찬을 드린다〔奠〕. 선공감에서 정전(正殿)의 약간 서편에 빈소를 차린다〔成殯〕. 성빈 후 다시 예찬을 드린다〔奠〕. 선공감에서 중문 밖에 의려(倚廬)를 만들어 왕세자 이하 대군들이 머물게 하고, 내시들이 왕비 이하 왕세자빈·내명부들이 머물도록 별실에 의려를 마련한다〔廬次〕. 왕세자 이하 모두가 상복으로 갈아입는다〔成服〕. 성복에 따른 상복의 규격과 상기(喪朞)를 정한다〔服制〕.

성복례가 끝나면 왕세자의 즉위 의례를 행한다〔嗣位〕. 새 국왕은 즉위 사실을 교서로 대내외에 알리고〔頒教書〕, 외국에는 사신을 보내어 국상을 알리며, 중국에는 부고와 동시에 대행왕(大行王)의 시호(諡號)와 왕세자의 사위에 대한 인준을 청한다〔告訃請諡請承襲〕. 빈전에서는 매일 새벽과 저녁에 예찬을 갖추어서 잔을 드린 뒤에 곡을 하며, 아침과 저녁에는 상식을 올리며〔朝夕哭奠及上食〕, 매월 초하루와 보름에는 예찬을 갖추어서 잔을 드리고 곡을 한다〔朔望奠〕. 날을 받아 의정부에서 영의정이 모든 관료들을 인솔하고 분향하며, 종친부·의빈부와 외직으로 나가 있는 관찰사 등 외관들도 각각 별도로 분향한다〔議政府率百官進香〕.

빈전이 차려져 있는 동안에는 이처럼 각종 상례 절차를 비롯해서 습, 소렴, 대렴, 성빈, 성복 때에는 제전(祭奠)을 행하고, 성빈 이후에는 매일 아침과 저녁에 상식을, 주간에 차례를 올린다. 이 밖에 삭망 때마다 제전이 있으며, 그사이 의정부 관리를 비롯한 종친부·의빈부와 외직으로 나가 있는 관찰사 등 외관이 번갈아가며 빈전에 이르러 진향하였다. 빈전도감에서는 국왕의 장례 절차에 앞서 진행되는 이러한 각종 상례에 관한 업무를 준비하고 관장하였다. 국장의 경우 왕과 왕비가 죽은 뒤 다섯 달이 지나야 장례를 치르므로 빈전은 다섯 달 동안 유지되었다.

국상 기간 동안 설치되는 빈전혼전도감의 업무 내용을 살펴보면, 빈전도감 1방에서는 빈전에서의 각종 제전에 관한 일을, 2방에서는 성복에 관한 업무를, 3방에서는 목욕, 습, 소렴, 대렴 등 초상에 필요한 일과 관련 물품의 준비에 관한 일을 맡는다. 효종 국상 때의 『빈전도감의궤』를 통하여 당시 빈전에서의 상례 절차를 보면, 효종의 죽음을 맞은 첫날(5월 4일)에 복·역복불식·목욕·습·습전·함·설빙·영좌·명정의 의례가 차례로 진행되고, 3일째인 5월 6일에 소렴·소렴전·치벽, 5일째인 5월 8일에 대렴·대렴전·성빈·성빈전·여차, 6일째인 5월 9일 진시(辰時)에 성복, 오시(午時)에 사위의 순서로 진행되었다.[57] 이후 빈전에서는 삭망 전과 속절(俗節)의 별전(別奠), 재궁을 가칠(加漆)할 때 고유전과 조전, 곡임의(哭臨儀)가 행해졌다.

산릉에서 장례를 치른 뒤 신주를 모시고 돌아와 종묘에 부묘할 때까지 신주를 봉안하는 곳을 혼전이라 하며 혼전 조성에 관한 업무를 맡은 도감을 혼전도감이라 한다. 혼전은 별도의 전각을 새로 지어 쓰는 것은 아니고 기존에 있던 전각 중에서 택하여 사용하는데 주로 편전을 혼전으로 사용하였다. 혼전은 별도의 이름을 정하여 칭하게 되는데, 혼전의 전호(殿號)는 죽은 임금(왕비)의 시호(諡號), 능호(陵號)와 함께 장례 과정에서 국왕과 대신들이 논의해서 결정하였다.

57 『[효종]빈전혼전도감의궤(殯殿魂殿都監儀軌)』, 빈전도감의궤(殯殿都監儀軌), 제14~33면

국상 때 장례가 끝나면 산릉에서는 조석으로 상식(上食)을 올리고, 졸곡 때까지 일곱 차례의 우제를 혼전에서 드리며 7우제를 끝으로 졸곡제를 행한다. 졸곡제를 행함으로써 그동안 수시로 곡하는 것은 그치고 조석으로 혼전에서 상식할 때에만 곡을 하게 된다. 졸곡제 이후 3년상을 마쳐 종묘에 신주를 부묘하기까지 혼전에서는 매일 아침과 저녁의 상식을 비롯해 사계절 및 납일의 향례(享禮)와 정지(正至)·삭망 및 속절(俗節)의 향례가 행해졌다.

3년 상기 동안 혼전에서 행하는 이들 의례는 종묘에서의 제례와 마찬가지로 효의 윤리를 국왕이 모범적으로 보이려는 것이기도 하지만, 또한 그럼으로써 왕통의 계승자임을 보여주는 것이기도 하였다. 혼전은 궐내의 다른 전각과 마찬가지로 단청으로 칠하여 신성한 장소임이 드러나도록 하였고, 혼전 내부에는 왕위를 상징하는 당가(唐家) 아래에 신위를 올려놓는 신탑(神榻)을 두고 오봉병풍(五峯屛風)을 비롯한 각종 의물을 배치하여 장엄하고도 화려하게 꾸몄다.

현종 15년(1674) 현종 국상 때의 빈전혼전도감의궤를 통하여 빈전도감과 혼전도감의 관계를 살펴보면, 빈전도감 도청의 당상과 낭청은 그대로 혼전도감 도청의 당상과 낭청을 겸하는 것으로 나타난다. 또한 빈전도감에는 1, 2, 3방의 실무 작업 부서를 두었으나 혼전도감에는 1방 없이 2방과 3방만을 두었고 혼전도감 2방은 조성소·수리소를 관장하고, 3방은 주성소(鑄成所)를 관장하였다. 혼전도감 2방, 3방에는 각각 한 사람의 낭청이 배속되고 있는데 이 두 낭청은 빈전도감 3방에 배속된 인물이다. 이들 두 사람은 빈전도감의 당상과 낭청이 첫 회동을 한 며칠 뒤의 두 번째 회동에서 혼전도감의 2, 3방 낭청으로 각각 차임되고

『인정전영건도감의궤』(1805)에 수록된 당가(왼쪽)와 오봉병 그림(서울대 규장각한국학연구원 소장)

있다.[58] 그러므로 이들은 빈전도감 3방의 업무를 수행하는 한편 혼전도감의 업무도 일찍이 겸하여 수행한 셈이다.

혼전도감의 경우 1방이 없을 뿐만 아니라 2방이나 3방도 혼전의 조성과 관련하여 각 방이 자체적으로 수행하는 업무는 없고, 혼전도감에 부설된 조성소, 수리소, 주성소와 같은 작업소의 활동을 관리하는 일을 담당하였다. 이들 조성소, 수리소, 주성소는 사옹원, 빙고, 군자감에서

58 『[현종]빈전혼전도감의궤(殯殿魂殿都監儀軌)』(1675), 빈전도감의궤(殯殿都監儀軌), 사목(事目) 및 혼전도감의궤(魂殿都監儀軌), 좌목(座目).

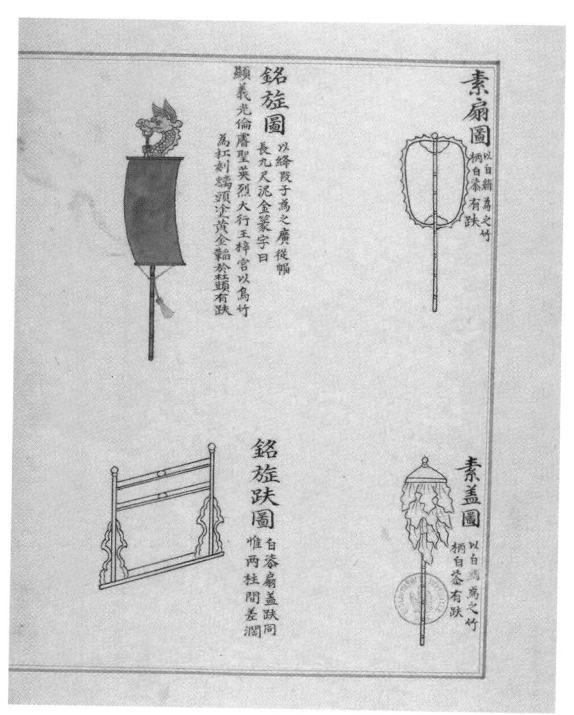

빈전도감에서 제작하는 소선, 소개, 명정과 같은 장례 물품에 대한 도설(『[숙종]빈전혼전도감의궤』(1721), 국립중앙박물관 소장)

파견된 관리가 감조관으로 파견되어 일하는 일종의 부설 작업소였다.[59]

59 앞의 책, 혼전도감의궤(魂殿都監儀軌), 좌목(座目).

2) 국장, 예장 및 능원의 천장에 관한 의궤

왕과 왕비의 장례는 국장이라고 하고 세자와 세자빈의 장례를 비롯한 그 밖의 국가장은 예장이라고 하였다. 예장은 세자와 세자빈의 장례만이 아니라 이 밖에 왕비의 부모, 빈과 귀인, 대군·왕자군 및 그 부인, 공주, 의빈, 2품 이상의 종친, 1품 이상의 문무관, 공신 등의 장례 또한 예장이라 하였다.[60] 그러나 예장을 치르기 위해 도감이 설치되는 경우는 세자와 세자빈의 장례에 한정되었다. 세자와 세자빈의 장례는 장례의 규모가 국장에 미치지는 못하지만 장례 업무를 담당하는 도감의 조직이나 업무 분장 형식은 국장과 다를 바가 없었다.

국장도감(예장도감)은 왕(왕세자)이나 왕비(세자빈)의 시신을 안치한 재궁이 궁궐을 떠나는 발인부터 장사를 마치고 반우(返虞)에 이르기까지 장례 행사의 준비 및 진행에 관한 일을 관장하였다. 국장의 절차는 5개월 동안 유지되는 빈전에서의 업무에 비해 그 시간적 길이만을 두고 볼 때는 불과 하루 이틀에 끝나는 것이지만, 이를 위해 준비하는 일은 훨씬 복잡하고 오랜 시일을 요하였다.

국장도감의 1방에서는 관을 싣고 갈 상여인 대여(大輿)와 보조 상여인 견여(肩輿), 곽을 운반하는 외재궁여(外梓宮輿), 신주와 혼백을 모시는 신련(神輦)과 신백 요여(神帛腰輿) 등을 비롯하여 평교자(平轎子), 영좌제구(靈座諸具), 각종 의물과 귀중품을 실은 요여(腰輿)와 채여(彩輿)

60 김경래, 「1627년(인조 5) 홍경원 이장과 원종예장도감의궤」, 『규장각 소장 의궤 해제집(1)』, 251쪽.

등 주로 운반 용구의 제작을 담당하였다. 2방에서는 각종 의장(儀仗)과 복완(服玩), 명기(明器), 포연(鋪筵) 등 무덤에 부장할 장신구의 제작과 조달을 담당하였다. 3방에서는 시책(諡册), 시보(諡寶), 애책(哀册), 증옥(贈玉), 증백(贈帛), 삽선(翣扇), 만장(輓章), 제기(祭器) 등의 의물의 제작에 관한 업무를 담당하였다.[61]

국장도감에는 이들 1, 2, 3방 외에도 분장흥고(分長興庫), 우주소(虞主所), 표석소(表石所), 지석소(誌石所), 분전설사(分典設司)와 같은 별도의 작업소가 부설되었다. 분장흥고는 장례 때 쓸 돗자리와 비 올 때를 대비하여 두껍게 만든 기름종이인 유둔(油芚)과 우비(雨備) 등을 조달하는 일을 맡았다. 우주소는 우주 제작에 관한 일을, 표석소와 지석소는 표석과 지석의 제작에 관한 일을, 분전설사는 국장에 사용되는 각종 차일과 휘장을 마련하는 일을 담당하였다. 이들 부설 작업소는 국장도감의 2방과 3방에 예속되기도 하고 혹은 독자의 작업소로 활동하였다.

국장 준비 과정에서 중요한 일의 하나는 시책과 시보를 만드는 일이다. 사망한 왕과 왕비에 대해서는 그 생전의 공덕을 기리기 위해 시호를 논의해 결정하는데 시호를 옥책에 기록한 것을 시책이라 하고 그것을 도장에 새긴 것을 시보라고 한다. 이들 의물은 선왕(선왕후)의 업적을 기리는 것이기도 하지만, 그렇게 함으로써 사왕(嗣王)의 위상과 정통성을 확립하는 것이기도 하였다. 제작된 시책과 시보는 발인에 앞서 대궐로 이를 들이는 의식, 종묘에 청시(請諡)하는 의식, 시책과 시보를 올

61 박종민, 「조선 중후기 국장도감의 운영과 국장의례 - 행정관리조직과 역할 중심으로」, 『민족문화』 31, 2008.

리는 의식으로 진행되었다. 이렇게 만들어진 시책과 시보는 발인 때 왕을 상징하는 여러 의물과 함께 요여에 안치하여 국장 행렬의 중요한 의물이 되었다.

국장, 예장에 관한 의궤로는 국왕의 국장이 13건, 왕후의 국장이 17건, 왕세자의 예장에 관한 것이 6건, 세자빈과 후궁의 예장에 관한 것이 6건, 모두 42종이 현전하고 있다.[62]

〈표 17〉 현전하는 국장도감(예장도감)의궤의 현황

의궤	국장 대상
국장도감의궤(국왕)	선조 · 인조 · 효종 · 현종 · 숙종 · 경종 · 영조 · 정조 · 순조 · 헌종 · 철종 · 고종 · 순종
국장도감의궤(왕후)	장렬왕후(인조계비) · 인선왕후(효종비) · 명성왕후(현종비) · 인경왕후(숙종비) · 인현왕후(숙종계비) · 인원왕후(숙종계비) · 선의왕후(경종비) · 정성왕후(영조비) · 정순왕후(영조계비) · 효의왕후(정조비) · 순원왕후(순조비) · 신정왕후(익종비) · 효현왕후(헌종비) · 효정왕후(헌종계비) · 철인왕후(철종비) · 명성황후(고종후) · 순명황후(순종후)
예장도감의궤(세자 · 추왕)	소현세자 · 효장세자 · 의소세손 · 사도세자 · 문효세자 · 효명세자
예장도감의궤(빈 · 궁)	단의빈 · 헌경혜빈 · 효순현빈 · 인숙원빈 · 현목수빈 · 순헌귀비

정조 국장 때의 『국장도감의궤』를 통하여 국장의 장례 진행 과정을 시일 단위로 살펴보면 다음과 같다. 정조는 경신년(1800) 6월 28일 창경궁 영춘헌에서 승하하여 이해 11월 6일에 장사를 치렀는데, 장례 일자

62 『규장각목록』에 48종으로 되어 있으나 선조 국장, 단의빈 예장, 효장세자 예장, 문효세자 예장 때의 도감의궤는 1종인 것을 각각 2종으로 잘못 파악하였다.

를 한 달 앞둔 10월 10일에 시책과 시보를 궁으로 들이고, 10월 12일에 시책보를 궁에서 내어서 종묘에 청시하고, 며칠 뒤인 16일에 빈전에 상시(上諡)하였다. 다음 달 11월 3일에 발인하여 이날 노제소에 도착하고, 이틀 뒤인 11월 5일 산릉 정자각에 도착하여 찬궁을 열고 산릉에 올랐다. 다음 날 11월 6일 하현궁하고, 길유궁에서 우주를 제(題)한 뒤 길유궁을 떠나 주정소(晝停所)에 도착하여 초우제를 행하였다. 11월 7일 자시(子時)에 숙소에서 재우제를 행한 뒤 숙소를 출발하여 도중에 주정소를 거쳐 이날 신시(申時)에 창경궁 선정전에 반우하였고 이로써 국장도감의 업무가 파하였다.

『국조오례의』에 따르면 국장과 관련된 의례는 치장(治葬), 청시종묘의(請諡宗廟儀). 상시책보의(上諡冊寶儀), 계빈의(啓殯儀), 조전의(祖奠儀), 견전의(遣奠儀), 발인의(發引儀), 노제의(路祭儀), 천전의(遷奠儀), 입주전의(立主奠儀), 반우의(返虞儀)의 차례로 진행되는데, 이에 관한 일체의 업무를 관장하는 도감이 국장도감이라고 할 수 있다. 이에 대해 살펴보면 다음과 같다.

국상이 있은 후 5개월이 되면 장사에 앞서 지관을 보내 능 터를 잡고 날을 받아 광중(壙中)을 파고 그런 뒤 지석(誌石)을 깔고 주위에 돌을 싼 뒤 회로 틈을 막아 장례 준비를 한다〔治葬〕. 예조에서는 대행왕이나 왕비, 왕대비 등의 시호를 의논하여 정하고, 종묘에 들어가 시호를 결정한 경위와 사유를 고하여 대행왕의 시호를 확정한 후〔請諡宗廟〕, 빈전에서 시책과 시보를 올리는 의례를 행한다〔上諡冊寶〕. 발인 전날이 되면 빈전의 문을 열고 관을 닦고 점검하고〔啓殯〕, 빈전에 예찬을 갖춘 뒤 왕이 직접 배곡하고 술을 올려 발인할 것을 고하고, 관을 빈전에서 상여로 옮긴다〔祖奠〕. 조전을 한 뒤에 관을 상여로 옮기기에 앞서 중문 밖에서 사유를 고하고〔遣奠〕, 그런 다음 관을 상여로 옮기고, 상여를 수행할 문무백관의 반차를 정하고, 빈전을 출발하여 능소로 향한다〔發引〕. 상여를 운반하는 중로에 4대문에서 노제를 행하고〔路祭〕, 상여가 장지에 도착하면 관을 현궁(玄宮)으로 운반한 뒤 예찬을 갖추어 술잔을 드린 뒤 하관하고 이어서 성분한다〔遷奠〕. 산릉에 재궁을 내린 뒤 혼백을 봉안하기 위해 임시로 가설한 길유궁(吉帷宮)에서 혼전에 모실 신주(우주)를 만든 뒤 전을 드리며〔立主奠儀〕, 그런 다음 우주를 모시고 궁궐로 돌아와 혼전에 봉안한다〔返虞儀〕.

국장도감이나 예장도감과 업무의 성격이 거의 같은 것으로는 능원의 천장 때 설치되는 천릉도감(천원도감)이 있다. 능원을 옮기게 되는 이유는 그 능 터가 풍수상 흉지(凶地)로 밝혀진 경우거나, 천재지변 등으로 파괴되어 복구가 불가능한 경우, 또 먼저 모셨던 능소의 왕이나 왕비를 새로 모시게 되는 임금이나 왕비의 무덤에 합장하는 경우 등이다.

능원을 천장할 때의 행사 의례는 국장(예장) 때와 거의 같다. 다만 국장 때에는 빈전(혼전)도감, 국장(예장)도감, 산릉도감의 3도감이 설치되는 데 반해 천릉(천원) 때에는 천릉(천원)도감과 (천릉)산릉도감, 두 도감만이 설치된다. 천릉 때에도 의정 중에서 임명되는 총호사(摠護使)가 두 도감의 일을 총괄하며, 판서급에서 제조(提調) 4~5인을 선발하고 그 아래 낭청 10여 인을 두어 천릉에 따른 두 도감의 업무를 관장하였다.

능원을 옮길 때에는 국상 때 설치되는 3도감 가운데 빈전도감이 설치되지 않는 대신에 천릉(천원)도감에 빈전소(빈궁소)를 설치하였다. 또한 천릉(천원)도감에는 국장도감에 설치되는 우주소 대신 지방소가 설치되었다.

능원의 천장에 관한 의궤로는 인조 5년(1627)에 인조의 생부 정원군(뒤에 원종으로 추존되었다.)의 묘소를 이장할 때의 의궤가 가장 오래된 것이다. 이때의 천장에는 왕실 원소의 천장 때 설치되는 천원도감(遷園都監)과 원소도감(園所都監)의 양 도감을 설치하지 않고 하나의 도감만을 설치하였으며 도감의 명칭 또한 예장도감이라 하였다. 이때 경기 양주에 있던 정원군의 묘소는 김포에 있는 부인(인헌왕후 구씨)의 묘소〔毓慶園〕 옆으로 이장되면서 흥경원으로 불렸고, 그 뒤 인조 10년(1632) 원종으로 추존되면서는 장릉(章陵)으로 개칭되었다.

흥경원 이장 이후의 능원 천장에 관한 의궤로는 선조 목릉(1630), 효종 영릉(寧陵, 1673), 인조 장릉(長陵, 1731), 장조 영우원(永祐園, 1789), 정조 건릉(乾陵, 1821)의 천장과, 두 차례에 걸친 문조 수릉(綏陵)의 천장(1846, 1855), 현목수빈 휘경원(徽慶園)의 두 차례 천장(1855, 1863), 순조 인릉(仁陵, 1856)의 천장에 관한 여러 시기의 의궤가 있다.

목릉은 선조와 선조비 의인왕후 박씨, 계비 인목왕후의 능이다. 목릉은 처음 태조 능인 건원릉 서쪽에 조성되었다가 주변에 물이 차고 지리상 좋지 않다고 하여 인조 8년(1630)에 건원릉 동쪽의 선조비 의인왕후의 능 서남쪽으로 옮기게 되었다.

영릉은 효종과 인선왕후의 능으로 처음 건원릉 서쪽에 조성되었으나 병풍석에 틈이 생기고 봉분 안으로 빗물이 스며들어 조성 후 10년 뒤인 현종 14년(1673)에 세종 능인 영릉(英陵)의 동쪽으로 천장하였다.

장릉은 인조와 인렬왕후의 능이다. 장릉은 인조비 인렬왕후 한씨가 먼저 죽음에 따라 파주 운천리에 처음 조성되었다가 그 뒤 인조가 승

경기도 파주에 있는 인조의 무덤 장릉(長陵)

하하자 함께 안장되었다. 장릉은 능 터가 좋지 않다는 상소가 끊임없이 이어지다가 영조 7년(1731)에 무덤에 벌레와 뱀이 나타나는 사건으로 마침내 옮기게 되었다.

영우원은 장조(사도세자)와 현경왕후 한씨의 무덤이다. 사도세자가 죽은 뒤 그의 무덤은 처음 양주 배봉산에 조성되고 수은묘(垂恩墓)라 불렀다. 정조는 즉위 후 사도세자의 시호를 장헌으로 고치고 묘소를 영우원으로 격상하였다. 또한 무덤의 형국이 협소하다고 여겨 일찍이 이장할 뜻을 가졌다가, 정조 13년(1789)에 이르러 이장을 결행하여 현륭원(顯隆園)으로 이름을 바꾸었다.

건릉은 정조와 효의왕후 김씨의 능이다. 정조의 죽음으로 무덤이 조성된 뒤 21년이 지나 정조비 효의왕후가 죽어 국장을 준비하는 과정에서 건릉의 자리가 좋지 않다는 소문에 따라 천장이 결정되었다.

수릉은 순조의 맏아들인 효명세자(익종, 문조익황제)와 신정왕후 조씨의 능이다. 효명세자의 무덤은 처음 조성 당시에는 연경묘(延慶墓)라고 불렀다가 헌종 즉위 후 익종(翼宗)으로 추존되면서 능호를 수릉이라 하였다. 처음의 묘소는 경종의 능〔懿陵〕 부근에 있었는데 헌종 12년(1846)에 수릉 자리가 풍수상 불길하다고 하여 양주 용마산 아래로 한 차례 천장하였고, 그 뒤 철종 6년(1855)에 옮겨진 자리가 또한 풍수상 좋지 않다는 이유로 동구릉 내 건원릉 좌측 언덕으로 천장했다.

휘경원은 정조의 후궁이자 순조의 생모인 수빈 박씨의 무덤이다. 수빈 박씨의 무덤은 사도세자의 묘인 영우원의 자리 왼쪽에 조성하였다가 철종 6년(1855)에 선조의 후궁 인빈 김씨의 묘인 순강원(順康園) 오른쪽으로 한 차례 옮겼고, 그 후 철종 14년(1863)에 무덤 자리가 풍수상 좋지 않다고 하여 세조 능인 광릉(光陵) 인근의 양주 달마동에 다시 천장하였다.

인릉은 순조와 순조비 순원왕후의 능이다. 순조의 능은 처음 교하에 자리한 장릉(長陵)의 좌측 언덕에 능침을 조성하였으나 풍수상 좋지 않다는 논의가 이어지다가 마침내 철종 6년(1855)에 천장이 결정되어 이듬해에 대모산 아래 헌릉(獻陵)의 오른쪽 언덕에 이장하였다.

4. 부묘도감의궤

왕과 왕비의 장례 후 혼전에서 행하는 각종 의례는 3년의 상기를 마친 뒤 혼전의 신주를 종묘로 옮김으로써 끝나게 된다. 이렇게 혼전에 모시던 신주를 종묘로 옮겨 봉안하는 일을 부묘라고 한다. 역대 왕과 왕후의 신주를 모시는 종묘는 제왕가의 사당으로 사직과 더불어 국가를 상징하는 중요한 제사처이다. 그러므로 왕과 왕후의 신주를 종묘에 부묘하는 일은 중대한 국가적 행사로 치러졌다.

부묘에 따르는 업무를 위해서도 도감이 설치되었다. 부묘도감의 업무는 부묘에 필요한 제반 물건을 마련하는 일이었고, 무엇보다 중요한 것은 혼전에 모시고 있던 시책과 시보를 새로 만드는 일이었다. 장례 때 마련한 선왕의 시책과 시보에는 중국에서 내려준 시호가 빠질 수밖에 없고, 왕후의 시책에는 새로 올린 시호가 추가되어야 했기 때문이다. 또한 부묘 행사를 위해서는 혼전에서 종묘로 신주, 시책, 시보 등을 옮기는 가마와 이를 모셔놓을 책장 등 새로이 제작해야 하는 물건이 많았다.

부묘도감도 3방을 설치하였다. 1방에서는 신주를 모시고 갈 신련(神

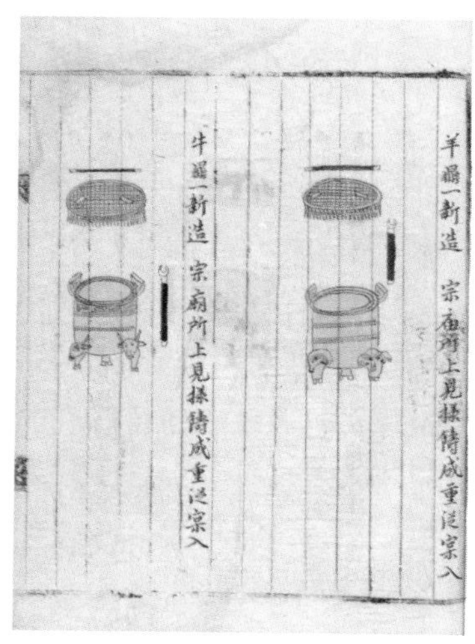

인조와 인렬왕후의 부묘 때 부묘도감 3방에서 제작을 담당했던 양정(羊鼎)과 우정(牛鼎)의 도설(『[인조인렬왕후]부묘도감의궤』(1651), 서울대 규장각한국학연구원 소장)

輦), 향정(香亭), 보장, 책장 등을 제작하고, 2방은 각종 의장과 의장용 깃발, 덮개, 깔개, 병풍 등을 제작하며, 3방은 신주를 담아 두는 감실(龕室), 신탑(神榻), 제기 등을 제작하는 일을 담당하였다. 이 밖에 대부분의 부묘도감에는 부묘에 앞서 종묘 건물의 내·외부를 수리하기 위하여 별도로 수리소를 두었다.

1802년 정조의 신주를 종묘에 부묘할 때의 『부묘도감의궤』에 기록된 거행 일기를 통하여 당시 부묘도감이 설치된 뒤 부묘 행사의 준비와 진행 일정을 표로 나타내면 〈표 18〉과 같다.

여기서 보면 부묘도감은 8월 9일로 예정된 부묘 일자에 앞서 한두 달 전쯤에 설치되는 것으로 나타나며, 부묘 일자가 가까워오면 종묘 감실과 실내로 제반 물건을 배진하였다가, 다음 날 이를 배설하며, 부묘 하루 전에 고동가제〔告動駕祭, 3년상이 끝난 뒤 신주(神主)를 태묘(太廟)에 모시기 위하여 옮겨야 할 때에 그 사유를 알리는 제사〕를 행한 뒤 신련이 종묘로 이동하게 되고, 같은 날 당실의 장롱에 책보를 먼저 봉안하며, 그런 다음 얼마 뒤 시각에 부묘례를 행하는 것으로 나타난다.

〈표 18〉 정조 부묘 때의 부묘 행사의 준비 및 진행 과정

일자	내용
6월 21일	도감의 당상과 낭청을 임명
6월 22일	장악원에서 당상과 낭청이 첫 회동
6월 24일	각 방 업무 개시
7월 4일	정조의 혼전(효원전)과 종묘를 봉심
7월 15일	종묘 수리 공사 개시
7월 18일	의정부에서 첫 부묘 의례 습의
7월 19일	의정부에서 두 번째 습의
7월 21일	의정부에서 세 번째 습의
8월 2일	종묘 감실과 그 아래에 제구(諸具)를 배진
8월 3일	종묘 감실과 그 아래에 제구(諸具)를 당실(當室)에 배설
8월 7일	혼전(효원전)에서 신좌(神座), 교의 등을 내어 종묘에 옮겨 악차에 임시로 안치
8월 8일	혼전(효원전)에서 고동가제 후 신련이 종묘로 나아가 종묘 남쪽 신문에 마련된 악차에 임시로 안치함. 신시에 책보를 먼저 당실(當室)의 장(欌) 안에 봉안
8월 9일	자시(子時)에 부묘례를 행함

부묘 행사를 하루 앞두고 종묘와 혼전에 미리 고하고 행사에 필요한 준비를 하면서, 새 신주의 부묘를 위해 영녕전으로 옮길 신주는 미리 옮기고 왕이 행차하여 머물 천막과 임시로 신주를 모실 천막, 이 밖에 필요한 의기나 의물을 종묘와 혼전 앞에 비치하였다.

부묘 당일에는 먼저 혼전에서 신주의 거둥을 고유하는 제사를 지낸 후 옥책, 금보와 함께 신주를 모신 가마 행렬이 종묘로 행하였다. 이때의 행차에 동원되는 의장과 행렬은 국장 때의 그것과 비슷했다. 선두에 선왕과 선왕후의 신주를 옮기는 행렬과 의장이 서고 그 뒤를 국왕이 탄 가마 행렬이 따르고 이어 종친 백관의 시종 행렬이 뒤따랐다. 이때 시

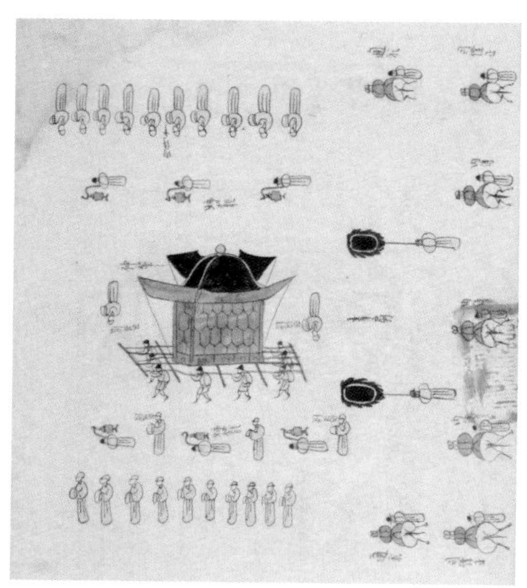

『[인조인렬왕후]부묘도감의궤』(1651)에 수록된 반차도의 신련(神輦) 행렬(서울대 규장각한국학연구원 소장)

책과 시보를 실은 가마는 선왕과 선왕후의 신주 앞에 나아가며 배향공신의 신주는 도중에 기다리다가 행렬에 합류하였다.

대부분의 부묘도감의궤에는 부묘할 신주를 실은 가마가 대궐을 떠나 종묘로 향하는 행렬(神主詣宗廟)을 그린 반차도가 수록되어 있다. 여기에는 임금이 타는 가마 행렬과 의장을 앞세우고, 그 뒤로 시책, 시보, 신주를 모신 각각의 가마와 배향공신의 신련이 따르고 있다. 부묘 의례에서 가장 중요한 의물은 왕과 왕후의 혼령을 상징하는 신주라 하겠으나 이 밖에 왕과 왕후의 신분이나 권위를 상징하는 시책, 시보 또한 중요한 의물이 되었다.

선왕과 선왕후의 신주를 종묘에 모시려면 이미 종묘에 계신 여러 조상 신주들에게 인사를 드려야 했다. 이 때문에 부묘 행사 때에는 태조의 신주를 위시해서 종묘에 봉안된 모든 신주를 묘실 밖으로 내어놓고 새로 묘에 들어오게 될 왕과 왕후의 신주를 정해진 자리에 놓은 뒤, "지금 길한 때에 ○○대왕과 ○○왕후가 종묘에 들어가고자 알현합니다."라고 신고하였다.[63] 그런 다음 선왕과 선왕후의 신주를 종묘 감실(龕室)에 봉안하게 되는데, 이때 선왕의 신주가 들어 있는 궤는 흰색 수건으로, 선왕후의 것은 푸른색 수건으로 덮었다. 또한 신주와 함께 시책과 시보를 모셨으며 배향공신들의 신주는 공신당(功臣堂)에 봉안하였다. 이어서 태조 이하 여러 선대왕의 신주에 대한 제사를 올린 후 이들 신주를 다시 감실에 모심으로써 부묘 행사를 마치게 된다.

부묘 행사가 끝나 국왕이 환궁할 때에는 행차의 앞뒤에서 악대가 음악을 연주하였다. 궁궐에 도착한 왕은 백관으로부터 하례를 받고 이어서 3년상이 무사히 끝났음을 백성들에게 선포하고 대사면을 내리며 잔치를 열었다. 부묘 의례를 끝으로 이후 선왕, 선왕후에 대한 제사는 흉례(상례)에서 길례(제례)로 바뀌게 된다.

부묘는 폐위된 왕이나 왕비의 지위를 회복시키는 데서도 중요한 의례였다. 이를 복위(復位) 부묘라고 하였다. 이 밖에 왕과 왕후의 신주를 종묘에 부묘하는 행사와 유사한 행사로는 세자나 세자빈의 신주를 혼궁에서 별묘(別廟)에 모시는 행사가 있는데 이는 입묘(入廟)라 하였다. 후궁의 신주를 별궁에 모시는 의례는 부궁(祔宮)이라고 하였는데 부궁의 경우는 부묘와는 달리 소상 뒤에 행해졌다.

63 『국조오례의』, 권8, 흉례, 부묘의.

부묘, 부궁 및 입묘에 관한 의궤로는 다음의 32종 의궤가 현전하고 있다.[64]

〈표 19〉 현전하는 부묘(부궁·입묘)도감의궤의 현황

시기	서명	시기	서명
1610	[선조의인왕후]부묘도감의궤	1778	[영조진종]부묘도감의궤
1615	[공성왕후]부묘도감의궤	1802	[정조]부묘도감의궤
1635	[원종인헌왕후]부묘도감의궤	1807	[정순왕후]부묘도감의궤
1651	[인조인렬왕후]부묘도감의궤	1818	[헌경혜빈]부궁도감의궤
1661	[효종]부묘도감의궤	1823	[효의왕후]부묘도감의궤
1669	[신덕왕후]부묘도감의궤	1825	[현목수빈]입묘도감의궤
1676	[인선왕후]부묘도감의궤	1832	[효명세자]입묘도감의궤
1677	[현종]부묘도감의궤	1837	[순조익종]부묘도감의궤
1686	[명성왕후]부묘도감의궤	1851	[헌종효현왕후]부묘도감의궤
1691	[장렬왕후]부묘도감의궤	1859	[순원왕후]부묘도감의궤
1698	[단종정순왕후]복위부묘도감의궤	1866	[철종]부묘도감의궤
1722	[숙종]부묘도감의궤	1881	[철인왕후]부묘도감의궤
1726	[경종단의왕후]부묘도감의궤	1893	[신정왕후]부묘도감의궤
1732	[선의왕후]부묘도감의궤	1906	[효정왕후]부묘도감의궤
1739	[단경왕후]복위부묘도감의궤	1921	[고종태황제명성태황후]부묘주감의궤
1759	[인원왕후]부묘도감의궤	1928	[순종효황제순명효황후]부묘주감의궤

64 부묘의궤와 부궁의궤를 『규장각 소장 의궤 종합목록』에서는 35종이 현전하는 것으로 파악하였는데, 이는 선조의인왕후 부묘 때의 의궤 가운데 남아 있는 1방 의궤, 2방 의궤, 3방 의궤의 세 책자를 각각 1종으로 파악함에 따른 것이다. 그런데 당시의 부묘도감의궤는 1질 4~5책 한 질로 제작되어 이 가운데 3책이 현재 남아 있게 된 것이니, 이 3책을 각각 1종으로 파악할 수는 없다고 본다.

현전하는 의궤 가운데 부묘 의례에 관해 기록한 가장 오래된 의궤는 광해군 2년(1610)에 선조와 그의 비 의인왕후(懿仁王后)의 부묘 행사를 기록한 『[선조의인왕후]부묘도감의궤』이다.

복위 부묘에 관한 의궤로는 숙종 24년(1698) 단종과 단종비 정순왕후가 복위되어 종묘에 부묘될 때의 의궤와 영조 15년(1739) 중종의 폐비 신씨가 복위되어 종묘에 부묘될 때의 의궤가 있다. 입묘에 관한 의궤로는 순조 32년(1832) 순조의 맏아들로 뒤에 익종으로 추존된 효명세자를 문우묘(文祐廟)에 입묘할 때의 의궤와 순조 24년(1824) 정조의 후궁이며 순조의 생모인 수빈 박씨를 입묘할 때의 의궤가 있다. 이 밖에 『[공성왕후]부묘도감의궤』는 광해군 7년(1615) 광해군의 생모인 공빈 김씨를 왕후로 추숭해 부묘할 때의 기록이다.

부궁에 관한 의궤로는 장헌세자(사도세자)의 빈 헌경혜빈을 순조 18년(1818) 경모궁에 부궁할 때의 의궤가 있다. 헌경혜빈은 대한제국 때 장헌세자가 장조로 추존될 때 헌경왕후로 추숭되어 종묘에 부묘되기도 하였다.

5. 존숭과 추숭 행사에 관한 의궤

조선왕조 때에는 재위 중의 왕이나 왕비, 또한 왕에 대하여 존장의 위치에 있는 대비나 왕대비, 대왕대비에게 존호를 올리는 의례가 흔히 행해졌다. 새 국왕이 왕위를 계승하게 되면, 전 임금 때의 중전은 대비로, 대비는 왕대비로, 왕대비는 대왕대비로 존칭하게 되지만, 이 밖에 왕실에 경사가 있거나 특별히 공덕을 기릴 일이 있으면 존호를 올리는 의례를 통하여 이를 표시하였다.

양반 관료의 경우 품계가 오르고 관직이 바뀜으로써 관인으로서의 신분에 변화가 따르게 된다면, 왕과 왕비의 경우 존호를 올리는 방식에 의하여 명분상으로나마 존엄한 지위를 보다 현창하기도 하였다. 이런 까닭으로 현전하는 의궤 가운데는 재위 중의 왕이나 왕비, 선왕과 선왕후에 대하여 존호를 올리는 행사에 관한 의궤가 적지 않다. 존호도감, 존숭도감, 추숭도감과 같은 것이 이런 종류의 의례적 행사를 위해 설치되는 도감이었다.

규장각 소장 의궤 가운데는 책제에 '존호도감의궤'로 표시된 것이 25종이며, 이와 비슷한 성격의 의궤로 '존숭도감의궤'로 책제를 한 것이 또한 25종, '상호도감의궤'로 책제를 한 것이 10종이나 된다. 이를 표로 나타내면 〈표 20〉과 같다.

표에 나타나듯이 숙종의 계비 인원왕후는 숙종 재위 시인 숙종 39년(1713)에 처음 '혜순(惠順)'이란 존호를 받은 이래, 경종 2년(1722)에는 '자경(慈敬)', 영조 2년(1726)에는 '헌열(獻烈)', 영조 14년에 '광선(光宣)', 이듬해에 '현익(顯翼)', 영조 23년에 '강성(康聖)', 영조 27년에 '정덕(貞德)', 이듬해에 '수창(壽昌)', 그 이듬해에 '영복(永福)', 영조 32년에 '융화(隆化)'로 전부 열 차례에 걸쳐 존호를 받았으며, 이들 행사 때의 의궤가 모두 남아 있기도 하다.

조선 전기만 하더라도 재위 중의 왕에 대한 존칭은 '전하' 혹은 '금상'이라 하였고, 왕비에 대해서는 '중전'으로 칭하였을 뿐 이 밖에 별도의 존칭이나 존호가 없었다. 재위 중의 국왕에 대해 존호를 올린 최초의 사례는 연산군 11년(1505)에 연산군이 스스로의 존호를 올리도록 한 것이었다. 이때의 행사를 위해 당시 존숭도감이 설치되었고 연산군에게는 '헌천홍도경문위무(憲天弘道經文緯武)'라는 존호가 상정되었다.[65]

임란을 거치면서 선조에게도 재위 중에 존호를 올리는 일이 있게 되었는데 이때는 이미 사망한 선조비 의인왕후와 계비인 인목왕후에게도 함께 존호를 올렸다. 이때의 의궤로 현전하는 것이 『(선조의인왕후인목왕후)존숭도감의궤』이다. 선조 이후로는 재위 중의 왕에게 존호를 올리는 일이 한동안 사라졌다가 숙종 재위 중에 다시 있게 되었다. 당시의 행사에 관해 기록한 의궤가 『[숙종인경왕후인현왕후인원왕후]존숭도감

65 『중종실록』 2권, 중종 2년 4월 25일 을축(乙丑).

〈표 20〉 왕과 왕비(대비)의 재위 시 존숭 의례에 관한 의궤

시기	서명	시기	서명
1604	[선조의인왕후인목왕후]존숭도감의궤	1802	[정순후효의후]존숭도감의궤
1621	[광해조]존숭도감의궤	1804	[정순후]가상존호도감의궤
1624	[인목왕후]존숭의궤	1805	[정순왕후]가상존호도감의궤
1651	[장렬후]존숭도감의궤	1827	[순조순원왕후]상호도감의궤
1661	[장렬왕후인선왕후]존숭도감의궤	1837	[순원후신정후]존숭도감의궤
1677	[장렬왕후명성왕후]존숭도감의궤	1841	[순원후]존호도감의궤
1686	[장렬왕후]존숭도감의궤	1848	[순조순원후익종신정후]상호도감의궤
1713	[숙종인경인현인원후]존숭도감의궤	1851	[순원후신정후효정후]존숭도감의궤
1722	[인원왕후]존숭도감의궤	1852	[순조순원후]존호도감의궤
1726	[인원왕후선의왕후]존숭도감의궤	1853	[순조순원왕후]상호도감의궤
1739	[인원왕후]존숭도감의궤	1858	[순조순원왕후]추상존호도감의궤
1740	[인원왕후5존호]존숭도감의궤	1860	[신정후효정왕후]존숭호도감의궤
1747	[인원왕후6존호]존숭도감의궤	1863	[철종철인왕후]상존호도감의궤
1751	[인원왕후7존호]존숭도감의궤	1864	[신정후효정후가상]존호도감의궤
1752	[인원후영조정성왕후]존숭도감의궤	1866	[신정후종효정후철인후]존숭도감의궤
1753	[숙종인경인현인원후가상]존호도감의궤	1877	[익종신정왕후]상호도감의궤
1756	[인원후숙빈영조정성후]존숭도감의궤	1877	[고종신정왕후효정왕후철인왕후명성왕후]상존호도감의궤
1773	[현종명성후영조정성왕후정순왕후]추상존호도감의궤	1891	[신정왕후]가상존호도감의궤
1778	[정순왕후]존숭도감의궤	1891	[고종신정왕후효정왕후명성왕후]가상존호도감의궤
1783	[정순후장헌세자혜빈]존호도감의궤	1891	[고종신정왕후효정왕후명성왕후]가상존호도감의궤
1787	[정순후]가상존호도감의궤	1900	[인조인렬후장렬후효종인선후고종명성황후]상호도감의궤
1795	[정순후장헌세자혜빈]가상존호도감의궤	1907	[고종영친왕]존봉도감의궤

의궤』이다. 이때에도 숙종만이 아니라 계비인 인원왕후와 이미 사망한 인경, 인현 두 왕후에 대해서도 존호가 상정되었다.

숙종 대 이후에도 재위 중의 국왕에게 존호를 올리는 일이 간간이 행해지기는 했으나, 존호를 올리는 의례는 대개 살아 있는 왕대비나 대왕대비에 대하여 특별히 행하는 의식이었다. 존호를 올리는 행사에 따르는 준비와 진행을 관장하는 도감은 '존호도감' 혹은 '존숭도감'으로 칭하는 경우가 일반적이었고 때로는 '상호도감'으로 칭하기도 하였다.[66]

이전에 이미 존호를 받은 왕이나 왕비, 대비에게 또 다른 존호를 다시 올리는 경우에는 이를 '가상존호'라 하였으며, 이미 사망한 왕과 왕후에게 존호를 올리는 일은 '추상존호' 혹은 '추존'이라 하였다. 이와는 달리 임금의 사친(私親)에 대해서는 사후에 왕과 왕후의 칭호를 올리게 되며, 왕위에 오르지 못하고 죽은 왕세자와 세자빈이 법통상 현왕의 부모가 되는 경우에도 왕과 왕후의 존호를 받았다. 이런 경우의 존호 상정은 '추숭'이라 하였고 이러한 행사를 담당하는 도감은 '추숭도감'이라 하였다.

왕이나 왕실의 존장에 대한 존호의 상정이 어느 한 사람에 대해서만 이루어지는 경우는 드물며 복수의 왕실 인사에 대해 존숭이나 추숭, 혹은 존숭과 추숭이 동시에 이루어지는 경우가 많았다. 상존호와 가상

66 존숭도감이라는 명칭의 도감은 조선 전기에 보이지만(『연산군일기』 58권, 연산 11년 6월 11일 갑자(甲子)) 존호도감이란 명칭의 도감은 조선 전기에는 확인되지 않는다. 존호도감이라는 명칭이 기록상 확인되기는 숙종 39년(『승정원일기』 숙종 39년 1월 17일 을미(乙未))에 처음으로 나타난다.

존호가 동시에 행해진 경우로는 고종(高宗) 10년(1873)에 고종과 고종비 민씨에게 상존호하고 당시 익종비 신정왕후 조씨와 헌종의 계비 홍씨, 철종비 김씨에게 가상존호한 행사를 들 수 있다. 이때 고종은 '통천융운조극돈륜(統天隆運肇極敦倫)'이라는 존호를, 고종비 민씨는 '효자(孝慈)'라는 존호를 받았으며, 신정왕후는 '효유헌성선경정인자혜홍덕순화문광원성숙렬명수(孝裕獻聖宣敬正仁慈惠弘德純化文光元成肅烈明粹)'라는 앞서 여러 차례에 걸쳐 받았던 존호에 다시 '협천(協天)'이라는 존호를 더하고, 왕대비인 헌종 계비에게는 '명헌숙경예인정목홍성장순(明憲淑敬睿仁正穆弘聖章純)'이라는 기왕의 존호에 '정휘(貞徽)'이라는 존호를, 대비인 철종비에게는 '명순휘성정원(明純徽聖正元)' 뒤에 '수녕(粹寧)'이라는 존호를 더하게 되었다.

복수의 인물에 대해 존호의 추상이 이루어진 경우로는 선조 및 선조비 의인왕후, 광해군의 사친 공성왕후에 대한 묘호(廟號)와 존호를 추숭한 경우를 들 수 있다. 『추숭도감의궤』(광해군 8년, 1616)가 이때의 행사에 관한 것이다. 이때 선조의 묘호가 선종에서 선조로 추상되었고, 존호는 '계통광헌응도융조(啓統光憲凝道隆祚)'라 추상하였으며, 의인왕후의 존호는 '명덕(明德)'으로 추상하고, 공성왕후의 존호는 '명헌(明獻)'으로 추상하였다.

이 밖에 상존호, 가상존호, 추상존호가 일시에 이루어진 행사에 관한 의궤로는 영조 48년(1772)의 『상호도감의궤』를 들 수 있다. 이 의궤는 현종과 명성왕후에게는 존호를 추상하고, 영조에게는 존호를 가상하고, 정성왕후에게는 존호를 추상하고, 정순왕후에게는 상존호한 행사에 관한 의궤이다. 당시의 행사로 현종은 '소휴연경돈덕수성(昭休衍

慶敦德綏成)', 명성왕후는 '희인(禧仁)', 영조는 '대성광운개태기영(大成廣運開泰基永)', 정성왕후는 '공익(恭翼)', 정순왕후는 '예순(睿順)'으로 존호하였다.[67]

존호를 올리는 의례는 책봉 의례와 흡사하였다. 그러므로 존호도감의 업무는 책례도감의 업무와 비슷하여 의정급이 맡는 도제조 1인에, 판서급 제조 3인, 당하관으로 도청 2인, 낭청 6인, 감조관 6인을 두었다. 도감의 업무도 책례도감과 유사하여 1방에서 옥책문이나 악장에 관한 업무를, 2방에서는 옥보나 금보의 제작을, 3방에서는 각종 의장과 문물의 준비를 담당하였다.

순조 4년(1804)에 영조의 계비 정순왕후(1745~1805)에게 존호를 가상할 때의 의궤를 통하여 존호도감이 설치될 때의 행사 준비와 진행 일정을 살펴보면 〈표 21〉과 같다.

영조의 계비 정순왕후에게는 재위 중 모두 여덟 차례에 걸쳐 존호가 상정되었는데 본 의궤는 여덟 번째 존호를 올릴 때의 행사에 관한 것이다. 여기서 보면 2월 8일 존호도감이 설치된 이후 2월 28일 영조가 대왕대비전에 책보를 친히 올리는 본행사에 이르기까지 20여 일 정도의 준비 기간이 소요되었음을 알 수 있다. 그동안에 궁 밖에서 세 차례에 걸쳐 예행연습이 있었으며, 궁 안에서 또한 세 차례 예행연습이 있었음을 알 수 있다.

이때의 존호도감의궤에 수록된 의주로는 '대왕대비전가상존호책보

67 도감의 명칭에 대해서는 김종수, 「존호, 존숭, 상호도감 명칭에 대한 소고」, 『온지논총』 12, 2005를 참조.

〈표 21〉 정순왕후 존호 가상(1804) 행사 때의 준비 및 진행 과정

일자	행사 내용
2월 8일	도감의 당상과 낭청을 임명
2월 10일	손시(巽時)에 존호를 정한 뒤 친히 전문을 올림 도감의 당상과 낭청이 의정부에 회동하여 도청과 감조관을 정함
2월 15일	옥책문을 초(草)한 도서(圖書)를 입계, 이날 옥책문과 옥보문을 입계 옥보와 전문의 정본과 부본을 입계, 의주를 입계
2월 17일	치사전문(致詞箋文)을 입계
2월 20일	반차도 입계
2월 22일	책보를 올리는 세 번째 외습의를 의정부에서 행함 각 방 사업 완료. 오시(午時)에 책보를 봉과하고, 이날 책보를 인출해서 입계
2월 25일	묘시(卯時) 책보를 내입 이날 책보를 올리는 세 번째 내습의를 명정전 정후(庭後)에서 행함
2월 28일	책보를 내출. 묘시에 대왕대비전에 책보를 친상(親上) 오시에 진하반교(陳賀頒敎), 도감의 당상과 낭청 등에게 반상(頒賞)

내입의(大王大妃殿加上尊號冊寶內入儀)', '대왕대비전가상존호책보내출의(大王大妃殿加上尊號冊寶內出儀)', '대왕대비전가상존호책보친진의(大王大妃殿加上尊號冊寶親進儀)'로 나타나고 있어, 존호를 올리는 의례와 관련해서는 책보를 대내로 들이는 의식과 이것을 다시 내어오는 의식, 그리고 책보를 진상하는 의식과 같은 것이 의례상 중시되었음을 알 수 있다.

이처럼 존호도감의 주요 업무는 송덕문을 옥에 새긴 옥책과 그 증표인 옥보나 금보를 제작하는 일과 이를 증정하는 의식, 그리고 이에 따르는 제반 의례 및 연회에 대한 준비와 진행에 관한 일이었다. 이러한 존호 행사도 국가의 큰 행사로 여겨져 죄수가 사면되고 증광시를 설행하는 등 경사스러운 축제 분위기가 연출되었다.

추상존호도감의 경우도 도감의 업무 내용은 거의 같다. 다음의 〈표

22〉는 고종 때 숙종과 숙종비를 추상존호할 때의 행사 일정이다.

〈표 22〉 숙종과 숙종비 추숭 행사 준비 및 진행 과정

일자	행사 내용
1월 4일	도감의 당랑을 차출. 이날 빈청에서 의호(議號)
1월 12일	장악원에서 회동하여 공조에 설국(設局)
1월 27일	각 방 시역
2월 20일	숙종, 인경·인현·인원왕후의 금보문 정부본 입계
윤2월 4일	종묘 책보장을 봉심
14일	4인의 옥책문 초도서 각 1본을 입계
28일	첫 습의. 책보문 진서 각 4건 내입. 책보가 태묘로 나아가는 반차도 1건 내입
29일	각 방 역사 완료
3월 2일	각양 의주와 홀기 각 5건 내입
3월 3일	손시(巽時)에 책보를 봉과, 손시에 책보 내입, 두 번째와 세 번째 습의 책보를 인출하여 작첩(作貼)하여 내입
3월 10일	책보 내출. 오시(午時)에 책보를 받들어 태묘로 나아감
3월 11일	자시(子時)에 책보를 태묘에 친상

추숭도감의궤로는 광해군 2년(1610) 광해군의 생모인 공빈 김씨를 공성왕후로 추숭할 때의 행사를 기록한 의궤인 『[광해군사친]추숭도감의궤』가 가장 이른 시기의 것이다. 당시 신료들의 계속되는 반대를 무릅쓰고 광해군은 생모의 왕후 추숭을 강행하여, 시호를 공성(恭聖), 휘호(徽號)를 자숙단인(慈淑端仁), 전호를 봉자(奉慈), 능호를 성릉(成陵)으로 정하여 이에 따른 행사 의례를 거행하였다.

이 밖에 추숭도감의궤로는 정조 1년(1777) 효장세자와 현빈 조씨를

진종과 효순왕후로 추숭할 때의 의궤인 『[진종]추숭도감의궤』, 현종 즉위년(1834) 효명세자를 효명대왕(孝明大王)으로 추숭할 때의 의궤인 『[문조]추숭도감의궤』가 있다.

추숭도감은 묘호·시호·능호·전호를 정하는 일, 시책과 시보의 제작과 봉헌, 신주의 봉안에 관한 행사를 준비하고 진행하는 일을 관장하였다. 추숭도감의 실무 조직도 세 곳의 방을 기본으로 하나, 추숭에는 무덤과 사당의 명호에 변동이 따르게 되므로 무덤의 표석을 새로 고쳐 수립하고, 신주를 새로 제조하기 위해 표석소, 조주소(造主所)와 같은 작업소가 설치되었다.

현종 즉위년(1834) 효명세자를 효명대왕(孝明大王)으로 추숭할 때의 의궤를 통하여 존후 추숭 때의 행사 일정을 살피면 〈표 23〉과 같다

효명세자는 순조의 아들이며 헌종의 아버지로 헌종이 왕위에 오르면서 익종으로 추숭되었다가 대한제국 시기에는 다시 문조로 추숭되었다. 〈표 23〉에서 나타나듯이 추숭 행사에는 시책과 시보를 새로 만들고, 신주를 새로 만들며, 무덤이 왕릉으로 승격됨에 따라 표석을 새로 만들어 세우는 일이 중요한 사업이었다.

추숭과 비슷한 행사로는 '추봉(追封)' 혹은 '추존(追尊)'이라는 것도 있다. 1907년 고종의 아버지 흥선대원군을 헌의대원왕(獻懿大院王)으로, 어머니 여흥부대부인을 순목대원비(純穆大院妃)로, 고종의 큰아들 완화군(完和君)을 완효헌왕(完孝憲王)으로 추숭한 행사에 대한 기록은 『추봉의궤』라고 하였다. 그리고 대한제국 시기에 들어와 태조·장조·정조·순조·익종을 황제로, 아울러 각 왕후를 황후로 추존할 때와, 1908년 진종·헌종·철종을 황제로 추존하고 각 왕후를 황후로 추존할 때에

〈표 23〉 효명세자 추숭 행사를 위한 준비 과정

일자	행사 내용
11월 19일	빈청(賓廳)에서 의호(議號)
21일	도감의 당상과 낭청 임명
27일	도감 당상과 낭청 군기시에 회동, 도청과 감조관을 정함
29일	(추숭한 신주를 봉안할) 효화전(孝和殿)을 봉심
정월 9일	문호묘(文祜廟, 효명세자의 사당)를 각각 봉심
2월 18일	각 방이 작업을 시작
19일	금보전문(金寶篆文) 정본과 부본을 입계
27일	시책문 초도서(草圖書)를 입계
3월 1일	문호묘를 봉심
22일	책보를 봉과. 각 방 사역 완료
4월 12일	표석소 역사 개시
28일	표석을 봉출
5월 7일	표석 마정(磨正)을 끝냄
8일	표석 각자(刻字) 개시
10일	시책보를 인출. 장책(粧冊)하여 입계. 반차도 입계
12일	조주소 시역
13일	표석 각자 필역. 상시책보 습의
16일	시책보 내입
17일	시책보 내출. 오시(午時)에 신주를 조성한 뒤 함일재에 봉안
19일	문호묘에 시책보를 올림. 함일재에서 제주하고 효화전에 봉안. 구신주를 능소에 매안
22일	표석을 수립
24일	표석 전후 면의 인본을 장족(粧簇)하여 입계

는 행사를 위해 별도의 도감을 설치하지 않았고 이에 관한 의궤를 '추존시의궤(追尊時儀軌)'라고 하였다.

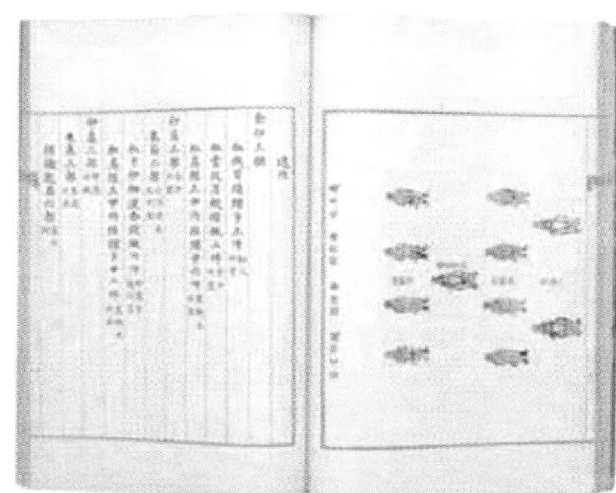

『추봉책봉의궤』(1907년). 흥선대원군과 부인 민씨, 고종의 서장자(庶長子) 완화군과 부인 김씨를 왕과 비로 추봉한 사실의 전말을 기록한 의궤이다.(서울역사박물관 소장)

현전하는 의궤 가운데는 묘호나 시호의 상정에 관한 의궤도 몇 종 전한다. 국왕과 왕비의 신주를 종묘에 부묘할 때 묘호와 시호를 함께 상정하는 일이 일종의 존숭 의례라 할 수 있지만 이에 관한 일은 부묘도감에서 담당하고 별도의 묘호도감이나 시호도감이 설치되지 않았다. 따라서 현전하는 묘호도감의궤나 시호도감의궤는 모두 폐위되었다가 후대에 복위된 왕이나 왕후, 혹은 왕의 사친을 부묘할 때의 행사에 관한 의궤이다. 이 경우 시호를 올리는 의례〔上諡〕에는 이와 더불어 당사자의 무덤을 능(원, 묘)으로 봉하는 봉릉(봉원, 봉묘) 의례가 행해지게 되므로 이 경우 '상시봉릉도감'이라는 도감이 설치되어 행사를 관장하였다.

왕과 왕비의 사후 추숭에 관한 도감의궤로는 추숭도감, 시호도감, 상시봉원도감, 복위선시도감의 의궤가 있고, 이 밖에 드문 예이기는 하나 사후 추존에 관한 의궤를 존호도감의궤로 칭한 경우도 있다.

〈표 24〉 왕과 왕비의 사후 추숭에 관한 의궤

시기	서명	시기	서명
1610	[광해군사친]추숭도감의궤	1784	[선조의인왕후]존숭도감의궤
1616	[선조]묘호도감의궤	1835	[문조]추숭도감의궤
1621	[선조의인왕후]존호도감의궤	1853	[문조]재존호헌종추존호도감의궤
1681	[정종]시호도감의궤	1855	[장헌세자혜빈]추상존호도감의궤
1683	[태조]시호도감의궤	1858	[순조대왕순원왕후]추상존호도감의궤
1718	[소현세자빈강씨]복위선시도감의궤	1861	[순조대왕순원왕후]추상존호도감의궤
1718	[민회빈]복위선시도감의궤	1862	[순조대왕순원왕후]추상존호도감의궤
1740	[효종]가상시호도감의궤	1866	[문조헌종철종]존호도감의궤
1753	[인빈]상시봉원도감의궤	1867	[순조대왕순원왕후]추상존호도감의궤
1753	[인빈]상시봉원도감의궤	1890	[숙종]추상존호도감의궤
1755	[순회세자]상시봉원도감의궤	1890	[영조]묘호도감의궤
1772	[육상궁]상시도감의궤	1894	[익종·신정왕후]추상존호도감의궤
1776	[장조]상시봉원도감의궤	1899	[태조·장조·정조·순조]추존시의궤
1777	[진종]추숭도감의궤	1902	[문조·신정후…명성황후] 추상상호도감의궤
1784	[영조6존호·장조재존호]도감의궤	1908	[진종·헌종·철종]추존시의궤

이처럼 조선왕조에서는 왕이나 왕후의 생전 또는 사후에, 그리고 복위된 국왕이나 왕후에 대하여 그 공덕을 칭송하는 의례로 존호, 시호, 묘호, 능호와 같은 명호를 가상하거나 추상하는 의례가 흔히 행해졌다. 이런 형태의 의례는 이미 사망한 왕과 왕후에게 있어서는 명의상 공덕을 칭송하는 상징적인 의미를 지닐 뿐이겠으나, 재위 중의 국왕에 대해서는 왕위 계승의 정통성을 부각시켜 왕의 권위와 존엄을 드러내는 현

실적인 의미가 있었다. 그러므로 왕과 왕후, 선왕과 선왕후에 대한 존숭과 추숭 의례 또한 왕과 왕후가 생전과 사후에 거치게 되는 통과의례의 하나로 주목되는 것이고, 이는 무엇보다 재위 중의 국왕에게 현실적인 의미가 큰 것이었다.

6장

왕실의 특별 행사에 관한 의궤

의궤에는 여러 왕대에 걸쳐 두루 발생하기 마련인 통과의례성 행사에 관한 것이 상당수를 차지하기는 하지만, 이 밖에 어느 국왕 대에만 한하여 나타나고 비교적 의례성이 약한 특별 행사에 관한 것이 있다. 예컨대 국왕의 활쏘기 행사, 국왕의 밭갈이 행사, 왕비의 누에치기 행사에 관한 의궤가 이에 해당하는데 이들 의궤는 영조와 정조 대에 한정된 특별히 기념적인 행사에 관한 기록물이다. 이들 행사를 위해서는 도감이나 청이 별도로 설치되지 않았으면서도 의궤는 제작되었다. 이런 종류의 의궤는 특별히 이례적인 행사를 치르게 됨으로써 이를 기록으로 남겨 기념하기 위한 목적에서 왕명에 따라 제작된 경우로 보인다.

이 밖에 궁중 연회에 관한 의궤는 여러 시기의 의궤가 남아 있고, 중국 사신의 영접, 공신의 녹훈에 관한 의궤도 몇 시기에 걸쳐 남아 있다. 이들 의궤는 특정 시기에 국한되어 나타난 기념적인 행사에 관한 기록물이라고 할 수는 없지만 이런 종류의 행사는 통과의례적 성격의 행사와는 구별된다. 편의상 특별 행사에 관한 의궤의 범주에 넣어 함께 살펴보기로 한다.

1. 궁중 연회에 관한 의궤

조선 시대에는 왕이나 왕비의 생일, 세자의 탄생이나 왕세자의 책봉 등 왕실에 경사가 있으면 성대한 연회가 베풀어졌다. 궁중 연회는 연회 참석자의 규모에 따라 진풍정, 진연, 진찬, 진작 등으로 구별되어 불리기도 하였다.[68] 진풍정이나 진연과 같이 규모가 큰 연회 때에는 풍정도감이나 진연도감과 같은 도감이 설치되는 경우도 있었으나 궁중 연회 행사를 관장하기 위한 기구로 도감이 설치되는 경우는 드물었고 대개는 진연청이나 진찬소와 같은 것이 설치되는 경우가 많았다.

궁중에서 벌이는 가장 성대한 연회인 '진풍정(進豊呈)'은 조선 후기에 궁중 연회로 자리 잡은 진연이나 진찬과는 달리 외명부까지 잔치에 참여하는 규모가 큰 연회였다. 조선 전기 사정은 잘 알 수 없지만 조선 후기에 베풀어진 진풍정으로는 인조 대에 선조의 계비로서 당시 왕대비의 지위에 있었던 인목왕후에게 올린 두 차례 연향과, 숙종 대에 인

68 연향(宴享) 관련 의궤의 종류와 성격에 대해서는 김종수, 「규장각 소장 연향 관련 의궤 고찰」, 『한국학보』 113, 2003을 참조.

조의 계비이자 당시 대왕대비였던 장렬왕후의 회갑연이 있다. 이 가운데 인목왕후에게 올린 진풍정에 관한 의궤는 오늘날까지 남아 있기도 하다.

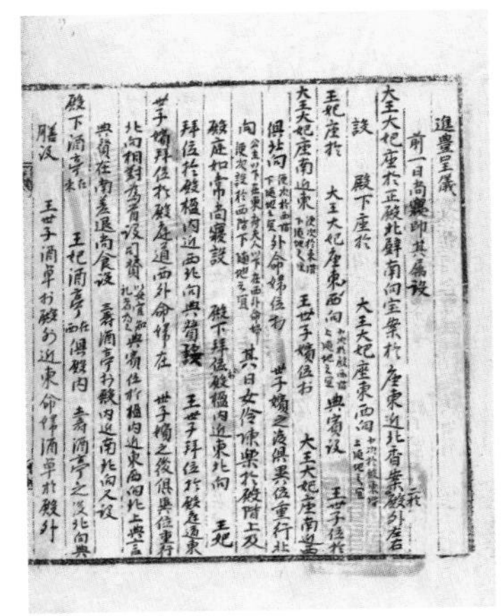

『풍정도감의궤』(1630)에 보이는 진풍정 행사 때의 의주(儀註)(국립중앙박물관 소장)

조선왕조는 후기로 갈수록 왕실의 검약과 겸양이 강조되어 궁중 행사를 성대하게 벌이는 것을 삼갔다. 그리하여 진풍정은 숙종 12년(1686) 대왕대비 환갑연을 마지막으로 사라지는 대신 진연(進宴)이나 진찬(進饌), 진작(進爵)이라 불리는 작은 규모의 연회가 베풀어졌다. 궁중 연회에 관한 의궤를 표로 나타내면 〈표 25〉와 같다.

궁중 연회에 관한 의궤는 다음 표에서 보듯이 열여덟 시기의 것이 현전하고 있는데 이들은 대부분 왕이나 왕대비의 장수를 축하하기 위한 행사에 관한 것이다. 인조 8년(1630)에 인조가 당시 왕대비인 인목왕후를 위해 마련한 연향에 관한 의궤가 풍정도감의궤로는 유일한 것으로 궁중 연회에 관한 의궤로는 가장 오래된 것이다. 전반적으로 조선왕조의 궁중 연회는 진연, 진작, 진찬이라는 이름으로 행해졌음을 알 수 있고, 이 가운데 설행 빈도가 가장 잦은 것은 진찬이라 할 수 있다.

정조가 사도세자의 묘소인 현륭원(顯隆園)을 참배하고 화성 행궁에 행차하여 어머니 혜경궁 홍씨의 회갑 잔치를 치른 과정을 기록한 『원

〈표 25〉 현전하는 궁중 연회에 관한 의궤

시기	서명	내용
1630	풍정도감의궤	인조가 인목대비를 위해 베푼 연향
1719	진연의궤	숙종의 기로소 입소를 경축
1744	진연의궤	영조의 기로소 입소
1765	수작의궤	영조의 보령 망팔(望八)을 축하
1796	원행을묘정리의궤	혜경궁의 회갑연과 관련된 행행과 연회
1809	혜경궁진찬소의궤	혜경궁의 관례 60돌을 기념
1827	자경전진작정례의궤	원손의 탄생, 상존호
1828	진작의궤	순원왕후 40세 축하
1829	진찬의궤	순조의 보령 40세와 즉위 30년을 경축
1848	진찬의궤	순원왕후 육순(六旬)
1868	진찬의궤	신정왕후 회갑을 경축
1873	진작의궤	신정왕후 대비 책봉 30년과 존호가상
1877	진찬의궤	신정왕후 칠순 생신 축하
1887	진찬의궤	신정왕후 팔순 생신 축하
1892	진찬의궤	고종의 망오와 즉위 30년 축하
1901	진연의궤	고종황제 탄생 50년을 축하
1902	진찬의궤	명헌태후(효정왕후) 망팔을 경축
1902	진연의궤	고종의 기로소 입소 축하

행을묘정리의궤(園幸乙卯整理儀軌)』(1796)도 일종의 왕실 잔치에 대한 기록이다. 이 의궤는 당시 이 행사를 관장하기 위해 특별히 설치한 정리소(整理所)에서 간행한 것으로 최초의 활자본 의궤이기도 하다. 여기서 말하는 '정리(整理)'란 국왕이 바깥으로 행차할 때 국왕이 머물 행궁을 정돈하고 수리하는 일을 의미하며, 이를 관장하는 관리를 정리사(整

理使)라고 불렀다. 정조는 아버지의 묘를 화성 현륭원으로 옮긴 후 그곳을 여러 차례 원행(園幸)하였는데 그때마다 정리사를 두어 행차에 따른 일을 담당토록 하였다. 마침내 정조는 어머니 혜경궁 홍씨의 회갑을 맞이하면서 이를 기념하기 위해 대대적인 화성 행차를 계획하였고 행사 준비를 위해 '정리소'를 설치하게 하였다. 이렇게 해서 설치된 정리소는 정조의 화성 원행과 관련된 시설 정비, 행사 진행, 교통 대책, 물자 및 경비 조달, 회계 처리, 기록 보존 등 행사와 관련된 일체의 사무를 담당하였다.

정조는 당시의 행사를 위해 경상비용을 축내지 않으려고 별도로 환곡(還穀)을 이용한 이자 수입으로 10만 냥의 경비를 마련하게 하였는데, 행사 후 남은 2만 냥은 팔도에 분배해 쌀로 바꾸어 환곡의 자본으로 삼았는데 이를 '정리곡(整理穀)'이라 하였다. 그리고 당시의 성대한 행사에 관련해서 제작된 의궤는 『원행을묘정리의궤』라 이름하였고, 이 의궤를 간행하기 위해 정조의 지휘 아래 제작된 활자 이름도 '정리자'로 불렀다.[69]

거의 모든 필사본 의궤가 권이 구분되지 않은 책자 모습을 하고 있는 것과 달리 『원행을묘정리의궤』는 전체 8권 8책으로 분권 분책되어 있고 기록 내용도 정연한 편찬 체제를 갖추고 있다. 제1권이 권수(卷首)로서 따로 한 권 한 책을 이루고 있으며, 제2권부터 6권까지가 본편으로 각각 한 권이 한 책이며, 제7책과 8책 2책은 부편으로 각각 2권으로 이루어져, 전체 총 10권 8책으로 구성되어 있다. 권수에는 도식 49면,

69 정승교, 「정조대 을묘원행의 재정 운영과 정리곡 마련」, 『한국학보』 22 , 1996.

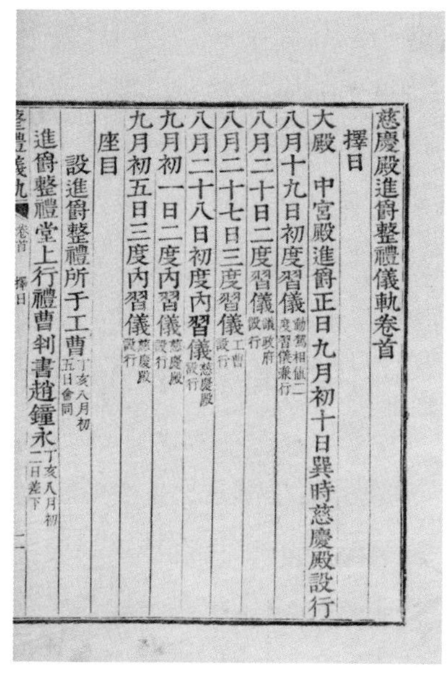

慈慶殿進爵整禮儀軌卷首

擇日

大殿 中宮殿進爵正日九月初十日巽時慈慶殿設行

八月十九日初度習儀 動駕相値二度習儀兼行

八月二十日二度習儀 議政府設行

八月二十七日三度習儀 工曹設行

八月二十八日初度內習儀 慈慶殿設行

九月初一日二度內習儀 慈慶殿設行

九月初五日三度內習儀 慈慶殿設行

座目

設進爵整禮所于工曹 丁亥八月初五日會同

進爵整禮堂上行禮曹判書趙鍾永 丁亥八月初二日差下

進爵整禮儀軌 卷首 擇日 一

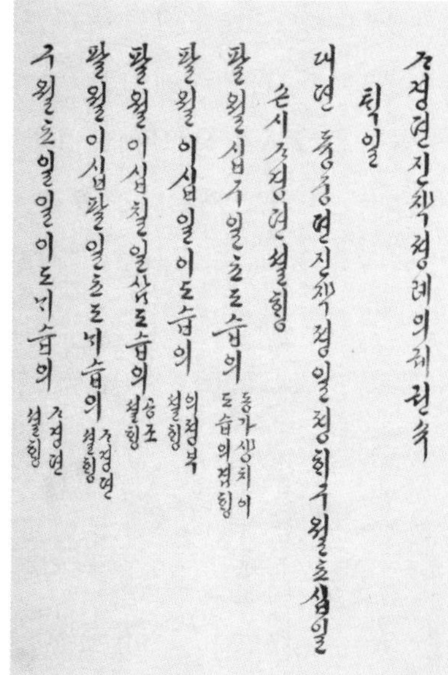

ᄌᆞ경뎐진쟉졍례의궤 권슈

퇴일

대뎐 듕궁뎐진쟉 졍일 졍히 구월 초십일

손시 ᄌᆞ경뎐 셜ᄒᆡᆼ

팔월 십구일 초도습의 동가상치어 도습의겸ᄒᆡᆼ

팔월 이십일 이도습의 의졍부 셜ᄒᆡᆼ

팔월 이십칠일 삼도습의 공조 셜ᄒᆡᆼ

팔월 이십팔일 초도ᄂᆡ습의 ᄌᆞ경뎐 셜ᄒᆡᆼ

구월 초일일 이도ᄂᆡ습의 ᄌᆞ경뎐 셜ᄒᆡᆼ

『자경전진작정례의궤』(1827)(왼쪽)와 이를 언해한 한글 필사본 의궤(ᄌᆞ경뎐진쟉졍례의궤)(서울대 규장각 한국학연구원 소장)

반차도 63면이 수록되어 있는데 이는 판화를 제작하여 인쇄한 것이다.

『혜경궁진찬소의궤(惠慶宮進饌所儀軌)』(1809)는 현재 한국학중앙연구원 장서각에 보존된 의궤이다. 같은 내용의 의궤인 『기사진표리진찬의궤(己巳進表裏進饌儀軌)』는 현재 영국 국립 도서관에서 소장하고 있다. 이 의궤는 관례 60돌을 맞은 혜경궁을 위해 베푼 궁중 잔치의 전말을 기록한 의궤이다.

『자경전진작정례의궤(慈慶殿進爵整禮儀軌)』는 순조 27년(1827) 당시 왕세자가 대리청정을 하면서 부왕인 순조와 모후인 순원왕후에게 존호를 올리며 베푼 연회에 관한 기록으로 진작에 관한 의궤로는 가장 이른 시기의 것이다. 이에 따르면 진연이나 진찬과 같은 잔치는 그 이전에도 자주 있었으며, 헌작례도 행한 사례가 여러 차례 있으나, 진작이라는 이름의 잔치는 이때의 행사가 처음인 것으로 언급되고 있다.[70] 진작은 진연의나 진찬의를 참작은 하되 경축의 뜻만을 살릴 정도로 의절을 간소하게 한 연회라고 하였다.

진연의 경우를 중심으로 궁중 연회의 참석 인원과 규모를 살펴보면, 숙종 45년(1719)에 거행된 진연에는 종친 및 의빈 34인과 제신 이하 79인이 참석하였고 전(殿)에 오르지 못한 이가 59인이나 되었다. 영조 20년(1744) 대왕대비 인원왕후를 위하여 진연을 거행할 때는 시임·원임 대신과 기로소의 제신, 정2품 이상의 실직에 있는 문신 등을 초청하여 연회를 베풀었고, 서민으로 80세 이상인 사람들에게 고기를 하사하였다. 이때의 행사를 기록한 의궤에는 각 도에서 차출된 기생들의 이름과 나이까지 수록되어 있다.

궁중 연회에 관해 기록한 의궤는 그 내용 및 체제 면에서 『원행을묘정리의궤』의 간행 이전과 이후가 크게 다르다. 『정리의궤』 이전에는 연회에 관한 업무를 도청에서 총괄하고 실무는 각 방에 분담하여 의궤의 기록 내용도 이를 따르고 있다. 예컨대 숙종 45년(1719)의 『진연의궤』를 보면, 당해 행사를 위해 진연청이 설치되어 당상 3인, 낭청 3인이 중심이 되어 도청과 낭청 소속 당상과 낭청을 정하여, 도청에서는 행사와 관련된 업무를 총괄하고, 필요한 물건의 제작은 1방과 2방이 맡아, 1방은 악기, 무구(舞具), 관복 등을 제작하고, 2방은 찬품, 상탁, 기명, 꽃 장

70 『자경전진작정례의궤(慈慶殿進爵整禮儀軌)』, 권1, 하령(下令), 정해(丁亥) 7월 26일.

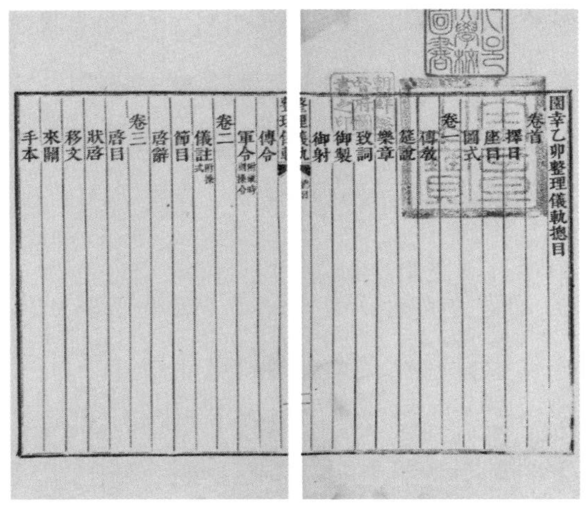

『원행을묘정리의궤』(1796)의 총목(서울대 규장각한국학연구원 소장)

식 등에 관한 업무를 담당하였음이 나타나고 있다.

이에 반해 『정리의궤』 이후의 연향 관계 의궤는 활자본으로 제작하면서, 기록 내용을 권으로 나누어 구분하는 등 정연한 편찬 체제를 갖춘 편찬물의 형태를 띠었다. 순조 27년(1827) 『자경전진작정례의궤』의 경우를 보면, 권수에는 택일, 좌목, 도식에 관한 내용을, 권 1에는 하령(下令), 연설(筵說), 치사(致詞), 악장(樂章), 의주(儀註)에 관한 기록을, 권 2에는 달사(達辭), 이문(移文), 내관(來關), 품목(稟目), 감결(甘結), 찬품(饌品), 기용(器用), 수리(修理), 배설(排設), 의장(儀仗), 내외빈(內外賓), 의위(儀衛), 공령(工伶), 상전(賞典)에 관해 차례로 기록하고 있다. 활자본 의궤의 이러한 구성 내용은 종래의 의궤가 행사를 총괄한 도청의 기록, 필요한 물건의 제작을 담당한 각 방의 기록, 부설 작업소의 기록으로 내용을 구성하여 각각의 부서별 업무 활동 내역을 수록하고 있는 것과는 다른 것이다. 또한 『정리의궤』 이후의 활자본 의궤에는 연향과 관련된 각종 도식을 상세히 그려서 수록하고 있는 특징이 있기도 하다.

현전하는 왕실의 연향 관련 의궤에서 어람용 의궤는 찾을 수 없다.

이는 정조 대 이후 연향 관련 의궤가 활자본 의궤로 제작되면서 별도의 어람용 의궤가 제작되지 않았기 때문이기도 하지만, 정조 이전에 제작된 필사본 의궤의 경우에도 연향 관련 의궤는 어람용을 제작하지 않았던 것으로 나타난다.

영조 41년(1765) 10월에 거행된 왕실 연향에 대해 기록한 『수작시의궤(受爵時儀軌)』는 도청, 1방, 2방의 업무 내역에 관한 기록이 '수작시등록', '1방 등록', '2방 등록' 등으로 구성되어 있다. 이처럼 기록 내용이 '등록'으로 구성되고, 의궤사목에 관한 기록이 없는 것으로 보아 이 의궤의 경우 통상 수 건을 제작하는 의궤와는 달리 한 건의 책자로만 남아 전하게 된 것으로 보인다. 영조 20년(1744) 『진연의궤』에는 의궤사목에 대한 기록이 있는데, 여기에는 3건의 책자를 만들어 이를 강화부의 사고, 예조, 장악원(掌樂院)에 각 1건씩 분상한 것으로 기록되어 있어 이 또한 어람용이 제작되지 않았음이 확인된다.

궁중 연회에는 외연과 내연이 있다. 왕이나 왕세자의 탄일이나 나라의 경축일 또는 외국 사신을 위한 연회는 모두 외전에서 열리므로 이를 외연이라 하였다. 이와 달리 왕비나 대비의 생일과 같이 내전에서 베푸는 잔치는 내연이라 하였다. 외연 때는 음악 연주와 정재(呈才) 공연을 장악원의 악공과 무동이 담당하였고 내연 때는 이를 관현맹인(管絃盲人)과 정재여령(呈才女伶)이 담당하였다. 외연의 주빈은 항상 왕이며 이를 세자, 종친, 문무백관이 시연(侍宴)하였다. 내연의 경우는 주빈이 왕인 경우와 왕과 왕비인 경우, 대비인 경우로 나누어진다. 주빈이 왕 또는 왕비인 경우 시연자는 세자, 세자빈, 좌우명부, 종친·의빈·척신, 진연청의 당상과 낭청이 되며, 주빈이 대비인 경우에는 여기에 더하여 왕과 왕비가 시연자에 포함된다.

궁중 연회는 이후 시기로 가면서 연회의 규모가 작아지는 반면에 정일(正日) 연회인 외연이나 내연에 뒤이어 행해지는 야연(夜宴)과 회작(會酌)이 흔히 행해졌다. 야연은 궁중에서 왕이나 세자가 시연자가 되어 존장자인 주빈을 모시는 조촐한 연회이다. 주빈이 대비인 경우 왕과 세자가 시연하고, 주빈이 왕 또는 왕비인 경우 세자가 시연을 하였다. 야연에는 왕비나 세자빈은 시연자로 참여하지 않았다. 회작은 야연에서 시연했던 왕이나 세자를 주빈으로 모시는 연회로 이 경우 시연자로 명부와 진연청(진찬소)의 당상과 낭청이 참여하였다.

궁중 연회의 준비와 진행 과정 과정을 살피기 위해 고종 24년(1887) 신정왕후의 팔순 생신을 축하하기 위한 연회 때의 행사 일정을 표로 나타내면 〈표 26〉과 같다.

〈표 26〉 고종 24년 진찬 행사 때의 행사 준비 및 진행 과정

일자	행사 내용
1886년 10월 15일	진찬소 당상 6, 낭청 5 회동, 진찬소를 친군 우영에 설치
1887년 1월 10일	내진찬 초도 습의 만경전
1887년 1월 15일	내진찬 2도 습의 건청궁(乾淸宮)
1887년 1월 17일	내진찬 3도 습의 건청궁
1887년 1월 18일	내진찬 4도 습의 건청궁
1887년 1월 22일	내진찬 5도 습의
1887년 1월 27일	진시(辰時)에 만경전에서 대왕대비전 내진찬 설행 2경에 만경전에서 야진찬 설행
1887년 1월 28일	진시에 만경전에서 대전 회작 설행. 2경에 만경전에서 야연을 설행
1887년 1월 29일	진시에 만경전에서 왕세자 회작 설행. 2경에 만경전에서 야연 설행

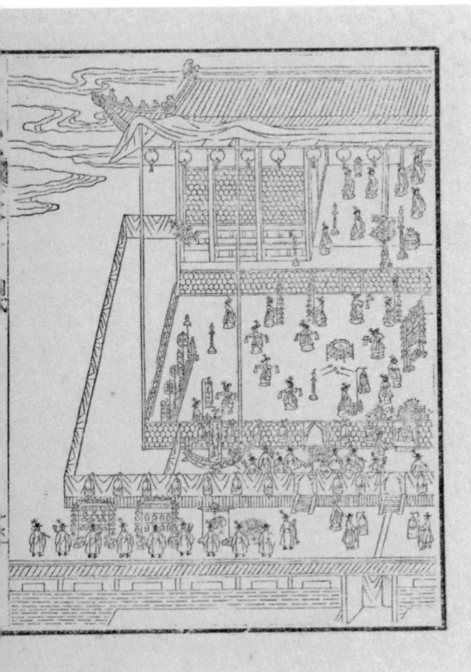

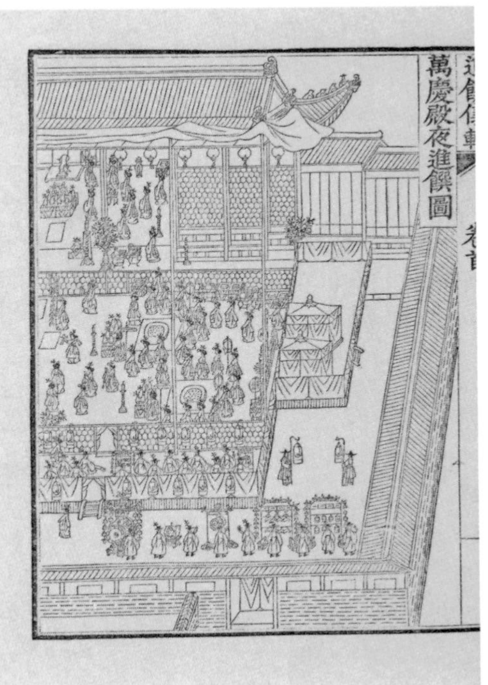

『진찬의궤』(1887)에 수록된 만경전 야진찬도(夜進饌圖)(서울대 규장각한국학연구원 소장)

고종 24년 1월 27일의 대왕대비의 팔순 생신은 내진찬으로 준비하여 이를 위해 석 달 전에 진찬소를 설치해 행사 준비를 담당하였고, 행사를 한 달여 앞두고 다섯 차례에 걸쳐 진찬 의식에 대한 예행연습이 이루어졌음을 알 수 있다. 본행사인 대왕대비를 위한 진찬의는 내진찬과 야진찬의 두 행사로 이루어지고, 다음 날 대전의 회작과 야연, 그다음 날 왕세자의 회작과 야연이 차례로 설행되었음을 알 수 있다.

2. 영접도감의궤

사대 정책을 표방한 조선왕조는 중국 사신을 접대하는 일이 국가적 중대사였다. 중국 사신의 내왕이 있을 때 사신 접대에 따르는 각종 행사 준비나 소요 물품의 조달을 위해서 설치되는 도감을 영접도감(迎接都監)이라고 했다. 영접도감은 태조 3년에 처음 설치된 이래 조선왕조 전 시기에 걸쳐 수백 차례 설치되었으나 영접도감의궤는 몇 시기의 것만이 현전하고 있다.

사신을 영접하는 일은 왕실 행사라기보다는 국가 업무라고 해야 할 것이나, 중국 사신의 내왕이 대개는 새로 즉위한 국왕에 대한 책봉이나 세자 책봉, 조선 국왕의 상사(喪事)에 대한 조문과 사제(賜祭) 등 왕실과 관련되는 경우가 많았다. 또한 특별한 경우가 아니면 왕이나 왕세자가 직접 사신을 접견하는 것이 원칙이었므로 중국 사신의 영접은 왕실과 관련이 깊은 행사의 하나라 할 수 있다.

일반적으로 도감에서 실무를 담당하는 조직은 행사에 필요한 각종 물건의 '제조' 활동이 주가 되는 경우에는 방을, 인부를 동원한 '사역' 활동이 중심이 되는 경우에는 소를 두게 된다. 영접도감의 경우도 여러 곳의 방을 설치하여 활동하게 되나, 영접도감의 각 방은 1, 2, 3방 등으로 호칭하지 않고 반선색(盤膳色), 군색(軍色), 응판색(應辦色), 연향색(宴享色), 미면색(米麵色), 잡물색(雜物色)과 같이 담당 업무〔色〕로써 각 방을 호칭하였다.

영접도감은 조선왕조 전 시기에 걸쳐 빈번히 설치되었으나 현전하는 영접도감의궤는 〈표 27〉에서 보듯이 광해군 대와 인조 대에 한정된 다음의 몇 종에 불과하다.

〈표 27〉 현전하는 영접도감의궤의 현황

시기	도감 명칭	의궤의 명칭(수)	사유
1610	영접도감	도청 · 사제청 · 미면색 의궤(3)	선조의 국상에 대한 사제(賜祭)와 새 국왕(광해군)의 책봉
1626	〃	반선색 의궤(1)	명의 황자 탄생에 따른 조칙 반포
1634	〃	도청 · 응판색 · 반선색 · 군색 · 연향색 · 미면색 · 잡물색 의궤(7)	세자 책봉(소현세자)
1637	〃	군색 의궤(1)	국왕(인조) 책봉
1643. 4	〃	응판색 · 연향색 의궤(2)	최명길, 김상헌 등 인질 문제 처리
1643. 9	〃	잡물색 의궤(1)	청 태종의 부음을 전함
1643. 10	〃	반선색 의궤(1)	청 세조 즉위

〈표 27〉에서 나타나듯이 영접도감의궤는 광해군 2년(1610), 인조 4년(1626), 인조 12년(1634), 인조 15년(1637), 인조 21년(1643) 4월과 9월, 10월의 일곱 시기에 명 · 청의 사신이 내왕했을 때 기록이다. 이 가운데 인조 12년 소현세자의 세자 책봉 일로 내왕한 명나라 사신의 접대를 위해 설치된 영접도감의궤만이 도청 의궤를 비롯해 6색(응판색, 반선색, 군

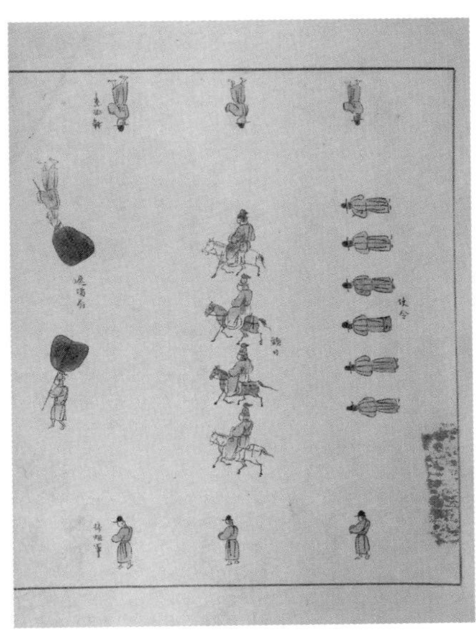

『영접도감사제청의궤』(1608)에 수록된 천사반차도(天使班次圖)(서울대 규장각한국학연구원 소장)

색, 연향색, 미면색, 잡물색)의 의궤가 모두 남아 있고 다른 시기의 것은 일부 의궤만 남아 있다.

조선 시대 전 시기에 걸쳐 영접도감이 설치되었지만 의궤를 제작하는 관행은 인조 대 이후에는 사라졌던 것 같다. 대신에 『칙사등록』, 『칙사의주등록』, 『칙사일기』와 같은 책자가 많이 남아 있는 것으로 보아 인조 대 이후 어느 시기부터는 사신의 영접에 관한 기록은 의궤를 제작하여 남기지 않고 관련 일기나 등록만을 보존하였던 것으로 보인다.

인조 12년(1634) 소현세자 책봉사를 맞이할 때의 의궤를 중심으로 중국 사신의 영접에 관한 행사에 대해 살펴보자. 이때의 의궤는 중국 사신의 입경을 알리는 백패가 도착한 날짜를 시작으로 이후 회정할 때까지 서울에 체류한 17일 동안의 기록에 관한 것이다. 소현세자 책봉 때에는 정사(正使)인 명 태감 노유녕(盧維寧)이 부사를 대동하지 않고 왔는데 그를 상대로 총 8차례의 연회가 베풀어졌다. 6월 20일 입경하면서 칙서를 맞이하는 일련의 의식이 거행되었고, 이후 6월 21일 하마연(下馬宴), 6월 22일 창덕궁 인정전에서 회례연(會禮宴), 6월 24일 남별궁에서 왕세자 주최 별연(別宴), 6월 29일 남별궁에서 익일연(翌日宴), 7월 2일 인정전에서 회례연, 7월 4일 남별궁에서 왕세자 주최 별연, 7월 5일 남별궁에서 상마연(上馬宴), 7월 6일 모화관에서의 전연(餞宴)이 행해졌다.[71]

당시 조선에 온 사행단은 정사 노유녕을 위시해 칙인관(勅印官) 2인, 1등 원역(員役)이 26인, 2등 원역 36인, 3등 원역 40인, 가마꾼 25인으로

71 『영접도감연향색의궤(迎接都監宴享色儀軌)』(1634), 3~6면.

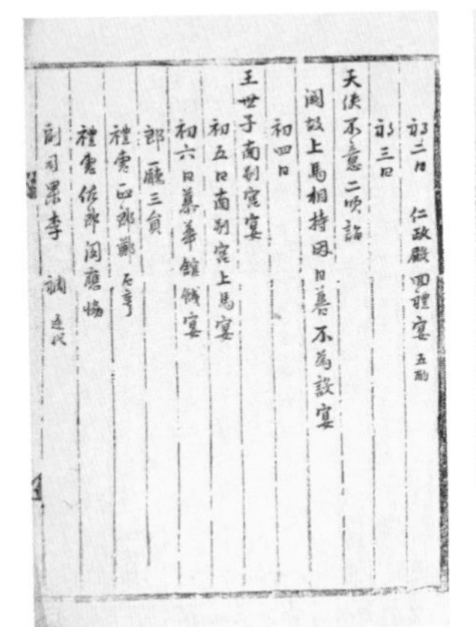
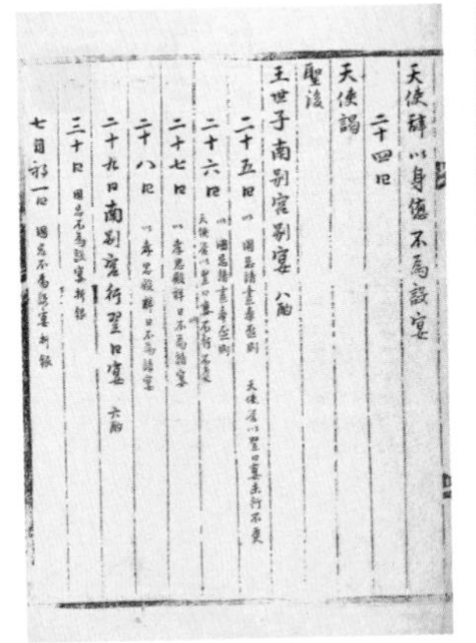
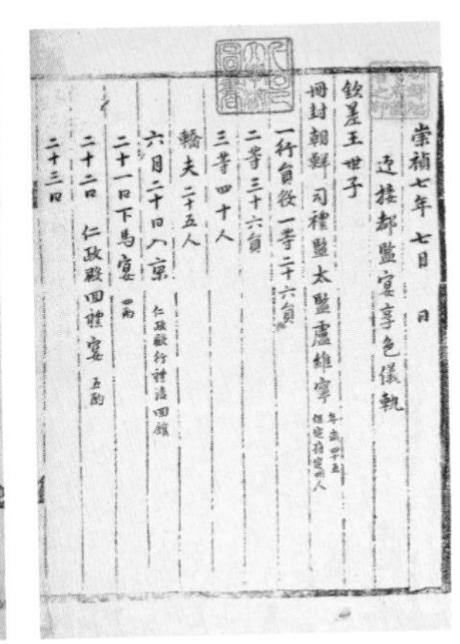

『영접도감연향색의궤』(1634)에 기록된 사신 영접에 따른 행사 일정에 관한 기록(서울대 규장각한국학연구원 소장)

구성되었다. 영접도감에서는 특히 정사와 칙인관, 1, 2, 3등 원역의 두목에 대한 접대에 많은 신경을 썼다.[72] 『영접도감잡물색의궤』에는 이들 사신단 일행에 대한 일공(日供)과 방배(房排)의 제공에 대해 자세히 기록하고 있기도 하다.

영접도감의 담당 책임자는 원접사 1인, 관반 1인, 제조 1인, 도청 2인이고, 낭청으로는 군색에 3인, 연향색에 3인, 잡물색에 3인, 미면색에 2인, 반선색에 2인, 응판색에 3인, 총 16인이 차출되어 도청과 각 색의 업무를 관리 감독하였다.

연향색은 연향 때의 다례와 차, 술, 악물의 조달을 담당한 부서이다.

72 사신단 일행에 대한 일공(日供)과 방배(房排)에 대한 기록은 『영접도감잡물색의궤(迎接都監雜物色儀軌)』(1634)에 자세하다.

연향색 의궤에는 당시 책봉사 노유녕을 위시한 일백수십여 명으로 구성된 사행단 일행이 6월 20일 서울에 들어와 7월 6일 떠나기까지 17일의 체류 기간 동안 총 8차의 연회에 올린 상차림이 상세하게 기록되어 있다. 그리고 이와 관련해서 내섬시(內贍寺)·내자시(內資寺)·예빈시(禮賓寺)·사축서(司畜署)에서 각기 분담한 연향 업무와 제공한 음식 재료, 그릇 등을 자세히 기록하고 있다. 이 밖에 연향을 위해 동원된 숙수(熟手)·모군(募軍)·쇄마(刷馬)·수직군(守直軍)·부지군(扶持軍)·경방자(京房子)·경비(京婢)·각사의 노비·무녀(巫女)의 수와 이름까지도 기록하고 있다.

응판색은 사신 일행을 위한 예단과 이들이 요구하는 물선의 조달 등을 담당하였다. 응판색 의궤를 통해 사신에게 주는 예단에 대해 살펴보면, 우선 입경 전에는 원접사가 사신 일행을 처음 만났을 때 주는 예단을 비롯하여 평양·개성·벽제 등지에서 영위사(迎慰使)가 가져간 예단이 있다. 서울로 들어온 뒤에 주는 예단으로는 개독례(開牘禮) 때의 예단, 하마연 때의 예단, 두 차례 인정전 연향 때의 예단, 왕세자가 처음 사신을 맞이할 때의 예단, 남별궁 왕세자 전연 때의 예단, 상마연 때의 예단, 교외에서 전연할 때의 예단이 있고, 이 밖에 벽제·개성·황주·평양·안주·정주·진산 등에서 주는 전위사(餞慰使)의 예단이 있다. 이로써 사신의 왕래에 따른 접대에 얼마나 많은 국가 재정이 지출되었는지를 알 수 있다.

영접도감의 반선색, 잡물색, 미면색은 사행단 일행의 체류 기간 동안 제공할 각종 음식과 이들에 대한 수발 업무를 담당하는 부서였다. 반선색에서는 사신 일행에게 끼니마다 제공하는 각종 식품류와 땔감 및 잡역부의 동원을 담당하였다. 잡물색에서는 매일 제공하는 다과류나 공일(空日)이나 절일(節日)에 제공하는 각종 별식(別食)에 관한 일을 담당하였다. 미면색은 미(米)·면(麵)·다(茶)·주(酒)·향(香)·약(藥)·거(炬)·촉(燭)·등(燈)·유(油)·시(柴)·탄(炭)의 지출과 공급을 담당하고 특히 사신의 체류 기간 동안 불편을 겪지 않도록 각 방별로 일정한 생필품을 제공하는 일을 담당하였다.

군색은 사행의 이동과 호위, 숙박과 파수와 같이 주로 경호와 관련된 업무를 맡았다. 구체적으로는 의막(依幕)의 설치, 방수(房守)·파수(把守)·쇄마군(刷馬軍)의 동원, 나장의 금훤(禁喧) 등을 담당하였다.

사신이 서울에 도착한 뒤 행하는 조서나 칙서를 맞이하는 의식 절차는 책봉, 조제(弔祭), 전부(傳賻) 등 사행의 성격에 따라 차이가 있으나, 어느 경우나 입경 당일 교외에서 칙사를 맞이하여 숭례문을 지나 대궐로 들어와 조서나 칙서를 수수하는 의식으로 진행되었다. 조사나 칙사의 내왕에 대비해서는 미리 행사 때의 의주를 국왕에게 보고하여 어람을 거치고 이를 사전에 중국 사신에게도 문의하여 의례 절차상 문제가 발생하지 않도록 미리 점검하였다.[73]

『국조오례의』에는 칙서를 맞이하는 의식〔迎勅書儀〕과 조서를 맞이하는 의식〔迎詔書儀〕이 각각 달리 규정되어 있다. 두 의식의 중요한 차이점은 조서를 맞이하는 의식은 절차상 조서의 선포가 있고, 조서의 선포에 뒤이어 조선 국왕 이하 종친, 문무백관의 삼고두(三叩頭), 산호(山呼)

73 김해영, 「의주등록을 통해 본 인조-숙종 연간의 국행의례」, 『의주등록(1)』, 한국학중앙연구원 장서각, 50~52쪽.

등의 의식이 있다. 반면에 칙서를 맞이하는 의식에는 칙서를 선포하는 절차가 없고, 따라서 삼고두, 산호 등의 의식이 뒤따르지 않는다. 그러나 이는 『국조오례의』의 규정이 그러할 뿐 칙서를 맞이하면서도 절차상 칙서의 선포와 이에 따른 삼고두, 산호 의식이 있기도 하였다.[74]

영칙(迎勅) 의식을 마친 뒤에는 인정전에서 왕 혹은 왕세자와 사신 사이에 접견 의식과 다례를 행한다. 이를 마친 뒤 사신이 숙소인 남별궁으로 이동하면, 이날 남별궁에서 백관과 사신 간에 '견관례(見官禮)'를 행하고 이어서 '하마연'을 행한다. 다음 날에 또 한 차례 이곳에서 연회를 행하며 3일째 되는 날에 인정전에서 연회가 있고, 나흘째와 닷새째 되는 날에 다시 남별궁에서 연회가 있었다. 회정할 날짜가 정해지면 '상마연'이, 출발일 당일에는 모화관에서 '전연'이 행해진다. 이러한 공식적 연회 외에도 왕세자, 종친부, 의정부, 육조 등이 돌아가며 잔치를 베풀기도 하였다.

견관례는 칙사가 문무백관을 접견할 때의 의식으로 내용은 2품 이상, 당상 3품, 당하 3품 이하가 각각 자리 배치를 달리하여 칙사 앞에서 각기 돈수재배례(頓首再拜禮)를 행하고 이에 대해 칙사가 읍으로 답하는 의식이다. 하마연과 상마연은 국왕이 중국 사신을 위해 연회를 베풀 때의 의식으로 조선 전기에는 태평관에서 행하였으나 후기에는 주로 남별궁에서 행하였다. 특히 하마연은 왕이 직접 정사를 상대로 접견, 진다(進茶), 진과(進果), 진화(進花), 진선(進膳), 진주(進酒), 진탕(進湯) 등을 행한 뒤 여러 차례 술잔이 도는 등 아주 번잡한 절차로 이루어졌다.

74 김해영, 앞의 글, 52쪽.

3. 녹훈도감의궤

국가나 왕실을 위해 공을 세운 신하를 공신이라 한다. 공신에는 배향공신(配享功臣)과 훈봉공신(勳封功臣)이 있다. 임금이 죽어 신주를 종묘에 봉안하게 되면 죽은 임금에 대해 특별한 공로가 있는 신하의 신위도 함께 모시게 되는데, 이처럼 종묘에 임금과 함께 배향되는 신하를 배향공신이라 한다. 왕조 국가에서 생전에 모시던 국왕의 사당에 함께 배향되는 것은 신하로서는 최고의 영예이기도 하였다.

훈봉공신은 재위 중의 국왕에 대하여 훈공을 세워 훈공을 나타내는 명호(名號)를 받은 공신을 말한다. 훈봉공신의 경우 공신의 명호와 등급이 정해지게 되면 공신회맹제(功臣會盟祭)와 공신련(功臣宴)을 거행하고, 맹족(盟簇)과 공신 교서, 공신 초상화 등을 제작했는데, 이에 관한 업무를 관장하기 위해 녹훈도감(錄勳都監) 혹은 공신도감(功臣都監)으로 불리는 도감이 설치되었다.

공신의 녹훈에 관해 기록한 의궤로는 『호성선무정난공신도감의궤(扈聖宣武靖難功臣都監儀軌)』, 『소무영사녹훈도감의궤(昭武寧社錄勳都監儀軌)』, 『녹훈도감의궤(錄勳都監儀軌)』, 『분무녹훈도감의궤(奮武錄勳都監儀

軌)』의 4종이 남아 있다. 이 가운데 『호성선무정난공신도감의궤』는 임진왜란 때 선조의 피난을 수행한 호성공신, 전공을 세운 선무공신, 이몽학(李夢鶴)의 난을 평정한 청난공신의 3공신 녹훈에 관한 기록을 모은 것으로 선조 34년(1601)에 제작되었다. 『소무영사녹훈도감의궤』는 인조 5년(1627) 횡성의 이인거(李仁居)가 일으켰던 역모 사건을 적발한 소무공신과 그 이듬해 유효립(柳孝立)의 모반을 진압한 영사공신의 녹훈에 대한 기록을 모은 것이다. 『녹훈도감의궤』라고 표제가 붙은 의궤는 인조 22년(1644) 역모를 꾀했다는 반정공신 심기원(沈器遠) 일파를 숙청한 공을 세운 영국공신(寧國功臣)의 녹훈에 대한 기록과 이로부터 2년 뒤 충청도에서 유탁(柳濯) 등의 모반 사건을 고발한 이석용(李碩龍)을 녹훈한 내용을 함께 실은 것이다. 『분무녹훈도감의궤』는 영조 4년(1728) 4월부터 이듬해까지 이인좌의 난을 평정한 오명항 등 15공신 녹훈에 관한 기록이다.

『분무녹훈도감의궤』를 통해서 녹훈도감의궤의 내용을 살펴보면 기록 내용은 기본적으로 도청 의궤, 1방 의궤, 2방 의궤, 3방 의궤, 별공작 의궤의 체제로 구성되어 있다. 이 가운데 도청 의궤는 감훈(勘勳)·소차질(疏箚秩)·도감사목(都監事目)·이문(移文)·감결질(甘結秩)·의주질(儀註秩)로 내용이 구성되었다.

감훈은 녹훈의 계기가 된 사건에 대한 기록과 함께 녹훈 대상자 및 녹훈의 사유 및 결정 내용에 대한 기록으로 도청 의궤의 맨 앞쪽에 기록되며, 다음으로 공신 녹훈에 대한 신하들의 상소와 차자를 차례로 수록한 것이 소차질이다. 감훈과 소차질은 녹훈도감이 설치된 경위에 관한 것으로 의궤의 앞쪽에 수록되고, 다음으로 도감사목, 이문, 감결질, 의주

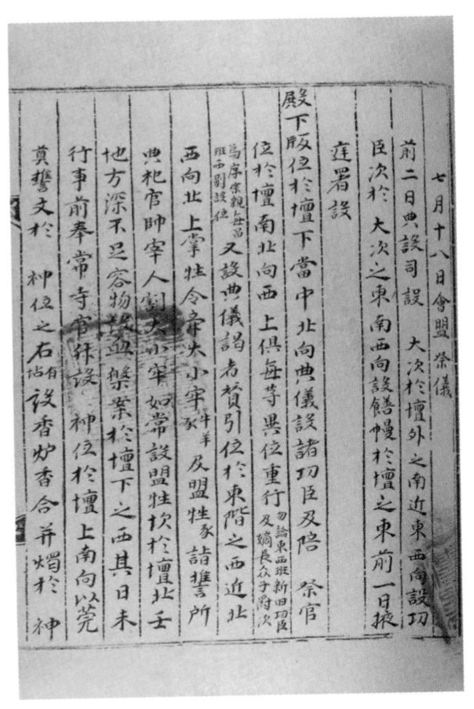

『분무녹훈도감의궤』(1728)에 기록된 회맹제 때의 의주에 관한 기록(서울대 규장각한국학연구원 소장)

질의 순서로 도감이 설치된 이후 도감 업무에 관한 기록이 나타난다.

여러 시기의 도감사목을 통해서 볼 때 녹훈도감은 대개 충훈부(忠勳府)에 설치되며, 도감의 임원으로는 2원 내지 3원의 당상이 임명되고, 낭청은 4원, 감조관은 3원이 임명된다. 낭청 4원 가운데 1원은 도청으로 칭호하여 당상과 함께 도청에 근무하며, 나머지 낭청 3원과 감조관 3원으로 3방의 조직을 갖추어 업무를 분담하는데, 3개의 방은 '직조겸교서색(織造兼敎書色)', '화상색(畫像色)', '인출색(引出色)'의 업무를 각각 담당하였다.

공신도감의 주요 업무는 공신회맹제를 마친 뒤 왕이 공신들과 함께 잔치를 베푼 후 나누어 주는 맹족, 공신 교서, 공신 초상화 등의 제작에 관한 일이었다. 공신회맹제란 공신을 녹훈한 뒤 구리 쟁반에 담은 피를 마시며 맹세하는 의식을 말한다. 조선왕조 최초의 공신회맹제는 태조 1년(1392) 9월 28일에 있었던 개국공신회맹제로서 이후 공신이 책봉될 때마다 시행되다가 영조 때의 분무공신(奮武功臣)을 끝으로 더 이상 시행되지 않게 된다.

맹족은 국왕과 공신들이 회맹제에서 사용한 것과 동일한 맹서문을 족자 형식으로 기록한 문서로 맹족에는 국왕과 공신들이 모두 자신의 이름을 직접 서명하였다. 맹족은 공신의 수만큼 제작해야 했으므로 많은 수를 만들어야 했다. 회맹제에서 쓴 맹서문은 희생물과 함께 회맹단 뒤의 구덩이에 파묻었기 때문에 대신에 맹족을 따로 만들었던 것이다.

공신 교서는 국왕이 공신에게 내리는 문서로서 비단 바탕의 두루마리로 만들었다. 공신 교서도 공신마다 나누어주어야 했으므로 많은 수가 제작되었다. 공신 교서는 공훈의 내용, 포상 내용 및 훈계의 내용으로 이루어졌다. 공신 초상화는 공신의 충절을 영원히 기리고 이를 기념하기 위해 비단 바탕에 채색으로 그린 초상화이다. 수십 명에 달하는 공신들의 초상화를 모두 그리기 위해서는 많은 인력과 물자가 동원되었고, 그림에 들어가는 물감이 부족하여 중국에서 수입하기도 하였다.

공신회맹제 이후 공신 책정에 관한 각종 증표물을 나누어줌으로써 공신도감은 해체되었다. 공신도감이 해체된 이후 공신들에 관한 일반 사무는 다시 충훈부에서 관장하였다. 이때 충훈부는 공신도감에서 제작한 의궤 및 맹족, 교서, 공신 초상화 등을 도감으로부터 모두 넘겨받았다. 공신 교서와 공신 초상화는 기본적으로 같은 것이 2부씩 제작되어, 1부는 당사자에게 주지만 다른 1부는 후일의 증거물로 삼기 위해 충훈부에서 보관하였다.

충훈부는 기공각(紀功閣)이라는 건물을 세우고 이곳에 맹족, 공신 교서, 공신 초상화 등을 보관했다. 만약 공신에서 삭제되면 해당자의 공신 교서와 공신 초상화를 내다가 불태워버렸다. 물론 맹족에서도 해당자의 이름을 지웠으며 초상화와 교서 또한 회수하여 불태웠다.

공신이 직접 받은 교서와 초상화는 자신의 집에 별도의 건물을 지어 보관했다. 친공신(親功臣)이 사망한 후 그는 가문을 대표하는 인물로 후손들에게 존숭되었다. 그러므로 조선 시대에는 공신 교서와 공신 초상화는 모든 가문에서 소중한 보물로 보관하였다.

4. 그 밖의 기념적 행사에 관한 의궤

1) 친경(親耕) 의궤와 친잠(親蠶) 의궤

조선왕조의 의궤 가운데는 왕이 직접 밭갈이 시범을 보이는 행사와 왕비가 직접 누에치기 시범을 보이는 행사에 관해 기록한 것도 있다. 왕의 친경과 왕비의 친잠은 농사와 잠상을 장려한 조선왕조의 국가 시책과 결부되어 중요한 국가 의례로 간주되었으나, 친경이나 친잠이 실제로 행해지는 일은 드물었다.

친경과 친잠은 시행 사례도 드물었을 뿐 아니라, 이들 행사가 행해진 경우라 할지라도 행사를 위해 도감이 설치되지는 않았던 것 같다. 친경과 친잠에 관한 행사 내역을 기록하여 의궤로 남긴 경우는, 영조 15년(1739)과 영조 43년(1767)의 두 시기의 친경과 영조 43년의 친경 행사와 함께 행해진 친잠 행사 기록이 유일하다.

영조 이전에 친경과 친잠이 행해진 경우로는 성종 조와 중종 조의 몇 차례를 들 수 있을 뿐이다. 왕의 친경 행사가 특별히 거론되는 경우는 왕비의 친잠 행사가 함께 거론되기 마련이었다. 이러한 관례 때문에 숙종 조에 국왕의 친경 행사에 대한 남인의 건의가 있자 그 의도가 남인 오정창(吳挺昌)의 딸을 왕의 눈에 들게 하기 위한 것으로 비방한 기록이 『실록』에 있다. 왕이 친경례를 행하게 되면 왕비도 뒤따라 친잠례를 행하게 되고, 왕비의 친잠 행사에는 세자빈 이하 내외 명부가 함께 행사에 참여하여 왕이 이를 참관하게 되는데, 이 같은 기회가 주어지면 자색이 빼어난 오정창의 딸이 국왕의 눈에 들 수 있다고 여겼다는 것이다.[75]

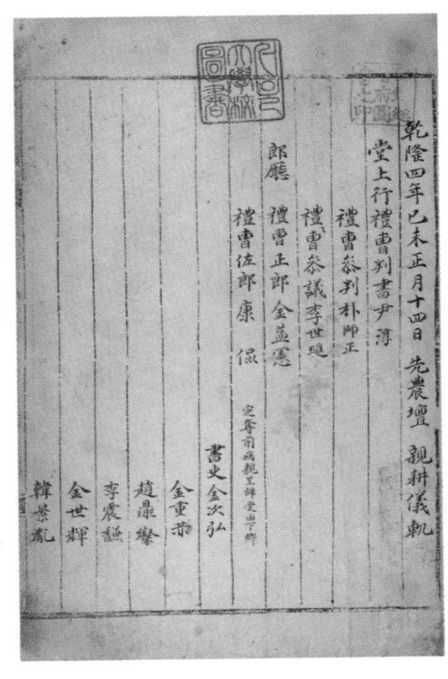

『친경의궤』(1739)의 좌목(서울대 규장각한국학연구원 소장)

국왕의 친경 의례를 행하기 위해 경작, 관리되는 토지를 적전(籍田)이라 한다. 적전을 두어 관리하는 제도는 고려왕조 때 시작되어 조선왕조에까지 이어졌다. 조선 시대에는 양주와 개성의 두 곳에 적전을 설치하여 양주의 것은 동적전, 개성에 있는 것은 서적전이라 하였다. 서적전은 한양에서 멀리 떨어져 있었기 때문에 왕의 친경은 동적전에서만 거행되었다.

친경에 관한 의궤는 도감의궤가 아니기 때문에 의궤의 내용은 전교·계사·이문·내관·감결 등 친경과 관련된 각종 공문서 기록과 의주

75 『숙종실록(肅宗實錄)』 9권, 숙종 6년 7월 3일 경인(庚寅).

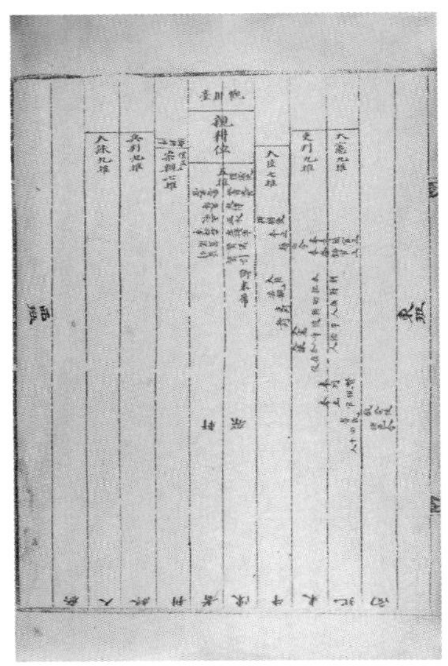

『친경의궤』(1739)에 수록된 친경도(서울대 규장각한국학연구원 소장)

로만 구성되어 있다. 의궤에 따르면 친경 행사는 예조판서가 예의사(禮儀使)라는 직임을 맡아 행사 전반을 총괄하고, 당일 친경 행사 부분은 호조판서가 경적사(耕籍使)라는 직책을 맡아 담당하였다. 이 의식에 앞서 습의(習儀)가 있고, 적전 현장에는 관경대(觀耕臺)를 비롯하여 국왕의 경적위(耕籍位), 왕세손의 시경위(侍耕位), 종친과 재신, 국구, 의빈, 판서, 대간 등의 종경위(從耕位), 밭갈이에 참여할 서민의 자리와 기민(耆民)의 배경위(陪耕位) 등이 설치되었다.

친경례는 국왕이 경적위에 자리를 잡은 뒤 집사자의 안내에 따라 쟁기를 잡고 다섯 차례 밭을 미는 의례〔五推禮〕를 행하는 것이다. 국왕이 쟁기를 잡을 때에는 근시 한 사람과 중관(中官) 한 사람이 함께 쟁기를 잡으며, 쇠고삐는 사복시정이 잡아끌었다. 이렇게 해서 왕의 5추례가 끝나면 근시를 통해 적전령(籍田令)에게 쟁기를 넘겨주고 왕은 관경대에 오른다.

이어서 왕세손이 같은 절차에 따라 일곱 차례 밭을 미는 동작〔七推禮〕을 행하고 이를 마친 뒤 관경대에 마련된 왕세자의 자리로 나아가고, 다음으로는 재신·종신 등이 9추례를 행한 뒤 관경대 아래에 마련된 각자의 자리로 나아간다. 마지막으로 미리 준비된 50마리의 소로 서민들이 백묘의 땅을 가는 것으로 밭갈이 행사를 마치게 된다. 행사를 마친 뒤 절차에 따라 국왕과 세손, 문무백관이 차례로 퇴장하면, 마지막으로 청상(靑箱)을 받든 관리가 올벼 종자를 봉상시정에게 주면 이를 받아서 밭갈이한 곳으로 나아가 뿌린 뒤 관경대에서 기서민(耆庶民)에게 위로주를 베풂으로써 행사를 모두 마치게 된다.

영조의 재위 중에는 여러 차례 친경 행사가 있었다. 이 가운데 영조 15년(1739)과 43년(1767)의 친경 행사에 대해서는 의궤가 남아 있다. 영조 15년의 친경 행사는 오랫동안 중단되었던 친경 의례가 영조 대에 이르러 다시 행해지게 되었다는 기념적인 의미에서 그 행사 내역을 의궤로 남긴 듯하다. 이후 영조 40년과 43년에 친경이 행해졌는데, 이 두 해의 친경 의례는 영조가 칠순의 나이를 넘어 행한 것이었다. 특히 영조 43년의 친경 때에는 왕비의 친잠 의례도 행해졌다.

영조 43년의 친경 의궤는 영조 15년의 친경 의궤와는 달리 이해에 행해진 장종(藏種, 곡식의 종자를 보관함), 수견(受繭, 누에를 받음) 등의 의례에 관한 내용도 함께 수록되었다. 그리하여 이해의 친경 의궤에는 부록으로 '왕비헌종의(王妃獻種儀)', '친수예곡의(親受刈穀儀)', '왕비장종의(王妃藏種儀)'가 수록되고, 친잠 의궤에는 '중궁전작헌선농의(中宮殿酌獻先農儀)', '친잠의(親蠶儀)', '왕비수견의(王妃受繭儀)'와 같은 의주가 수록되었다.

친잠 의궤 또한 도감의궤가 아닌 까닭에 내용은 행사와 관련되어 수발한 공문서와 의주로만 구성되어 있다. 이 행사는 경복궁에서 행해졌기 때문에 의주 가운데는 국왕, 세손, 왕비, 빈궁의 출궁과 환궁에 관한

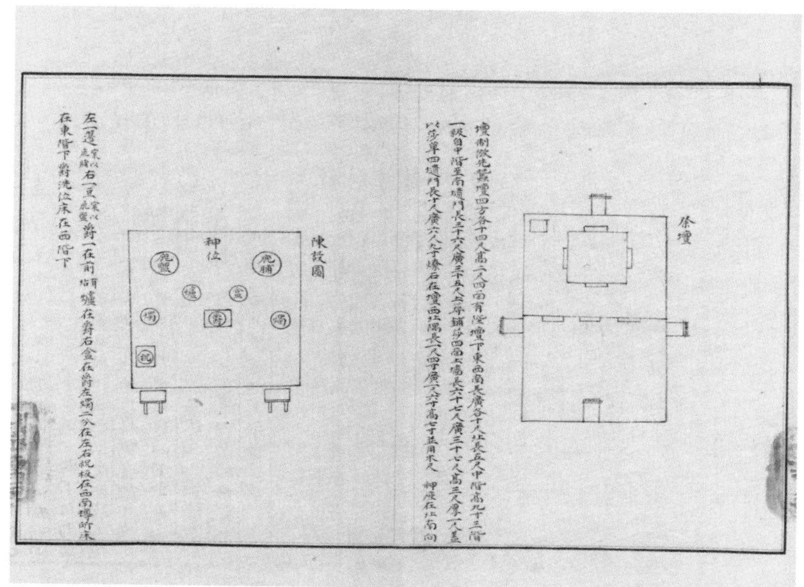

친잠 행사에 앞서 행하는 제례를 위해 임시로 만든 제단의 도설(오른쪽)과 제물 진설도(『친잠의궤』(1767), 서울대 규장각한국학연구원 소장)

각각의 의식을 포함하여 중궁전의 선잠에 대한 작헌 의식, 친잠 의식, 왕비의 수견 의식(王妃受繭儀) 등이 수록되어 있다.

왕비의 친잠례는 양잠의 신인 선잠에게 제사를 행한 뒤 채상례(採桑禮)를 행하는 것이 주된 행사 내용이다. 채상례란 왕비가 뽕잎을 따는 의식으로 이를 행하기 위해 임시로 설치된 단을 채상단(採桑壇)이라고 한다. 영조 43년(1767)의 『친잠의궤』를 통하여 당시의 채상례를 살펴보면 다음과 같다.

이 행사는 먼저 왕비가 뽕잎 색깔을 한 황색 의복(鞠衣)을 입고, 채상단의 남쪽 계단으로 올라가 다섯 가지의 뽕나무에서 잎을 딴 후 황색

광주리에 담는 것으로 시작된다. 다음에 내명부 여성들이 채상단 주변에서 뽕잎을 따고 이를 왕비가 채상단 남쪽에서 관람하게 되는데, 이때 내명부에서 따는 뽕나무 가짓수는 1품 이상은 일곱 가지, 그 이하는 아홉 가지로 하였다.

왕비와 내명부가 딴 뽕잎은 왕세자빈이 명부를 거느리고 누에가 있는 곳으로 가지고 가서 누에를 관리하는 잠모(蠶母)에게 주고, 잠모는 이를 받아 잘게 썰어 누에에 뿌려준다. 누에가 뽕잎을 다 먹으면 왕세자빈은 명부를 거느리고 왕비에게 돌아온다. 이후 왕비는 왕세자빈 이하 내명부의 수고를 위로하는 연회를 베푼다.

이 의궤에는 왕비의 수견(受繭) 의식이 수록되어 있다. 수견은 왕비가 누에고치를 담은 대나무 상자를 전해 받는 의식이다. 절차는 왕과 왕비의 자리를 편전에 설치하고, 전정(殿庭)에 빈 이하 배위를 설치하여 행사를 진행하는 것인데, 행사가 시작되면 상공(尙功)이 죽상(竹箱)을 받들어 국왕의 자리 앞에 나아가 먼저 국왕에게 이를 보여준다. 이때 국왕은 자리에서 일어서서 이를 살펴보며, 그런 다음 상공이 왕비의 자리 앞으로 나아가 이를 바치면, 왕비가 일어서서 이를 받아 상의(尙儀)에게 전달하고, 상의가 이를 상복(尙服)에게 전달하는 의식으로 진행된다. 이러한 왕비의 수견의(受繭儀)는 국왕의 수종의(受種儀)에 비교되는 의식이라고 할 수 있다.

영조 43년에는 국왕의 친경과 왕비의 친잠 의례와 관련되어 왕비가 왕에게 곡식의 종자를 바치는 의식〔王妃獻種儀〕, 국왕이 직접 예곡을 받는 의식〔親受刈穀儀〕, 왕비가 곡식의 종자를 보관하는 의식〔王妃藏種儀〕, 왕비가 누에를 받는 의식〔王妃受繭儀〕 등을 행하기도 하여 이것이 당시

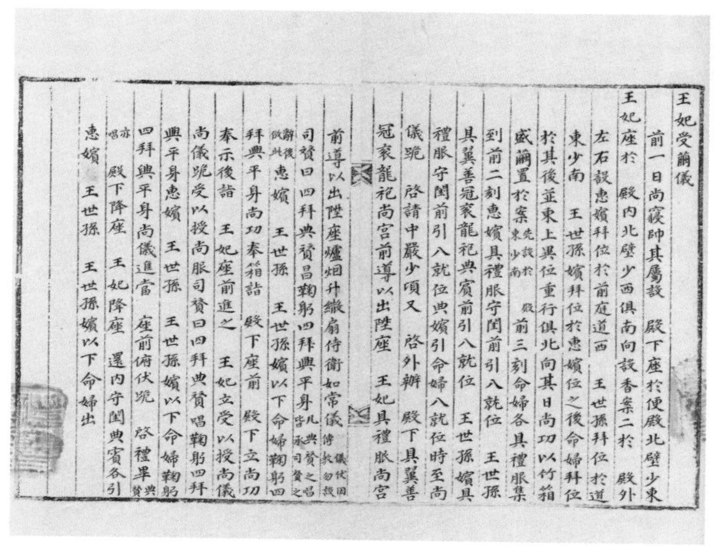
王妃受繭儀
前一日尚寢帥其屬設 殿下座於便殿北壁少東
王妃座於 殿內北壁少西俱南向設香案二於 殿外
左右設惠嬪拜位於前庭道西 王世孫拜位於道
東少南 王世孫嬪拜位於惠嬪位之後命婦拜位
於其後並東上異位重行俱北向其日尚功以竹箱
盛繭置於案(先設於殿東少南) 前三刻命婦各具禮服集
到前二刻惠嬪具禮服守閤前引入就位 王世孫
具翼善冠袞龍袍典賓前引入就位 王世孫嬪具
禮服守閤前引入就位典嬪引命婦入就位時至尚
儀跪 啓請中嚴少頃又 啓外辦 殿下具翼善
冠袞龍袍尚宮前導以出陞座 王妃具禮服尚宮
前導以出陞座爐烟升繖扇侍衛如常儀(儀仗因傳教勿設)
司贊曰四拜典贊唱鞠躬四拜興平身(凡典贊之唱皆承司贊之
辭後倣此)惠嬪 王世孫 王世孫嬪以下命婦鞠躬四
拜興平身尚功奉箱詣 殿下座前 殿下立尚功
奉示後詣 王妃座前進之 王妃立受以授尚儀
尚儀跪受以授尚服司贊曰四拜典贊唱鞠躬四拜
興平身惠嬪 王世孫 王世孫嬪以下命婦鞠躬
四拜興平身尚儀進當 座前俯伏跪 啓禮畢(典贊
亦唱) 殿下降座 王妃降座還內守閤典賓各引
惠嬪 王世孫 王世孫嬪以下命婦出

『친잠의궤』(1767)에 수록된 왕비수견의(王妃受繭儀)에 관한 기록(서울대 규장각한국학연구원 소장)

의 친경 의궤와 친잠 의궤에 수록되어 있다.

'왕비헌종의'는 왕과 왕비의 자리를 편전에 마련하고, 전정에 왕세자·왕세자빈·명부의 배위를 마련하여 행사가 진행된다. 행사가 시작되면 상공(尙功)이 상자를 받들어 왕비 자리 앞에 바치면 왕비가 자리에서 내려가 무릎을 꿇고 이를 받아 상의(尙儀)에게 전한다. 상의가 이를 받아 전하의 자리 앞에 바치면 왕은 무릎을 꿇어 이를 받은 다음 다시 상의에게 전한다. 상의는 이를 내시에게, 내시는 승지에게, 승지는 경적사에게 경적사는 적전령에게 전하는 의식으로 진행된다.

'친수예곡의'는 편전에 전하의 판위와 왕세손의 시좌위를 설치하여 행사를 진행하였다. 행사 당일이 되면 예조판서, 경적사, 적전령이 동적전에 가서 전민 40명을 거느리고 곡식을 베어 이를 두 개의 푸른 상자에 담아서〔하나는 자성(粢盛), 하나는 장종(藏種)을 위한 것이다.〕 이것을 들것에 싣고 궁궐 정문을 지나 합문 밖에 임시로 둔다. 행사가 시작되면 국왕이 판위에 남향해서 서면, 적전령이 자성맥(粢盛麥) 상자를 경적사에게 주고, 경적사가 이를 근시에게 주면 전하가 이를 무릎 꿇고 받은 뒤 근시에게 준다. 근시는 경적사에게, 경적사는 적전령에게 주고, 적전령이 받아 이를 합문 밖에 임시로 두었다가, 장종상(藏種箱)을 내입한 뒤 들것에 담아 태상시로 가서 이를 받들어 보관한다.

'왕비장종의'는 편전에 왕과 왕비의 자리를 설치하고, 전정에는 왕세자, 왕세자빈, 명부의 배위를 설치하여 행사를 진행하는데, 예조판서 이하가 맥상(麥箱)을 받들어 합문 밖에서 적전령에게, 적전령은 경적사에게, 경적사는 승지에게, 승지는 승전색에게, 승전색은 상의에게 차례로 전달하여, 상의가 전하의 자리 앞에 이를 바치면 전하가 자리에서 내려와 무릎 꿇고 이를 받는다. 국왕이 무릎을 꿇을 때 왕비가 왕의 자리 앞으로 나아가 서며, 왕이 받아 상의에게 전하면 왕비가 받아 상공에게 전하여 상공이 이를 받아 보관하게 된다.

2) 대사례 의궤

대사례(大射禮)는 왕이 신하와 함께 활쏘기 행사를 할 때 행하는 의례이다. 이를 '대(大)' 사례(射禮)라고 한 것은 이 행사의 경우 활쏘기 행사를 전후해서 국왕이 문묘에 참배하고 이와 함께 문·무과 시취(試取)와 같은 부대 행사가 있는 등 성대한 행사가 치러졌기 때문이다. 대사례에 관한 의궤로는 영조 19년(1743)의 대사례 행사 때의 의궤가 유일하다. 그리고 이 행사 때의 의주는 영조의 명에 따라 『국조속오례의(國朝續五禮儀)』에 수록되기도 하였다.

국왕이 참여하는 활쏘기 행사로 『국조오례의』에 등재된 것은 '사우사단의(射于射壇儀)'와 '관사우사단의(觀射于射壇儀)'의 두 의례가 있다. '사우사단의'는 왕이 신하들과 더불어 사단에 나아가 직접 활을 쏠 때의 행사 의주이고, '관사우사단의'는 신하들이 활을 쏘는 것을 왕이 참관할 때의 행사 의주이다.

말하자면 대사례는 『국조오례의』상의 '사우사단의'와 함께 왕의 문묘 참배와 문·무과 시취가 겸행되는 성대한 행사, 즉 '활쏘기 행사를 하고 문무과 시취를 행하는 의례〔行射試士之禮〕'라고도 할 수 있다.[76] 대사례라는 이름으로 국왕이 사단에 나아가 직접 활을 쏘고 과거 시험이 행해지기는 성종 8년(1477)에 한 것이 처음이었다고 하나,[77] 영조 때의 대사례 행사는 중종 때의 사례를 참작하였다고 한다.

대사례와 관련해서 당시의 행사를 의궤로 남긴 경우는 영조 19년(1743)의 대사례 행사 때가 유일하다. 이때의 행사에는 도감이나 청을 두지 않고 여러 상설 관서에서 관련 업무를 분담하였다. 다만 행사가 끝난 뒤 행사의 내역을 의궤로 기록하라는 영조의 명에 따라 의궤의 제작을 위해 의궤청이 설치되기는 하였다. 대개의 의궤청이 도감의 업무를 파한 뒤 설치되는 것이 보통인데 이처럼 도감이 설치되지 않았는데

76 『대사례의궤(大射禮儀軌)』, 계사질(啓辭秩), 32면.

77 신병주, 「영조대 대사례의 실시와 『대사례의궤』」, 『한국학보』 106, 67쪽.

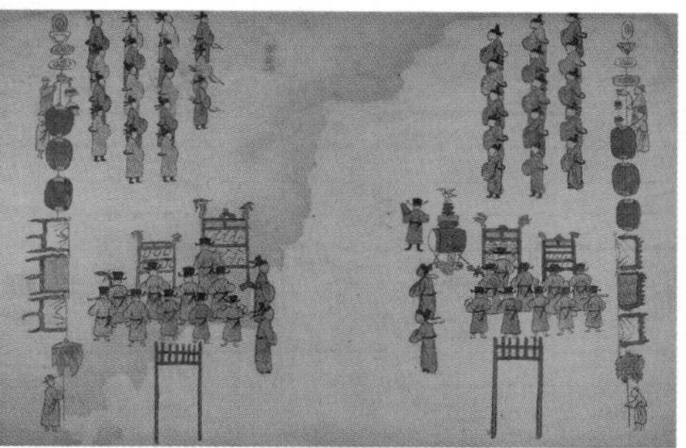

『대사례의궤』(1743)에 수록된 어사례도(서울대 규장각한국학연구원 소장)

도 의궤청이 설치된 경우는 드문 일이다.

대사례 의궤는 도감의 행사 내역을 기록한 의궤가 아니기 때문에 기록 내용도 일반 의궤와는 다르다. 대개의 도감의궤가 행사와 관련된 물자와 인력의 운용 내역을 상세히 밝히는 것에 중점을 두어 기록하고 있는 데 비해, 이 대사례 의궤는 행사 자체의 기념적 의의를 중시한 기록물의 성격을 지니고 있다. 이 의궤에는 다른 의궤에서 볼 수 없는 '대사례기(大射禮記)'나 의궤 제작을 지휘했던 예조참판의 '발문(跋文)' 같은 것이 수록되고 있는 점에서 보아 그러하다.

이 행사를 위해 도감이나 청은 설치되지 않았지만 어떤 형태로든 행사의 준비와 진행을 담당한 태스크포스 같은 것이 있었을 것이나 이 행사를 담당한 업무 조직은 분명히 드러나지 않는다. 이 행사에 관한 의궤의 제작 담당자는 당상에 예조참판, 낭청에 병조정랑과 예조정랑 3인으로 나타나고 있어 예조와 병조가 행사를 준비하였던 것으로 보인다.

이 의궤에는 서두에 각각 4장으로 구성된 어사례도(御射禮圖), 시사례도(侍射禮圖), 시사관상벌도(侍射官賞罰圖), 총 12장의 채색도가 실려 있고, 이 그림들을 해설한 대사례도해(大射禮圖解)가 실려 있다. 이 의궤도 계사질, 의주질, 이문질, 감결질의 차례로 관련 공문서 기록을 날짜별로 수록한 점은 여느 의궤와 같으나 예문관 대제학이 지은 대사례기라는 기문을 수록한 것이나, 책자 끝에 의궤 제작의 책임을 맡은 예조참판 오광운의 의궤에 대한 발문이 수록되어 있는 것은 다른 의궤와 다른 점이다.

영조 19년(1743) 3월 영조는 예조판서 정석오(鄭錫五), 예조참판 오광운(吳光運) 등과 함께 대사례의 의식 절차을 강정(講定)하여, 마침내 이해 윤4월에 성균관에 나가 대사례를 거행하였다. 그리고 이때의 의주는 『국조속오례의』에도 수록하였는데 그 내용을 대략 옮기면 다음과 같다.

대사례는 행사에 앞서 사단에 장전(帳殿)과 악차(幄次), 어좌(御座), 어사위(御射位)를 설치하고, 악기를 배치하며 시사자(侍射者)의 사위(射位)와 과녁을 설치하고 상물(賞物)과 벌준(罰尊) 등을 설치한다. 행사 당일이 되어 행사 준비를 완료하여 이를 왕에게 보고하면, 국왕이 사단에 마련된 어좌에 오르고 2품 이상 관원들이 배위(拜位)에 나아가 사배(四

拜)를 행한다. 이어서 왕에게 활쏘기 준비가 끝났음을 알리면 왕이 사위(射位)로 내려와 4대의 화살을 차례로 쏜 뒤 어좌로 돌아온다. 다음으로 시사자가 짝을 지어 차례로 활 쏘는 자리에 올라가 북향하여 부복한 후 일어나서 활을 쏜다. 활쏘기를 마치면 병조판서가 화살을 과녁에 맞힌 자의 성명과 맞힌 수를 기록하여 국왕에게 아뢰어, 맞힌 자는 상을 주고 맞히지 못한 자는 벌주기를 청한다. 화살을 맞힌 자는 동쪽 계단 아래에 서고, 맞히지 못한 자는 서쪽 계단 아래에 서서 집사자의 인도에 따라 국왕에게 4배를 행하고, 화살을 맞힌 이들에게는 상물을 주고 화살을 맞히지 못한 이들은 차례로 벌주를 마신다. 모두 마치면 종친과 문무백관 및 시사자는 자리로 돌아가 집사자의 인도에 따라 왕에게 4배를 행하고 이로써 행사가 끝난다.

7장

왕실 건축물 영건(營建)에 관한 의궤

왕실이란 왕과 그 가족 및 가까운 친족으로 구성되는 신분 집단으로 주거와 활동, 생활양식, 신분적 처우에 있어서 일반 신분층과 구별되는 왕조 국가의 최상 신분층이다. 왕의 자녀가 태어나면 우선 아기의 태를 봉안하기 위한 태실을 조성하였고, 이들은 일반 사서인(士庶人)의 접근이 엄격히 통제되는 궁궐에서 생활하였다. 왕이나 왕세자, 왕비나 세자빈은 죽어서 일반 무덤과 차별되는 능원에 묻히며, 사후에 왕과 왕후의 신위는 종묘에 모시어 국가 제례의 대상이 되었다. 왕을 중심으로 볼 때 태실, 궁궐, 능원, 종묘는 왕의 아들로 태어나 생활하고 활동하다가 죽어 사후에 이르기까지 왕실의 존엄과 권위에 관계되는 중요한 건축물이라 할 수 있다. 조선왕조는 이들 왕실의 존엄에 관계되는 건축물의 영건이나 개수에 대해서는 도감과 같은 권설 기구를 설치하여 이에 관한 사업을 관장하도록 하였고 그 사업 내역은 의궤로 남겼다.

조선왕조의 각종 건축 공사에 대한 기록이 의궤의 형태로 남겨지는 경우는 궁전 건물, 종묘와 영녕전, 진전(眞殿), 능원묘, 태실 등을 조성하거나 개수, 중건하는 경우였다. 이들 건축물의 공사를 담당하는 기구로는 공사의 규모나 중요도에 따라 도감이나 청이 설치되었고 공사의 내용에 따라 도감의 명칭이 달랐다. 이 때문에 조선 시대에는 이들 건축물의 영건 및 수리와 관련해서는 영건·조성·개건·수축·수리·수개·개수·증수·중수·중건·증건 등 다양한 이름이 붙여진 도감이나 청이 있게 되었다.

1. 태실의 조성에 관한 의궤

조선 시대에는 왕의 자녀가 출생하면 아기의 태를 봉안할 태실을 만들어 나라에서 이를 관리하였다. 이 태실의 주인공이 뒷날 왕위에 오르게 되면 태실 주변에 돌로 된 난간을 추가로 배설하고 표석을 세우는 등 국왕 태실로서의 위용을 갖추게 하였다. 『경국대전』에는 왕과 왕세자의 태실에 대해서는 해마다 태실 소재지의 관찰사가 봉심을 하도록 규정하였고,[78] 특히 국왕 태실의 경우 어떤 결함이나 문제가 발생하면 이를 개수하거나 보수하는 공역이 신중하게 다루어졌다.

특히 왕의 원자 아기의 태실을 조성하거나, 태실의 주인공이 국왕으로 즉위하여 태실에 석난간 등을 배설하는 공역에 대해서는 그 사업 내역을 의궤로 남겼다. 또한 국왕 태실을 수개하는 경우에도 그 경위와 관련 공사 내역을 의궤로 남겼다. 이런 까닭에 태실과 관련해서는 장태(藏胎)에 관한 의궤, 태실의 가봉(加封)에 관한 의궤, 태실 석물의 개수에 관한 의궤, 3종의 의궤가 있게 된다.

78 『경국대전』 예전(禮典), 봉심(奉審).

현전하는 태실 관련 의궤는 규장각 소장 의궤 9종, 경남 사천시청 소장 의궤 3종, 충북 청원군 문의문화재단 소장 의궤 1종이 알려져 있다. 이를 표로 나타내면 다음 〈표 28〉과 같다.

〈표 28〉 현전하는 조선왕실의 태실 관련 의궤

시기	서명	소장처	시기	서명	소장처
1601	세종태실석난간수개의궤	사천시청	1823	성종태실비석개수의궤	규장각
1729	영조태실가봉의궤	청원군	1832	경종태실석물수개의궤	〃
1730	세종단종태실수개의궤	사천시청	1836	익종태실가봉석난간조배의궤	〃
1734	세종단종태실표석수립의궤	사천시청	1847	헌종태실가봉석난간조배의궤	〃
1801	정조태실석난간조배의궤	규장각	1866	태조태실수개의궤	〃
1806	순조태실석난간조배의궤	〃	1874	원자아지씨장태의궤	〃
1809	원자아지씨장태의궤	〃			

조선왕실의 태실 관련 의궤는 안태(安胎) 시의 의궤가 2종, 태실의 개보수에 관한 의궤가 6종, 태실 석난간의 조성에 관한 의궤가 5종이 현전하고 있다. 이 가운데 『세종태실석난간수개의궤』는 태실 관련 의궤 가운데 가장 오래된 의궤일 뿐 아니라, 조선왕조 의궤 전체를 통틀어서도 가장 오래된 의궤의 하나이다.[79]

태실의 조성이나 가봉, 개수에 관한 업무는 도감이나 청을 설치하지는 않고 예조와 관상감에서 담당하였다. 대개 왕의 자녀가 출생하면 출생 후 10여 일을 전후해서 관상감에서 태실 후보지에 대한 의견을 왕에

79 김해영, 「『世宗大王胎室石欄干修改儀軌』에 대하여」, 『고문서연구』 45, 2014, 8쪽.

게 아뢴다. 관상감에서는 이런 일에 대비해 평상시 태실 후보지를 여러 곳 물색해두었다가 왕의 아기가 태어나면 그 신분적 서열을 고려해서 적당한 후보지를 왕에게 보고한다. 원자 아기씨의 경우에는 세 곳의 후보지를 물망에 올리어 상토관을 보내 조사하게 한 뒤 관상감에서는 가장 적합한 한 곳을 수망(首望)으로 하여 왕에게 보고하여 낙점을 받는다.

『세종태실석난간수개의궤』(1601)(경남 사천시청 소장)

태실지가 정해지면 다음으로 안태할 날짜를 정한다. 안태하기에 적당한 길일을 살피는 일은 일관의 소임이지만, 이 또한 국왕의 허락을 거친다. 관상감에서는 "길지가 이미 정해졌으니 태를 묻을 길한 일시를 일관으로 하여금 택해서 들이도록 하는 것이 어떻겠습니까?"라고 아뢰어 윤허를 받는다. 장태법(藏胎法)에는 출산 후 다섯 달 안에 태를 묻도록 되어 있기 때문에 출생 후 다섯 달이 되기 앞서 적당한 날짜가 안태 날짜로 정해진다. 이에 따라 공사를 개시할 날짜와 터를 닦는 날짜가 정해진다. 마침내 관상감에서는 태실지와 장태 일시, 이와 관련된 행사에 필요한 일정을 확정하여 왕에게 보고한다.

태를 묻을 때는 안태사, 종사관, 서표관, 감역관, 배태관(陪胎官), 전향(傳香)을 겸하는 주시관(奏時官)과 같은 관원을 두어 각자 소임을 행

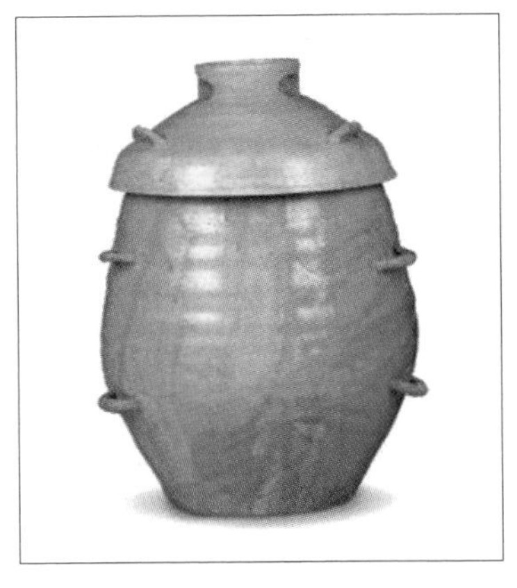

세종 태실에서 출토된 태항아리. 이 태항아리는 뚜껑과 몸체에 끈을 묶기 위한 9개의 고리가 달려 있다. 이 태항아리는 현존하는 조선 시대 백자 가운데 가장 오래된 것이기도 하다.(국립고궁박물관 소장)

하도록 하였다. 그러나 조선 후기에는 이 가운데 종사관을 제외하였고 감독관은 본읍 수령으로 차정하는 것이 관례가 되었다. 관상감에서는 이들의 출발에 앞서 미리 필요한 물품의 목록을 작성하여 본도(本道)에 이를 통지하여 사전 준비에 만전을 기하도록 한다. 본도에서는 장태에 필요한 각종 물자와 필요 인력을 태실지가 있는 고을 인근의 여러 고을에 분정(分定)한다.

태를 모시고 내려가는 날에는 안태사 이하가 모두 규정된 복식을 갖추고 궐 안으로 들어가 대기한다. 승지가 태실에 나아가 중사(中使)가 받든 태항아리를 받아 이를 막차에 있는 안태사에게 전하면, 이를 싸서 함에 담아 누자(樓子)에 안치하여 궁궐 정문의 정로를 거쳐 나간다. 이때에는 고취가 앞을 인도하고 횃불 4자루를 들고 나아간다. 정해진 날짜에 맞추어 태실 소재지에 도착하면 미리 준비한 막차에 태항아리를 봉안한 뒤, 이어서 안태 절차에 따라 태를 안치하고 태신에 대해 안위제를 지내고 또 후토신에게 제사를 지냄으로써 안태 행사를 마치게 된다.

태실은 왕실의 권위와 관련되는 건축물이기는 하나 비교적 소홀히 관리되었던 까닭에 태실의 수개와 관련된 공역 문제가 비교적 자주 제기되었다. 그리고 태실 공사의 경우 그 진행 과정이나 행사 내역에 대한 연대기 자료의 기록이 자세하지 않기 때문에 의궤는 그 전모를 살피는 데 중요한 기록물이라고 할 수 있다.

조선 시대에는 국왕 태실에 어떤 결함이 발견되어 관찰사의 보고가 중앙에 이르면 예조에서는 관찰사의 봉심 내용을 중심으로 수개 여부에 대한 의견을 붙여 국왕에게 보고하여 태실의 수개 여부를 결정하였다. 태실의 수개가 결정되면 공역에 적당한 날짜를 택하고, 예정된 태실 수개 일정에 맞추어 준비해야 할 인력과 잡다한 물품, 제반 준비 사항을 확정하여, 이를 본도 및 각 해당 관사에 미리 알려 준비에 차질이 없도록 조처하였다. 그러나 일정과 계획이 정해진 경우라고 하더라도 국휼이나 흉년 등으로 인해 날짜를 연기하는 일이 종종 발생하였다.

중앙으로부터 태실 수개에 필요한 준비 인력과 물목이 정해져 관문으로 하달되면 본도에서는 관찰사가 이들 물목과 인력을 고을별로 분정하였다. 물자와 인력의 분담 정도는 태실이 소재한 고을의 부담이 비교적 많은 편이나 인근의 대읍도 많은 부담을 졌다. 특정한 물품의 경우는 멀리 떨어진 고을에까지 부담케 하는 경우도 있으나 대체로 태실이 소재한 고을과의 거리나 고을 사정 등을 감안해 필요한 물품과 인력을 여러 고을에 두루 부담시켰다.

공역은 중앙에서 감역관이 내려온 뒤 개시된다. 감역관은 공사 개시일을 며칠 남기고 현지에 도착하여 개수할 태실의 석물 등을 살핀 뒤 이를 사안에 따라 소속 관서와 예조 및 본도 관찰사에 보고한다. 감역관이 직접 중앙에 보고하거나 관찰사에 의해 조율을 거쳐 보고된 내용을 중심으로 공역의 방향이 다시 논의되는 경우도 있었다.

예정된 완공 날짜가 임박하면 중앙에서 선공감 제조와 관상감 제조

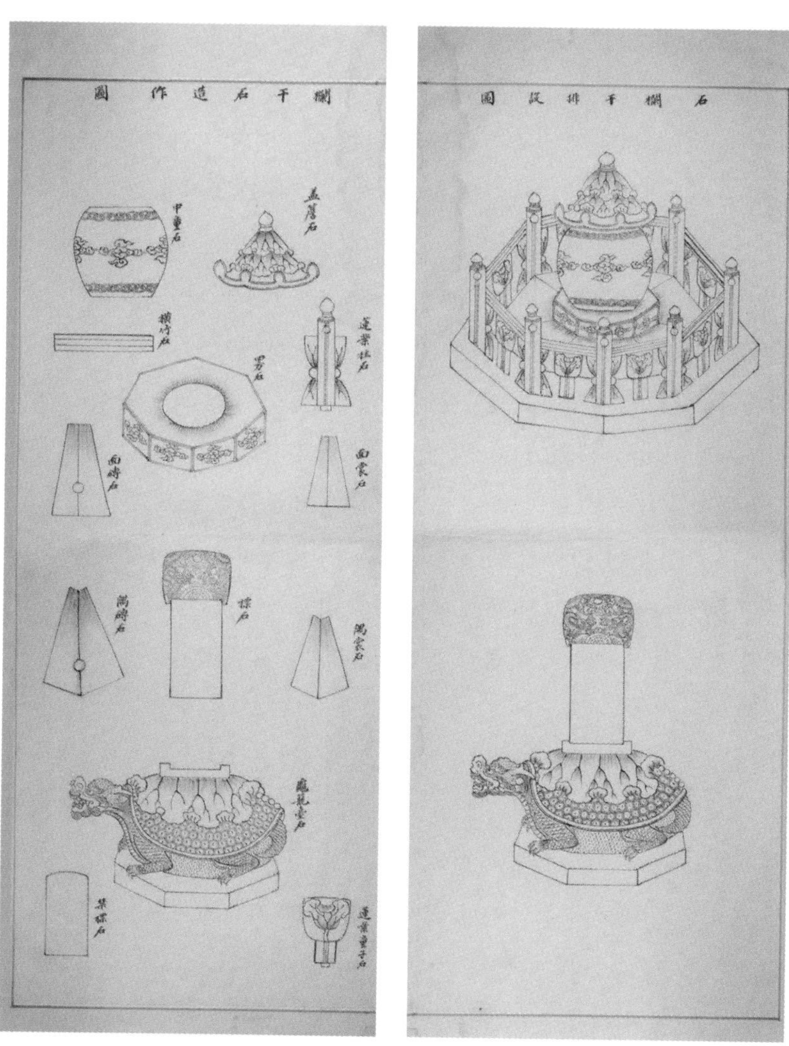

태실을 가봉할 때의 석난간 배설도(오른쪽)와 조작도(造作圖)(『정조태실석난간조배의궤』(1801), 서울대 규장각한국학연구원 소장)

가 내려와 태실 공사 현장을 봉심하고, 수개 공사 당일의 행사와 공사 일체를 참관한 뒤 자신이 봉심하고 참관한 바를 중앙에 보고했다. 공역은 '고사유제(告事由祭)'와 '고후토제(告后土祭)'를 행한 뒤에 개시되며, 공역을 마친 뒤에는 '사후토제(謝后土祭)'를 행하는 것으로 행사가 완료되었다.

태실을 조성하거나 개수하는 일은 투입되는 인력과 물자, 공사 기간 등으로 볼 때 그다지 공역의 규모가 크지 않았다. 그럼에도 중앙에서 여러 고급 관료가 현장에 내려와 참관하고 그 공사 내역을 의궤로 제작하였던 것은 태실을 조성하는 일이 왕실과 관련된 역사였고, 왕성과 비교적 멀리 떨어진 곳에서 공역이 이루어지기에 왕실을 빙자한 부정이나 비리를 우려했기 때문으로 보인다.

2. 궁중 건축물 영건에 관한 의궤

조선왕조 때에는 태조 때 창건된 경복궁을 위시해서 태종 연간에 영건된 창덕궁, 성종 연간에 영건된 창경궁 등 여러 궁궐이 있었으나 이들 궁궐은 모두 임진왜란을 거치면서 소실되었다. 전란을 겪은 뒤 이를 복구하는 과정에서 창덕궁과 창경궁이 우선 복원되어 조선 후기에는 창덕궁이 법궁으로 자리 잡게 되었고, 한편 광해군 때에는 창경궁과 경덕궁(경희궁)이, 고종 연간에는 경복궁의 중건과 경운궁의 정비가 이루어졌다.

궁궐의 영건과 수리에 관해 기록한 의궤는 〈표 29〉에서 보듯이 열다섯 시기의 것이 남아 있다.

궁궐 건축에 관한 가장 이른 시기의 의궤는 인조 11년(1633)의 『창경궁수리소의궤』로 이는 인조반정 과정에서 소실되었던 창경궁을 복구했던 때의 기록이다. 이후 효종·숙종 연간의 일부 궁궐 영건에 관한 의궤가 존재하지만 모두가 소규모의 공사를 기록한 것이다. 순조 30년(1830)에는 창덕궁, 창경궁, 경희궁 등 궁궐의 침전 일곽이 화재로 소실되었는데 이후 이들 궁궐의 복구 공사에 관한 의궤가 『서궐영건도감의

〈표 29〉 궁전 건축물의 영건과 수리에 관한 의궤

시기	서명	시기	서명
1633	창경궁수리소의궤	1832	서궐영건도감의궤
1647	창덕궁수리도감의궤	1834	창덕궁영건도감의궤
1652	창덕궁창경궁수리도감의궤	1834	창경궁영건도감의궤
1657	창덕궁만수전수리도감의궤	1857	인정전중수도감의궤
1667	경덕궁집상전수개의궤	1900	경복궁창덕궁증건도감의궤
1693	경덕궁수리소의궤	1906	경운궁중건도감의궤
1755	풍양구궐유지비석수립의궤	1907	중화전영건도감의궤
1805	인정전영건도감의궤		

궤』, 『창경궁영건도감의궤』, 『창덕궁영건도감의궤』이다.

궁궐 내 전각의 영건을 위해 설치되는 영건도감의 경우는 제조 1인과 낭청 2인이 영건 사업을 관장하는 경우가 대부분이었다. 이 경우 도감 업무를 수행할 처소를 별도로 두기는 하나 제조로는 호조판서를, 낭청으로는 호조의 낭관이 단독으로 천망되어 직임을 수행하였으므로 실제로는 호조에서 사업을 관장하였다고 볼 수 있다.

일반적으로 도감이라고 하면 주된 업무가 행사에 필요한 각종 물건을 제작하는 일이고, 이를 위해 대개 방으로 불리는 몇 곳의 작업 부서를 설치하여 필요한 물건의 제작을 분담하는 것이 보통이었다. 그러나 건축물 영건 사업은 3방 조직 대신에 다수의 패장(牌將)이 작업 인부를 관리 감독하는 방식으로 역사가 수행되었다.

순조 5년(1805)의 『인정전영건도감의궤』를 살펴보면, 당시 창덕궁 인정전의 영건에는 호조판서를 제조로 하고, 호조정랑 2인이 낭청이

『인정전영건도감의궤』(1805)에 수록된 인정전도(서울대 규장각한국학연구원 소장)

되어 역사를 감찰하고 그 아래 3인의 별간역과 10여 인의 영역 패장을 두어 공사 현장을 지휘 감독하였던 것으로 나타난다. 도감이라고는 하지만 이렇듯 호조의 판서와 낭관이 전담하여 영건 업무를 관장하는 경우에는 검찰 업무를 수행하는 도청 낭관을 두지도 않았다. 이처럼 도감이면서도 도청 낭관을 두지 않은 경우는 순조 34년(1834)의 창덕궁영건도감의 경우도 그러하였다.

『인정전영건도감의궤』를 통하여 궁궐 영건 사업의 주요 일정을 살펴보면 〈표 30〉과 같다.[80]

궁궐 건물의 영건은 공사를 위해 터를 닦는 일〔開基〕, 주춧돌을 놓는 일〔定礎〕, 재목을 다듬는 일〔材木治鍊〕, 기둥을 세우는 일〔立柱〕, 대들보를 올리는 일〔上樑〕, 단청을 하는 일〔丹靑〕의 순으로 진행되고, 건물이 완성된 뒤에는 전내에 어탑(御榻)을 들여 배설하고 다음으로 건물의 현판을 걸며, 그다음 당가(唐家)를 들이고, 어탑 위에 오봉병(五峯屛)을 배설하고, 곡병(曲屛)을 들여 배설하는 순서로 이루어졌다. 이렇게 해서 건물 및 내부 시설의 설치가 종료되면 이를 국왕에게 보고하고 역사를 마치

80 『인정전영건도감의궤(仁政殿營建都監儀軌)』(1805), 12~13면, 각항일시(各項日時).

〈표 30〉 창덕궁 인정전 영건 사업(1803~1804년)의 진행 일정

일시	사업 내용	일시	사업 내용
계해 12월 27일 묘시	개시(開基) 시역	갑자 11월 6일~13일	단청(丹靑)
신시	정초(定礎) 시역	11월 8일~15일	개와(蓋瓦)
갑자 3월 1일	재목을 다듬는 일 시작	11월 29일	어탑(御榻)을 들임
3월 15일	유신의 상소로 중단	11월 29일	현판을 겲
8월 20일	치목(治木)을 다시 시작	12월 2일	당가(唐家)를 들임
9월 9일	정초를 다시함	12월 13일	오봉병(五峯屛)을 들임
9월 9일	기계(機械) 시역	12월 17일	곡병(曲屛)을 들임
10월 9일 신시	입주(立柱)	12월 17일	역사를 마침
27일 신시	상량(上樑)	12월 29일	고묘(告廟) 반교, 진하

게 된 것을 종묘에 고한 뒤 교서의 반포와 축하 행사를 거행했다.

건축물의 영건에는 의례적인 절차로 상량 의식이 빠짐없이 거행되었다. 궁궐 건물의 상량 의식은, 상량하는 당일 행사에 앞서 전각의 계단 위에 장막을 설치하고 장막 안에 상량문안(上樑文案)을 마련해두고 실시했다. 상량하는 날 정해진 시각이 되면 도감의 제조 이하 행사 참여자가 정해진 자리에 나아가 전각을 향해 4배 한 뒤 무릎을 꿇는다. 다음으로 집사(司香)가 3상향한 뒤 물러나고 독문관이 상량문을 읽는다. 이를 마친 뒤 행사 참여자가 4배 하고 일어서면, 인의(引儀)가 상량문을 취하여 대들보에 올리고 당상 이하를 인솔하여 나가는 것으로 의식이 진행되었다.

상량문의 내용은 건물을 짓게 된 내력과 국왕의 공덕을 칭송하는 내용이 먼저 기술되고, 뒤이어 상량문 특유의 전통적 양식에 맞추어 국운

『인정전영건도감의궤』(1805)에 수록된 당가도(서울대 규장각한국학연구원 소장)

이 융성하고 군왕과 신민이 함께 태평성세를 누리기를 기원하는 내용으로 이루어졌다.

궁궐 건물의 일부를 수리하는 경우는 도감의 주된 업무가 여러 작업소를 관리하는 것이다. 효종 3년(1652)의 『창덕궁창경궁수리도감의궤』에 의하면, 이 도감에는 당상과 도청이 있고 낭청이 8원이며, 이들 낭청이 창덕 1소·창덕 2소·창경 1소·창경 2소·굴토 1소·굴토 2소·노야소(爐冶所)·목물소(木物所)·토물소(土物所)의 여러 작업소를 각각 관장하고, 이들 작업소 전체에 대한 검찰 업무는 도청의 낭관이 맡도록 하였다. 이보다 앞서 인조 11년(1633)의 『창경궁수리소의궤』에 의하면, 당시의 수리소에는 당상 7인, 도청 2인, 낭청 7인, 감역관 8인을 두었으며 이들 가운데 낭청과 감역관이 미포겸잡물소(米布兼雜物所)·재목소·1소·2소·3소·4소·5소·노야소를 분담하여 궁궐 수리에 따르는 작업을 관리 감독하였다.

이 밖에 『화성성역의궤(華城城役儀軌)』도 궁성 조성이라는 대대적인 역사에 관한 것이다. 이 의궤는 정조 18~20년(1794~1796)에 걸쳐 새로운 도시를 건설하고자 경기 화성에 성곽과 문루를 건축한 일을 기록한 것으로 일반 의궤의 기록 형식과 달리 전체 10권, 8책으로 분권, 분책되어 있는 편찬서의 체제를 갖추고 있다. 성역 공사를 끝낸 후 의궤청을 설치하여 당시의 사업에 관한 기록을 정리하면서는 이보다 시기적으로 앞서 간행된 『원행을묘정리의궤』의 체제에 맞추어 기록하였다.

『화성성역의궤』(1796)에 수록된 수십 종의 도설 가운데 동암문(東暗門) 도설(서울대 규장각한국학연구원 소장)

『화성성역의궤』는 권수(卷首)에 사업의 일정, 담당자 명단, 주요 건축물과 도구에 대한 그림과 설명이 수록되어 있다. 1권에서 6권까지가 원편(原編)으로, 1권은 성역 사업에 관한 임금의 명령과 신하들의 보고 및 건의를, 2권은 사업과 관련된 제문과 비문의 내용과 각종 행사 내용, 군사 배치 등에 대한 사항을, 3권과 4권은 사업 실무와 관련된 각종 공문서 기록 및 사업에 동원된 장인들의 명단 등을 기록하고 있으며, 5권과 6권은 사업 경비에 대한 예산과 결산 내용을 실었다. 부편(附編)에는 행궁을 비롯한 각종 건축물의 조성과 관련된 내역이 기록되어 있다.

이 성역 의궤는 70여만 명의 인원이 동원되고 80여만 냥의 비용이 투입된 대규모 공사에 대한 상세한 보고서이다. 이 의궤 또한 한때의 일시적인 국가적 사업에 대한 기록물이라는 점에서는 의궤라는 책자의 성격에 부합되기는 하나 정연한 편찬 체제를 갖춘 일종의 편찬서라는 점에서는 일반 필사본 의궤와는 차이가 있다.

3. 능원묘 조성에 관한 의궤

왕실의 무덤을 조성한 내역을 기록한 의궤로는 산릉도감의궤와 원소도감의궤, 묘소도감의궤의 세 종류가 있다. 이들 의궤는 왕과 왕비의 무덤을 조성할 때 설치된 산릉도감, 왕의 친모·친부의 무덤을 조성할 때 설치된 원소도감, 왕세자나 왕세자빈의 무덤을 조성할 때 설치되는 묘소도감에서 능원묘의 조성에 관한 사업 내용을 기록한 것이다. 왕실 인물의 무덤은 원래 능묘로만 구분되었으나, 영조가 생모인 숙빈 최씨의 무덤을 소령원(昭寧園)으로 격상시킨 이후로 왕의 친모·친부의 무덤은 능묘와는 달리 원(園)으로 칭하게 되었다.

산릉의 조성에 관한 의궤로는 국왕으로는 인조 이후, 왕후로는 선조비 의인왕후 이래의 역대 왕과 왕후의 산릉 조성에 관한 것이 거의 모두 남아 있다. 이 가운데 의인왕후의 능을 조성한 기록은 현전하는 가장 오래된 조선 시대 의궤이기도 하다. 묘소도감의궤로는 소현세자, 효장세자, 효순현빈, 의소세손, 사도세자, 문효세자, 효명세자(익종)의 무덤 조성에 대한 것이 남아 있고, 원소에 관한 것은 『현륭원원소도감의궤(顯隆園園所都監儀軌)』, 『현목수빈휘경원원소도감의궤(顯穆綏嬪徽慶園

園所都監儀軌)』, 『순명황후유강원원소도감의궤(純明皇后裕康園園所都監儀軌)』, 『순헌귀비원소의궤(純獻貴妃園所儀軌)』가 남아 있다. 다음의 〈표 31〉은 국왕과 왕후의 능소 조성에 관해 기록한 의궤이다.

〈표 31〉 왕과 왕비 국장 때의 산릉 조성에 관한 의궤

시기	서명	시기	서명
1601	[의인왕후]산릉도감의궤	1776	[영조원릉]산릉도감의궤
1632	[인목왕후]산릉도감의궤	1800	[정조건릉]산릉도감의궤
1649	[인조장릉]산릉도감의궤	1805	[정순왕후원릉]산릉도감의궤
1659	[효종영릉]산릉도감의궤	1835	[순조인릉]산릉도감의궤
1674	[현종숭릉]산릉도감의궤	1843	[효현왕후경릉]산릉도감의궤
1674	[인선왕후]산릉도감의궤	1846	[문조수릉]산릉도감의궤
1680	[인경왕후]산릉도감의궤	1849	[헌종경릉]산릉도감의궤
1684	[명성왕후숭릉]산릉도감의궤	1857	[순원왕후인릉]산릉도감의궤
1688	[인조장렬왕후]산릉도감의궤	1864	[철종예릉]산릉도감의궤
1702	[인현왕후]산릉도감의궤	1880	[철인왕후예릉]산릉도감의궤
1720	[숙종]산릉도감의궤	1892	[신정왕후수릉]산릉도감의궤
1725	[경종의릉]산릉도감의궤	1898	[명성황후홍릉]산릉도감의궤
1731	[선의왕후]산릉도감의궤	1904	[효정왕후경릉]산릉도감의궤
1757	[인원왕후]산릉도감의궤	1919	[고종태황제]산릉주감의궤
1757	[정성왕후]산릉도감의궤	1926	[순종효황제]산릉주감의궤

왕과 왕비를 비롯하여 왕실의 주요 인사가 죽으면 장례를 치르기까지 국장도감(예장도감), 빈전도감(빈궁도감), 산릉도감(원소도감, 묘소도감)의 세 도감이 설치되는데, 이 가운데 산릉(원소, 묘소)도감은 묘역 일대의

토목공사, 각종 석물(石物)의 설치, 정자각(丁字閣) 등의 건축, 주변 환경의 정화 등 업무를 담당하였다. 이 때문에 산릉(원소, 묘소)도감에는 도청 아래에 수많은 작업소가 딸려 산릉 조성에 필요한 일을 분담하였다.

『[영조원릉]산릉도감의궤』(1776)에 수록된 찬궁좌면도(서울대 규장각한국학연구원 소장)

왕실의 능원 조성을 위해 설치되는 작업소로는 삼물소(三物所)·조성소(造成所)·대부석소(大浮石所)·소부석소(小浮石所)·보토소(補土所)·노야소(爐冶所)·수석소(輸石所)·별공작(別工作)·분장흥고(分長興庫)·번와소(燔瓦所) 등이 있다. 삼물소는 석회, 가는 모래, 황토를 섞어 산릉의 능상각(陵上閣)과 수도각(隧道閣) 등을 조성하는 일을 맡았고, 조성소는 정자각, 옹가(재실) 등의 축조를 담당하였으며, 대부석소는 묘소를 지지하는 여러 종류의 받침돌을 비롯하여 문무석인(文武石人), 지석함(誌石函) 등 큰 석물의 제작을 담당한 곳이었다. 소부석소는 정자각, 전사청, 재실 등 묘소 주변의 부속 건물에 소용되는 석물의 제작을 담당하는 곳이고, 보토소는 묘소 주위를 돋우는 토목 공사를 행하는 곳이며, 노야소는 각종 철물 제작을 담당한 곳이다. 수석소는 석물의 운반을 담당하며, 별공작은 도청을 비롯한 각 작업소에서 필요로 하는 작업 용구나 시설물의 제작을 담당하는 공작소이고, 분장흥고는 각종 지물(紙物), 돗자리, 기름종이로 만든 유둔(油

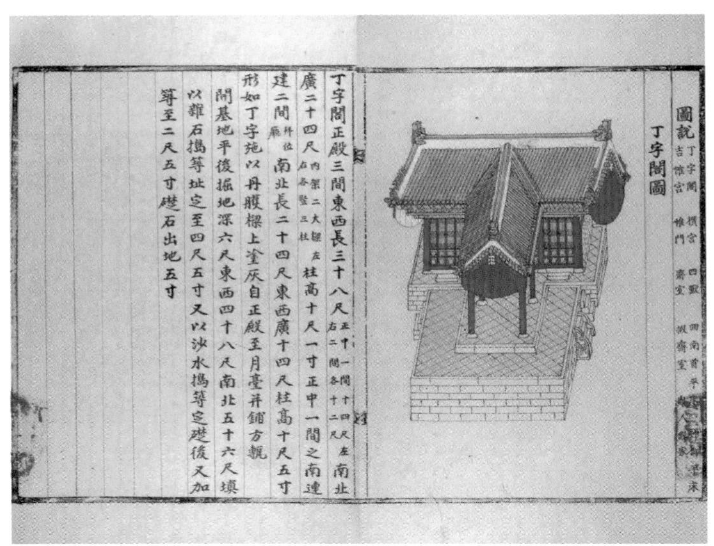

圖說

丁字閣圖

丁字閣正殿三間東西長三十八尺(正中一間十四尺左右二間各十二尺)南北
廣二十四尺(內架二大樑左右各墊三柱)柱高十尺一寸正中一間之南連
建二間(外拉廳)南北長二十四尺東西廣十四尺柱高十尺五寸
形如丁字施以丹雘椽上塗灰自正殿至月臺幷鋪方甎
閣基地平後掘地深六尺東西四十八尺南北五十六尺塡
以雜石搗築址定至四尺五寸又以沙水搗築定礎後又加
築至二尺五寸礎石出地五寸

『[정조건릉]산릉도감의궤』(1800)의 조성소 의궤에 수록된 정자각 도설(서울대 규장각한국학연구원 소장)

莎) 등의 수합과 관리 및 제작을 담당하며, 번와소는 묘소 조성에 필요한 기와, 벽돌 등의 제작을 담당하였다.

산릉도감의 업무를 지휘, 관리하기 위해 차출된 도감의 당상과 낭청, 감조관 등 관리직에 종사하는 인원은 시기와 경우에 따라 조금씩 다르지만, 총호사가 겸하는 도제조 1인, 공조판서와 선공감 제조를 포함한 제조 4인, 도청 2인, 낭청 8인 정도로 구성되었다.

또 산릉도감에는 특수 사무를 위해 한성판윤으로 겸임하게 한 돈체사(頓遞使) 1인, 재궁상자서사관(梓宮上字書寫官) 1인, 명정서사관(銘旌書寫官) 1인, 제주서사관(題主書寫官) 1인, 산릉봉폐관(山陵封閉官) 1인, 종친 2품 이상의 수릉관(守陵官) 1인, 내시 당상관 이상의 시릉관(侍陵官) 1

인, 참봉 2인, 충의위(忠義衛) 2인을 임명하였다.

왕세자나 왕세자빈의 무덤을 조성할 때 설치되는 묘소도감과 왕의 친모·친부의 무덤인 원소를 조성할 때 설치된 원소도감의 사업에 관한 의궤는 다음 〈표 32〉와 같다.

〈표 32〉 예장 때의 원묘 조성에 관한 의궤

시기	서명	시기	서명
1645	[소현세자]묘소도감의궤	1789	[장조현륭원]원소도감의궤[81]
1718	[단의빈]묘소도감의궤	1816	[헌경왕후현륭원]원소도감의궤
1729	[효장세자]묘소도감의궤	1823	[현목수빈휘경원]원소도감의궤
1752	[의소세손]묘소도감의궤	1830	[익종연경묘]묘소도감의궤
1752	[효순현빈]묘소도감의궤	1904	[순명황후유강원]원소도감의궤
1762	[장조영우원]묘소도감의궤	1911	순헌귀비원소의궤
1786	[문효세자]묘소도감의궤		

국장이나 예장 때의 능원묘 조성뿐만 아니라 이미 조성된 왕릉이나 원·묘를 그 뒤 시기에 가서 개수하거나 옮기는 경우에도 대개는 도감을 설치하였다. 능원의 수개에 관한 의궤로 현전하는 의궤는 다음의 〈표 33〉과 같다.

81 『현륭원원소도감의궤(顯隆園園所都監儀軌)』를 재편집하여 일반 도서 형태로 제작(필사본)한 것으로 『현륭원의궤(顯隆園儀軌)』라는 것이 있다(이를 『규장각 목록』에서는 '현륭원천원의궤'라고 책제를 잘못 표기하였음). 이 또한 책제를 의궤라고 하고는 있지만 행사 직후에 의궤청에서 제작된 경우와는 다르다.

〈표 33〉 현전하는 능원 수개에 관한 의궤

시기	서명	시기	서명
1609	목릉수개의궤	1753	희·태·효·강·장릉표석영건청의궤
1618	[광해군사친]지석개수도감의궤	1754	후·현·광·창·선·정릉표석영건청의궤
1648	[공혜왕후]순릉수개도감의궤	1764	건원릉정자각중수도감의궤
1659	[효종]영릉수개도감의궤	1768	헌릉석물중수도감의궤
1667	[정종]후릉수개도감의궤	1770	정릉표석영건청의궤
1677	[현종]숭릉수개도감의궤	1783	원릉개수도감의궤
1695	헌릉비석중건청의궤	1804	건릉개수도감의궤
1699	장릉수개도감의궤	1807	강릉개수도감의궤
1722	혜릉석물추배도감의궤	1810	원릉개수도감의궤
1732	[익조]지릉정자각개건의궤	1899	조경단영건청의궤초
1744	[세종]영릉표석영건청의궤	1899	수릉능상사초개수도감의궤
1744	[신의왕후]제릉신도비영건청의궤	1900	조경단준경묘영경묘영건청의궤
1744	명릉개수도감의궤	1905	홍릉석의중수도감의궤
1747	목·휘·혜릉표석영건청의궤		

능원 공사와 관련된 의궤 가운데는 능원의 천장(遷葬)에 관한 의궤도 다수 남아 있다. 왕실의 능원을 옮기는 경우에는 그것에 따르는 의례적인 행사를 관장하는 천봉도감과 새 능원의 조성에 관한 업무를 관장하는 천봉산릉도감, 두 도감이 설치되었다. 천봉도감의 업무는 국장도감의 업무와 거의 같고, 천봉산릉(원소)도감은 국장이나 예장 때 설치되는 산릉(원소)도감과 관장하는 업무가 같다.

능원을 옮길 때에도 산릉이나 원소를 새로 조성하여야 하고, 또한 무덤을 옮기는 데는 장례 절차에 버금가는 의례적 행사가 수반되고 이에

영릉(효종의 무덤)

따른 각종 기물이 소용되기 때문에 한 도감이 이를 감당하기 어려웠다. 국상 때에는 3도감이 설치되나, 능원의 천장에는 2도감이 설치되었다.

〈표 34〉 현전하는 능원 천장 시의 산릉도감(원소도감)의궤[82]

시기	서명	시기	서명
1630	목릉천장시산릉도감의궤	1855	휘경원천봉원소도감의궤
1674	[효종영릉]천릉산릉도감의궤	1856	[순조]인릉천봉산릉도감의궤
1731	[인조장릉]천릉시산릉도감의궤	1863	[현목수빈]휘경원천봉원소도감의궤
1821	[정조건릉]천릉산릉도감의궤	1919	홍릉천봉산릉주감의궤
1846	[문조수릉]천릉산릉도감의궤	1926	유릉천봉산릉주감의궤
1855	수릉천봉산릉도감의궤		

82 『규장각 종합목록』에는 영릉 천릉 시의 『천릉도감의궤』와 『천릉산릉도감의궤』를 같은 종류의 의궤인 것으로 잘못 파악하였다.

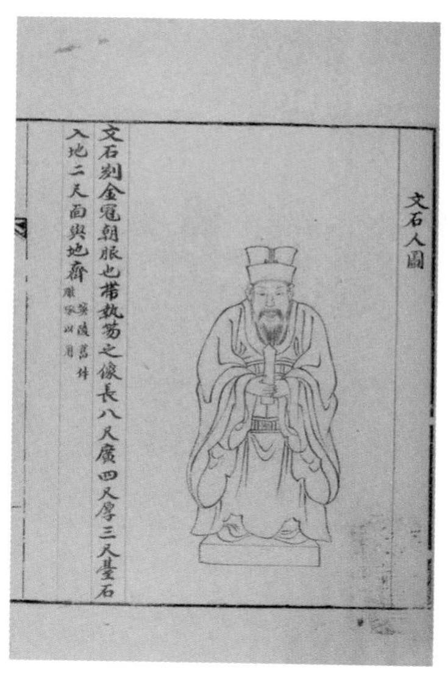

『[순조]인릉천봉산릉도감의궤』(1856) 대부석소 의궤의 문석인도(文石人圖)(서울대 규장각한국학연구원 소장)

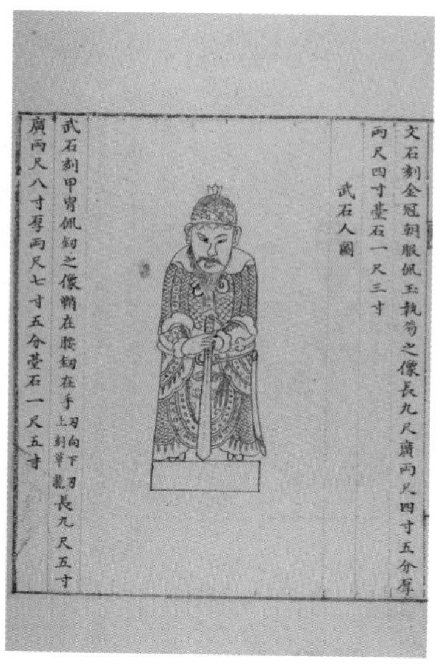

『[명성황후]홍릉천봉산릉주감의궤』(1919)에 수록된 무석인도(武石人圖)(서울대 규장각한국학연구원 소장)

천장에 따르는 능원의 조성은 국상 시 산릉도감의 경우처럼, 도청 산하에 삼물소 등의 여러 작업소를 두어 이루어지고, 능원을 옮기는 절차에 수반되는 각종 업무는 국장도감의 경우처럼 도청 아래에 세 곳의 방을 갖추어 실무를 분담하고 여기에 지방소, 지석소, 빈전소와 같은 몇몇 작업소를 두어 활동하였다.

왕릉을 옮기게 되는 까닭은, 먼저 장례를 치른 왕후 능과 새로 장례를 치르게 되는 왕릉을 합장하는 경우의 천장도 있지만, 이미 모셔진 능소가 풍수지리상 좋지 않다는 이유로 옮기게 되는 경우도 있고, 이 밖에 천재지변으로 능소가 파괴되어 복구가 어려워 천장하는 경우도 있었다. 천릉에 따르는 업무도 의정 중 한 사람이 총호사로 임명되어 두 도감의 일을 총괄하였고, 각 도감에서는 여러 명의 제조와 도청, 낭청, 감조관 등이 각각 도감의 사업을 관리 감독하였다.

4. 종묘, 진전, 왕실 사묘(祠廟)의 개수에 관한 의궤

조선왕조의 의궤 가운데는 국가 제향 시설인 종묘와 영녕전을 비롯하여 국왕의 어진을 모신 진전이나 기타 왕실 사묘(祀廟)를 개수하거나 증수한 사업에 관한 의궤가 있다. 조선 초기에는 왕실의 선대 조상에 대한 제사는 종묘와 영녕전 외에도 원묘라 불리는 사당에서도 행해졌으며, 이 밖에 선왕의 어진을 봉안하고 있는 진전에서도 속례에 따라 제사를 행하였다. 조선 후기에 이르러 원묘가 사라지게 되면서 종묘, 영녕전, 진전이 왕실 선조에 대한 제향처로 남게 되었다.

종묘와 영녕전은 조선왕조의 역대 왕과 왕후의 신위를 모시고 제사하는 곳이다. 조선왕조의 종묘는 처음에 7칸의 건물로 영건되어 처음에는 태조의 직계 4조(목·익·도·환조)의 신주를 모셨다. 그 후 세종 조에 태조를 건국 시조로 해서 종묘 묘실을 운영하는 방침이 확정되면서 추왕(追王) 4조의 신주를 모실 별도의 왕실 사우(祠宇, 사당)가 필요하게 되었다. 이렇게 해서 지어진 전각이 영녕전이었다. 이처럼 영녕전은 원래 추왕 4조의 신주를 봉안하는 사우로 지어진 것이나 이후 종묘에서 조천(祧遷, 종묘 본전에 있던 위패를 영녕전으로 옮겨 모시는 일)된 국왕의 신주

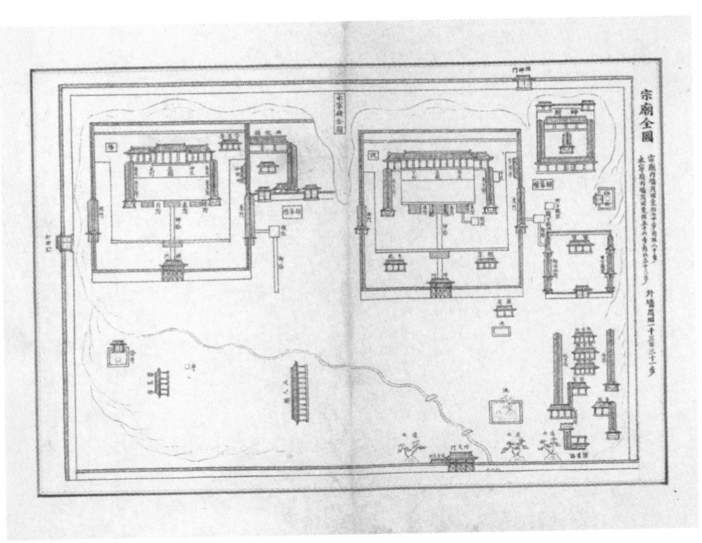

『종묘의궤』(1706)에 수록된 종묘 전도와 영녕전 전도(서울대 규장각한국학연구원 소장)

도 이곳에 옮겨 봉안하게 되면서 왕실의 조묘로 성격이 바뀌게 되었다.

그러므로 조선왕조의 역대 왕과 왕후, 추존된 왕과 왕후의 신주는 종묘와 영녕전 두 곳에 봉안됨으로써 조선왕조가 다할 때까지 정기적인 제향을 받았던 셈이다. 다만 종묘에서는 연중 4계절과 납일을 포함하여 모두 다섯 차례의 대제를 행하였고 또한 국왕이 친히 제사하는 것을 원칙으로 하였던 데 반하여, 영녕전의 제향은 봄과 가을 연중 2회로 한정하였고 국왕이 친향하지 않는 것을 원칙으로 하였던 점에서 차이가 있었다.

종묘는 건국 시조인 태조만이 아니라 태종, 세종, 세조, 성종 등 불천위(不遷位)가 늘어나게 되면서 명종 대에 이르면 마침내 4칸을 증수하기에 이른다. 그 뒤 임란으로 종묘와 영녕전이 소실되어 두 전각을 재건하면서 종묘는 종전대로 정전 11칸을 그대로 유지하였으나 영녕전은 좌우 익실을 1칸씩 늘려서 정전 4칸에 좌우 익실 각 3칸으로 규모가 커지게 되었다. 그 뒤 현종 조에 영녕전은 익실 기둥에 문제가 생겨 이를 개수하는 과정에서 좌우 익실이 한 칸씩 증축되었다. 영조 대에는 종묘의 정전이 다시 4칸 증건되고 헌종 대에는 종묘와 영녕전 모두 4칸씩 증건되어 마침내 종묘는 정전 19칸, 영녕전은 정전 16칸이 되어 오늘에 이르게 되었다.

종묘와 영녕전은 역대 국왕과 왕후의 혼령이 깃든 신주를 봉안하는 곳이기에 왕실의 존엄과 권위를 상징하는 중요한 건축물이다. 그러므로 이들 건물의 증수나 개수에서는 특히 봉안된 신주를 옮겼다가 다시 봉안하는 절차와 관련된 일이 신중하게 다루어졌다.

종묘와 영녕전의 개수에 관한 의궤로는 『종묘수리도감의궤(宗廟修理都監儀軌)』(1637), 『영녕전개수도감의궤(永寧殿改修都監儀軌)』(1667), 『종묘개수도감의궤(宗廟改修都監儀軌)』(1726), 『종묘영녕전증수도감의궤(宗廟永寧殿增修都監儀軌)』(1836)의 4종 의궤가 있다. 이 가운데 『종묘수리도감의궤』는 병자호란으로 훼손된 종묘를 수리하고 신주를 개조한 사실을 기록한 의궤이다. 『종묘수리도감의궤』는 현전하는 어람용 의궤 중에서 가장 오래된 것이기도 하다. 이른 시기에 제작된 의궤이기 때문인지 공문서를 종류별로 구분해서 기록하는 일반 의궤와는 달리, 여러 종류의 공문서 기록이 날짜별로 뒤섞여 수록되어 있고 의궤 제작에 관한 기록은 보이지 않는다.

의궤에 따르면 처음에는 수리도감이 아닌 수리소라고 하여 종묘 감실만을 수리하려 하였으나 뒤에 신주의 개조 문제가 대두되면서 도감을 설치하는 것으로 바뀌었다. 이 의궤에 나오는 병자호란 당시 종묘와 영녕전에 봉안된 신주의 망실과 훼손 상황이 다음과 같다.

당시 종묘와 영녕전 두 전각에는 총 40위의 신주가 봉안되어 있었는데, 이 가운데 명종비 인순왕후의 신주가 망실되었고 나머지 신주도 흠집이나 훼손을 입은 것이 적지 않았다. 이 때문에 신주의 개조 문제와 함께 개조 대상이 되는 신주를 확정하기까지 수차례 논의가 있었다. 최종적으로는 원경왕후, 세종, 문정왕후, 인성왕후, 명종, 선조, 의인왕후, 인목왕후, 원종, 인원왕후, 인순왕후 등 모두 11위의 신주가 이때 새로 개조되었다.

『영녕전개수도감의궤』(1667)는 현종 대 당시 영녕전 정전을 4칸 늘려 증건한 사업의 내역을 기록한 것이다. 본래 영녕전의 개수가 논의되기는 현종 4년(1663)으로, 당시 도감의 당상과 낭청까지 차출하였으나 개수의 방향과 규모에 대한 논의가 분분하여 진전을 보지 못하였던 것이다. 그러다가 현종 7년(1666) 8월에 논의가 재개되면서 마침내 기존의 영녕전 구조를 그대로 유지하면서 좌우 협실을 4칸 증축하는 것으로 결정되었다. 이에 따라 10월 20일 수개도감을 설치하고 이듬해 3월 1일부터 본격적인 개수를 시작하여 7월 6일경 마무리되었다.

이 의궤를 통해 도감에 설치된 각 작업소별 담당 업무를 보면, 1소는 목역(木役)·파옥(破屋)·주렴(朱簾) 및 상탁(床卓) 등의 수보와 거동 시 배설 등을 맡았고, 2소는 부석(浮石), 개묘(開墓), 지정(地正), 정초(定礎), 토역(土役), 방전(方甎), 비석(碑石), 수소(修掃) 등을 담당하였으며, 3소는 구재와(舊材瓦)의 운치(運置), 개와(蓋瓦)·단청(丹靑)·신련(神輦) 및 신여

(神轝) 등의 수보, 의주, 제기고와 전사청 및 수복방의 개조에 관한 일을 담당하였다.

『종묘개수도감의궤』(1726)는 영조 대에 종묘 정전을 4칸 증건하게 된 사업에 관해 기록한 것이다. 이때 4칸이 증건되면서 종묘는 총 15칸의 건물이 되었다. 이때의 증건은 기존의 건물을 그대로 두고 동쪽으로만 4칸을 덧대는 방식을 취하였다. 이에 따라 건물의 중심이 옮겨지게 되어 담장과 동문(東門), 동상(東廂) 및 월대(月臺)를 옮기거나 증건하게 되었고, 신문(神門), 공신당, 신도(神道) 및 동쪽의 수복방(守僕房)도 옮겨졌다. 이때의 도감도 3소를 설치하였고 이 의궤에도 각소별로 의궤가 수록되어 있는데, 각소의 분장 업무는 현종 8년(1667) 영녕전 개수 때의 의궤와 내용이 거의 같다.

『종묘영녕전증수도감의궤』(1836)는 헌종 대에 종묘와 영녕전을 각각 4칸씩 증건할 때의 사업에 관해 기록한 것이다. 영조 대의 증수를 통해 15칸이었던 종묘 정전은 이때 4칸을 늘여 19칸으로 되었고, 영녕전은 동서 협실이 각 2칸 증건되었다.

이때의 도감도 업무를 도청과 3소로 조직하여 분담하였는데 1소는 감실(龕室), 신탑(神榻), 이안기(移安機), 각전(各殿) 수리, 목역(木役), 파옥(破屋), 면렴(面簾), 문렴(門簾), 상탁(床卓), 포진(鋪陳), 봉작선(奉雀扇), 청홍개(青紅蓋), 거동 시의 배설에 관한 업무를 담당하였다. 1소에서 제조한 이들 물건의 규격과 재료에 대해서는 자세한 설명이 그림과 함께 의궤에 수록되어 있다. 2소는 부석, 개묘, 지정, 정초, 비석, 방전, 토역, 수소를 담당하였으며, 3소는 신련, 신여, 향룡정(香龍亭), 채여, 구재와(舊材瓦) 이치(移置), 제기고, 동서월랑(東西月廊), 어재실(御齋室), 공신당, 수복방, 전사청, 외북문, 외서문, 망묘루(望廟樓), 향대청(香大廳), 개와, 단청, 상량의 업무를 담당하였다. 이는 대체로 현종 8년(1667)의 영녕전 수개 때의 도감 각소의 분장 업무와 같다고 할 수 있으며 그 뒤 헌종 2년(1836)의 종묘영녕전중수도감의 경우도 이와 비슷하였다.

진전(眞殿)은 국왕의 초상을 봉안하여 속절(정조·한식·단오·추석·동지·납일)에 제사를 지낸 곳이다. 조선 초기에는 태조의 진영을 봉안한 곳으로 개성, 영흥, 평양, 전주, 경주의 다섯 곳에 진전이 있었고, 경기 양주에는 세조의 영정을 봉안한 진전이 있었다. 당시의 진전은 모두 정전 3칸의 건물에 동쪽과 서쪽에 행랑이 있고 남쪽에 문이 있는 건물 모습을 하였다.

임진왜란을 거치면서 각처의 태조 진전과 세조의 진전이 화재를 입고 이곳에 봉안된 어진이 모두 산일되면서 왜란 후에는 영정을 이모(移模)하거나 수보하여 새로운 진전을 세우지 않을 수 없게 되었다.

임란 후에는 남별전(南別殿)이란 이름의 진전이 나타나게 되고 강화에는 집경전, 영숭전과 같은 진전이 세워졌다. 그러나 병자호란을 겪으면서 태조 영정을 봉안한 준원전(濬源殿)·경기전(慶基殿)과 세조와 원종의 영정을 봉안한 남별전만이 남게 되었다.

숙종 때에는 남별전을 증건하여 영희전(永禧殿)이라 개칭하고 새로이 장녕전(長寧殿)과 만녕전(萬寧殿)을 설치하여 숙종과 영조의 어진을 봉안하였다. 숙종 사후에는 창덕궁에 새로이 선원전(璿源殿)을 설치하여 열성조의 어진을 봉안하게 되었다.

진전의 영건에 관한 의궤로 현재 남아 있는 것은 『남별전중건청의궤(南別殿重建廳儀軌)』(1677), 『진전중수도감의궤(眞殿重修都監儀軌)』

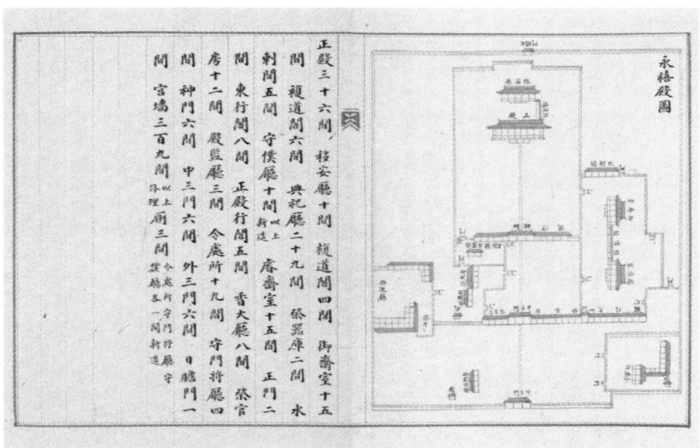
正殿三十六間 移安廳十間 複道閣四間 御齋室十五
間 複道閣六間 典祀廳二十九間 祭器庫二間 水
剌間五間 守僕廳十間 以上新造 [illegible]齋室十五間 正門二
間 東行閣八間 正殿行閣五間 香大廳八間 祭官
房十二間 殿監廳三間 令處所十九間 守門將廳四
間 神門六間 中三門六間 外三門六間 日[illegible]門一
間 宮墻三百九間 以上修理 廁三間 令處所守門將廳守僕廳各一間新造

永禧殿圖

『영희전영건도감의궤』(1900)에 수록된 영희전 도설(서울대 규장각한국학연구원 소장)

(1748), 『진전(영희전)중수도감의궤(眞殿永禧殿重修都監儀軌)』(1752), 『진전중수도감의궤(眞殿重修都監儀軌)』(1772), 『남전증건도감의궤(南殿增建都監儀軌)』(1858), 『영희전영건도감의궤(永禧殿營建都監儀軌)』(1900), 『선원전증건도감의궤(璿源殿增建都監儀軌)』(1901), 7종의 의궤가 있다.

『남별전중건청의궤』(1677)는 종전까지 2실이었던 남별전 본전을 헐고 새로 3실로 개건한 사업에 대해 기록한 것이다. 평양 영숭전(永崇殿)에 있던 태조 어진과 광릉 봉선전(奉先殿)에 있던 세조 어진을 광해군 11년(1619)에 광해군의 어머니 공빈 김씨의 사당이던 서울 봉자전(奉慈殿)에 옮기면서 이곳을 남별전(南別殿)으로 고쳐 부르게 되었던 것이다. 남별전의 어진은 그 뒤 인조 2년(1624) 이괄의 난으로 강화부로 옮겼는데, 이 가운데 태조 어진은 병자호란 때 크게 손상을 입어 땅에 묻게 되고 세조 어진만을 서울로 옮겨 와 인조의 아버지 원종의 어진과 함께 이때 중수한 남별전에 봉안하였다. 당시 3실로 증건하면서도 제1실은 비워두고 2, 3실에 세조와 원종의 어진을 봉안하였다가 숙종 16년(1690)에 경기전의 태조 어진을 이모하여 이곳에 봉안하게 되는데, 이때 남별전은 영희전(永禧殿)이라는 전호를 갖게 되었다.

『진전중수도감의궤』(1748)는 영조 24년에 선원전의 숙종 영정을 옮겨 와 모사하여 이곳에 봉안하게 되면서 영희전을 2실 늘리는 증축 사업에 관한 기록이다. 『진전중수도감의궤』(1772)는 영조 48년에 영희전의 바닥과 기둥 등에 틈이 생기고 결상된 곳이 있어 이곳을 중수할 때의 사업에 관한 기록이다.

『남전증건도감의궤』(1858)는 종전에 5실이던 영희전을 6실로 증건하여 순조의 어진을 봉안할 때의 사업을 기록한 것이다. 『영희전영건도감의궤』(1900)는 광무 4년(1900) 남부 훈도방에 있던 종전의 영희전 건물과 영희전에 봉안되어 있던 6실의 어진(태조, 세조, 원종, 숙종, 영조, 순조)을 숭교방 경모궁 터에 이건한 사업에 관한 의궤이다. 광무 3년(1899)에 경모궁에 봉안되어 있던 장조(사도세자)의 신위를 종묘로 옮기게 되면서 이 자리에 영희전을 이건하게 된 것이다. 당시 도감에서는 정전(正殿), 정전행가(正殿行閣), 이안청(移安廳), 이안청복도각(移安廳複道閣), 어재실, 어재실복도각(御齋室複道閣), 예재실(睿齋室), 전사청, 제기고, 수라간, 수복청(守僕廳), 향대청, 제관방(祭官房), 전감청(殿監廳), 영처소(令處所), 수문장청(守門將廳), 신문(神門), 중삼문(中三門), 외삼문(外三門) 등을 영건하였는데, 여기에 소요된 자재와 동원된 공장에 대하여 상세히 기록하고 있다. 본 의궤의 끝에는 6실의 어진을 이봉할 때의 행렬을 그린 반차도가 수록되어 있다.

『선원전중건도감의궤』(1901)는 경운궁 선원전이 실화로 소실되어 10개월에 걸쳐 선원전과 부속 건물을 중건한 사업에 관한 의궤이다. 당시 선원전 안에는 태조, 숙종, 영조, 정조, 순조, 문조(익종, 효명세자), 헌종의 어진을 봉안하고 있었는데 이들이 모두 화재로 소실되었던 것이다. 기록에 의하면 선원전이 소실되자 황망한 가운데 지체 없이 영정모사도감과 진전중건도감을 합설해 선원전 복원 사업을 하였던 사실이 나타난다.

진전 영건 사업의 경우 사업의 규모나 중요도에 따라 도감 혹은 청을 설치하였다. 『진전중수도감의궤』(1748)를 통하여 도감의 경우를 살펴보면, 도청 아래에 3방의 조직을 갖추어 1방에서는 파옥, 목역, 수리, 포진, 오봉산병풍, 상탁, 청홍개, 봉작선, 주렴, 흑장통(黑長筒)을 담당하고, 2방은 부석, 개기, 지정, 정초, 토역 등 공사와 관련된 사항을 주로 담당하고, 3방은 개와, 단청, 신련, 신여, 의주에 관한 업무를 담당하였다. 『남별전중건청의궤』(1677)를 통해 중건청의 경우를 살펴보면, 1소에서는 주로 목역과 관련된 일을 담당하였고, 2소에서는 토역과 관련된 일을, 3소에서는 기와와 단청, 가마, 부속 건물, 의주에 관한 일을 담당하여 사업의 규모 면에서 도감과 다소 차이가 있다.

이 밖의 왕실 단묘(壇廟)의 영건에 관한 의궤로는 『대보단증수소의궤(大報壇增修所儀軌)』(1749), 『의소묘영건청의궤(懿昭廟營建廳儀軌)』(1752), 『수은묘영건청의궤(垂恩廟營建廳儀軌)』(1764), 『현사궁별묘영건도감의궤(顯思宮別廟營建都監儀軌)』(1824)가 있다.

『대보단증수소의궤』는 영조 25년(1749)에 대보단을 증수할 때의 사업에 관한 기록이다. 대보단은 임진왜란 때 조선에 명군을 파병해준 명 신종을 제사하기 위해 숙종 30년(1704) 창덕궁 후원에 처음 건립된 것인데, 그 뒤 영조 25년(1749)에 명의 마지막 황제인 의종과 명 태조를 함께 합사하게 되는데, 이 의궤는 이때 제단 시설을 증수할 때의 사업에 관해 기록한 것이다.

원래 천신과 지기(地祇)에 대한 제사는 제단에서, 인귀(人鬼)에 대한 제사는 묘우(廟宇)에서 행하는 것이나 대보단은 명나라 황제에 대한 제사 시설인데도 불구하고 가옥 구조를 한 묘우가 아닌 제단 형식으로 조성되었다. 제단의 형태는 사직단을 모방하여 제단과 그 주위를 둘러싼 낮은 담(壝)과 바깥 담장을 갖춘 모습을 하였다. 기본 시설로는 제단을 중심으로, 바깥 담장 동쪽에 신좌와 신탑을 보관하는 봉실(奉室) 3칸과 재전(齋殿) 3칸을 두었고, 담장 밖 남서쪽에는 향실(香室)과 전사청 5칸, 재생청(宰牲廳) 2칸, 악생청(樂生廳) 4칸 등이 있었으며, 그 밖에 단의 바깥 남쪽 담장에 중문인 열천문(冽泉門)과 그 외곽에 또 다른 문인 공북문(拱北門) 등을 두었다. 한편 영조 38년(1762)에는 명 3황에 대한 종향신(從享臣)의 선정이 이루어졌다. 이때의 행사 내역을 기록한 의궤로 『황단종향의궤(皇壇從享儀軌)』가 남아 있기도 하다.

『의소묘영건청의궤』(1752)는 사도세자와 혜빈 홍씨 사이의 적장자인 의소세손(懿昭世孫)의 사묘(祀廟)를 영건할 때의 의궤이다. 영건청의 당상과 낭청으로 호조판서 1인, 호조좌랑 1인이 임명되어 있는 것으로 보아 이 사업이 호조 주관의 일시적 사업으로 이루어졌음을 알 수 있다. 영건청의 당상과 낭청은 이해 5월 24일에 임명되었으나 실제 사업의 시작은 2개월여 뒤에 이루어져 8월 2일에 개기(開基)하여 그달 13일

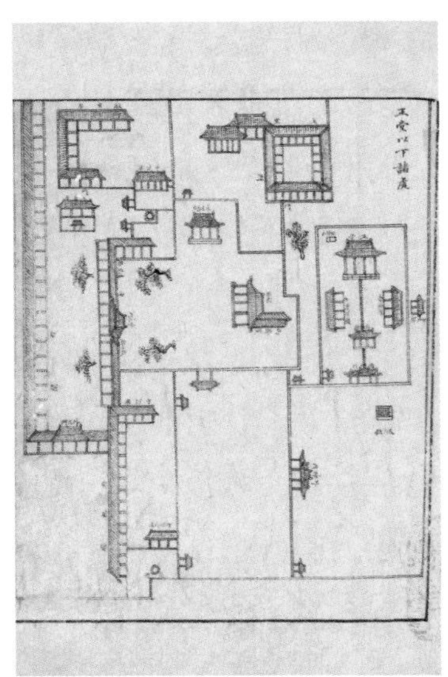

『현사궁별묘영건도감의궤』(1824)에 수록된 현사궁도(顯思宮圖)(서울대 규장각한국학연구원 소장)

에 정초, 20일에 입주(立柱), 22일에 상량하여 개기로부터 상량까지 20일밖에 걸리지 않았다.

의소묘는 정우(正宇) 9칸, 이안청(移安廳) 1칸, 중배설청(中排設廳) 2칸, 동산문(東山門) 1칸을 내담(內牆) 40칸이 둘러싸고, 그 밖으로 신삼문(神三門)과 제삼문(第三門)을 갖추었다. 의소묘는 영조의 잠저였던 창의궁 내에 건립되었다가 고종 연간(1900)에는 문효세자(文孝世子)의 사묘인 문희묘(文禧廟)의 신위와 합사(合祀)하게 되면서 영희전 옛터로 옮겨 봉안했다.

『수은묘영건청의궤』(1764)는 정조의 생부(生父)인 사도세자, 즉 장헌세자(장조)를 제사하는 사당을 영건했을 때의 사업에 관한 의궤이다. 사도세자의 사당은 처음 사도묘(思悼廟)라고 하였다가 수은묘(垂恩廟)로 개칭하였고, 정조 즉위 후 사도세자의 시호를 장헌(莊獻)으로 추숭하면서 묘호가 경모궁으로 고쳐졌다. 그 뒤 대한제국 시기에 장조로 추존되어 그 신위가 종묘에 부묘되었고, 경모궁 터에는 어진을 봉안하던 영희전이 옮겨 들어왔다.

영조는 세자가 죽은 뒤 이를 뉘우쳐 세자에게 사도(思悼)라는 시호를 내렸으며 이에 따라 사도묘의 건립이 이루어졌다. 이때의 공역은 묘

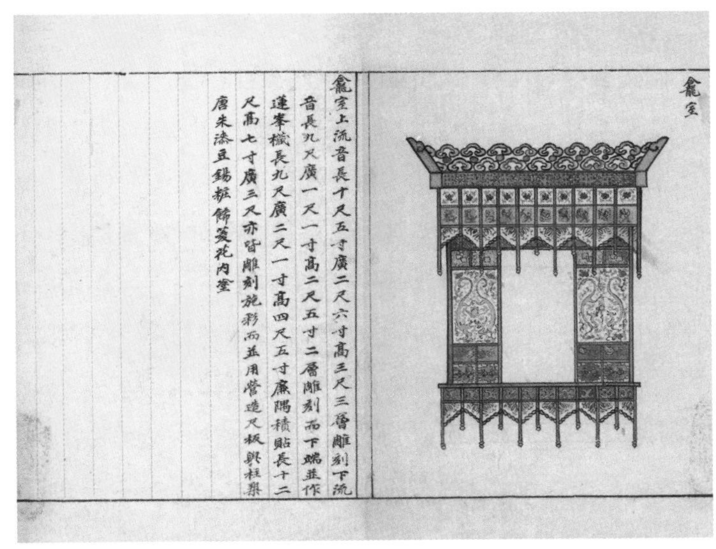

龕室

龕室上流音長十尺五寸廣二尺六寸高三尺三層雕刻下流
音長九尺廣一尺一寸高二尺五寸二層雕刻而下端並作
蓮峯欌長九尺廣二尺一寸高四尺五寸廉隅積貼長十二
尺高七寸廣三尺亦皆雕刻施彩而並用營造尺板與柱樑
唐朱漆豆錫粧飾菱花內塗

『현사궁별묘영건도감의궤』(1824)에 수록된 현사궁의 감실(서울대 규장각한국학연구원 소장)

우 정당(正堂) 건립 공사부터 시작되었는데 도중에 영조가 재실이 크고 사치스럽다고 하여 이를 중단하고 공사를 다시 하도록 명하였다.

『현사궁별묘영건도감의궤』(1824)는 정조의 후궁이자 순조의 생모인 수빈 박씨(綏嬪朴氏)의 사묘를 영건할 때의 의궤이다. 순조 20년(1820)에 수빈이 죽자 이듬해 그 신위를 창경궁 내 전각에 봉안하여 이곳을 현사궁(顯思宮)이라 불렀다. 그러나 국왕 사친의 사묘를 궁에 두는 것은 전례가 없다고 하여 북부 광화방(廣化坊)에 있던 용호영(龍虎營) 터에 별묘(別廟)를 영건하고 그곳에 신위를 옮겨 모셨으며, 경우궁(景祐宮)이라는 궁호를 내렸다.

이 의궤에 따르면 현사궁 영건 공사는 정당 6칸, 이안청 4칸, 중배설청 4칸, 배위청 3칸, 내신문 3칸, 상직청 2칸, 외신문 3칸, 어재실 13칸, 향대청 4칸 반, 동궁 재실 6칸, 상실 40칸, 재실 남중문 1칸, 서중문 1칸, 행각 8칸, 조과청 13칸, 전사청 6칸, 제기고 4칸, 수복방 4칸, 내관입접처 4칸, 상직방 5칸, 중리방 5칸 반, 헌관방 18칸, 외삼문 3칸, 동행각 4칸, 서행각 42칸, 소주방 이하 입접처 217칸, 외담 280칸을 짓는 것으로 비교적 공사 규모가 큰 것이었다. 이 때문에 도감이 설치되었던 것 같으며, 17원의 간역 패장이 여러 공사 현장을 감독하고 이를 감동대신 1원, 제조 3원, 낭청 3원이 지휘 감독하였다.

8장

서적 편찬에 관한 의궤

현전하는 의궤 가운데 서명만을 두고 볼 때 가장 제작 건수가 많은 의궤는 왕실 족보의 편찬과 수정 사업에 관한 것이다. 왕실 족보의 편찬이나 수정 사업은 종부시(宗簿寺)에서 맡기도 하고, 별도로 교정청(校正廳)이 설치되어 이를 관장하기도 하였지만 어느 경우나 사업 내역을 의궤로 남기고 있다. 이 밖에 서적 편찬과 관련해서 의궤가 제작되는 경우로는 『실록』과 『국조보감』의 편찬 사업의 경우가 있으며 이 밖에도 몇몇 사례가 더 있다.

『선원보략』, 『실록』, 『국조보감』과 같은 서적의 편찬은 왕과 왕실의 존엄과 현양에 관계되는 일이기도 했다. 이처럼 왕실의 존엄과 현양에 관계되는 서적의 편찬에 관한 의궤 또한 조선왕조에서 제작된 의궤의 한 부류를 이루고 있다.

1. 왕실 족보의 수정에 관한 의궤

현존하는 조선왕조의 의궤 가운데는 조선 왕실의 족보 수정에 관한 의궤가 상당수를 차지한다. 왕실 족보의 수정에 관한 의궤에는 『선원록(璿源錄)』의 수정에 관한 의궤와 『선원보략(璿源譜略)』의 수정에 관한 의궤가 있다.

『선원록』의 수정과 관련된 의궤는 『선원록이정청의궤(璿源錄釐正廳儀軌)』와 『선원록교정청의궤(璿源錄校正廳儀軌)』의 두 종류 의궤뿐이다. 이들 책자는 숙종 조에 왕실 족보인 『선원록』이 새로운 체제를 갖추는 과정에서 설치된 '선원록이정청'과 '선원록교정청'의 업무에 관해 각각 기록한 것이다. 이 두 의궤를 제외한 나머지 왕실 족보에 관한 의궤는 모두가 『선원보략』의 수정에 관한 의궤이다.

조선 왕실의 족보는 태종 때 처음 『선원록』, 『종친록(宗親錄)』, 『유부록(類附錄)』의 셋으로 나누어 작성되었다. 태종은 『선원록』에는 왕의 조계(祖系)를, 『종친록』에는 왕의 종자(宗子)를, 『유부록』에는 왕의 종녀(宗女) 및 서얼을 등재하도록 하였다. 이렇게 해서 왕실 족보는 이후 매 10년에 한 번씩 중수하고 매 3년 수정하는 것으로 자리 잡게 되었다. 이를

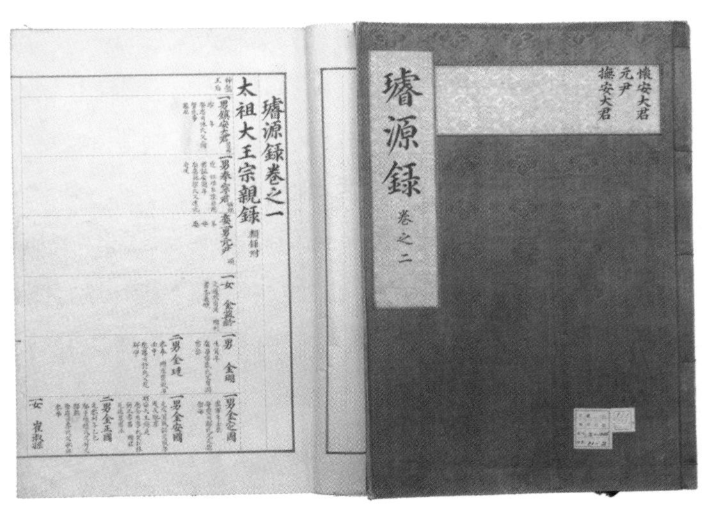

『선원록』(국립고궁박물관 소장)

위해 종부시에서는 매 식년 해당 가계로부터 단자를 제출받아 왕실의 보첩을 수정하여 춘추관과 지방의 사고에 보관하였다.

조선 왕실의 족보는 임진왜란을 거치면서 전주 사고에 보관되었던 것만이 겨우 남게 되었다. 왜란 뒤 왕실 족보에 대한 수정이나 보완 작업이 이 전주 사고의 것을 저본으로 하여 이루어지다가 선조 39년(1606)에는 새로 수정된 『선원록』이 간행되기도 하였다. 그 뒤 병자호란을 겪으면서 강화와 종부시에 보관되었던 『선원록』 원본과 중초본이 소실되어 태백산 사고에 보관되었던 『선원록』을 등사하여 이를 적상산성과 종부시에 보관하여 매 식년 이를 가지고 『선원록』을 수정하였다.

왕실 족보를 『선원록』, 『종친록』, 『유부록』으로 나누어 작성하는 체제에 변화가 있게 된 것은 『선원보략』이라는 새로운 왕실 족보가 나타

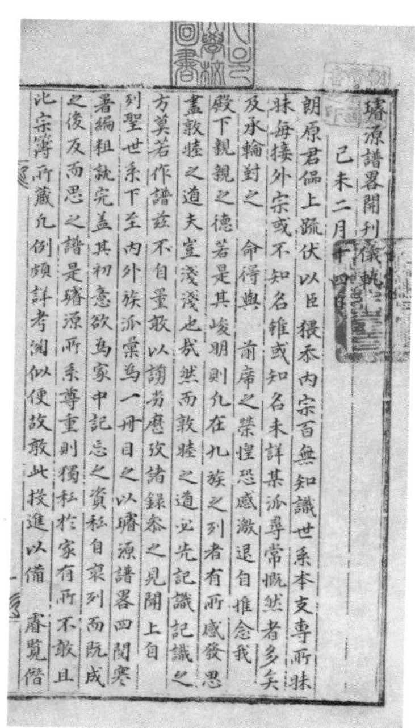
璿源譜畧開刊儀軌
己未二月十四日
朗原君偘上疏伏以臣猥忝內宗百無知識世系本支專所昧
昧每接外宗或不知名雖或知名未詳其派尋常慨然者多矣
及承輪對之 命得與 前席之榮惶恐感激退自惟念我
殿下親親之德若是其峻明則凡在九族之列者有所感發思
盡敦睦之道夫豈淺淺也哉然而敦睦之道必先記識記識之
方莫若作譜玆不自量敢以謭劣廣攷諸錄忝之見聞上自
列聖世系下至內外族派彙爲一冊目之以璿源譜畧四閱寒
暑編粗就完蓋其初意欲爲家中記忘之資私自裒列而旣成
之後反而思之譜是璿源所系尊重則獨私於家有所不敢且
况宗簿所藏凡例頗詳考閱似便故敢此投進以備 睿覽僭

『선원보략개간의궤』(1684)의 본문 제1면(서울대 규장각한국학연구원 소장)

나면서부터이다. 숙종 조에 왕실 종친인 이간(李偘)이 '선원보략'이라는 이름을 지어 만든 책자를 숙종에게 보인 일이 있었는데, 이를 본 숙종이 이것을 수정하여 간행토록 함으로써 숙종 5년(1679) 11월에는 '선원보략'이란 이름의 새로운 형태의 왕실 족보가 간행되게 되었다.[83]

이 『선원보략』을 개간할 때의 전후 사정에 대해서는 『선원보략개간의궤(璿源譜略開刊儀軌)』에 자세히 기록되어 있다. 여기에는 이간의 상소문과 숙종이 『선원보략』을 교정·간행할 것을 예조에 지시한 내용 등이 보인다. 이 밖에 『선원보략』을 반포할 경우 서얼 출신의 종친들이 멸시될 우려가 있으며, 비상시 가짜 왕자와 종친을 중국에 인질로 보내야 할 때를 대비해서라도 『선원보략』의 간행은 불가하다는 내용의 상소문도 보인다. 이러한 반대 논의에도 불구하고 결국 동년 11월에 『선원보략』의 간행이 이루어져 이를 왕에게 진상하였다.

그런데 초간 『선원보략』에 오류가 있어 이를 다시 수정하는 중에 기

83 홍순민, 「조선후기 왕실의 구성과 선원록」, 『한국문화』 11, 182쪽.

존『선원록』에 대한 수정의 필요성이 제기되면서 이해 9월에는『선원록』수정을 위한 이정청(釐正廳)이 설치되었다. 이『선원록』이정 작업은 경신환국으로 인해 일시적 공백 기간을 가지기는 했으나 비교적 순조롭게 진행되어 경신년(1680) 10월 말에 정본 50권의『선원록』이 정서되었고, 정서된『선원록』은 종부시에 보내어져 4건을 더 등서하여 사고에 각각 보관하게 되었다.

현전하는『선원록이정청의궤』는 숙종 5년(1679)부터 그 이듬해까지『선원록』의 이정에 관한 이때의 사업에 관해 기록한 것이다. 이 의궤에는『선원록』의 이정 작업과 관련된 각종 공문서 기록에 이어 이정청에서 실무를 맡았던 1방에서 6방까지 각 방별 이정 작업 내역이 변이(辨異)라는 항목으로 수록되어 있고, 또한 각 방에서 업무와 관련해서 상신했던 품목이 수록되어 있다.

그런데 선원록이정청이 설치되어 마침내『선원록』50권이 만들어지긴 했으나, 이 또한 서출을 적자로 잘못 기록한 것이 있고 또한 모록(冒錄)의 문제가 제기되면서 다시 선원록교정청이 개설되었다. 이에 따라 숙종 6년부터 이듬해까지『선원록』교정 작업이 다시 이루어지게 되는데, 이때의 교정 사업에 관해 기록한 의궤가 현전하는『선원록교정청의궤』이다.

한편『선원보략』도 간행되고 얼마 되지 않아 여기에 오자나 탈자 등 잘못된 곳이 많다는 지적이 있자 이를 다시 수정하는 문제가 제기되었다.『선원보략』의 수정 작업은 종부시가 담당하였지만, 한편『선원록』의 수정과 간행을 위해 마련된 선원록이정청과의 협조 아래 수정 작업이 이루어졌다. 숙종은 일체의 수정 내용은『실록』의 기록에 따를 것을 명하였고, 결국 『선원보략』의 수정과 개간이 1681년 9월 마무리되었다. 이때 개간된 『선원보략』은 어람용 10건, 반사용 242건이었다. 이 의궤의 말미에는 『선원보략』을 받을 종친, 고위 관료, 의빈 등의 명단을 기록한 반사기(頒賜記)가 있다. 마지막에는 송시열이 작성한 '선원보략 발문'이 수록되어 있다.

현전하는 왕실 족보의 수정에 관한 의궤 가운데 『선원록이정청의궤』와 『선원록교정청의궤』의 2종 의궤를 제외한 것은 모두가 『선원보략』의 수정에 관한 의궤이다. 『선원보략』의 수정에 관한 의궤는 기록 내용이 이후 시기로 갈수록 간략화하기는 하지만 주로 공문서 기록 내용이 중심이 된다는 점에서는 거의 비슷하다고 할 수 있다. 『선원보략』의 교정에 관한 의궤로 가장 오래된 것은 숙종 26년(1700)의 『선원보략교정청의궤』인데, 이를 통하여 『선원보략』의 수정에 관한 의궤에 대해 살펴보기로 한다.

이 의궤는 숙종 26년(1700) 정월부터 동년 8월까지 『선원계보기략(璿源系譜紀略)』의 수정에 관한 의궤로 교정청에서 편찬한 것이다. 일반 도감의궤에서는 공문서 종류별, 날짜순으로 기록하는 것과는 달리 이 의궤에서는 사안의 발생에 따라 날짜순으로만 기록하였기 때문에 소문·계사·품목·감결류의 각종 공문서 기록이 뒤섞여 있다.

이 의궤에 수록된 상소문에는 단종의 복위와 숙종에게 올린 존호 등을 추가로 등재할 것, 숙종의 근친인 선조 후손의 경우 현손의 내외까지 수록할 것 등을 요청하는 내용이 보인다. 숙종은 이러한 상소 내용을 받아들여 『선원보략』의 교정을 담당할 관리를 종실 인물 중에서 임명하였고, 이어 교정청이 설치되어 『선원보략』의 수정 작업을 관장하였다.

당시 교정 작업은 도청과 두 곳의 방에서 담당하였는데, 도청에서는 어첩의 수정을, 1방에서는 선조 조 왕자군파, 원종 조 대군파, 인조 조 대군 및 왕자군파의 수정에 관한 일을, 2방에서는 선조·효종·현종 조의 공주와 옹주 파보(派譜)의 수정에 관한 일을 맡았다. 도청 및 각 방에서의 교정은 종실 인사인 교정관 2인이 맡았고 이를 한 사람의 도청 혹은 낭청이 감찰하였다.

이 의궤에는 이 밖에 의궤 제작에 관한 기록이 보인다. 『선원보략』의 수정 사업이 끝나 의궤를 제작하게 되면 5건의 의궤를 만들어 이것을 5곳의 선원각에 분장하도록 되어 있었다. 종전에는 선원록교정청이 철수할 때 의궤청 당상과 낭청을 차출하여 의궤를 제작케 하였으나 이때에는 종부시에서 의궤를 제작하였다. 이로써 『선원보략』의 수정에 관한 의궤는 종부시에서 수정 사업을 맡게 되는 경우는 말할 것 없고 교정청이 설치된 경우라 하더라도 종부시에서 의궤 제작에 관한 일을 맡게 되었음을 수 있다.

『선원보략』은 1681년(숙종 7)에서 1931년에 이르기까지 여러 왕대에 걸쳐 부정기적으로 중교(重校), 보간(補刊)되어 종신과 조신들에게 반사하였다. 『선원보략』이 계속해서 수정 간행되었던 것은 국왕의 즉위, 존호·휘호·시호·능호의 상신, 비빈의 책봉, 왕세자·왕세손의 책봉 등 새로운 추기 사항이나 변동 사항이 계속해서 발생하기 때문이었다.

『선원보략』의 체제는 '범례(凡例)', '선원선계(璿源先系)', '열성계서도(列聖繼序圖)', '선원세계(璿源世系)'에 이어 '선원계보기략(璿源系譜紀略)', '발문'으로 구성되어 있다. 이 가운데 수정 보간이 주로 이루어지

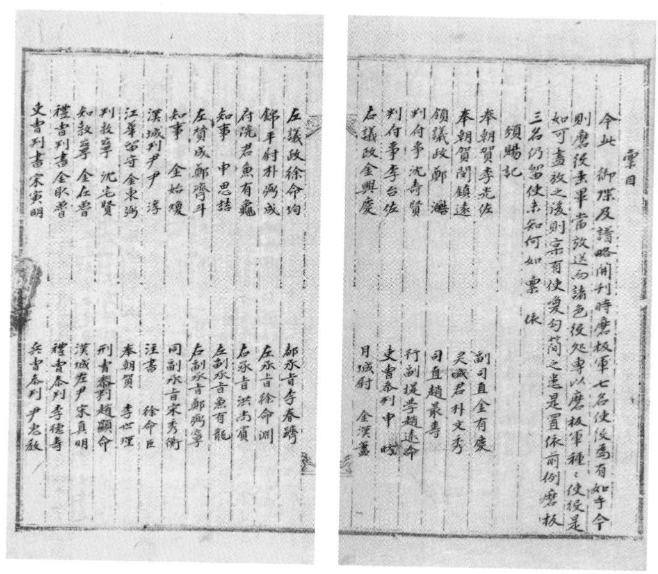

稟目
今此 御牒及譜略開刊時磨板軍七名使役爲有如乎今
則磨役垂畢當放送而諸色役処事以磨板軍種種使役是
如可盡放之後則宗府使役勿𥳑之患是置依前例磨板
三名仍留使未知何如稟 依
頒賜記
奉朝賀李光佐 副司直金有慶
奉朝賀閔鎭遠 靈城君朴文秀
領議政鄭澔 司直趙最壽
判府事沈壽賢 行副提學趙遠命
判府事李台佐 吏曹參判申昉
左議政金興慶 月城尉 金漢藎

左議政徐命均 都承旨李春躋
錦平尉朴弼成 左承旨徐命淵
府院君魚有龜 右承旨洪尚賓
知事 申思喆 左副承旨魚有龍
左贊成鄭齊斗 右副承旨鄭弼寧
知事 金始煥 同副承旨宋秀衡
漢城判尹 尹淳 注書 徐命臣
江華留守金東弼 奉朝賀 李世瑾
判敦寧 沈宅賢 刑曹參判趙顯命
知敦寧 金在魯 漢城左尹宋眞明
禮曹判書金取魯 禮曹參判李德壽
吏曹判書宋寅明 兵曹參判尹惠教

『선원보략수정시의궤』(1735)의 『선원보략』 반사(頒賜)에 관한 기록(서울대 규장각한국학연구원 소장)

는 부분은 '선원계보기략'이며, 선원계보기략은 1679년부터 1908년에 이르기까지 115회에 걸쳐 수정 보간되었고 그 과정에서 처음 2권 1책이었던 『선원보략』은 26권 8책으로 증보되었고, 편찬 체계와 수록 대상 범위에서도 여러 차례 변화를 겪게 되었다.

『선원보략』은 책의 체제상 두 가지 계통이 있다. 첫째는 숙종 5년(1679)에 착수해 2년 뒤에 완성했던 원편(原編)을 대본으로 한 계통으로 대략 정조 3년(1779) 간행본까지가 이에 해당하는데 그 체제는 '범례', '선원선계', '열성계서도', '선원세계'에 이어 '선원계보기략'을 기록하

고 있는 체제이다.[84]

편찬 체제는 동일하나 선원계보기략의 수록 대상 범위는 숙종 45년(1719), 영조 36년(1760)에 이르러 두 차례 변화가 있었다. 숙종 45년 종부시에서 선원계보기략이 증보된 후 세월이 많이 흘렀으니 내외 지손(支孫) 가운데 입록되지 않은 자들에 대한 등재를 청하여 이에 따른 수정 작업이 이루어졌다. 『선원록』에는 직파 9대, 외파 6대로 한정되어 있는데 선원계보기략에는 외파 7대손이 기록된 사례가 있다는 점을 지적하여, 종전까지 선조 조의 경우 대수에 상관없이 내외손을 모두 기록하였던 것을 이때에 성손은 10대까지, 외손은 7대까지로 등재 범위를 축소하였다.

영조 36년에 이르러 『선원보략』의 수록 대상은 또다시 변화가 있게 되었다. 영조는 『선원보략』이 가족보도 아닌데 계속 보간되어 7책이나 되었다고 하여, 이후에는 내손 5대, 외손 4대까지만 기록하라는 전교를 내렸다. 종부시에서는 『선원보략』에 중종 조 이전의 자손이 입록되지 않은 것은 보규에 어긋나니, 태조 조부터 시작하여 열성조의 자손도 입록하는 것이 좋겠다는 의견을 내어 내외손 모두 4대까지 등재하도록 하는 원칙이 수립되었다. 지금까지 보도(譜圖)에서 제외되었던 중종 조 이전의 열성조 자손록을 붙이게 되면서 수록 대상이 내손은 4대로 축소되었고, 나아가 외손은 3대까지 더욱 축소되었던 것이다.

한편 『선원보략』의 편찬 체제가 정조 7년(1783)에 이르러 달라지게 되었다. 이전까지는 '범례', '선원선계', '열성계서도', '선원세계', '보

84 원창애, 「조선후기 선원보첩류의 편찬체제와 그 성격」, 장서각 17집.

도(譜圖)', '발문'으로 되어 있던 것이 정조 어제의 서문이 추가되었다. 정조는 친히 『선원보략』의 서문을 찬하여 원임대신과 각신으로 하여금 교정을 보게 하고 이를 판각하도록 하였다. 이때 종부시에서는 보간될 때마다 범례의 조목이 첨가되어 36조목에 이르니 이를 다시 정리하는 것이 좋겠다고 하였다. 그리하여 이전의 범례를 정리하여 새로운 범례를 만들고, 이전의 범례에 첨록되었던 열조의 수교와 수정 사례를 모아서 총서를 만들게 되었다. 또한 열성팔고조도를 선원세계 뒤에 붙이도록 하여, 이때의 증보 수정으로 『선원보략』은 '서문', '총서', '범례', '선계', '계서도', '세계', '팔고조도', '보도(자손보)', '발문'의 체제를 갖추게 되었다. 이러한 『선원보략』의 체제는 1933년 이왕직에 이르러 보간될 때까지 계속 유지되었다.

2.『실록』 편찬에 관한 의궤

조선왕조에서는 새 국왕이 즉위하면 전왕 재위 기간의 역사적 사실을 연월일순으로 기록한 편찬물을 제작하였는데 이를 '실록'이라고 한다. 조선왕조 역대 국왕의 『실록』은 1997년 유네스코 세계기록유산으로 지정되기도 하였다.

『실록』을 편찬할 때에는 실록청이라는 기구가 설치되어 편찬에 관한 업무를 관장하였다. 『실록』을 편찬하는 사업 또한 왕실에 관계되는 중요한 국가사업이었기 때문에 그 사업 내역이 의궤에 기록되어 오늘날까지 전해지고 있다.

조선왕조 역대 국왕의 『실록』은 모두 현전하고 있지만, 『실록』 편찬 사업 내역을 기록한 의궤는 임란 이후의 것만이 남아 있다. 임란 이전에도 『실록』을 편찬하는 경우 편찬 사업에 관한 의궤도 함께 제작되었는지는 확인되지 않는다. 조선 후기 역대 국왕의 『실록』 편찬에 관한 의궤는 『광해군일기(光海君日記)』의 편찬을 위시해서 『철종실록(哲宗實錄)』에 이르기까지 관련 의궤가 남아 있다.

『실록』을 편찬하는 일은 먼저 춘추관에 보관된 '시정기(時政記)'를 실록청으로 옮겨 와 이를 몇 개의 작업팀에 분배하여 산절(刪節) 작업을 수행하는 일로 시작된다.[85] 시정기는 사관이 쓴 사초(史草)와 각 관청에서 보내온 중요 문서를 날짜로 정리하여 춘추관에 보관했던 문서로서 『실록』 편찬에서 가장 중요한 자료이다. 산절 작업은 이 시정기를 중심으로 『실록』 본문에 들어갈 부분을 추려내어 초본을 제작하는 일을 말한다. 이렇게 만들어진 초본을 토대로 『실록』을 찬수하는 본작업이 진행되어 이후 교정과 교수를 거쳐 마침내 『실록』이 편찬되었던 것이다.

『실록』 편찬 작업이 산절, 찬수(纂修), 교정(校正), 교수(校讎)의 차례로 진행됨에 따라 실록청의 이름 또한 편찬 작업의 단계마다 '실록산절청', '실록찬수청', '실록교정청' 등으로 불리기도 하였다. 『실록』의 편찬이 완료되면 이를 춘추관에 봉안하는 의식이 행해지고, 봉안 절차를 마친 뒤에는 편찬 업무에 참여한 관리와 원역, 공장들에 대한 논상이 있고, 이어서 세초와 국왕이 내리는 선온(宣醞) 등의 행사가 뒤따랐다.

실록청 의궤는 시기에 따라 기록 형식과 기록 내용에 약간의 차이는 있으나 대체로 실록청의 도청과 그 아래 각 방, 기타 작업소별로 업무 내역을 기록하는 형식을 보인다. 도감이 설치되어 사업을 관장하는 경우와 마찬가지로 실록청 또한 본부의 역할을 하는 도청과 실무 작업을 수행하는 몇 개의 방을 중심으로 편찬 업무를 수행하였다. 그러나 실록청에 설치된 방은 산절 작업을 하는 동안만 일시적으로 유지되었고, 산절 작업을 마친 뒤에는 실록청 도청에서 찬수와 교정, 교수 작업을 행하였다.

85 강문식, 「의궤를 통해 본 『영조실록』의 편찬 체계」, 『조선시대사학보』 54, 200쪽.

실록청의 경우 『실록』 편찬 업무는 당상이 담당하고 낭청은 당상을 보좌하여 등서 작업과 같은 보조 작업을 행하였다. 실록청의 각 방에 배속된 당상과 낭청은 시정기를 산절하는 작업을 담당하였고, 본작업인 『실록』의 찬수 작업은 찬수청의 이름을 띤 도청에서 담당하였다. 이는 일반 도감의 경우 당상은 도청에만 배속되어 주로 관리 업무를 수행하고 실무 작업은 방이나 소에서 낭청의 관리 감독으로 이루어지는 것과는 다르다고 할 것이다.

『실록』의 편찬 일정을 일목요연하게 보여주는 의궤로는 조선조 말기에 편찬된 『헌종실록(憲宗實錄)』과 『철종실록』 편찬 때의 의궤를 들 수 있다. 두 의궤는 거의 기록 형식이 같으므로 여기서는 『철종실록』을 편찬할 때의 의궤를 중심으로 당시 『실록』 편찬이 어떻게 진행되었는지를 살펴보기로 한다.

철종은 1863년 12월 창덕궁 대조전에서 승하하여 이듬해 4월 장례를 마치고 혼전인 창경궁 선정전에 신주가 봉안되었다. 이로부터 며칠 뒤 이조에서는 『철종실록』의 편찬을 담당할 총재관 이하 당상, 낭청을 추천하였다. 이후 『철종실록』 편찬의 주요 일정을 『철종실록청의궤』에서 발췌하여 표로 나타내면 〈표 35〉와 같다.

〈표 35〉에 나타나듯이 실록청이 설치된 이후 『실록』 편찬 작업은 산절, 찬수, 교정, 교수, 할부(割付), 간인(刊印)의 순서로 진행되고, 『실록』 편찬이 완료된 뒤에는 봉과, 봉안, 세초와 같은 행사가 행해짐을 알 수 있다.

『실록』 편찬 과정에서 산절, 찬수, 교정, 교수는 당상이 주도적으로 수행하고, 낭청은 당상으로부터 넘겨받은 자료를 등서하는 작업을 주

〈표 35〉『철종실록』 편찬 사업의 진행 과정

일자	편찬 작업	비고
1864년 4월 29일	편찬관 차출	총재관 1, 당상 20, 낭청 29 / 총 50명
1864년 5월 6일	편찬관 회동	3방으로 나누고 당상과 낭청이 소속할 방을 정함
1864년 5월 8일	실록청 설치	업무 개시. 실록청 사목 마련
1864년 5월 8일~7월 2일	산절 작업	3방으로 나누어 작업. 당상이 먼저 일성록 및 일기부터 고출하여 부첨(付添)을 마치면 당상과 낭청이 등서
1864년 7월 6일~10월 4일	찬수 작업	등본과 각사 문서를 산절한 것을 가지고 당상이 살펴 뽑아 찬집〔考抄纂輯〕하면 낭청이 이를 등서
1864년 10월 7일~ 1865년 4월 2일	교정 작업	당상이 찬수 등본과 초절본(抄節本)으로 교정하고, 낭청이 정서(正書), 주관 당상은 전편(全編)이 범례와 통하도록 교정
1865년 4월 2일~ 윤5월 12일	교수 작업	교수 당상이 찬수본과 교정본으로 교수하고, 교수 낭청이 대교(對校)하고 서역(書役)할 일이 있으면 등서한다.
1865년 4월 3일~5월 25일	할부 작업	
1865년 5월 22일~윤5월 12일	간인 작업	
1865년 윤5월 16일	봉과(封裹)	
1865년 윤5월 24일	봉안	

로 수행하였다. 『철종실록』의 경우를 보면 시정기 산절 작업은 당상 20인이 세 곳의 방에 속해 작업하였고, 이를 낭청 24명이 건네받아 등서하는 작업을 진행하였음을 알 수 있다.

산절 작업〔抄節之役〕이 완료되면, 다음의 찬수 작업을 위해 각 방 당상 가운데 물러날 사람과 찬수 당상으로 남을 사람을 정하였다. 『철종실록』의 경우 20명의 당상 가운데 절반이 물러나고 절반이 찬수 당상에 차출되었다.

『실록』 찬수 작업은 이를 개시하기에 앞서 길한 날짜를 택해 찬수 당상이 춘추관 사고로 가서 『실록』에서 찬수 범례를 살펴보는 행사부

터 시작한다. 『철종실록』의 경우 이해 7월 11일에 이를 거행하였는데 그 절차가 다음과 같다.[86]

먼저 춘추관에서는 미리 차(遮)·포(鋪)·연(筵)을 갖추고 숙배위(肅拜位)를 인정전 서쪽 섬돌 아래 춘추관 동쪽 섬돌 동편에 설치해둔다. 당일 『실록』을 봉람할 때에는 여러 당상과 춘추관 관원이 모두 규정된 복식을 갖추고 배위에 나아가 차례대로 서서 4배례를 행한다. 이를 마치고 당에 올라 무릎을 꿇으면, 춘추관에서 충찬위(忠贊衛)를 거느리고 사고를 열어 『실록』을 담은 상자를 봉출하여 이를 당상 앞에 진설한다. 그런 다음 차례로 궤를 열어 봉출한 책자를 당상 앞에 바치면 당상이 범례를 살펴보며, 이를 마치면 춘추관이 환봉하여 사고에 들이고 당상은 물러난다.

찬수가 끝날 무렵이 되면 교정 업무에 종사할 당상을 미리 정하게 된다. 『철종실록』의 경우 교정 당상으로는 8인을 내정하였는데, 여기에는 찬수 당상에서 교정 당상이 된 자가 2인, 새로 임명된 당상이 6인이었다. 교정 당상의 업무를 도울 낭청은 교정청이 개설된 후에 정하였다. 교정청 낭청으로는 교정을 감찰하는 낭청과 등록 임무를 맡을 낭청을 두었다.

교정을 진행하는 중에는 이미 교정이 완료된 것을 교정 전의 찬수본과 대조하는 교수 작업이 진행된다. 『철종실록』의 경우 교정 업무는 10월 7일에 개시되고, 교수는 이듬해 4월 2일부터 개시되었으나, 교정과

86 『철종실록청의궤(哲宗實錄廳儀軌)』 42면, 갑자(甲子) 7월 11일, 찬수당상제진춘추관봉람실록고출범례(撰修堂上齊進春秋館奉覽實錄考出凡例).

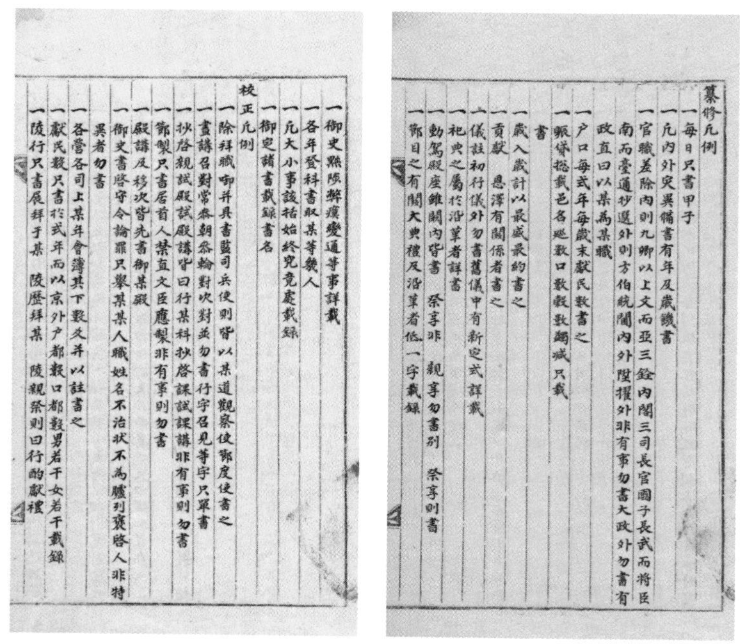

纂修凡例
一每日只書甲子
一凡內外灾異備書有年及歲饑書
一官職差除內則九卿以上文而亞三銓內閣三司長官國子長武而將臣南而臺通抄選外則方伯統閫內外陞擢外非有事勿書大政外勿書有政直曰以某爲某職
一戶口每式年每歲末獻民數書之
一賑貸捴載邑名總數口數穀數蠲減只載書
一歲入歲計以最盛最約書之
一貢獻 恩澤有關係者書之
一儀註初行儀外勿書舊儀中有新定式詳載
一祀典之屬於沿革者詳書
一動駕殿座雖闕內皆書 祭享非 親享勿書別 祭享則書
一節目之有關大典禮及沿革者低一字載錄

一御史黜陟弊瘼變通等事詳載
一各年登科書取某等幾人
一凡大小事該括始終究竟處載錄
一御定諸書載錄書名
校正凡例
一除拜職啣并具書監司兵使則皆以某道觀察使節度使書之
一晝講召對常參朝參輪對次對並勿書行字召見等字只單書
一抄啓親試殿試殿講皆曰行某科抄啓課試課講非有事則勿書
一節製只書居首人禁直文臣應製非有事則勿書
一殿講及移次皆先書御某殿
一御史書啓守令論罪只舉某某人職姓名不治狀不爲騰列褒啓人非特異者勿書
一各營各司上某年會簿其下數爻并以註書之
一獻民數只書於式年而以京外戶都數口都數男若干女若干載錄
一陵行只書展拜于某 陵歷拜某 陵親祭則曰行酌獻禮

『철종실록청의궤』(1865)의 찬수 범례(오른쪽)와 교정 범례(서울대 규장각한국학연구원 소장)

교수 모두 윤5월 12일 같은 날짜에 완료되었다. 교수 당상은 4인인데 2인은 교정 당상 중에서 임명하고 2인은 새로 임명하였다.

한편 교수 작업이 진행되면서부터는 교수를 마친 등본에 대해서는 활판 짜는 작업을 시작하고, 또 활판 작업이 끝난 것은 차례로 인쇄에 들어가게 된다. 그러므로 간인은 교정, 교수, 할부가 여전히 진행 중인 때에 진행되어, 교정과 교수가 끝남과 거의 동시에 인쇄도 완료되게 된다. 이처럼 『실록』 편찬 작업은 산절, 찬수, 교정, 교수, 할부, 간인의 순서로 작업이 진행되는데 산절, 찬수, 교정 작업은 이전 단계의 작업이 끝난 다음에 작업이 개시되나 교수, 할부, 인쇄 작업은 완료된 전 단계의 작업을 부분부분 넘겨받아 다음 단계의 작업으로 동시에 진행됨을 알 수 있다.

『철종실록청의궤(哲宗實錄廳儀軌)』를 통해서 보면, 산절 작업의 결과물이 '산절등본'이고, 이 산절등본을 가지고 이루어지는 찬수 작업의 결과물이 '찬수등본'이며, 찬수등본에 대한 교정 작업의 결과물이 '교정등본'인 것으로 나타난다. 그러므로 등본으로서는 교정등본이 최종본이며, 이 교정등본을 가지고 교수 작업과 할부 작업을 거쳐 인쇄에 들어가는 것임을 확인할 수 있다.[87]

이렇게 해서 완성된 『실록』은 이를 봉과(封裹)하는 의식을 거친 뒤 춘추관에 봉안하였다. 봉과식은 『실록』을 춘추관 사고에 봉안하기에 앞서 봉심을 거친 뒤 행하는데, 그 내용은 총재관 이하 실록청 관원들이 모두 정해진 복식을 하고 어람 부록(御覽附錄)과 『실록』을 봉심한 뒤 총재관이 대표로 서명하고 착반(着鑑)한 뒤 이를 봉과하여 실록청이 위치한 교서관 대청에 안치하는 것이다. 봉과를 마친 『실록』을 봉안하는 의식은 다음과 같다.

행사 당일이 되면 실록청의 총재관 이하 당상, 낭청 및 춘추관 당상이 규정된 복식을 하고 실록청에 모인 뒤, 어람 부록과 『실록』을 담은 상자를 채여(彩輿)에 싣고 초초(初草)와 중초(中草) 등 편찬 작업 시의 등본류를 들것에 싣는다. 고취(鼓吹), 상마대(上馬臺) 및 인로(引路)가 앞장

87 『철종실록청의궤』를 통해서 보면 『실록』 편찬 과정에서 나타나는 초본에는 '초초(初草)', '중초(中草)', '초견(初見)', '재견(再見)'의 네 종류 초본이 언급되고 있다.

을 서고, 그 뒤를 의장, 향정, 고취, 어람 부록을 실은 채여, 『실록』을 실은 채여가 차례로 나아간다. 그 뒤를 낭청들이 배종하고, 그 뒤를 춘추관 당상, 주관 당상 및 교정 교수 당상, 도청 낭청의 순으로 배행한다. 인정문에 이르러 『실록』을 실은 채여는 인정전 월대(月臺) 위의 임시 봉안처에, 어람 부록을 실은 채여는 연영문(延英門) 밖에 바로 봉안하고, 『실록』을 넣은 상자와 초기(草記)는 승정원에 바친다. 총재관 이하 관원은 춘추관 동쪽 뜰에 나아가 차례대로 서서 사고를 향해 4배례를 행한다. 예가 끝난 뒤 『실록』을 담은 상자는 임시로 춘추관 대청 위에 봉안한다. 총재관 이하가 당에 올라 각기 자리로 나아가면 춘추관 관원이 사고를 열어 실록을 담을 상자를 들여 봉안한 후 사고를 봉인하고 총재관 이하가 물러난다.

『실록』 편찬에 관한 의궤의 경우 의궤청은 『실록』 찬수가 완료되어 세초에 들어갈 때 설치되었다. 그러므로 의궤청 설치 이후 각종 공문서 기록에는 의궤 제작에 관한 내용과 세초에 관한 내용이 뒤섞여 기록되기도 한다. 『실록』 찬수에 관한 의궤는 대개 5건이 제작되며 이때 실록형지안(實錄形止案)을 수정한 것도 5건 만들어 이를 춘추관과 네 곳의 지방 사고에 함께 보관하게 된다.[88]

88 『철종실록청의궤』, 의궤청등록(儀軌廳謄錄), "儀軌五件 形止案五件 修正分藏于春秋館太白山五臺山赤裳山城鼎足山城等處."

3. 『국조보감』 편찬에 관한 의궤

『국조보감』은 조선왕조 역대 각 국왕의 치적 중에서 귀감이 될 만한 기록을 『실록』에서 가려내어 만든 편년체의 역사서이다. 세종 때에 처음 편찬 계획을 세운 이래 세조 때 태조보감·태종보감·세종보감·문종보감의 4대에 걸친 보감이 처음 편찬되었다. 이후에는 보감의 편찬이 오랫동안 중단되었다가 숙종 때 『선묘보감』이 편찬되고, 영조 때 『숙묘보감』이 편찬되었다. 뒤이어 정조 때에는 정종·단종·세조·예종·성종·중종·인종·명종·인조·효종·현종·경종 영조, 13조의 보감이 찬수되고, 헌종 때에는 정조·순조·익종의 보감이, 대한제국 시기에 헌종과 철종의 보감이 찬수되면서 현전하는 『국조보감』 90권 28책이 완성되었다.

정조가 지은 『국조보감』 서문에는 '실록'과 '보감'의 차이에 대해 다음과 같은 설명이 보인다.

> 실록과 보감은 모두 사서지만 그 체제는 다르다. 사건의 대소나 득실을 막론하고 빠짐없이 기록하여 명산에 보관해두어 천하 만세를

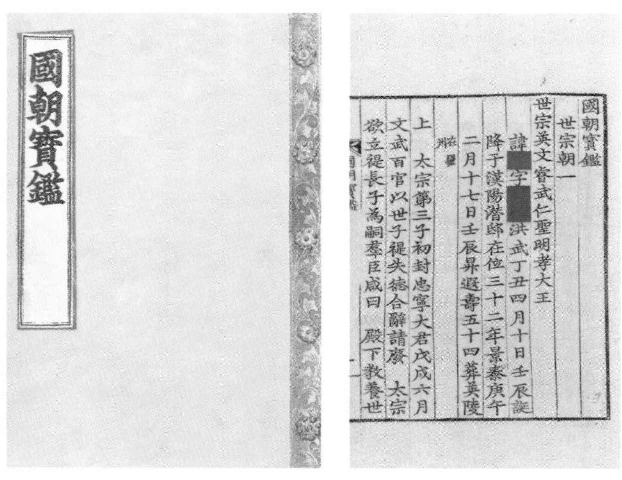

『국조보감』 가운데 세종 조 보감의 표지와 본문 제1면(국립고궁박물관 소장)

기다리는 것은 실록이며, 훈모(訓謨)와 공열(功烈) 가운데 큰 것을 취해 특별히 밝히 드러내어 후세 사왕(嗣王)의 귀감으로 삼게 하려는 것은 보감이다. 그러므로 실록은 비장(祕藏)하기 위한 것이고 보감은 현창(顯彰)하기 위한 것이다. 실록은 먼 후일을 기약하는 데 반해 보감은 현재에 절실한 것이니 이 둘은 모두 없어서는 안 될 것이다.[89]

정조는 13조의 보감에 대한 편찬을 추진하면서 『국조보감』이 조선 왕조 특유의 역사서라는 점을 들어 편찬에 커다란 관심을 보였다. 이 때문에 정조는 『국조보감』의 편찬이 완료된 이후 이를 왕에게 진상하

89 『국조보감감인청의궤』, 151면, 국조보감서.

는 의식과, 종묘 각 실에 봉안하는 의식을 성대하게 거행토록 하는 등 편찬의 의미를 크게 부여하였다.

『국조보감』의 편찬에 관해 기록한 의궤로는 정조 9년(1783), 헌종 14년(1848), 융희 3년(1909)의 세 시기 의궤가 있다. 이들 의궤는 책제가 『국조보감감인청의궤(國朝寶鑑監印廳儀軌)』 혹은 『국조보감감인소의궤(國朝寶鑑監印所儀軌)』라고 되어 있으나 실제 내용은 감인청의 사업에 한해서만이 아니고 『국조보감』이 편찬되어 인쇄되기까지의 편찬 사업 전반에 걸친 사업 내역을 기록한 것이다.

정조 때 『국조보감』을 편찬할 때의 의궤를 살펴보면, 의궤의 내용은 찬집청(纂輯廳) 단계의 사업 내용과 감인청(監印廳) 단계의 사업 내용에 대한 부분으로 나타난다. 이 가운데 찬집청 단계의 기록은 좌목(座目), 사목(事目), 사실(事實), 이문(移文), 감결(甘結), 실입(實入)으로 이루어져 있고, 감인청 단계의 기록은 좌목, 사실, 서문, 총서(總敍), 권질(卷帙), 범례, 발문, 전문(箋文), 의주, 예관(禮關), 이문, 내관, 감결, 실입, 별단(別單), 상전(賞典), 공장(工匠)의 순으로 기록되어 있어 감인청 단계의 기록이 기록 내용의 대부분을 차지함을 알 수 있다.

찬집청이 설치된 시기의 담당 관원은 총재대신 1인, 찬집 당상 13인, 도청 낭청 1인, 등록 낭청 16인, 교정 당상 2인, 교정 낭청 2인으로 되어 있다. 『국조보감』의 찬집도 『실록』 편찬 때와 마찬가지로 당상의 책임으로 수행하고 낭청은 당상이 찬집한 자료를 건네받아 이를 등서하는 작업을 하였다. 의궤를 통해서 보면 『국조보감』의 찬집 작업은 7월 초 『국조보감』의 편찬에 관한 정조의 비망기가 내린 이래 9월까지 두 달 만에 끝나고, 이후 다음 해 3월에는 교정까지를 완료하였다. 찬집은 영조의 보감을 찬집하는 것부터 개시하였고, 이를 끝마친 다음에 재위 기간이 짧은 정종·단종·예종·인종·경종 다섯 임금에 대해서는 당상 한 사람이, 나머지 세조·성종·중종·명종·인조·효종·현종은 각기 한 사람의 당상이 맡아서 작업을 진행하였다.

교정이 끝나자 교정소에서 감인청으로 업무가 이관되었고, 이때 교서관보다는 관상감이 청사가 넓어 작업하기에 적합하다고 하여 감인청 청사를 이곳으로 옮겼다. 감인청의 담당 관원으로는 총재대신 1인, 당상 3인, 도청 낭청 1인, 감동관 5인으로 하였다. 5인의 감동관 가운데 교서관 교리 한 사람을 제외한 나머지 4인은 규장각 검서관인 이덕무·유득공·박제가·서리수가 맡았다.

감인청의 업무가 종료된 이후 『국조보감』을 왕에게 진상하고 종묘에 봉안하기까지의 일정을 보면 임인년(1782) 11월 19일 『국조보감』 봉과 의식을 행하고, 11월 24일 『국조보감』의 진상 의식을 행하였다. 이때 태묘에 봉안할 『국조보감』은 봉모당에 임시로 안치하였다가 이틀 뒤인 11월 26일 봉모당에서 봉출하여 이날 국왕 친행으로 태묘에 봉안하는 의식을 행하였다.

감인청 의궤의 기록에 의하면 정조는 『국조보감』을 진상할 때의 전문(箋文)을 특별히 잘 지을 것을 명하면서, '『국조보감』은 우리나라에서 창출(創出)한 책자'라는 점을 강조하였다. 또한 『국조보감』을 진상하는 행사가 과거에 없던 일이어서 의식 절차를 두고서도 대신들과 여러 차례 논의를 거쳤다. 이 의궤에는 『국조보감』을 국왕에게 진상하는 의식, 국왕이 친히 『국조보감』을 종묘 각 실에 올리는 의식, 그리고 이에 부수해서 절차상 따르는 각종 의식에 대한 의주가 수록되어 있다.

국왕에게 『국조보감』을 진헌할 때의 의식은 다음과 같다.

행사를 위해 창덕궁 영화당에 어좌를 설치하고 진서안(進書案), 전서안(展書案), 전문안(箋文案), 안보안(安寶案), 보안(寶案)을 미리 갖춘다. 당일이 되면 시임 및 원임 대신과 각신, 찬집 감인을 담당했던 여러 신하가 조복을 입고 용정을 배행해 행사장으로 행진을 하는데, 이때 의장으로는 세장(細仗)이 앞서고 고취(鼓吹)를 연주한다. 행사장인 영화당 뜰에 이르면 진서함을 실은 용정에서 진서함을 받들어 진서안에 올리고 전문함을 실은 용정에서 전문함을 받들어 전문안에 올린다. 이어서 『국조보감』 제1권을 함에서 꺼내어 서문을 읽는 의식을 행하며, 이를 마친 뒤 제1권을 안보안에 올려 제1권 제1장에 보인을 찍는 의식을 행한다. 다음으로 전함을 열어 전문을 읽는 의식을 행하고 이를 마친 뒤 왕이 어좌에서 내려와 가마를 타고 퇴장함으로써 의식을 마친다.

다음으로 『국조보감』을 종묘 영녕전에 봉안하기에 앞서 임시로 봉모당에 봉안할 때의 의식이다.[90]

당일이 되면 왕의 지영위(祗迎位)를 봉모당 뜰에 설치한다. 왕이 소차에서 기다렸다가 『국조보감』을 실은 요여와 채여가 이르면 규(圭)를 잡고 국궁(鞠躬)하였다가 지나가면 평신(平身)하고 규를 푼다. 각신들이 『국조보감』을 봉출하여 봉모당 탁상에 안치하고 그런 다음에 이어서 진서건(어람건)을 어서(御書)를 보관하는 곳에 안장한다. 『국조보감』을 봉모당에 봉안한 뒤 왕은 봉모당 앞뜰 중앙에 만들어둔 판위에 나아

90 『국조보감감인청의궤(國朝寶鑑監印廳儀軌)』, 종묘영녕전(宗廟永寧殿) 봉안보감권안의(奉安寶鑑權安儀), 210~212면

가 국궁·사배·흥·평신하고 이어서 총재대신, 시원임 각신, 감인 당랑도 이와 같이한다.[91]

『국조보감감인청의궤』(1848)에 수록된 반차도. 새로 편찬한 보감을 종묘에 봉안하기 위해 이를 가마에 싣고 옮길 때의 반차도 가운데 한 면이다.

왕이 종묘에 친히 『국조보감』을 올리는 의식인 '종묘친상국조보감의(宗廟親上國朝寶鑑儀)'의 절차는 다음과 같다.[92]

행사 당일에 국조보감위를 종묘 제1실 서쪽 계단 아래 동향으로, 전하 판위를 동쪽 계단 아래 서향으로 설치한다. 보감을 받든 관리와 안상을 든 자가 보감함과 안상을 가지고 정문을 지나 들어오면 총재대신과 당상 이하가 그 뒤를 따라 이르고, 안상을 든 자가 욕위(褥位)에 안상을 설치하면, 보감을 받든 관원이 보감함을 안상 위에 안치한다. 총재대신 당상 이하가 자리로 나아가면 좌통례가 대차(大次)에 나아가 외판(外辦)을 아뢴다. 전하가 면복을 갖추고 규를 잡고 좌우 통례의 인도로 동문을 거쳐 판위에 나아가 국궁·사배·흥·평신하고, 총재대신과 당상 이하 종친 문무백관도 같이 한다. 왕이 욕위에 나아가 북향하고 서면,

91 『국조보감감인청의궤』, 봉모당전배의(奉模堂展拜儀), 212~214면.

92 『국조보감감인청의궤』, 종묘친상국조보감의(宗廟親上國朝寶鑑儀), 216~221면.

대치사관이 종묘 제1실 신좌 앞에 나아가 북향하여 궤(跪)한다. 좌통례의 계청으로 국왕이 궤하고 총재대신 당상 이하 종친 문무백관도 궤하면 대치사관이 치하하기를, "효증손사왕 신모는 삼가 국조보감을 받들어 올립니다."라고 아뢰고, 이를 마친 뒤 전하가 부복·흥·평신하고 총재대신 이하도 따라 한다. 인의의 인도로 봉보감관이 보감함을 받들고 계단에 오르고 봉안자도 뒤따르고, 인의의 인도로 총재대신이 동쪽 계단에서 오르면, 좌통례가 진규(搢圭)하기를 청하여 전하는 궤하여 진규하고 총재대신 이하는 궤한다. 거안자가 안을 받들어 신좌 앞에 안치하고 봉보감관이 보감함을 받들어 꿇어앉아 총재대신에게 주면 총재대신이 궤하여 전하에게 주고, 전하가 받아서 승지에게, 승지가 궤하여 받아 봉보감관에게 전하면 봉보감관이 실 문 안에 꿇어앉아 안상에 안치한다. 봉보감관과 거안자가 자리로 돌아가면, 좌통례의 계청으로 전하가 집규(執圭)하고 부복·흥·평신하면, 총재대신 당상 이하 종친 문무백관도 따라 한다. 묘사(廟司)가 요속을 거느리고 보감함을 받들어 장롱에 안치하기를 마치면, 전하가 제2실로 나아가 마찬가지의 행사를 행한다. 이를 마치고 나면 전하가 판위로 돌아와 국궁·사배·흥·평신하고, 총재대신 이하도 뒤따라 행함으로써 의식을 마친다.

이 의궤에는 이때의 『국조보감』 편찬 사업과 관련된 의궤 제작에 관한 정조의 지시 사항이 수록되어 있는데, 이를 통해서도 『국조보감』 편찬에 쏟은 정조의 열심을 읽을 수 있다.

> 근래 각 도감의궤는 의례가 잡다하게 뒤섞여 전혀 책자로서의 모양을 갖추지 못하고 있다. 이번에는 대신이 주관하여 당상 정창성과

도청 조성진으로 하여금 편집에 심혈을 기울여 국초에 보감이 창시할 때의 사실에서부터 이번의 속찬에 이르기까지 상세히 재록하여 빠뜨림이 없도록 하고, 찬집(纂輯), 교정(校正), 감인(監印), 참정(參訂), 고교(考校)와 어제(御製)의 교정(校正), 어제의 서진에 참여한 사람의 관직, 성명 또한 모두 하나하나 쓰도록 분부하노라. 의궤는 관례상 내입 건이 있었는데 몇 해 전 내입을 하지 말라는 것을 법식으로 정하였는데, 이번의 의궤는 사정이 좀 다르니 한 건을 내입하도록 분부하며 내각, 외각, 네 곳 사고, 의정부, 춘추관에도 각기 1건을 보관할 것을 또한 분부하노라.[93]

그러니까 이때『국조보감』의 편찬에 관한 의궤 제작에서는 종전의 여느 의궤와는 달리 편찬에 심혈을 기울이도록 하였고, 또한 일찍이 정조가 앞으로는 제작하지 말도록 명한 어람용 의궤를 이때만은 예외적으로 제작케 하였음을 알 수 있다.

93『국조보감감인청의궤(國朝寶鑑監印廳儀軌)』, 감인청사실(監印廳事實), 147면.

4. 그 밖의 서적 편찬에 관한 의궤

서적의 편찬에 관해 기록한 의궤로는 이 밖에도 『열성지장수정시본시의궤(列聖誌狀修正時本寺儀軌)』, 『열성어제이정경간시자본시수정의궤(列聖御製釐正更刊時自本寺修整儀軌)』, 『천의소감찬수청의궤(闡義昭鑑纂修廳儀軌)』, 『동국신속삼강행실찬집청의궤(東國新續三綱行實撰集廳儀軌)』와 같은 책자가 있다.

『열성지장수정시본시의궤』는 역대 국왕과 왕비의 지장(誌狀)을 수록한 책자인 『열성지장』을 영조 33년(1757) 12월부터 이듬해 7월에 이르기까지 수정한 사업에 관한 것인데 기록 내용은 전교와 감결만으로 되어 있다. 『열성지장』은 역대 왕과 왕비의 행장(行狀)·지문(誌文)·신도비명(神道碑銘)·능지문(陵誌文)·천릉지문(遷陵誌文)·비음기(碑陰記)·시책문(諡冊文)·애책문(哀冊文)·죽책문(竹冊文)·반교문(頒敎文)·교명문(敎命文)·고문(誥文)·추숭제문(追崇祭文)·추숭책문(追崇冊文)·종묘악장(宗廟樂章)·악장(樂章) 등의 기록을 모아 엮은 책으로, 숙종 7년(1681) 처음 간행된 이래 계속 수정, 첨가되어 여러 차례 간행되었다.

이때의 수정 내용은 숙종 조의 지장을 새로 추가하는 것을 위시해서,

중종비 단경왕후 복위 시의 문자, 인조 왕릉을 천장할 때의 지문, 효종의 추상시호책문 및 각 능의 표석 문자를 첨가하는 내용이었다. 의궤의 장수는 몇 장에 불과하고 편찬 사업의 규모 또한 컸다고 할 수 없으나 왕실에 관련된 사업인 만큼 이를 의궤로 제작토록 한 경우라 하겠다.

『열성어제이정경간시자본시수정의궤』는 영조 32년(1756)에 『열성어제』를 수정 간행할 때의 의궤이다. 『열성어제』는 역대 국왕이 지은 시문을 엮어 만든 책으로 인조 때 처음 제작되었는데 숙종 대 이후로는 왕이 바뀌면 전왕의 어제를 수집해 앞 시기의 것에 덧붙여 간행하는 것이 관례가 되었다.

이 의궤에는 『열성어제』의 수정 간행 사업과 관련된 계사와 전교, 감결, 이문 등 관련 공문서 기록이 날짜순으로 수록되어 있다. 수정 내용은 기왕의 『열성어제』에 중종 어제로 수록된 묘표는 글자 하나를 고쳐야 하고, 또한 이는 중종이 쓴 것이 아니라 성종이 쓴 것이므로 판본을 새로 만들어야 하며, 세조가 왕위에 오르기 전에 지은 시가 일부 남아 전하는 것이 있으므로 이를 세조어제 편에 재록한다는 내용이다. 『열성어제』의 수정 간행 사업 또한 규모가 큰 사업이 아님에도 불구하고 의궤를 제작하였던 것은 이 또한 왕실에 관련된 사업이었기 때문이라 하겠다.

『천의소감찬수청의궤』는 영조 31년(1755) 『천의소감』을 찬수한 과정을 기록한 의궤이다. 영조는 경종 1년(1771) 왕세제로 책봉된 이후 나주벽서사건(1755)이 일어나기까지 여러 차례 역모 사건을 겪자 그 원인이 세제 책봉을 둘러싼 분규 때문으로 인식하여, 세제 책봉의 정당성을 밝혀 그 경위를 후세에 전하려는 목적에서 『천의소감』을 편찬하였다.

이 의궤에 따르면 찬수 작업을 담당한 관원으로는 도제조 1원, 제조 2원, 당상 10여 인, 낭청 20여 인이 임명되었다. 많은 고위 관원이 찬수청에 참여하고 당시 도감의 업무가 '호번하다'는 기록도 보이나 의궤의 내용은 비교적 소략한 편이라고 할 수 있다.

찬수청의 작업 일정을 살펴보면, 6월 1일에 시역하여 9월 15일 무렵 중초본 작성이 끝나 교정 작업에 들어가 11월 5일에 이르러 찬수 작업을 마무리하고 11월 25일에 인출 작업을 완료하였다. 12월에 들어서는 작업에 참여한 이들에 대한 포상과 세초 작업이 이루어졌으며, 이후 의궤 제작에 착수하였다.

이 책에 수록된 의궤사목에 따르면 이 의궤의 경우 예조에 보낼 1건의 의궤 제작에 대해서만 언급하고 있다. 이는 의궤 제작 건수가 단 1건에 불과하였다는 것인지, 이 밖에도 타처에 분상하기 위해 제작한 의궤가 따로 있었는지는 알 수가 없다. 현전하는 규장각 소장 『천의소감찬수청의궤』는 유일본으로 예조에 분상되었던 것이다.

『동국신속삼강행실찬집청의궤』는 광해군 6년(1614)에 『동국신속삼강행실』을 찬집할 때 설치된 찬집청의 사업에 관한 의궤이다. 『동국신속삼강행실』은 조선 초기에 간행된 『삼강행실도』·『속삼강행실도』의 속편으로, 임진왜란 이후에 정표(旌表)를 받은 충신·효자·열녀를 중심으로 편찬된 『신속삼강행실도』를 토대로 하고 『여지승람』 등의 고전 및 각 지방의 보고 자료 중에서 취사선택하여 1,000여 명의 인물에 대해 간략한 전기를 만든 뒤에 각 사람마다 한 장의 도화(圖畫)를 붙이고 한문에 국문 언해를 붙인 것이다.

이 의궤의 기록 내용은 각종 공문서 기록에 이어 『동국삼강행실

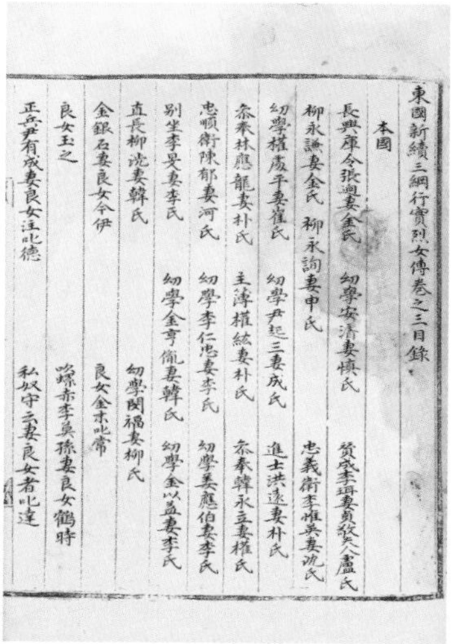
東國新續三綱行實烈女傳卷之三目錄
本國
長興庫令張迥妻金氏 幼學安渃妻愼氏 貧承李瑀妻貞敬夫人盧氏
柳永謙妻金氏 柳永詢妻申氏 忠義衛李惟英妻沈氏
幼學權處平妻崔氏 幼學尹起三妻成氏 進士洪遠妻朴氏
參奉林應龍妻朴氏 主簿權紘妻朴氏 參奉韓永立妻權氏
忠順衛陳郁妻河氏 幼學李仁忠妻李氏 幼學姜應伯妻李氏
別坐李旻妻李氏 幼學金亨儀妻韓氏 幼學金以益妻李氏
直長柳洸妻韓氏 幼學閔福妻柳氏
金銀石妻良女今伊 良女金末叱常
良女玉之 吹螺赤李莫孫妻良女鶴時
正兵尹有成妻良女注叱德 私奴守云妻良女者叱達

『동국신속삼강행실찬집청의궤』(1616)의 열녀전 목록(서울대 규장각한국학연구원 소장)

전』·『동국속삼강행실전』·『동국신속삼강행실전』의 인명록을 수록하고 『동국신속삼강행실』의 찬집 과정에 동원된 관원의 직명을 수록한 것이다.

의궤의 첫머리가 광해군 4년(1612) 5월 21일자 광해군의 비망기로 시작하는데, 이로 보아 행실도 찬집 계획은 이해에 있었던 것으로 보이나, 찬집청 설치에 대한 본격적인 논의는 광해군 6년(1614) 정월 27일 예조의 계목에 나타난다. 찬집청의 도제조 이하 당상, 낭청이 임명된 것은 이로부터 4개월여 뒤인 6월 5일이며, 7월 5일에 사목을 마련하여 찬집에 들어갔음을 알 수 있다. 이후 찬집청의 활동은 순조롭게 진행되다가 도중에 광해군의 사친인 공빈 김씨의 부묘와 추숭 사업이 진행되면서 잠시 미루어졌고 광해군 7년 윤8월에 일단락되었다. 그러나 그 뒤 편찬 과정에서 이대원(李大源)·이순신·원균 등 몇몇 인물이 누락된 것이 문제가 되면서 이듬해 정월 16일 『신찬삼강행실』에 누락되거나 잘못 기록된 내용에 대한 수정이 결정되어 마침내 이해 2월 27일에 이르러 수정된 『동국신속삼강행실』의 인출이 이루어졌다.

9장

의기(儀器)의 조성에 관한 의궤

조선왕조의 의궤 중에는 왕의 어진을 제작하거나 모사하는 사업, 국가 제례 행사 때에 사용할 악기나 제기를 제조하는 사업, 왕과 왕후의 책보와 같은 왕실의 존엄에 관계되는 의물을 개수하거나 새로 조성한 사업에 관한 의궤가 있다. 잦은 설행 사례가 나타나는 것은 아니나 이들 사업과 관련해서 도감이나 청이 설치되기도 하여 그 행사 내역이 의궤로 남아 있다.

어진, 악기, 제기, 책보와 같은 것은 일종의 의식용 기물이라 할 수 있는 것으로 이의 조성에 관한 사업은 건축물의 영건이나 서적의 편찬과는 사업의 성격이 다르다. 그러므로 이들 의기의 조성에 관한 의궤 또한 조선왕조 의궤의 한 부류로 취급해 별도로 살펴볼 필요가 있다.

1. 어진 제작에 관한 의궤

현전 의궤 가운데는 국왕의 초상화 제작과 관련된 의궤가 몇 종 전한다. 왕의 초상화는 어진(御眞), 진용(眞容), 진영(眞影), 수용(晬容), 어용(御容) 등 다양하게 지칭되다가, 숙종 때 '어진'이라는 명칭이 왕의 초상화를 봉안하고 있는 전각인 진전의 명칭에 부합하므로 왕의 초상화는 어진으로 지칭하는 것이 가장 적합하다고 한 이래 어진이라는 용어가 흔히 사용되었다.[94]

어진 제작을 위해 설치되는 도감으로는 '도사도감(圖寫都監)'과 '모사도감(模寫都監)'의 두 종류가 있다. 도사란 임금이 생존해 있을 때 용안을 직접 보면서 그림을 그리는 경우를 말하고, 모사란 이미 그려진 어진을 보고서 그리는 경우를 말한다. 현존 의궤 가운데 재위 중인 임금의 용안을 직접 보면서 그림을 그린 경우로는 숙종의 어용을 도사할 때(1713)와 고종·순종의 초상을 그릴 때(1902)의 두 종류 의궤가 있다. 이 가운데 나중 시기에 제작된 『고종어진순종예진도사도감의궤(高宗御

94 조선미, 「조선왕조시대의 어진제작과정(御眞製作過程)에 관하여」, 1979.

영조 어진(국립고궁박물관 소장)

眞純宗睿眞圖寫都監儀軌)』에 어진 제작 과정과 작업 일정이 잘 나타나고 있으므로 이를 통해 어진 제작 과정을 살펴보기로 한다.

대한제국 시기에 들어와 고종은, 영조와 정조 대에는 매 10년마다 어진을 도사한 전례가 있음을 들어 자신의 초상화 제작을 다시 준비하도록 명하였다. 고종의 명이 있은 다음 날 어진을 그리는 일은 중대한 사안이라고 하여 도감의 설치가 건의되었고, 이때 고종의 지시로 황태자의 초상화(예진)도 함께 그리도록 결정하였다. 도사를 개시하기에 길한 날짜로 다음 해 2월 10일이 정해지고 작업 장소로 정관헌(靜觀軒)이 결정되었다. 이렇게 해서 어진과 예진의 제작은 1902년 2월 10일 작업이 개시되어 5월 14일에 장축(粧軸)을 끝내 5월 16일 표제(標題)를 마치기까지 3개월여의 시일이 소요되었다. 도사 작업을 진행하는 동안에는 고종과 황태자가 거의 매일같이 정관헌에 출석하였다.

고종과 황태자가 거의 매일 정관헌에 출석하여 도사 작업을 하던 2월 10일부터 5월 18일 작업을 마치기까지의 작업 일정을 표로 나타내면 〈표 36〉과 같다.[95]

어진 제작을 맡을 화사의 선정 과정을 보면, 당시 주관 화사로는 장예원(掌隷院) 주사 조석진(趙錫晉)이 가장 먼저 물망에 올랐다. 그러나 한 사람에게만 오로지 맡길 수는 없다고 하여 도화서(圖畫署)는 물론이고 지방에서 이름 있는 자도 널리 초취하여 이들을 대상으로 도감에서 먼저 시재(試才)를 통해 우수한 자를 선발하였고 그런 다음 이들을 입시케 하여 초본을 제출토록 하고 최종적으로 선발하였다. 그리하여 마

95 『어진모사도감의궤(御眞摸寫都監儀軌)』, 시일(時日), 9~12면

〈표 36〉 대한제국 시기 고종 황제 어진과 황태자 예진의 제작 과정

일자	제작 과정
2월 10일	어진 면복 유지본(油紙本) 도사를 시역 예진 면복 유지본 도사를 시역
2월 22일	어진예진 익선관 유지본의 도사 시역
3월 1일	어진예진 유지초본(初本), 도제조 이하 종승(從陞)하여 앙첨(仰瞻)
3월 5일	예진 폭건본(幅巾本) 군복대본(軍服大本) 유지본의 도사 시역
3월 6일	어진 군복소본(軍服小本) 유지본 도사 시역 어진 군복대본(軍服大本) 유지본 도사 시역 어진예진 익선관 유지본 시채(施彩) 시역
3월 9일	예진 폭건유지본 시채 시역
3월 12일	예진 군복소본 유지본 도사 시역
3월 14일	어진예진 면복유지본 시채 시역
3월 18일	어진예진 익선관 유지본 도사 시역
3월 19일	어진예진 익선관 유지본 시채 시역
3월 24일	어진예진 군복대본 유지본 시채 시역
3월 29일	어진예진 군복소본 유지본 시채 시역
4월 8일	어진예진 도사 유지본 함녕전(咸寧殿) 전봉(展奉), 제신(諸臣) 앙첨
4월 10일	어진예진 면복본 상초(上綃) 시역
4월 18일	어진예진 면복본 후배(後褙) 시역, 어진예진 익선관본 상초 시역
4월 19일	어진예진 익선관본 정본 시채(正本施彩), 어진예진 군복대본 상초 시역
4월 23일	어진예진 군복대본 정본 시채
4월 24일	어진예진 익선관본 상초 시역, 어진예진 면복본 장축(粧軸)
4월 25일	어진예진 군복소본, 예진 폭건본 상초한 뒤 정본을 시채 어진예진 익선관본 후배 시역, 어진예진 익선관본 정본 시채
4월 29일	어진예진 익선관본 장축
5월 1일	어진예진 익선관본 후배 시역
5월 7일	어진예진 익선관본 장축, 어진예진 군복대본 후배 시역
5월 8일	예진 폭건본 후배 시역

일자	제작 과정
5월 11일	어진예진 군복대본 장축
5월 12일	어진예진 군복소본 후배 시역, 예진 폭건본 장축
5월 14일	어진예진 군복소본 장축
5월 16일	어진예진 도사정본(圖寫正本) 표제 서사(標題書寫) 후 제신(諸臣) 앙첨
5월 18일	어진예진과 도사유지본을 함께 세초, 어진예진과 도사 정본 흠문각에 봉안, 도사한 어진 면복본 1본과 군복대본 1본, 소본 1본을 세초

침내 주관 화사로는 장예원 주사 조석진과 전군수 안중식(安中植) 두 사람이 선정되었고, 동참 화사는 도화서 주사 박용훈 1인, 수종 화사는 도화서 주사 홍의환, 전수묵, 백희배, 윤석역, 조재흥 5인이 선정되었다.

어진과 예진을 도사할 때의 복식으로는 면복, 곤복, 군복의 세 종류 복식을 그리기로 하였으나, 도중에 어떤 이유에서인지 곤복본 대신에 익선관본을 제작하는 것으로 바뀌었다. 군복본의 경우 대본과 소본의 두 종류를 제작하기로 했던 듯하고, 예진의 경우는 이 네 종류 외에도 폭건본이 추가되어 어진의 경우보다도 한 종류가 많이 제작되었다.

이 여러 종류 어진, 예진의 제작 과정은 유지본 제작 → 시채(施彩) → 상초(上綃) → 정본 시채 → 장축의 단계로 진행되었다. 이렇게 해서 4월 24일에 어진과 예진 면복본의 장축이, 5월 7일에는 익선관본의 장축이, 5월 11일에는 군복대본의 장축이, 5월 12일에는 예진 폭건본의 장축이, 5월 14일에는 어진과 예진 군복소본의 장축이 이루어지고 이틀 후인 5월 16일에는 도사한 정본에 표제를 함으로써 최종 마무리되었다.

5월 16일 어진과 예진의 표제를 마친 뒤 이를 차례로 받들어 걸 때

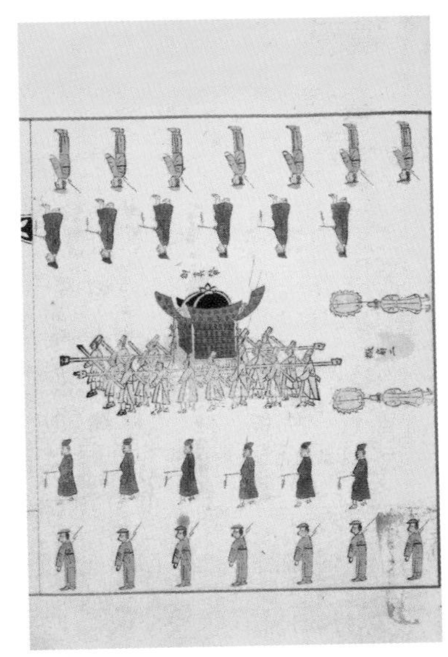
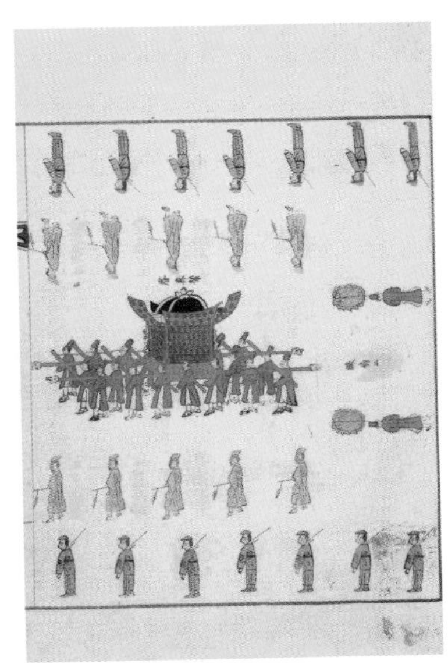

『어진모사도감의궤』(1901)에 수록된 반차도 가운데 고종 어진(왼쪽)과 순종 예진을 실은 가마 행렬(서울대 규장각한국학연구원 소장)

의 기록을 보면, 어진은 면복본 1, 익선관본 2, 군복대본 1, 군복소본 1이고, 예진은 면복본 1, 익선관본 2, 군복대본 1, 군복소본 1, 폭건소본 1로 전체 제작 건수는 어진 5점, 예진 6점이었다.

당시 도감의 도제조를 맡았던 윤용선은, "처음 초본을 우러러봤을 때는 본모습과 같은지 여부를 판별하기가 어려웠는데, 지금 사초한 뒤에는 옥색이 천연스럽고 문채와 복장이 눈부셔서 우러러보면 구름 같고 다가서면 해와 같습니다. 어진의 익선관본과 예진의 군복본이 더욱 참모습 같은 듯합니다."라고 품평하였다.[96]

96 『어진모사도감의궤(御眞摸寫都監儀軌)』, 50면, 조칙, 임인(壬寅) 5월 16일.

어진의 도사에 관한 의궤로는 2종의 의궤가 현전할 뿐이지만 어진 모사에 관한 의궤로는 『태조영정모사도감의궤』(1688), 『태조영정모사도감의궤』(1838), 『태조영정모사도감의궤』(1900), 『순조문조영정모사도감보완의궤』(1900), 『태조숙종영조정조순조문조헌종영정모사도감의궤』(1901), 『숙종영정모사도감의궤』(1748), 『태조원종어진이모도감의궤』(1872), 『세조영정모사도감의궤』(1735)의 8종이 있다.

이들 어진의 제작에 관해 기록한 의궤 가운데 가장 오래된 것은 『태조영정모사도감의궤(太祖影幀摸寫都監儀軌)』(1688)이다. 이 의궤는 경기전에 봉안되어 있던 태조 영정 한 본을 새롭게 모사하여 당시 중건하였던 남별전에 봉안한 사업에 관해 기록한 것이다. 원래 태조의 영정은 여러 곳에 봉안되었으나 여러 차례 병화를 거치면서 당시에는 경기전과 준원전 두 곳에만 남게 되었는데 이 가운데 경기전의 태조 영정을 모사하여 이를 남별전에 봉안한 것이다.

당시 어진의 모사와 봉안 과정을 살펴보면, 전주 경기전의 영정을 배봉(陪奉)해 서울로 들여와 경덕궁 자정원에 봉안하여 모사 작업이 개시되었는데, 모사에 앞서 왕이 영정에 대해 친히 작헌례를 행하였으며, 모사를 끝낸 뒤에는 왕의 봉심을 거쳐 남별전에 봉안하였다. 의궤에는 국왕이 친히 창덕궁을 나서 교외에서 영정을 실은 신련을 봉영하고, 신련을 배행하여 경덕궁에 이르러 자경전 어좌에 안치한 영정궤를 봉심한 뒤 작헌례를 행하는 의식인 영정교영시출환궁의(影幀郊迎時出還宮儀)와 이후 영정 모사 작업을 마쳐 새 영정을 남별전에 봉안할 때의 의식인 영정봉안남별전의(影幀奉安南別殿儀)가 수록되어 있다.

『세조영정모사도감의궤(世祖影幀摸寫都監儀軌)』(1735)는 영조 때에 영희전 제2실에 봉안되어 있던 세조의 영정을 대신할 어진 한 본을 새로 모사한 과정을 기록한 의궤이다. 의궤에 기록된 모사 일정을 살펴보면, 이해 8월 27일 영희전의 세조 영정을 경덕궁 광명전에 이봉하고, 29일에 초본의 모사를 시작하였으며, 9월 1일에 정본 상초본의 모사를 시작하여 9월 10일 그림을 완성하고, 17일에 작헌례를 올린 뒤 영희전에 안치하였음을 알 수 있다.

이 의궤에는 반차도가 없는 반면에 어진을 봉안한 신련이 이동할 때의 반차식(班次式)에 대한 기록이 보인다. 신련을 중심으로 반차식을 보면, 신련의 앞에는 별감(別監), 일산(日傘), 전부고취(前部鼓吹), 향합(香盒)·향로(香爐), 사향(司香), 충찬위(忠贊衛), 향용정(香龍亭), 신여, 홍양산(紅陽傘), 의장, 선사대(先射隊)의 순으로 대열을 이루고, 신련의 뒤로는 내시, 후부고취(後部鼓吹), 섭사복(攝司僕), 참봉(叅奉), 대축(大祝), 섭통례(攝通禮), 승지, 사관, 병조총부, 사령, 서리, 도제조, 제조, 도청, 낭청, 감조관(監造官), 금부, 후사대(後射隊)의 순으로 대열을 이루고 있다.[97]

『숙종영정모사도감의궤(肅宗影幀摸寫都監儀軌)』(1748)는 숙종의 영정이 오래되어 낡아 두 본의 영정을 새로이 모사한 후 이를 영희전과 선원전에 봉안하게 된 사업에 관한 것이다. 영희전은 당시 4실로 중수되어 영정을 봉안하였기에 영정모사도감뿐 아니라 영희전중수도감에 관한 기록도 함께 있다. 의궤 말미에는 도감 1방에서 제작한 옥축(玉軸), 축상원환(軸上圓環), 척도 등의 도설과 새로 제작한 영정을 영희전으로 옮길 때의 반차도가 수록되어 있는데, 이와 같은 도설과 반차도는 이보

97 『세조영정모사도감의궤(世祖影幀摸寫都監儀軌)』(1735), 162면, 반차식(班次式).

다 앞선 시기에 제작된 어진 관련 의궤에는 보이지 않는 것이다.

『태조영정모사도감의궤』(1838)는 헌종 3년(1837) 영흥의 준원전에 봉안되어 있던 태조의 영정이 도적의 침입으로 인하여 훼손된 것을 서울로 이봉한 뒤 신본을 새롭게 모사하고 구본을 수개하여 준원전에 봉안하게 된 사업에 관한 기록이다. 이때에는 새 어진을 제작하여 준원전에 봉안하면서도 구본 어진을 매안하지 않고 별도로 궤짝에 봉안하였다. 이 때문에 관찰사와 수령으로 하여금 매년 가을 궤짝에 봉안한 구본 영정을 봉심하고 포쇄(曝曬)하도록 하였다.

『태조원종어진이모도감의궤(太祖元宗御眞移摸都監儀軌)』(1872)는 영희전과 경기전의 두 곳에 봉안된 태조의 어진과 영희전에 봉안된 원종의 어진이 오래되어 낡고 희미해 새로이 어진을 이모(移摸)하여 봉안할 때의 사업 기록이다. 이 의궤에는 모사 작업의 진행 과정이 일자별로 잘 나타나고 있으므로 이를 표로 나타내면 〈표 37〉과 같다.[98]

어진의 이모 작업은 유지초본(油紙草本)의 제작부터 시작되어 시채 → 상초 → 착채(着彩) → 초배(初褙) → 장황(粧䌙) → 재배(再褙) → 숙초후배(熟綃後褙) → 장축의 순서로 진행됨을 알 수 있다. 작업 과정을 보면 두 어진에 대한 유지 초본의 제작, 시채, 상초, 착채, 옥색(玉色) 작업에 이르기까지의 모사 작업은 두 어진에 대해 동시에 진행하였고, 모사가 끝난 뒤에는 원종 어진부터 초배, 재배, 숙초후배의 순으로 진행하였다. 이후 경기전에 봉안할 어진에 대한 상초, 착채를 도중에 개시하고, 또한 모사가 끝난 남전 1실의 태조 어진에 대한 초배, 재배, 숙초후

98 『어진이모도감의궤(御眞移摸都監儀軌)』, 시일(時日), 913~917면.

〈표 37〉 태조와 원종 어진 이모 사업(1872)의 진행 과정

일자	남전 1실(태조 어진)	남전 3실(원종 어진)	경기전(태조 어진)
4월 8일	유지초본(油紙草本) 모사	〃	
4월 11일	시채(施彩)	〃	
4월 12일	상초(上綃)	〃	
4월 13일	착채(着彩)	〃	
4월 16일	옥색(玉色)	〃	
4월 18일		초배	
4월 19일		장황. 재배	
4월 20일		숙초후배	
4월 21일			상초
4월 22일	초배(初褙)		착채
4월 23일	장황(粧續). 재배(再褙)		
4월 24일	숙초후배(熟綃後褙)		옥색
4월 26일		장축 시역	초배
4월 27일		장축 완필. 봉안	장황. 재배
4월 28일			숙초후배
4월 29일	장축(粧軸) 시역		
4월 30일	장축 완필. 봉안		장축. 봉안

배 작업이 진행되었다.

이 의궤에 따르면 어진 제작이 완료된 뒤 남별전의 어진을 모사한 새 어진은 남별전에 봉안하고, 남별전의 구본 어진은 선원전으로 옮겨 봉안하였으며, 경기전의 어진은 신본을 경기전에 봉안하고 구본은 세초한 뒤 본 전각의 북쪽 섬돌 위쪽에 매안하였다.

이 밖에 대한제국 시기에 있었던 어진의 모사에 관한 사업 내역을

기록한 의궤로 『태조영정모사도감의궤』(1900), 『순조문조영정모사도감보완의궤(純祖文祖影幀摸寫都監補完儀軌)』(1900), 『태조숙종영조정조순조문조헌종영정모사도감의궤(太祖肅宗英祖正祖純祖文祖憲宗影幀摸寫都監儀軌)』가 있다.

어진 제작을 위해 설치된 도감 조직은 대체로 도청과 1방만으로 구성되는 점이 특이하다면 특이하다고 할 수 있다. 어진 제작에도 각종 물품이 적지 않게 들어가고, 특히 이들 물품은 왕의 어진을 제작하는 데 소용되는 만큼 재료 면에서나 제작의 공역 면에서 특별히 세심한 주의를 기울였다.

2. 악기와 제기의 조성에 관한 의궤

국가 제례 때 사용하는 제기나 악기가 전란이나 화재 등으로 대량 소실되는 경우에는 도감이나 청을 설치하여 악기와 제기의 제조에 관한 사업을 관장하였다. 제기와 악기의 조성에 관한 의궤로는 『사직종묘문묘제기도감의궤』(1605), 『제기도감의궤』(1612), 『제기악기도감의궤』(1624), 『인정전악기조성청의궤』(1745), 『경모궁악기조성청의궤』(1776), 『사직악기조성청의궤』(1804)의 6종 의궤가 전한다.

『사직종묘문묘제기도감의궤(社稷宗廟文廟祭器都監儀軌)』는 선조 37년(1604) 10월부터 다음 해 3월에 걸쳐서 사직·종묘·영녕전·효경전·문묘의 제기를 만들 때 설치된 제기도감의 사업에 관해 기록한 것이다. 이 의궤는 아주 이른 시기의 의궤로, 기록 내용은 의궤사목에 해당하는 내용에 이어 보(簠)·궤(簋)·형(鉶)·모혈반(毛血盤)·용찬반구(龍瓚槃具)의 5종 제기에 대한 도설이 있고, 다음으로 계사, 감결, 서계, 논상에 관한 기록이 이어진다. 이처럼 의궤사목과 도설이 책자의 앞쪽에 나오는 것은 후대에 제책을 다시 하는 과정에서 차례가 바뀌었기 때문일 것이다. 이보다 뒤의 시기인 광해군 4년(1612)에 제작된 『제기도감의궤(祭器

都監儀軌)』를 보면, 도설에 해당하는 부분은 계사나 감결 뒤에 수록되고, 의궤사목에 관한 내용은 책자의 마지막 부분에 수록되고 있음을 볼 수 있다.

이 의궤는 어람용은 제작하지 않고 분상용으로만 총 5건을 제작하여 의정부·예조·공조·사직서·종묘서에 분상한 점이 주목된다. 이는 어람용 의궤의 제작이 어느 시기에, 어떤 종류의 의궤를 제작하는 데서 시작되었는지를 판단하는 데 참고가 된다.

이때의 제기 조성 사업의 진행 과정을 보면 10월 19일에 여러 대신의 의논을 거쳐 마침내 여러 제향처에 필요한 제기 제작 사업이 결정되면서 담당관으로 도제조 1인을 비롯하여 제조 5인과 낭청 3인, 감역관 4인이 정해지고, 이들이 회동하여 도감사목을 정하였다. 이들 담당관의 역할을 보면 낭청 3인 가운데 한 사람은 도청으로 칭호하여 '검거(檢擧)'의 업무를 수행하고 나머지 낭청 2원이 좌변과 우변으로 나눈 작업팀에 각기 배정되어 작업 실무를 관장하고, 각 작업팀에는 감조관을 두 사람씩 두어 역사를 감독토록 하였다. 이처럼 작업팀을 좌·우변으로 나누어 수행하는 것은 제기도감이나 화기도감의 경우에만 보이는 것이기도 하다.[99] 이듬해 3월 26일 제기도감에서 올린 단자에 의하면 당시 제작한 제기는 보(簠) 100개, 궤(簋) 100개, 모혈반(毛血盤) 26개, 형(鉶) 135개, 용찬반구(龍瓚槃具) 17개인 것으로 확인된다.

『제기도감의궤(祭器都監儀軌)』는 광해군 3년(1611) 9월부터 이듬해 11월에 걸쳐 종묘, 영녕전, 사직, 왕릉의 제향에 쓸 제기를 조성할 때의

99 나영훈, 앞의 책, 254쪽.

사업에 관한 것이다. 이 의궤는 어람용을 포함하여 총 10건이 제작되어 네 곳의 사고와 사직·종묘·의정부·예조·춘추관에 분상되었다.

제기의 경우 소량의 제기를 제작하는 일은 공조에서 맡았으나 제작 수량이 대량이면 도감을 설치한다고 하였다.[100] 이때의 도감은 처음에는 각처 왕릉의 제기가 부족하다고 하여 설치되었던 것이나 사업을 진행하는 과정에서 종묘와 영녕전의 제기를 제조하기로 하였고, 나중에는 사직 제기까지 추가로 제작하기에 이른다.

이때의 사업 진행 과정을 보면, 광해군 3년 8월 24일 공조의 건의를 시작으로 다음 달 9월 9일 제기도감의 설치가 결정되었다. 도감을 처음 설치할 당시에는 도제조 1원, 제조 4원, 낭청 4원이 임명되었으나 이후 낭청 2인이 추가되고, 감조관으로 8명이 차출되었다. 9월 26일자 도감의 계사를 보면, 제기 제작에서 가장 중요한 것은 주기(鑄器)와 목기(木器)의 조성이고 나머지 소소한 제기는 종류에 따라 여기에 합치면 된다는 작업 방침이 제시되고 있다. 그리하여 도청 산하에 두 개의 방을 설치해서 낭청 4원 중 2원은 도청이 되어 제반 사항을 총찰하고 나머지 낭청은 각 2인이 한 방을 책임지고, 감조관은 네 개의 작업소에 나뉘어 공장들의 작업을 감독하도록 하였다. 네 곳의 작업소 가운데 1소는 권노기(權爐器), 2소는 소노기(小爐器), 3소는 은유동기(銀鍮銅器), 4소는 각색목기(各色木器)의 제작을 담당하였다.

제기 조성 사업에는 막대한 동철이 소용되고, 철물 주조를 위해 막대한 매탄이 필요하였다. 그런데 이들 물자의 조달이 원만하게 이루어

100 『제기도감의궤(祭器都監儀軌)』(1612), 계사(啓辭), 5면.

象尊 鑄 三十八

通足高六寸八分口徑長三寸四分闊二寸七分耳闊一
寸二分長一寸九分深四寸九分社稷四永寧殿十六
宗廟十八

『제기도감의궤』(1612)에 수록된 상준도설(象尊圖說)(서울대 규장각한국학연구원 소장)

지지 않아 많은 시일이 요하여 이 사업은 제기도감이 설치된 뒤 1년이 지난 이듬해 9월에야 사업이 완료되었다. 당시 사업을 완료하면서 동철에 축이 나는 부분에 대한 사후 처리 부분에 다음과 같은 흥미로운 내용이 기록되어 있다.

> 도감에서 사용한 동철이 1만 2,100여 근인데 실제 들어간 것과 환하된 것을 제외하면 축이 난 것이 1,257근이 되니 지금 호조 장인들의 처소에 공문을 보내어 징수하는 것이 마땅합니다. 다만 생각건대 동철을 한 번 두 번 제련할 때 구리의 품질에 차이가 있어서 더러워 쓸 수 없는 것이 많이 나왔으니, 지금 만약 전부 몇 근 몇 냥이라고 하게 되면 원망과 근심이 없지 않을 것입니다. 하물며 가난하고 잔약한

장인들이 여름과 가을을 지나 오랫동안 관역에 종사하면서 오로지 부료만을 바라고 있는데 겨우 일이 끝나자 또 축이 난 것을 징출하는 것은 형세상 앞으로 지탱하기 어렵습니다. 축난 숫자 중에 혹 그 반을 줄이거나 3분의 1을 줄여 적당히 징수하게 되면 한편으로 가난한 백성의 원망을 풀어줄 수 있고 한편으로는 훔치고 빼돌리는 폐단을 방지할 수 있을 것이니 공사 간에 심히 마땅할 것입니다. 이는 담당 관서에서 판단하는 일이기는 하지만 그간의 곡절이 이와 같음을 모를 것이므로 감히 사유를 갖추어 아뢰는 것입니다.[101]

이 기록은 제기를 만들 때 공급된 동철의 수량에서 실제 사용한 수량을 뺀 나머지 환수해야 할 동철이 실제 환수된 것과 큰 차이가 있는 경우이다. 이렇게 차이가 나는 것을 작업에 종사한 장인들에게 그 책임을 추궁하기가 곤란하여 환수 물량을 적당히 감하여 환수할 것을 건의한 것이다. 거의 모든 도감의궤의 각 작업소 의궤에는 '실입(實入)'과 '용환(用還)'에 관한 기록이 보이는데, 이는 회계 내역을 정확히 밝힘으로써 작업 과정에서의 절도나 부정을 방지하고자 한 것이다.

『제기악기도감의궤(祭器樂器都監儀軌)』는 인조 2년(1624) 1월 이괄의 난이 일어나 이를 진압한 직후 제기와 악기를 조성하기 위해 설치된 도감의 사업에 관한 것으로 현전하는 의궤 가운데 비교적 오래된 것이다. 이 의궤의 내용은 계사, 감결, 1방, 2방, 3방의 순으로 기록되어 있는데, 앞의 계사와 감결은 도청의 업무와 관련된 것이므로 이때의 의궤도 도

101 앞의 책, 계사(啓辭), 61~62면.

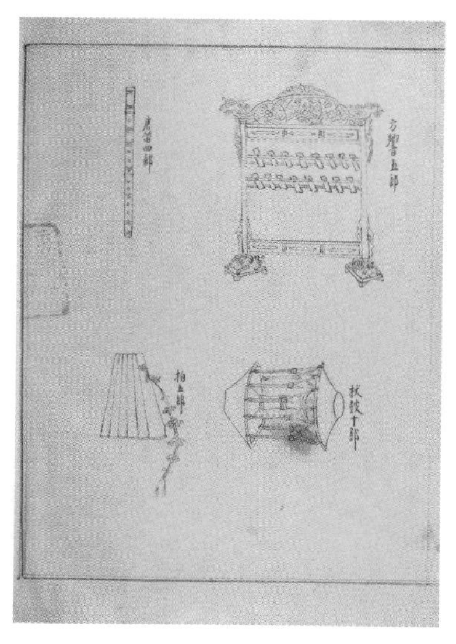

『제기악기도감의궤』(1624)에 수록된 악기도
(서울대 규장각한국학연구원 소장)

청과 각 방이 각기 담당 업무를 기록하고 있는 전형적인 의궤의 기록 형식을 보여준다.

이때의 도감은 이해에 중국 사신을 맞는 행사와 궁중에서의 진풍정 연향을 앞두고 있는데도 이 연회에 쓸 풍물과 악기가 크게 부족하다고 하여 설치되었다. 처음에는 악기 조성만을 위한 도감 설치를 결정하였다가 종묘의 제기 또한 파괴되고 산실된 것이 많다고 하여 함께 조성하기로 하였고, 그리하여 도감의 명칭도 '제기악기도감'으로 바뀌게 되었다. 담당 관원은 처음에는 도제조 1, 제조 5, 도청 1, 낭청 1, 감조관 3명으로 출발하였다가 사업을 진행하는 과정에서 공역의 규모가 커지면서 3방을 설치하게 되어 도청과 낭청, 감조관의 수를 추가로 차출하였다. 1방은 제기 및 주종(鑄鐘)에 관한 업무를, 2방은 제복과 의장에 관한 업무를, 3방은 악기와 의장에 관한 업무를 담당하였다.

이 의궤는 악기 조성에 관한 한 가장 오래된 의궤라 할 수 있는데, 악기 제작과 관련해서 3방이 각각 업무를 어떻게 분담하는지를 살필 수 있다. 3방에서 제작한 물품은 풍정용 악기 및 의장, 장악원 악기, 연화대(蓮花臺)·여기(女妓)·관현맹인(管絃盲人)·전악(典樂)·공인(工

人)·처용(處容)의 복장과 치장, 영녕전과 종묘에 올린 각종 악기, 장악원의 연습용 악기, 전정헌가(殿庭軒架) 악기 및 기타 물품 등이다. 풍정 기일이 급박함에 따라 미처 제조하지 못하고 구입한 풍물의 물목도 기록되어 있고, 또한 이들 악기와 각종 물품 제작에 들어간 재료와 도구가 물품별로, 제공한 관청별로 기록되어 있다.

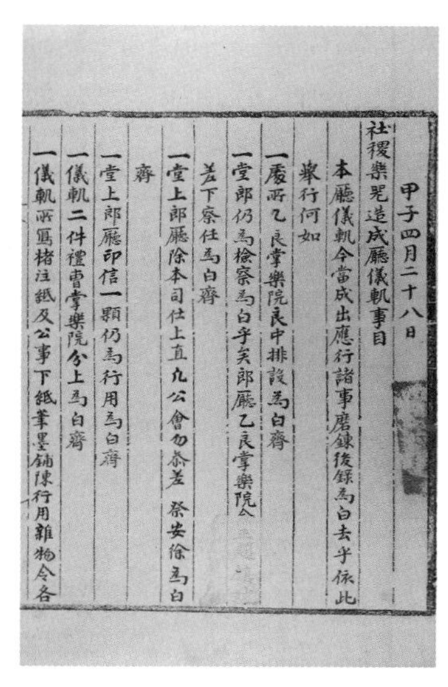
甲子四月二十八日
社稷樂器造成廳儀軌事目
本廳儀軌今當成出應行諸事磨鍊後錄爲白去乎依此
舉行何如
一處所乙良掌樂院良中排設爲白齊
一堂郞仍爲檢察爲白乎矣郞廳乙良掌樂院
差下察任爲白齊
一堂上郞廳除本司仕上直凡公會勿叅差 祭安徐爲白
齊
一堂上郞廳印信一顆仍爲行用爲白齊
一儀軌二件禮曹掌樂院分上爲白齊
一儀軌所寫楮注紙及公事下紙筆墨鋪陳行用雜物令各

『사직악기조성청의궤』(1804)의 의궤사목
(서울대 규장각한국학연구원 소장)

이 의궤에 따르면 이때 조성한 악기 및 의물로는 편종 32매(두 틀), 편경 32매(두 틀), 방향(方響) 32매(두 틀), 진고(晉鼓) 1부, 절고(節鼓) 1부, 장고(杖鼓) 2부, 어(敔) 2부, 당비파(唐琵琶) 1부, 향비파(鄕琵琶) 1부, 현금(玄琴) 1부, 가야금 1부, 아쟁(牙箏) 1부, 생(笙) 2부, 훈(塤) 2부, 태평소(太平簫) 1부, 해금(奚琴) 1부, 필율(觱篥) 2개, 대금(大笒) 2개, 당적(唐笛) 2개, 퉁소(洞簫) 1개, 지(篪) 1개, 둑(纛) 2부, 노도(路鼗) 1부, 휘(麾) 1부, 조촉(照燭) 1부, 대금(大金) 1좌, 박(拍) 2부였다. 이 밖에 무적(舞翟) 36개, 무약(舞籥) 36개, 목검(木劍) 12개, 목창(木槍) 12개, 죽궁(竹弓) 12개, 죽시(竹矢) 12개, 복두(幞頭), 의대(衣帶) 등도 있었다.

악기 조성에 관한 의궤로는 이 밖에 『인정전악기조성청의궤(仁政殿樂器造成廳儀軌)』와 『경모궁악기조성청의궤(景慕宮樂器造成廳儀軌)』, 『사직악기조성청의궤(社稷樂器造成廳儀軌)』가 있다. 『인정전악기조성청의궤』는 영조 20년(1744) 인정전의 실화로 인해 악기를 조성하게 된 사업에 관해 기록했고, 『경모궁악기조성청의궤』는 정조 1년(1777) 사도세자의 사당인 경모궁을 건립하면서 제향 때 쓸 악기를 조성한 사업에 관해 기록한 것이며, 『사직악기조성청의궤』는 순조 4년(1804)에 사직서의 악기고가 실화로 인해 소실되어 새로이 악기를 조성할 때의 의궤이다.

3. 책보(冊寶)의 개조와 보수에 관한 의궤

왕과 왕후에게 존호나 시호를 올리거나 세자나 비빈을 책봉할 때에는 그 사실을 글로 기록한 책(冊)과 그 증표물인 보(寶)나 인(印)을 금이나 옥에 새겼다. 종묘의 각 신실에는 왕과 왕후의 혼령이 깃든 신주와 함께 왕과 왕후의 존엄을 상징하는 의물인 책과 보를 함께 봉안하였다. 그러므로 신주는 말할 것도 없고 왕과 왕후의 책, 보가 손상되거나 망실되는 일은 중대한 사안으로 여겨졌다. 이 때문에 현존하는 의궤 가운데는 망실되거나 손상된 책보의 개조나 수보에 관한 일로 도감을 설치하고 이에 관해 기록한 의궤가 있게 되었다. 책보의 개조나 수보에 관한 의궤로 현전하는 것은 『[장렬왕후]책보수개도감의궤』(1688), 『금보개조도감의궤』(1705), 『금보개조도감추보의궤』(1705), 『[현빈]옥인조성도감의궤』(1735), 『보인소의궤』(1876)의 5종이 전한다.

『[장렬왕후]책보수개도감의궤([莊烈王后]冊寶修改都監儀軌)』는 숙종 13년(1687)에 당시 대왕대비로 창덕궁 만수전에 거처하던 장렬왕후 조씨가 여러 시기에 걸쳐 받았던 책보의 수개에 관한 의궤이다. 장렬왕후는 인조의 계비로 인조 16년(1638)에 왕과 가례를 치러 왕비가 된 후 인조, 효종, 현종의 죽음에 이어 숙종이 재위할 때까지 생존하였던 인물이다.

대왕대비였던 조씨가 당시 만수전에 보관하고 있었던 책보로는 무인년(1638) 인조와의 가례 때의 왕비 책보를 비롯하여, 신묘년(1651) 인조 부묘 때의 존호 책보, 신축년(1661) 효종 부묘 때의 존호 책보, 병진년(1676) 현종 부묘 때의 존호 책보, 병인년(1686) 장렬왕후 회갑 때의 존호 책보가 있었다.

당시 화재로 손상된 책보의 개조나 보수를 요하는 내용은 다음과 같다. 무인년(1638) 왕비 책보 가운데 옥책과 교명은 수보하고 금보는 개도금(改鍍金)하며, 신묘년(1651) 존호 책보 가운데 옥책은 수보하고 옥보는 개조하며, 신축년(1661) 존호 책보는 옥책과 옥보 모두 개조하며, 병진년(1676)과 병인년(1686)의 존호 책보는 옥책, 옥보 모두 수보해야 한다는 것이었다.

그러나 의궤를 통해 실제 사업 내역을 보면 금보나 옥보에 대해서는 개조나 보수가 이루어졌으나 옥책에 대해서는 실제로는 어떠한 조처도 이루어지지 못했다. 이 『[장렬왕후]책보수개도감의궤』(1688)는 서명만으로 보면 '책보'의 수개에 관한 의궤로는 현전하는 유일한 의궤이기는 하나 이마저도 실제로는 '책'과 '보'의 수개에 관한 것이 아니라 '보'의 수개에 한정되었다. 이는 책문을 새긴 옥책이나 금책은 실제로는 복구하기가 어려웠기 때문이다. 이런 사실에 대해서는 숙종 31년(1705)의 금보개조도감이 설치되었을 때의 의궤에 잘 나타나 있다.

『금보개조도감의궤(金寶改造都監儀軌)』는 숙종 31년에 설치된 금보개조도감의 사업에 관한 의궤이다. 숙종은 이해 여름의 종묘 제향을 친제로 행하였는데, 제사를 마친 후 종묘 각 실의 책보를 봉심하고는 종묘 제9실(인조), 10실(효종), 11실(현종)을 제외한 나머지 각 실에 모두 옥책이 유실되어 없고, 금보와 옥보를 보관하는 보갑(寶匣)과 보록(寶盝)이 멸실되거나 손상된 것이 많다는 사실을 알게 되어 이에 대한 '추보(追補)' 문제를 거론하였다. 이 가운데 옥책이 유실된 것에 대해서는 당시 종묘서 도제조였던 판중추 서문중(徐文重)이 '옥책이 없어진 것은 의장이 갖추어지지 않은 것과는 다르고, 책문을 완전히 갖추기에 어려움이 있으므로 추보하는 일을 거행하는 것은 불가하다'는 의견을 냄으로써[102] 옥책을 추보하는 일은 더 이상 거론되지 않았다.

이에 따라 종묘 각 실의 금보와 보록, 보갑에 대한 봉심이 이루어지고, 뒤이어 영녕전 각 실에 대해서도 마찬가지의 봉심이 이루어졌다. 이 과정에서 영녕전에는 종묘와는 달리 보갑만 있고 보록이 없다는 사실을 알게 되었다. 이 밖에 영녕전 제9실에 있던, 장순왕후가 세자빈 책봉 때 받은 백철인(白鐵印)이 심각하게 손상되었다는 것, 영녕전 11실 명종실에는 왕후의 금보만 있고 명종의 금보가 멸실되어 없다는 사실, 종묘 제7실의 선조와 선조비 의인왕후에게 올린 존호옥보(尊號玉寶) 네 개는 광해군이 올린 것으로 이를 매안해야 하는 문제가 제기되었다. 숙종은 이 문제를 매우 중대하게 여겨 대신들에게 이에 대한 의견을 제시할 것을 여러 차례에 걸쳐 요구하였다. 그러나 당시 대부분의 대신들이 의견을 제시하는 것을 두렵게 여겨 이를 회피하였다.

이에 대해 당시 종묘서의 도제조였던 서문중은 종묘 각 실을 봉심한

102 『금보개조도감의궤(金寶改造都監儀軌)』 계사(啓辭), 을유(乙酉) 4월 13일.

뒤 다음과 같은 의견을 피력하였다.

명종의 금보는 없어졌으나 지금 비록 다시 만들더라도 일의 대체상 옥책과는 차이가 있어서 크게 구애될 것은 없을 듯합니다. 장순빈(章順嬪)의 백철인은 다른 데는 손상된 곳이 없고 다만 윗면 주정(柱頂)이 떨어져 나가 나무껍질 형상과 같으나, 그다지 염려할 정도는 아닙니다. 옛날처럼 그대로 봉하여 저장해두면 되고 개조할 필요까지는 없을 것 같습니다. (중략) 그리고 또 국가 태묘의 제도에 조천(祧遷)한 이후의 의절은 본래 같지 않음이 있어 영녕전 각 실의 금보·옥보는 다만 내갑(內匣)으로써 한 궤(櫃)에 같이 넣어 장(欌) 안에 보관하였던 것입니다. 그런데 근년에 정종과 단종을 부묘할 때에 비로소 보갑과 보록을 갖추었습니다. 이제 이 각 실에 대해 보갑을 추가로 갖추는 것은 대체에 있어 당연한 일이나, 만일 다시 그전대로 보록을 갖춘다면 혹은 15, 16개에 이르게 될 것이므로 장(欌)이 협소하여 용납하기 어려울 것입니다. 신의 어리석은 생각에는, 영녕전 각 실의 보록을 비록 모두 구비하지 않더라도 약간 변경된 제도를 존속시킨다면 절문이 크게 해로운 데 이르지는 않을 듯합니다. 그리고 또 태묘 제7실의 선조대왕과 의인왕후에 대해 혼조(昏朝) 때에 올린 존호 옥보 4개는 창고 속에 보관되어 있으니 적합한 장소가 아닌 듯합니다. 또한 마땅히 매안하는 절차가 있어야 할 것입니다.[103]

103 『숙종실록』 41권, 숙종 31년 윤4월 12일 을사(乙巳).

서문중의 의견은, 명종의 금보를 다시 제작하는 일을 제외하고는 사업 내용을 최소한으로 제안하는 것이었다. 그리하여 백철인은 그대로 보관만 하면 되고 개조할 필요가 없다는 것, 영녕전은 종묘와는 다르고 또한 공간적으로도 어려움이 있으니 보록을 다시 만들 필요가 없다는 것이었다.

이해 6월 6일 모든 공역을 끝마치고, 17일 봉안 의식을 거행하였다. 그런데 이때 새로 장만한 기물들의 목록을 보면, 종묘 각 실에 새로 비치한 보수(寶綬)·보록·보갑의 명세와 영녕전의 명종 금보 및 영녕전 각 실에 새로 비치한 보수·보록·보갑·보장(寶欌)의 명세, 종묘와 영녕전 각 실의 보주갑(寶朱匣)을 봉심한 뒤 추가 조성하여 새로 비치한 쇄약(鎖鑰)의 명세가 나타나고 있어 영녕전 각 실에 없었던 보록 또한 제작되었음을 알 수 있다.[104]

이때의 금보개조도감은 3방의 작업팀을 갖추어, 1방에서는 금보(金寶)·보복(寶栿)·인복(印栿)·보수·보록복(寶盝栿)·보갑복(寶匣栿)·인궤복(印樻栿)·보장의 제작에 관한 일을, 2방에서는 보갑·인갑(印匣)·주갑(朱匣)의 제작에 관한 일을, 3방에서는 보록·인록(印盝)·주록(朱盝) 등의 제작을 담당하였다.

그런데 명종의 금보와 종묘·영녕전 각 실의 보갑 등을 개수한 뒤 새로 마련한 이들 기물을 봉안하는 와중에 종묘 제1실의 신의왕후 금보가 빠져 있다는 것을 뒤늦게 알게 되었다. 신의왕후 금보가 없는 것을

104 『금보개조도감의궤(金寶改造都監儀軌)』 131면, 영녕전제십실명종대왕금보급각실보수보록보갑보장신비별단(永寧殿第十室明宗大王金寶及各室寶綬寶盝寶匣寶欌新備別單).

두고서는 이것이 유실된 것이 아니라 원래 없었던 것으로 추정하여 후대에 새로 만드는 것은 적절하지 못하다는 의견이 많았으나 숙종은 금보의 제작을 명하였다. 또한 태조의 선대 4조는 원래부터 보책이 없었을 것이므로 이를 제작할 필요가 없다는 것은 도감 설치 초기부터 제기되었으나 이때 4조와 그 비의 금보도 함께 제작하여 영녕전에 봉안하게 하였다.

『[현빈]옥인조성도감의궤(賢嬪玉印造成都監儀軌)』(1735)는 효장세자빈 조씨(1715~1751)를 현빈에 봉하고 그 옥인을 조성한 과정을 기록한 의궤이다. 그녀는 조문명(趙文命)의 딸로 영조 3년(1727)에 세자빈에 간택되어 효장세자와 가례를 올렸으나 이듬해 세자가 세상을 떠난 뒤 빈궁에 홀로 남게 되었다. 그 뒤 영조 11년(1735)에 원자(훗날의 사도세자)가 태어나면서 효장세자빈을 더 이상 빈궁으로 칭하기가 곤란해져 작호 문제가 제기되었다. 효장세자빈은 사후 효순(孝純)이라는 시호를 받았고, 뒷날 정조가 효장세자의 양자로 왕위를 계승함에 따라, 왕후로 추존되었다.

의궤에 따르면 조선 건국 초기만 하더라도 왕세자빈에게는 모두 작호가 있었다. 예컨대 정종비 정안왕후는 세자빈일 때 덕빈으로, 태종비 원경왕후는 정빈으로, 세종비 소헌왕후는 경빈으로 봉작된 경우가 그러하였다. 그 뒤 예종과 인종이 세자일 때는 빈궁의 작호가 없었다가 명종의 세자인 순회세자의 빈은 덕빈으로 작호하였으나 이후로 다시는 세자빈 책봉 시에 작호를 내리는 관례가 없었다고 한다.[105]

105 『옥인조성도감의궤(玉印造成都監儀軌)』, 계사(啓辭), 8~9면.

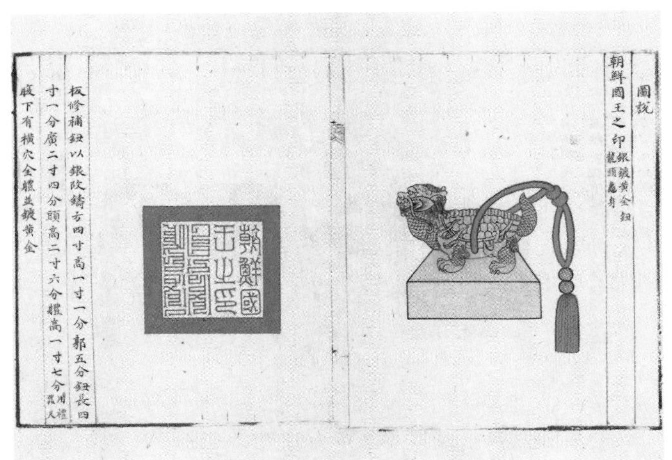

圖說

朝鮮國王之印 銀鍍黃金鈕 龍頭龜身

板修補鈕以銀改鑄方四寸高一寸一分郭五分鈕長四

寸一分廣二寸四分頭高二寸六分體高一寸七分 用禮器尺

腹下有橫穴全體並鍍黃金

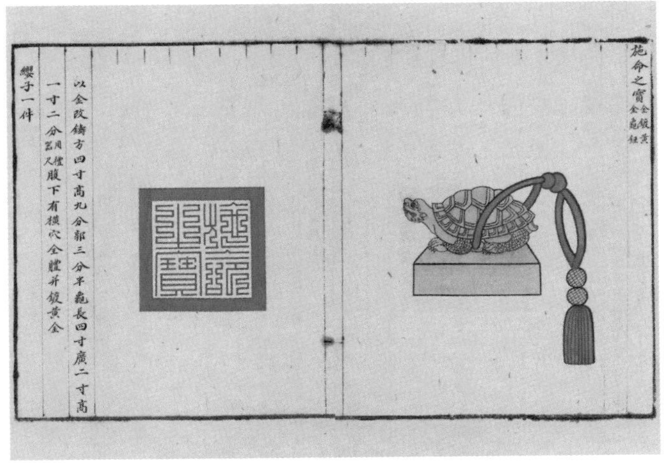

施命之寶 金鍍黃 金龜鈕

以金改鑄方四寸高九分郭三分半龜長四寸廣二寸高

一寸二分 用禮器尺 腹下有橫穴全體幷鍍黃金

纓子一件

『보인소의궤』(1878)에 수록된 '조선국왕지인'(위쪽)과 '시명지보(施命之寶)'(서울대 규장각한국학연구원 소장)

효장세자빈의 작호 문제는 영조 10년(1734) 11월 처음 제기된 이래 많은 논의를 거쳐 이듬해 3월에 이르러 마침내 '현빈'으로 결정되었다.

이때 인장을 만들면서 재료를 은으로 할지 옥으로 할지를 두고 판단을 미루다가 마침내 옥으로 하기로 결정하여 도감의 명칭 또한 옥인조성도감으로 결정되었다.

이 도감은 작업소로 1방만을 두어 여기서 옥인(1), 인통(印筒)(1), 주통(1), 인록(1), 주록(1), 호갑, 담편(擔鞭), 배안상(1), 독인상(1), 욕석(褥席), 보건(袱巾) 등을 제작하였고, 이 밖에 인안(印鞍) 1부는 공조에서, 안롱(鞍籠) 1부는 장흥고에서 제작해 들이도록 하였다. 이들 제작 물건에 대해서는 그 형태를 도면으로 나타내고 규격이나 제작에 소요되는 물품의 종류와 수량 등에 대해 자세히 기록한 도설이 있다.

『보인소의궤(寶印所儀軌)』는 고종 13년(1876)에 경복궁의 화재로 인해 손상을 입은 궁중의 보(寶)와 인(印)을 개수하게 된 사업에 관해 기록한 의궤이다. 이때의 보인 개수 사업은 별도의 도감이나 청을 설치하지 않고 호조와 무위소(武衛所)가 함께 업무를 맡았다.

이때 제작된 보인은 조선국왕지인(朝鮮國王之印), 대조선국주상지보(大朝鮮國主上之寶), 조선왕보(朝鮮王寶), 위정이덕(爲政以德), 소신지보(昭信之寶), 시명지보(施命之寶), 유서지보(諭書之寶), 과거지보(科擧之寶), 선사지기(宣賜之記), 무위소(武衛所), 왕세자인(王世子印)의 11종으로, 이 11종의 보인과 관련 보통, 보록, 호갑에 대해서는 각각 도설이 수록되어 있다. 그리고 각각의 보인에 대해서는 외형과 자형, 이들 보인을 보관할 보통·보록·인통·인록·호갑의 형태에 대한 설명과 함께 채색도가 그려져 있다.

10장

왕실 행사와 의궤의 반차도(班次圖)

1. 왕실 행사와 의장(儀仗)

조선왕조의 여러 국가 기록물 가운데 의궤는 다른 무엇보다 각종 도설(圖說)과 반차도(班次圖)가 수록되어 있어 많은 주목을 끌었다. 의궤에 수록된 도설은 왕실 관련 행사를 위해 제작된 각종 물건을 그림으로 그리고 이에 대한 자세한 설명을 붙인 것이고, 반차도는 행사를 위해 제작된 각종 의장용 물품과 중요 의물을 실은 가마류 행렬, 이를 수종하는 관원과 시위 군사의 행렬을 그림으로 나타낸 것이 대부분이다.

의궤에 수록된 반차도가 무엇을 그린 것인지를 이해하기 위해서는 무엇보다도 왕이나 왕비, 왕세자의 공식적인 출궁 때에 적용되는 의장 제도부터 살펴볼 필요가 있다.

제왕이 출궁하여 이동할 때의 의장 행렬을 노부(鹵簿)라고 한다. 노부는 행차의 규모에 따라 대가 노부(大駕鹵簿), 법가 노부(法駕鹵簿), 소가 노부(小駕鹵簿)의 구분이 있었다. 『국조오례의』에 따르면 대가 노부는 국왕이 조칙을 맞이할 때, 사직과 종묘에 제사를 드리기 위해 출궁할 때에 적용하고, 법가 노부는 국왕이 선농이나 문선왕에 제사할 때, 사단(射壇)에서 활을 쏘거나 활쏘기를 관람할 때, 무과 전시(武科殿試)를 행할 때에 적용하며, 소가 노부는 국왕이 능에 참배하거나 여타의 모든 궁문 밖 행차에 적용하는 노부라고 한다.

현전하는 의궤에는 국왕이 조칙을 맞이하거나, 사직과 종묘에 제사하거나, 선농과 문선왕에 대해 제사할 때의 행사에 관해 기록한 의궤는 보이지 않는다. 이러한 행사 자체가 없어서가 아니라 이들 행사의 경우 특별히 도감을 설치하게 되는 경우가 없으며, 따라서 행사 내역을 의궤로 제작하는 사례가 없었기 때문이다. 국왕이 친히 사단에서 활을 쏜 행사에 관한 의궤가 있기는 하나 여기에도 노부의 모습을 보여주는 반차도는 수록되어 있지 않다. 그러므로 이들 몇몇 국가적 행사와 관련해서 실제 노부만의 행렬 구성이 어떠했는지를 반차도상으로 확인할 수는 없다. 다만 의궤에 수록된 반차도를 통해서 노부의 의장이나 행렬의 편성이 어떠했는지는 살펴볼 수는 있다.

노부는 대체로 도가(導駕), 시위 군사, 의장 기물의 행렬, 어가 행렬, 시위 군사의 차례로 구성되는 것으로 볼 수 있다.[106] 도가란 이동하는 행렬의 길잡이 역할을 담당하는 대열로 행렬의 맨 앞쪽에 위치하는 관리들을 지칭하는 것이다. 이 도가 행렬의 뒤로 시위 군사, 그 뒤를 각종 기치와 의장 기물이 나아가고, 그 뒤를 국왕이 탄 가마 행렬이 나아가며, 그 뒤쪽을 시위대가 호위하는 것이 노부의 편성 형태라고 할 수 있다.

노부에서 의장 행렬과 어가 행렬의 앞과 뒤에 배치되어 행렬 전체를 호위하는 시위 군사는 상군(廂軍)과 사대(射隊)로 구성된다. 행렬 앞쪽

106 제송희, 「조선시대 의례 반차도 연구」, 한국학중앙연구원 한국학대학원 박사학위 논문, 2013.

의 시위 군사는 선상 시위군, 행렬 뒤쪽의 시위 군사는 후상 시위군이라고 부르는데, 의장 행렬은 선상 시위군 다음에 중, 좌, 우의 3열을 이루며 나아가게 된다. 이 의장 행렬 다음에 어가 행렬이 나아가며, 어가 행렬 전후에는 호위 군사와 무관이 어가를 엄호하고, 또 그 뒤를 문무 관료가 수종한다.

의궤의 반차도는 노부를 구성하는 이러한 행렬을 바탕으로 구성된다고 할 수 있다. 노부가 도가, 시위군, 의장 행렬, 어가 행렬, 시위대로 편성된 행렬이라면, 반차도는 도가, 시위대, 의장 행렬, 가마류 행렬, 시위대로 이루어진 행렬 편성을 보이는 것이 대부분이다. 즉, 노부를 구성하는 어가 행렬의 위치에 책·보와 같은 행사용 의물을 실은 가마류 행렬이 대신 자리 잡아 전체 행렬을 구성하는 것이 반차도의 일반적 형식이라고 할 수 있다.

국왕의 행차에 적용되는 도가에는 대가, 법가, 소가의 세 종류가 있지만, 법가 노부와 소가 노부의 국왕 행차도는 의궤를 통해서는 찾을 수 없다. 이는 의궤가 일시적으로 발생하는 중요한 국가적 행사에 관한 기록물이고, 이 경우 국왕이 행렬에 포함되는 행사는 모두 대가 노부가 적용될 정도의 중대한 행사였기 때문이다.

대가 노부에서 도가는 행렬이 이동하는 행정 구역의 관리를 선두로 하여, 그 뒤로 한성부 판윤, 예조판서, 호조판서, 대사헌, 병조판서의 차례로 나아가며, 그 뒤를 의금부 당하관 2원이 좌우로 나누어 서며, 그 뒤를 상군과 사대로 구성된 시위군이 뒤따르는 것으로 되어 있다.

대가 노부는 의장의 종류가 많을 뿐만 아니라 의장 행렬의 구성 또한 아주 복잡하여 이를 간략히 설명하기가 쉽지 않다. 그 대략을 살피

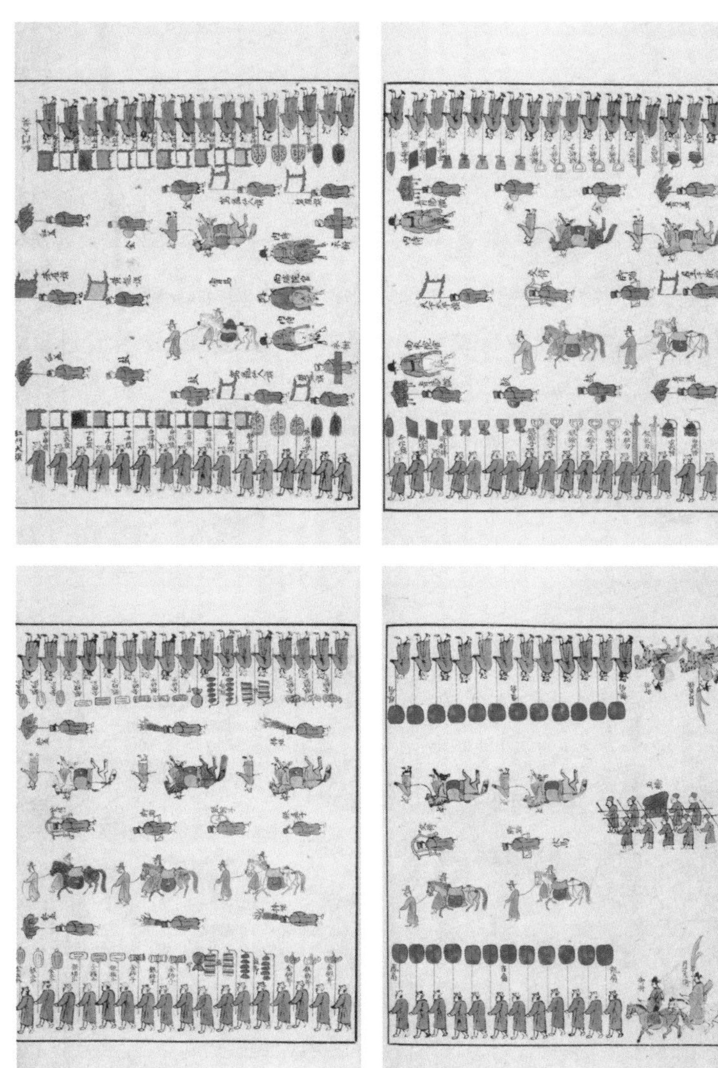

『[영조정순왕후]가례도감의궤』(1759) 반차도에 그려진 대가 노부의 기치류 의장(서울대 규장각한국학연구원 소장)

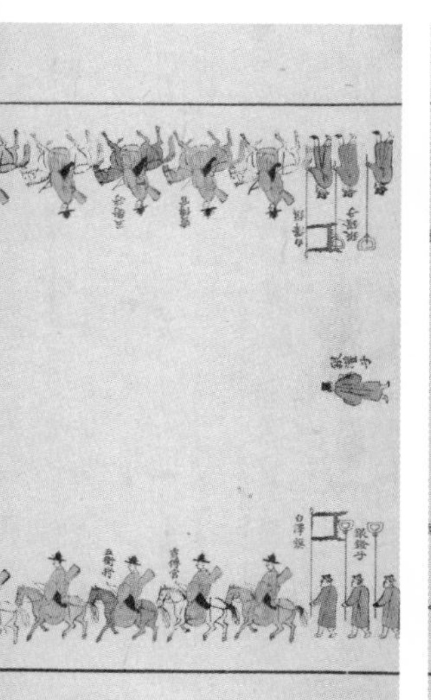
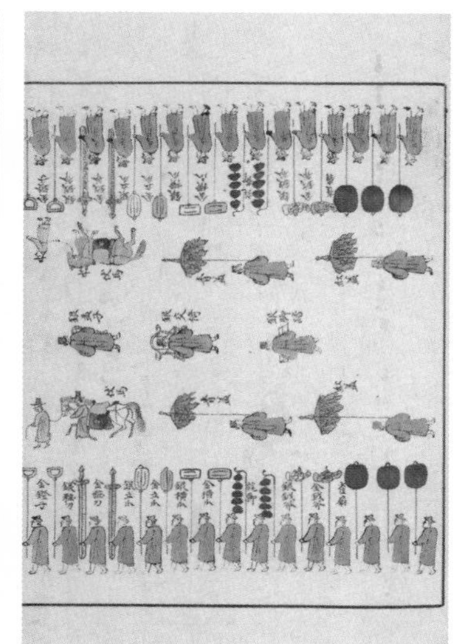
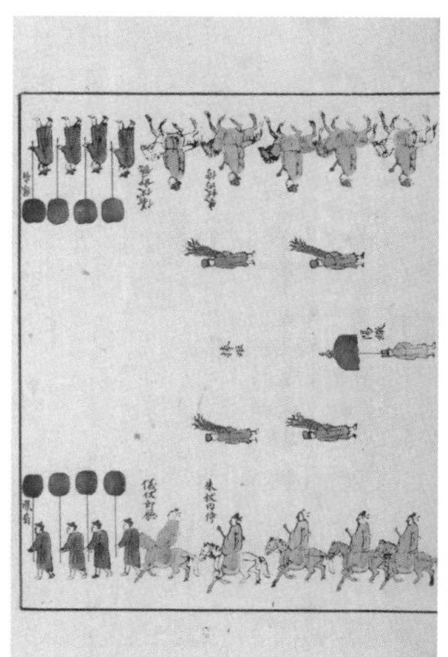

『[영조정순왕후]가례도감의궤』 반차도에 그려진 왕비 의장(서울대 규장각한국학연구원 소장)

면, 의장은 좌·중·우의 3열로 배치되는데, 좌와 우열은 대체로 같은 종류의 기치류가 일정한 순서에 따라 차례로 배치되고, 이와 달리 중앙열에는 기치류가 일부 포함되기도 하지만 주로 왕실의 권위를 상징하는 각종 의전용 기물이 일정한 순서에 따라 배치된다.

좌우에 배치되는 기치류로는 대궐의 문을 상징하는 홍문대기(紅門大旗)를 필두로 하여 사신기(청룡기·백호기·주작기·현무기), 육정기(六丁旗, 정축·정묘·정사·정미·정유·정해기), 신수문기(神獸紋旗, 백택·삼각·각단·용마기), 타자기(朶子旗, 표골타자·웅골타자), 문자기(文字旗, 고자기·금자기)에 이어 가서봉(哥舒棒), 등(금등), 도(금장도·은장도), 당(청룡·백호·주작·현무당), 과(은립·금립·은횡·금횡과), 작자(금작자·은작자), 한(罕)과 필(畢), 모

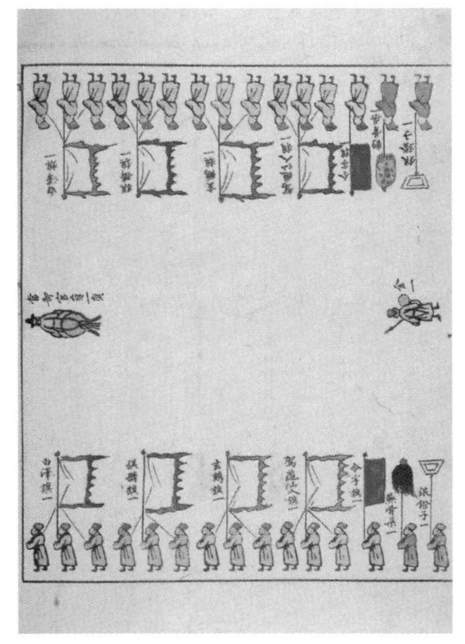
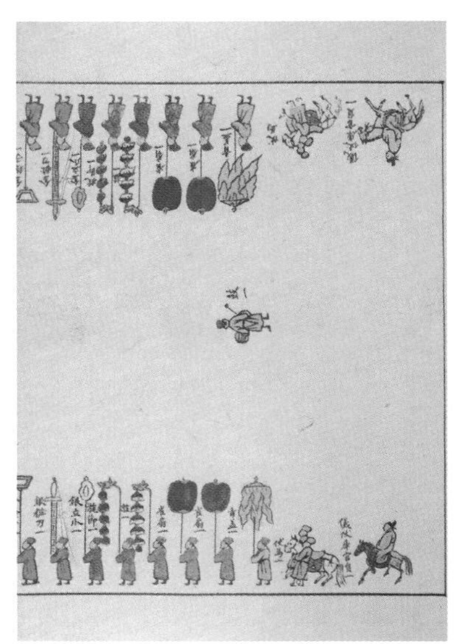

『[사도세자]책례도감의궤』(1736) 반차도에 그려진 왕세자 의장(서울대 규장각한국학연구원 소장)

절(旄節)과 정(旌), 월부(금월부·은월부), 선(봉선·작선·용선)의 차례로 배치된다.[107]

이들 좌우 행렬의 사이에 배치되는 중간 열의 의장 기물로는 맨 앞쪽의 홍개(紅蓋)를 선두로 하여 그 뒤로 황룡기·고금(鼓琴)·주작기 / 고명(誥命)·대보(大寶)·시명보(施命寶)·유서보(諭書寶)·소인보(昭信寶) / 천하태평기·대각·중각·소각·장마·금고 / 가귀선인기(駕龜仙人旗)·장마 / 벽봉기(碧鳳旗)·장마 / 군왕천세기·장마 / 은교의(銀交倚)·각답(脚

107 반차도상에 나타나는 각종 의장 기물 용어는 국립중앙박물관, 외규장각의궤(http://www.museum.go.kr/uigwe)의 반차도에 대한 해설이 자세하므로 이를 참고하기 바란다.

踏) / 은관자(銀灌子)·은우(銀盂)·장마 / 금고·장마 / 은교의·각답 / 주칠교의(朱漆交倚)·각답 / 청양산·소여·소련·금고·어마·청개·홍개의 차례로 배치된다.

국왕의 노부에는 이처럼 수많은 기치류와 의장 기물이 나타나지만 왕비의 의장 행렬은 기치류로는 '백택기(白澤旗)' 하나만 있었다. 왕세자 의장의 경우는 기린기, 백택기, 현학·백학기, 가귀선인기, 표골타, 웅골타, 영자기(令字旗) 등 여러 종류 기치류 의장이 나타나고, 이 가운데 '기린기'는 왕세자 의장에만 보이는 기치이기도 하다.

〈표 38〉 국왕의 의장(대가 노부 의장)과 왕비, 왕세자 의장의 비교

대가 노부 의장		왕비 의장		왕세자 의장	
좌	우	좌	우	좌	우
홍문대기	홍문대기				
주작기	백호기			기린기	좌동
청룡기	현무기				
정사기	정묘기				
정미기	정유기				
정축기	정해기				
백택기	좌동	백택기	좌동	백택기	좌동
삼각기	좌동				
각단기	좌동				
용마기	좌동				
현학기	좌동			현학기	백학기
표골타자(3)	좌동			표골타자	좌동
웅골타자(3)	좌동				
영자기	좌동			영자기	좌동

대가 노부 의장		왕비 의장		왕세자 의장	
고자기	금자기				
가서봉(5)	좌동	은등(2)	좌동	은등	좌동
금등(5)	좌동	금등(2)	좌동	금등	좌동
은장도	좌동			은장도	좌동
금장도	좌동				
주작당	백호당				
청룡당	현무당				
은립과	좌동	은립과	좌동		
금립과	좌동	금립과	좌동	금립과	좌동
은립과	좌동				
은횡과	좌동	은횡과	좌동		
금횡과	좌동	금횡과	좌동		
은횡과	좌동				
금작자	좌동				
은작자	좌동				
금작자	좌동				
한	필				
모절(2)	좌동	모절(2)	좌동	모절	좌동
정(2)	좌동			정	좌동
은월부	좌동	은월부	좌동		
금월부	좌동	금월부	좌동		
은월부	좌동				
금월부	좌동				
봉선(5)	좌동	작선(3)	좌동		
작선(5)	좌동	봉선(3)	좌동	작선(2)	좌동
용선	좌동				

이러한 의장 행렬을 앞세우고 그 뒤로 어가 행렬이 나아가게 된다. 이를 어가 행렬의 앞쪽 행렬, 어가 행렬, 어가 뒤쪽 행렬로 나누어 살펴보면 다음과 같다.

어가 행렬의 앞쪽 행렬은 시종 신하와 기보대(騎步隊)로 편성된 시위군이 좌우로 행렬을 이루며, 그 가운데를 전부고취를 앞세우고 수정장(水晶仗)과 금월부(金鉞斧)가 좌우로 나뉘어 배치되고, 그 뒤로 홍양산, 은마궤(銀馬机)가 따른다. 이러한 행렬을 앞세우고 그 뒤로 어가가 나아가며 어가 좌우를 청선(青扇)이 뒤따르며, 그 바로 뒤로 중추원 소속의 운검(雲劍)과, 갑옷과 궁시를 갖춘 상호군(上護軍)이 가까이에서 호위한다. 마지막으로 어가 행렬의 뒤쪽은 후전대기(後殿大旗)와 현무기(玄武旗)와 같은 기치가 배치된다. 현무기는 북방을 수호하는 신을 상징함으로써 어가의 뒤쪽 중앙에 위치하며, 후전대기는 글자 그대로 임금이 머무는 궁전 뒤쪽을 상징하는 기치로 현무기의 좌우에 위치한다.

반차도는 도가, 시위군, 의장 기물 행렬, 어가 행렬, 시위군으로 이루어지는 노부 행렬의 편성 형식을 바탕으로 그려진 것이 대부분이다. 현존하는 600여 종의 의궤 가운데 반차도가 수록된 의궤는 170여 종 정도이다.[108] 반차도가 수록된 의궤를 도감의 종류별로 나누어보면, 가례도감·책례도감·존숭도감·추숭도감의궤에 수록된 반차도는 반차도의 도면 구성이 서로 비슷하고, 부묘도감의궤에 수록된 반차도는 이와는 약간 차이가 있다. 또한 국장도감·예장도감의궤에는 국장과 예장 때의 발인 반차도가 수록되는 점에서 다른 반차도와는 차이가 있다.

108 김지영, 「조선시대 의궤 반차도의 기초적 연구」, 『한국학보』 118, 59쪽.

2. 가례도감의궤 반차도

왕실의 혼인에서 중요한 의식은 납채, 납징, 고기, 책비(혹은 책빈), 친영(혹은 봉영), 동뢰의 여섯 가지 의식이다. 이 가운데 책비나 책빈을 제외한 의식은 절차 면에서 일반 사대부가의 혼례도 왕실과 마찬가지라고 할 수 있다. 왕실의 혼인에서는 혼인 날짜가 정해진 뒤 신부를 맞이하는 친영 혹은 봉영 의식에 앞서 신부를 왕비나 세자빈으로 책봉하는 것이 의례상 중요하였다. 가례도감의궤에 수록된 반차도는 모두가 책봉 의례를 치른 뒤 신부가 받은 교명, 책, 보(인), 명복과 같은 증표 의물을 실은 가마 행렬을 앞세우고 그 뒤로 신부가 탄 가마가 이동하는 모습을 그린 것이다.

현전하는 의궤 가운데 왕실 혼례에 관한 의궤로는 소현세자 가례 때의 의궤가 가장 오래된 것으로 여기에도 반차도가 수록되어 있다. 특히 이 반차도에는 '세자빈이 별궁에서 태평관으로 나아갈 때의 반차도'라는 제목이 붙어 있기도 하다.

조선 시대에는 왕비나 세자빈으로 간택되면 신부는 별궁에서 궁중의 법도와 왕실 의례를 익히고, 여기서 납채, 납징, 고기, 책비, 친영 등의 의식을 치르며, 이를 마친 뒤 대궐로 들어가 동뢰 의식을 치렀다. 그러나 소현세자가 가례를 치를 당시만 하더라도 인조의 잠저였던 향교동 본궁을 별궁으로 사용하였는데 이곳이 협소하다고 하여 친영례는 태평관에서 행하였다. 그러므로 『[소현세자]가례도감의궤』에 수록된 반차도는 세자빈으로 책봉된 신부가 친영례에 대비하여 별궁에서 태평관으로 이동할 때의 행렬을 나타낸 것이다.

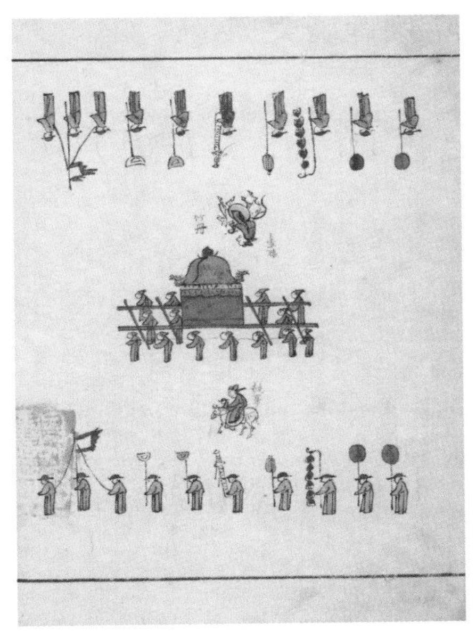

『[소현세자]가례도감의궤』(1627) 반차도에 그려진 세자빈 의장(서울대 규장각한국학연구원 소장)

행렬의 배치를 보면, 전체 행렬의 앞쪽에서 당부의 관원과 근장이 행렬을 인도하고, 그 뒤로 포살수로 구성된 시위 대열이 따르고, 그 뒤로 의장 행렬이 따르며, 이러한 의장 행렬 사이로 교명, 죽책, 인, 명복을 실은 가마 행렬이 차례로 나아가고 이어서 세자빈이 탄 가마가 나아가는 모습이 그려져 있다. 이 반차도에 나타나는 세자빈의 의장은 『국조오례의』에 규정된 왕비 의장을 절반 정도 줄인 것이나, 의장의 종류는 왕비 의장을 거의 빠짐없이 갖추고 있다. 이처럼 왕세자의 혼례에서는 왕세자보다도 세자빈으로 책봉된 신부와 그 증표물인 각종 의물을 실은 가마 행렬의 모습을 대외적으로 드러내는 일이 중요하게 다루어졌다.

『[소현세자]가례도감의궤』의 경우를 제외한 그 밖의 다른 가례도감의궤 반차도는 모두 친영 의례를 마친 뒤 대궐로 향하는 왕비(세자빈)의 예궐 행렬을 그린 것이다. 이에 해당하는 반차도로는 현종, 숙종, 경종, 효장세자, 사도세자, 정조, 문효세자, 효명세자, 순종 가례 때의 의궤 반차도가 있다. 이 가운데 경종과 순종은 왕세자의 신분으로 두 차례 가례를 치러 두 종류 의궤 반차도가 있기도 하다.

이들 의궤에 수록된 반차도는 신부 행렬의 모습이 『[소현세자]가례도감의궤』 반차도에 비해 훨씬 자세히 그려져 있다. 대체로 의장은 소현세자빈의 행렬에서와 같지만, 인마를 배치하고 각 가마 뒤에 의물을 담당하는 사관과 여러 명의 내관이 배진하는 모습을 그린 것은 소현세자빈의 행렬에서는 보이지 않는 것이다.

반차도는 왕실의 권위와 위엄을 과시하는 시위대와 의장을 나타내는 것이 중시되었으나, 후대로 갈수록 이 밖에 신부의 예물이나 물품을 지게에 지거나 들고 가는 모습, 말을 타거나 걸어가는 나인들의 모습 등 신부의 행렬에 실제 등장하는 여러 인물과 기물의 모습이 다채롭게 그림에 나타난다.[109]

현전하는 의궤 가운데 국왕의 혼례에 관한 의궤로 가장 오래된 것은 인조와 장렬왕후 혼례 때의 의궤이다. 인조는 반정으로 왕위에 오르기 전에 이미 혼인한 전처(인렬왕후 한씨)가 죽어 새 왕비를 맞이하게 되

109 제송희, 앞의 논문, 66쪽.

는데 이때의 혼례에 관한 기록이 『[인조장렬왕후]가례도감의궤』이다. 이 의궤에 수록된 반차도에는 '중궁전자별궁예궐시반차도(中宮殿自別宮詣闕時班次圖)'라는 제목이 있어 이 반차도가 봉영례까지를 마친 신부가 동뢰 의식을 행하기 위해 대궐로 가는 행렬을 그린 것임을 알 수 있다. 인조의 가례 때 신부가 일시 거처할 별궁을 어의동 본궁(봉림대군 사저)으로 바꾸면서부터는 이곳에서 봉영례까지 행하였던 것이다. 이때의 반차도는 봉영례를 마친 왕비의 예궐행차도이기는 하나 『[소현세자]가례도감의궤』 반차도와 비교해 그다지 차이가 없다. 그리고 『[인조장렬왕후]가례도감의궤』의 반차도는 왕비로 책봉된 신부의 행렬인데도 『[소현세자]가례도감의궤』의 그것과 비교해 행렬의 규모도 큰 차이가 없다.

이 밖에 친영(봉영) 의례를 마친 후 대궐로 향하는 왕비의 예궐 행렬이 담긴 것으로는 숙종·영조·순조·헌종·철종·고종 가례 때의 의궤 반차도가 있다. 숙종은 왕의 신분으로 두 차례 가례를 치러 두 시기의 의궤 반차도가 있고, 또한 왕세자로서 세자빈을 맞이할 때의 의궤에도 반차도가 있어 모두 세 시기의 가례도감의궤 반차도가 남아 있기도 하다. 이 가운데 숙종과 인현왕후 가례 때의 반차도는 친영을 마친 뒤 예궐하는 왕비의 행렬이 자세하게 묘사되어 있다. 그리고 이 반차도에는 왕비 의장의 종류나 수효가 『국조오례의』 규정에 맞게 그려져 있다.[110] 백택기를 위시한 의장기와 보마(寶馬), 은우, 은관자, 답장(踏掌), 은교의 등 의장물이 모두 진설되어 있고, 전부고취가 편성되어 있으며, 왕비의

110 제송희, 앞의 논문, 67쪽.

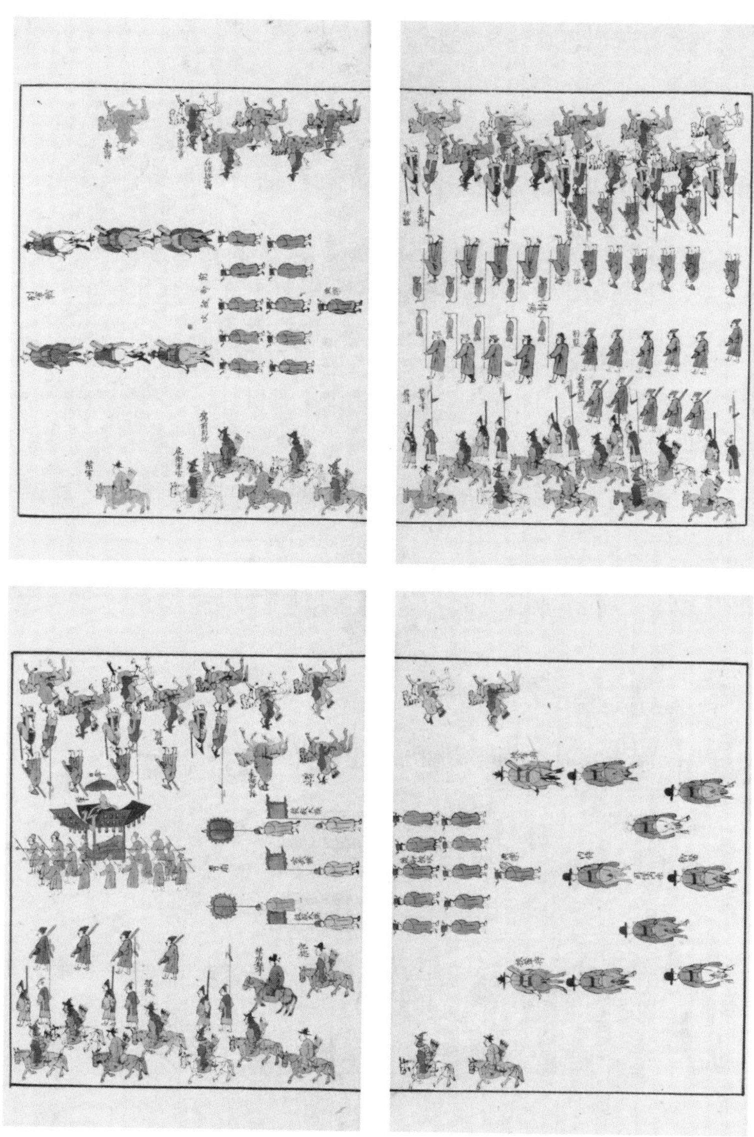

『[영조정순왕후]가례도감의궤』(1759) 반차도에 그려진 어가 행렬(서울대 규장각한국학연구원 소장)

연 뒤로는 승지와 사관 등 근신과 동·서반 관리의 시위 행렬이 추가되어 실제적인 왕비 행렬의 모습을 갖추고 있다.

가례도감의궤에 수록된 반차도에서 주목되는 변화는 영조와 정순왕후 가례 이후의 의궤 반차도이다.[111] 종전까지만 하더라도 거의 모든 가례도감의궤 반차도가 왕비 혹은 세자빈으로 책봉된 신부의 행렬만을 그렸는데 영조와 정순왕후 가례 때의 의궤 반차도에서부터는 신랑인 국왕과 신부인 왕비의 행렬이 함께 그려졌다.

영조와 정순왕후 가례 때의 의궤 반차도는 영조가 어의동 별궁에서 왕비를 맞이하는 친영 의식을 직접 치른 뒤 신부와 함께 대궐로 가는 행렬을 그린 것이다. 신랑인 왕의 행렬은 대가 도가와 전사대, 대가 의장을 앞세우고 전후좌우에서 군사들이 겹겹이 시위하는 가운데 이동하는 대가 노부의 모습을 보여주는 것이라 할 수 있고, 신부인 왕비의 행렬은 왕비 의장을 갖춘 가운데 교명·옥책·금보·명복 등 각종 의물을 실은 가마와 짐꾼들을 앞세우고 가는 왕비인 신부의 행렬을 그린 것이다.

이 의궤는 전체 50면으로 구성되어 있는데 이 가운데 왕의 행렬이 28면이고 왕비 행렬이 22면이다. 이렇게 왕의 어가 행렬이 의궤 반차도에 그려지는 것은 이전에는 드문 경우였다. 이보다 앞서 의궤 반차도에 어가 행렬이 나타나는 것은 영조 24년(1748)의 『[숙종]영정모사도사도감의궤』 반차도에서이다. 이 반차도에도 신련(神輦)을 수가(隨駕)하는 어가 행렬이 그려져 있다.

영조 이후 국왕의 가례로는 순조와 헌종의 두 차례 가례와 철종과

111 제송희, 앞의 논문, 91쪽.

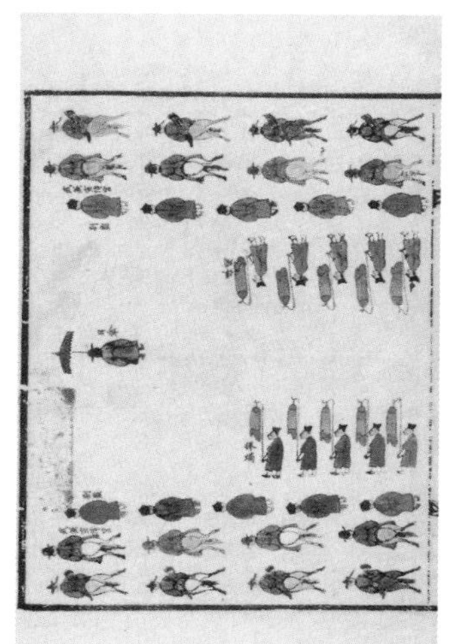

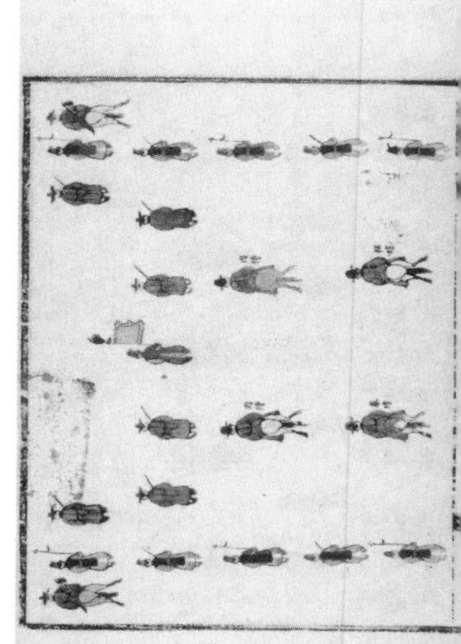

『[효명세자]가례도감의궤』(1819) 반차도에 그려진 왕세자 가마 행렬(서울대 규장각한국학연구원 소장)

고종의 한 차례 가례가 있었고, 세자 및 세손의 가례로는 정조·문효세자·효명세자·순종의 가례가 있었다. 이 가운데 정조가 왕세손으로 가례를 치를 때의 의궤 반차도는 신부의 예궐 행렬이 그려져 있고 나머지는 모두 신랑인 왕(왕세자)이 신부를 직접 맞이하는 친영 의식을 행한 뒤 신랑과 신부가 함께 대궐로 이동하는 모습을 그린 것이다.

왕이 실제로 행차할 때의 경우도 그렇지만 반차도상에 왕세자가 이동하는 모습이 그려지는 경우도 아주 드물다. 이런 경우로는 『[효명세자]가례도감의궤』에 수록된 반차도에 처음 나타난다. 이 의궤에도 왕세자 의장을 앞세운 신랑의 행렬 뒤로 세자빈 의장과 세자빈 책봉 때 받은 각종 의물을 실은 가마를 앞세우고 이동하는 신부의 행렬을 그린 반차도가 수록되어 있다.

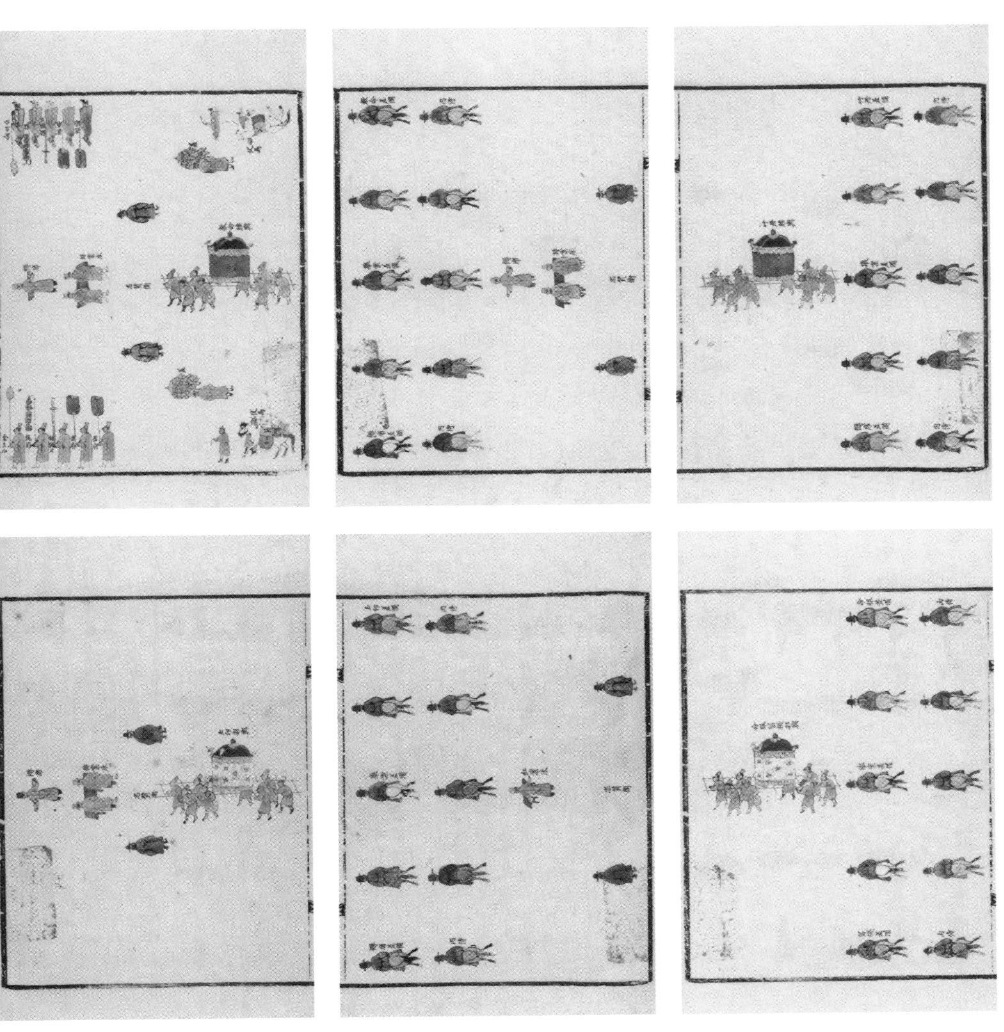

『[효명세자]가례도감의궤』(1829) 반차도에 그려진 세자빈 행렬과 의물(서울대 규장각한국학연구원 소장)

이 밖에 국왕이 후궁을 맞이할 때의 반차도도 있다. 헌종은 첫째 왕비인 효현왕후 김씨가 후사 없이 죽은 뒤 계비 홍씨를 맞아들였으나 그

녀 또한 후사 없이 죽자 이번에는 후궁(경빈)을 들이게 되는데 그때의 의궤 반차도가 그것이다. 당시의 가례에 관해 기록한 책자가 등록(가례청등록) 형태로 남아 있는데, 여기에는 신부가 삼간택 후 별궁으로 향하는 '예별궁반차도'와 친영 후 대궐로 향하는 '예궐반차도'의 두 종류 반차도가 수록되어 있다. 대궐로 가는 행렬에는 세의장과 고취, 교명채여, 명보 채여와 차비관들이 그려져 있고, 의장으로는 청양산과 청선 2병이 그려져 있으며, 그 뒤를 동서반 관원들이 수종하고 있다.[112] 이 두 반차도 가운데 삼간택 후 신부가 별궁으로 향하는 반차를 그린 '예별궁반차도'는 다른 가례도감의궤에서 볼 수 없는 것으로 이 책자에서만 볼 수 있는 유일한 것이기도 하다.

112 제송희, 앞의 논문, 167쪽.

3. 책례도감의궤 반차도

조선왕조 때 책례를 위해 도감이 설치되는 경우는 왕비나 왕세자를 책봉하는 경우이지만 왕비 책봉과 관련해서 의궤에 반차도가 수록된 경우는 찾아보기 어렵다. 왕비 책봉과 관련해서 반차도가 수록된 경우는 광해군 2년(1610)의 『[의인왕후인목왕후상존호중궁전왕세자]책례도감의궤(懿仁王后仁穆王后上尊號中宮殿王世子冊禮都監儀軌)』에 수록된 반차도가 유일하다고 할 수 있다. 그러나 이때의 왕비 책봉 행사는 선왕후와 재위 중인 왕대비에 대한 존숭 의례와 세자 책봉례 등 여러 행사를 함께 치른 것으로 왕비 책봉만으로 치러진 행사 때의 의궤 반차도는 아니다. 여하튼 이 의궤에 다른 반차도와 함께 수록된 '중궁전책례시반차도'는 왕비 의장을 앞세우고 교명, 옥책, 보, 적의 등을 실은 채여 행렬이 나아가는 모습이 그려져 있다. 이는 책례 의식에 필요한 각종 물건을 도감에서 제작한 뒤 이를 대궐로 들일 때의 행렬도이다.

왕비 책봉은 국왕과의 혼례 과정에서 치러지는 여러 종류 의식 가운데 하나이거나, 아니면 세자빈에서 왕비로 책봉될 때의 두 가지 경우가 있다. 후자의 경우는 새 왕이 즉위한 뒤 전 임금의 3년상이 끝난 뒤 행

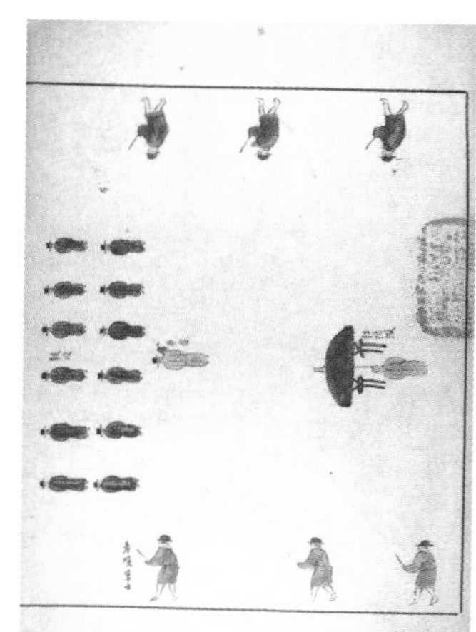
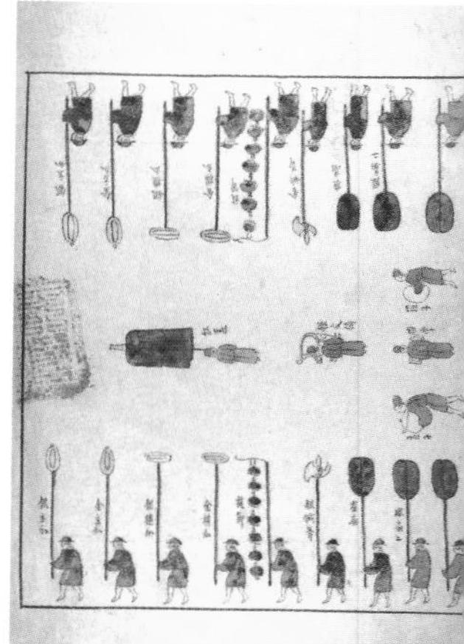

『[의인왕후…중궁전세자]책례도감의궤』(1610)에 수록된 중궁전 책례 시 반차도(서울대 규장각한국학연구원 소장)

하는 부묘 행사에 이어서 이루어지는 것으로, 왕비 책봉 행사와 관련해서 도감이 설치되는 경우는 모두가 이때의 행사와 관련해서이다. 그런데 이 경우의 왕비 책봉 의례는 당사자인 왕비가 이미 궁 안에서 사실상 왕비로서 활동하고 있었기에 왕비 책봉과 관련해서 책, 보 등의 의물을 궐내로 옮기는 모습을 그린 반차도를 제작할 필요가 없었다.

『[의인왕후인목왕후상존호중궁전왕세자]책례도감의궤』에는 왕세자 책례 시 반차도도 수록되어 있다. 이 또한 왕세자 책봉과 관련된 반차도로는 가장 오래된 것이다. 여기에는 왕세자 의장을 앞세우고 교명, 죽책, 보를 실은 가마의 행렬이 나아가는 모습이 나타난다.

왕세자 책례만을 위해 설치된 도감의궤 반차도로는 경종이 왕세자로 책봉될 때의 의궤 반차도가 가장 오래된 것이다. 왕세자 책례에 관한 의궤로는 경종보다 앞서 소현세자와 효종, 현종, 숙종이 왕세자 혹은 왕세손으로 책봉될 때의 의궤가 있지만 여기에는 반차도가 수록되어 있지 않다.

경종이 왕세자로 책봉될 때의 의궤 반차도를 살펴보면, 당부 관원 한 사람이 선두 중앙에 서고 좌우로 왕세자 의장기를 앞세우고 교명 요여(敎命腰轝), 죽책 채여(竹冊彩轝), 옥인 채여(玉印彩轝)가 나아가고, 이어서 왕세자의 연이 나아가고 그 뒤를 도감 관원들이 따르는 것으로 그려져 있다. 반차도에 보이는 왕세자의 연은 왕세자가 실제로 가마에 탄 것을 나타내는 것은 아니고, 책봉 의례를 위해 도감에서 교명, 책, 인과 더불어 제작한 왕세자의 가마를 대궐로 들일 때의 모습을 그림으로 나타낸 것이다.

이 책례도감의궤에 수록된 의주에는 '왕세자 책봉 의주', '왕세자의 수책 의주', '교명, 책, 인을 대궐로 내입할 때의 의주'가 보이는데, 반차도는 '교명, 책, 인을 대궐로 내입할 때의 의주'와 관련된 행렬의 모습을 그린 것이다. 그것은 반차도에 그려진 왕세자 연의 뒤쪽에 수종하는 관원들이 도제조를 위시한 도감 관원으로만 되어 있는 것에서 알 수 있다.

그런데 이 의궤에 수록된 의주에서는 "세장과 고취가 앞쪽에서 인도하고 도제조 이하가 뒤를 따른다."라고 하였다. 그런데 반차도에는 세장이 아닌 왕세자 의장을 하고 있어 의주의 내용과는 차이가 있다. 『국조오례의』에 따르면 왕세자의 의장은 기린기가 행렬의 선두에 서도록 되어 있는데, 이 반차도에는 백택기를 선두로 하고 그다음에 기린기가 나아가는 것으로 되어 있고, 중열에 배치하는 가귀선인기가 좌우 열에 배치되는 등 『국조오례의』에 규정된 왕세자 의장의 배치와는 차이

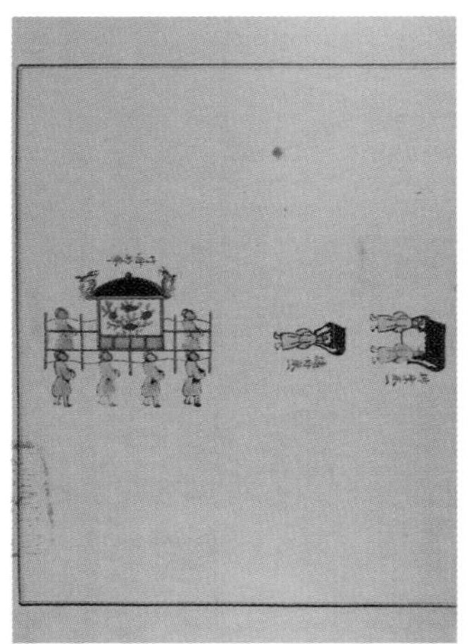

『[경종왕세자]책례도감의궤』(1690)에 수록된 반차도(서울대 규장각한국학연구원 소장)

가 있다.

경종이 세자로 책봉될 당시 나이가 세 살에 불과하여 정전에서 행하는 책봉 의식을 직접 감당할 수가 없었다. 그리하여 당시 인정전에서 행한 책봉 의례는 왕세자의 참석 없이 국왕이 교명, 책, 인을 차례로 사신에게 전달하고, 사신이 이를 가마에 싣고 세자의 처소에 이르러 전달하는 의식으로 수행되었다. 따라서 실제 행사에는 교명, 책, 인을 싣고 세자의 처소로 향하는 가마 행렬이 있었던 것이나 반차도는 이때의 행렬을 나타낸 것은 아닌 것이다.

영조가 왕세제로 책봉될 때 영조에게는 이미 부인이 있었기에 영조의 왕세제 책봉에는 세제빈 책봉이 함께 이루어졌다. 당시의 책례도감에 수록된 반차도에는 세제 책봉과 관련된 각종 의물을 실은 가마를 앞세운 왕세제 가마 행렬과, 세제빈 책봉과 관련된 각종 의물을 실은 가

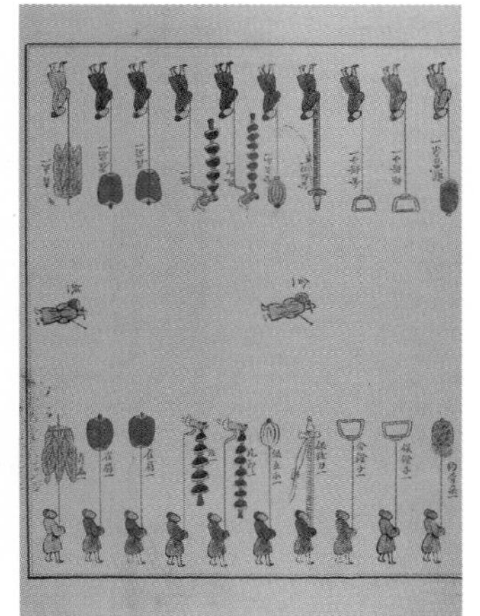

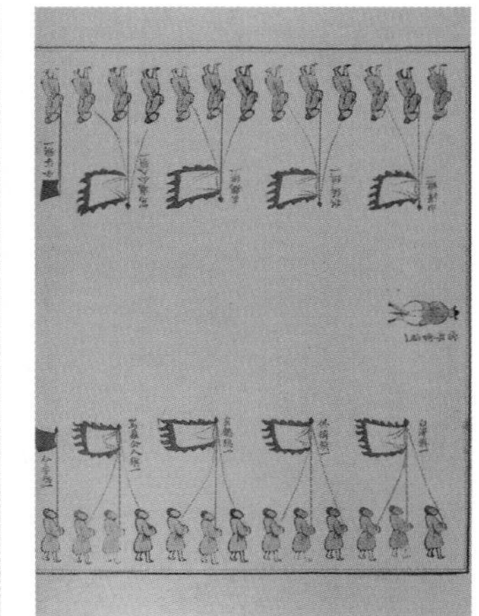

마를 앞세운 세제빈의 행렬이 그려져 있다. 이 두 행렬의 뒤쪽으로는 도제조를 비롯한 도감 관원들이 수종하고 있어 이때의 반차도 또한 책봉례 행사를 위해 도감에서 제작한 의물을 대궐로 옮길 때의 모습을 그린 것임을 알 수 있다. 그런데 왕세제 행렬에 나타나는 의장기를 왕세자 의장과 같은 것으로 구성하는 것은 맞겠지만, 세제빈 행렬 의장 또한 왕세제 의장과 같은 것으로 그려져 있는 것은 잘못이 아닌가 한다.

영조의 왕세제 책례보다 뒤인 효장세자(1725)나 사도세자(1736)의 왕세자 책례 때까지도 책례도감의궤 반차도상의 행렬 구성은 별다른 차이가 없었으나, 정조의 왕세손 책례 시 반차도는 행렬의 모습이 이전과는 다르다. 책례에 필요한 교명, 책, 인을 궐내로 들일 때는, '세장과 고취가 앞에서 인도하고 도제조 이하는 뒤에서 수종한다'는 것을 의주에는 이전부터 명시하였으나 실제 반차도에는 이것이 제대로 반영되

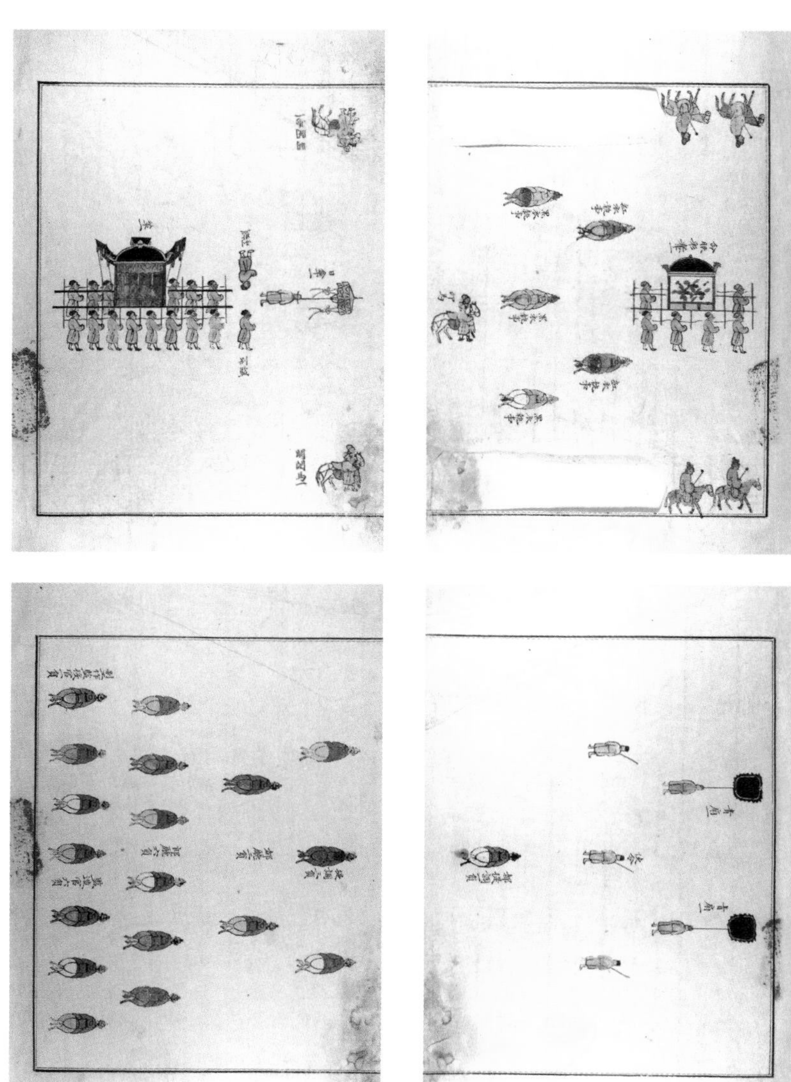

『[영조왕세제]책례도감의궤』(1721)에 수록된 반차도(서울대 규장각한국학연구원 소장)

지 않았다. 즉, 종래의 반차도에는 세장과 고취가 위치할 자리에 왕세자 의장 행렬이 위치하고 그 뒤를 교명, 책, 인, 왕세자연의 차례로 나아가는 행렬의 모습을 하였는데, 정조 왕세손 책례 반차도는 세장과 고취를 앞세우고 그 뒤를 교명, 죽책, 옥인을 실은 가마가 나아가고, 그 뒤를 왕세손연과 왕세손 의장이 따르는 것으로 그려져 있다. 즉, 전체 행렬을 인도하는 의장은 왕명을 수행하는 사신의 행렬에 적용되는 세의장을 쓰고, 왕세손 의장은 교명, 책, 인, 왕세손연과 더불어 왕세손 책례를 위해 제작된 물품의 일부로서만 행렬에 나타나고 있는 것이다.

정조의 왕세손 책봉 이후 순조의 세자 책봉, 효명세자의 책봉, 헌종의 왕세손 책봉, 순종의 왕세자 책봉이 있었다. 이들 행사 때의 도감의궤 반차도는 정조 책례 시 반차도와 마찬가지로 세장과 고취가 전도하고 그 뒤를 교명과 책인, 왕세자연(왕세손연)과 왕세자(왕세손) 의장이 따르는 행렬의 모습을 하고 있다. 왕세자 의장을 앞세운다는 것은 그것이 왕세자의 행렬임을 의미하는 것이라면, 세장을 앞세운다는 것은 왕명을 수행하는 행렬을 의미하는 것이다. 책례에 필요한 각종 의물을 실은 가마와 왕세자 책봉 후 왕세자가 쓸 가마와 의장기의 행렬은 왕세자의 행렬이라기보다는 왕세자 책봉 행사와 관련된 왕명을 수행하는 사신의 행렬인 것이다. 이는 일찍부터 책례 관련 의주에서 명시한 '세장과 고취를 앞세운다'는 것이 정조 왕세손 책례 이후부터 규정대로 반영되어 반차도상에 나타나고 있음을 보여주는 것이다.

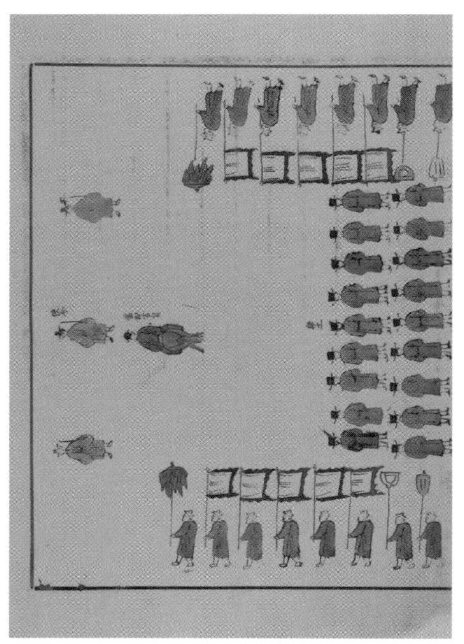
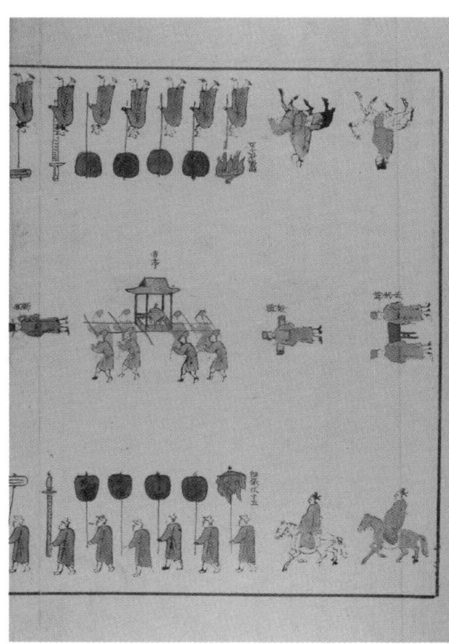
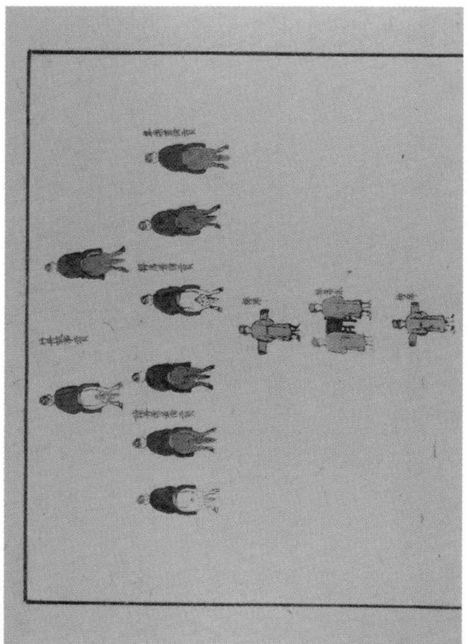

『[정조왕세손]책례도감의궤』(1759)에 수록된 반차도(서울대 규장각한국학연구원 소장)

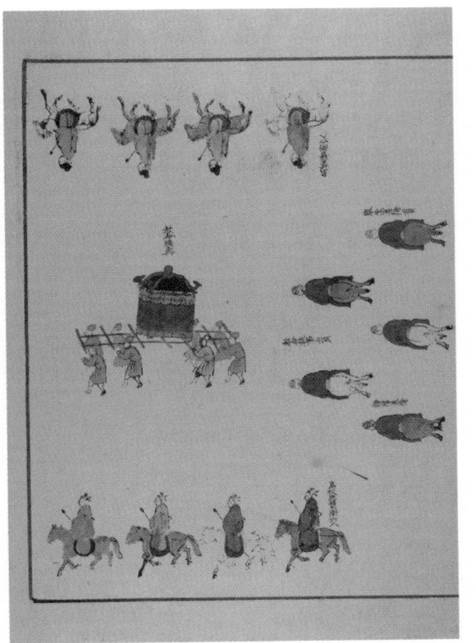

4. 존호도감의궤 반차도

현전하는 반차도 가운데 가장 오래된 반차도는 존호 의례에 관한 의궤에 수록된 반차도이다. 즉, 선조 조에 선조와 선조비 의인왕후, 계비 인목왕후에게 존호를 올릴 때의 행사에 관한 의궤인 『[선조의인왕후인목왕후]존숭도감의궤([宣祖懿仁王后仁穆王后]尊崇都監儀軌)』에 수록된 반차도가 그것이다. 이때의 행사는 왜란을 물리치고 나라를 보존한 선조의 공을 기려야 한다는 명분으로 이루어지면서 동시에 사망한 선조비 의인왕후에 대한 존호의 추상, 계비인 인목왕후에 대한 존호의 가상이 행해졌다.

의궤에 수록된 반차도는 본행사 때의 반열 차례를 그림으로 나타낸 것은 드물고 대부분이 도감과 같은 곳에서 행사를 위해 마련한 각종 제작물을 대궐로 옮길 때의 행렬 모습을 그린 것이다. 존호도감의궤에 수록된 반차도 또한 존호 의례 행사 때 쓸 책과 보 및 관련 기물을 도감에서 대궐로 옮길 때의 행렬 모습을 그린 것이다.

이 의궤 반차도의 맨 앞쪽 의장 행렬을 보면, 좌우 열에는 금횡과 · 금작자(은작자) · 모절(정) · 금월부(은월부) · 봉선 · 작선 · 용선의 차례

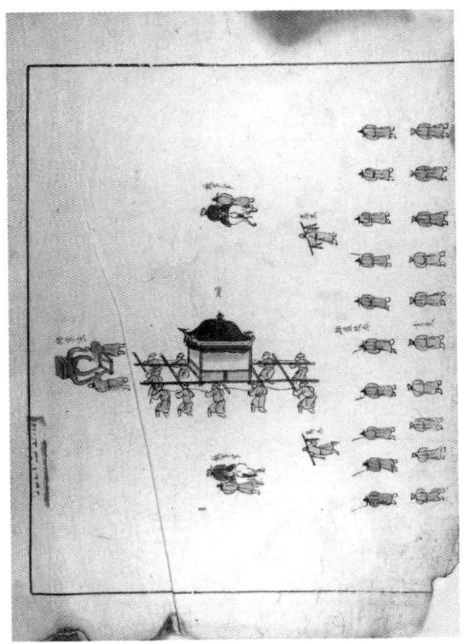

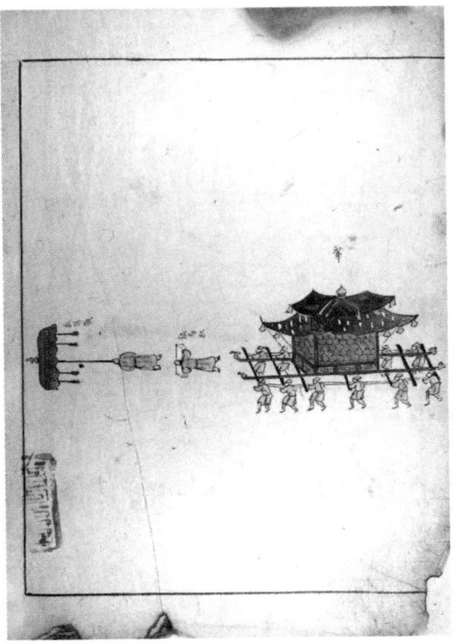

『[선조의인왕후]존숭도감의궤』(1604)에 수록된 반차도(서울대 규장각한국학연구원 소장)

로, 중앙 열에는 청양산·어마(2)·청개(2)·홍개의 차례로 행렬을 이루고 있다. 이러한 의장 행렬에 뒤이어 어연 행렬이 나타난다. 어연 행렬은 고취를 선두로 하여 수정장과 금월부, 홍양산, 은마궤가 어연의 앞쪽에 차례로 위치하며, 어연 뒤로는 청선(2), 보마, 배안상, 옥책 채여, 보 채여, 마목(2)이 따르고, 이 행렬 뒤쪽을 도감의 사령과 서리, 관원들이 따르는 것으로 되어 있다.

이 반차도에는 국왕과 관련되는 행차임을 알려주는 어마, 금월부(은월부), 용선과 같은 의장물이 나타나고, 어가 행렬에 해당하는 위치에 수정장과 금월부, 홍양산, 은마궤, 어연이 나타나고 있어, 마치 국왕이 가마에 타고 가는 행렬의 모습을 하고 있다. 그러나 이 가운데 어연이라고 그려진 가마는 실제로 왕이 타는 것은 아니고 존호를 새긴 책과 보를 실은 가마 행렬에 위엄을 부여하기 위하여 이들 가마 앞을 어가 행렬이 앞서서 인도하는 것처럼 행렬의 모양을 취한 것이라 하겠다. 따라서 실제 어가 행렬이 아니고 어가 행렬의 모양만을 취하기 때문에 기치류의 의장은 거의 생략된다. 이처럼 국왕이 실제 가마를 타고 이동하는 경우가 아니고 어가 행렬의 모양만을 취할 때 적용되는 소규모의 의장을 세장(細仗)이라고 하며, 이는 주로 왕명을 받든 사신의 행렬에 적용되었다.

가마류를 중심으로 반차도를 보면, 반차도상에 등장하는 가마류는 어연, 옥책 채여, 보 채여의 세 종류이다. 이들 3종의 가마를 각종 의장 및 고취가 배행하고 여러 집사관과 관원들이 뒤따르는 행렬의 모습이 이 반차도인 것이다. 이 가운데 어연은 존호를 새긴 책과 보를 실은 행렬에 위엄과 권위를 부여하기 위한 것이므로 실제 행렬에서 중심이 되는 것은 채여에 실은 책과 보라고 할 것이다.

존호 의례는 흔히 왕실의 다른 경축 행사와 함께 행해지는 경우가 많았다. 이런 경우의 행사에 관한 의궤가 광해군 때의 『[의인왕후인목왕후상존호중궁전왕세자]책례도감의궤』이다. 광해군 2년(1610년)에 광해군은 선조비 의인왕후와 인목왕후에게 존호를 올리고, 세자빈을 왕비로 책봉하고, 원자의 관례를 시행한 후 왕세자로 책봉하는 행사를 동시에 행하였다. 이때의 의궤에는 당시의 행사와 관련되어 '의인왕후상존호시반차도', '대비전상존호시반차도', '중궁전책례시반차도', '왕세자관례시반차도', '왕세자책례시반차도'의 총 5종의 채색 반차도가 실려 있다.[113] 당시의 행사를 위해 설치된 도감의 업무 내용을 살펴보면, 도감 1방에서는 의인왕후와 대비의 옥책, 중궁의 교명과 옥책, 세자의 교명과 죽책, 이와 관련된 제구, 행례 주인공들의 복식 등을 준비하는 일을 하였고, 2방에서는 의인왕후의 옥보, 대비와 중궁·세자의 금보를, 3방에서는 각종 가마와 의장을 마련하는 일을 수행하였다. 이로 보아 존호를 올리거나 책봉 의례를 행하는 데서 도감이 수행하는 일은 교명, 책, 보와 같은 의물을 제작하는 일이며 그 업무 내용이 서로 비슷하였음을 알 수 있다.

반차도를 보면, 의인왕후에 대한 존호 상정과 대비전에 대한 존호 상정 시의 반차도에는 왕비 의장을 앞세우고 옥책과 보를 실은 가마의 행렬이, 중궁전 책례의 경우 왕비 의장을 앞세우고 교명, 옥책, 보, 적

113 이 의궤에 수록된 반차도 중에 '왕세자책례시반차도'에 해당되는 반차도는 제목이 표시되어 있지 않아 마치 4종의 반차도가 수록된 것으로 보이나 실제 수록된 반차도는 5종이다.

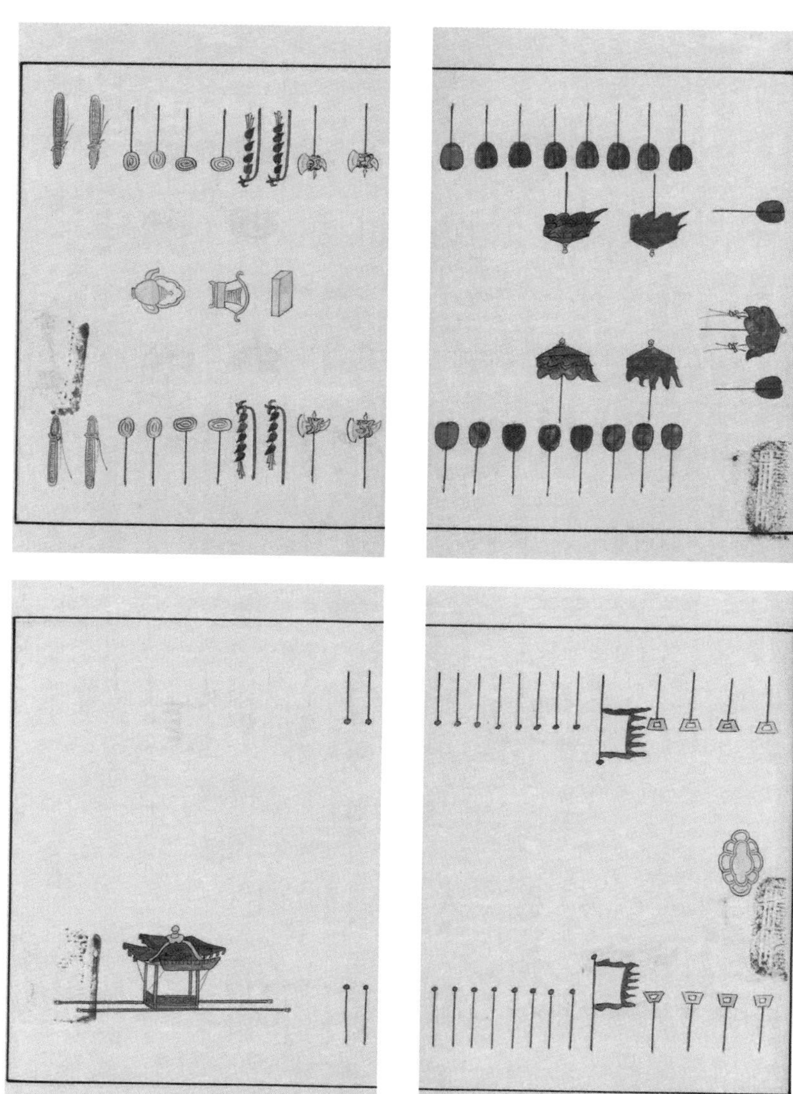

『[인원왕후]존숭도감의궤』(1751)에 수록된 존숭 의례 때의 의장도(서울대 규장각한국학연구원 소장)

의, 석말(舄襪)을 실은 채여의 행렬이 그려져 있다. 왕세자 책례 때의 반차도는 교명, 죽책, 보를 실은 가마의 행렬 앞에 왕세자 의장이, 왕세자 관례 시 반차도에는 왕세자 의장을 앞세우고 그 뒤에는 교서를 실은 가마 행렬이 그려져 있다. 이 의궤에 수록된 왕비 책례 시의 반차도나 왕세자 관례 시의 반차도는 의궤에 수록된 반차도로는 유일한 것이기도 하다.

그런데 존호도감의궤에 수록된 반차도에는 책과 보를 실은 각각의 가마가 대궐을 향하여 이동하는 행렬의 모습이 아닌 단순히 의장물만을 그려놓은 것도 있다. 이는 영조 대에 인원왕후를 비롯한 여러 왕후에 대한 여러 차례에 걸친 존숭 의례 행사 때의 의궤에 보인다. 즉, 『[인원왕후]존숭도감의궤』(영조 23, 1747), 『[인원왕후]존숭도감의궤』(1751), 『[인원왕후영조정성왕후]존숭도감의궤』(1752), 『[숙종인경왕후인현왕후인원왕후]가상존호도감의궤』(1754)에 수록된 의장도가 여기에 해당한다. 이들 의궤에 수록된 의장도는 여느 반차도와 달리 각종 의장 기물이 위치할 순서만을 그림으로 나타내고 있다.

『[정순왕후]존숭도감의궤』를 통해 존숭 의례 때의 행사 종류에 대해 살펴보면, 이 의궤에 수록된 의주에는 '왕대비전책보예궐내입의(王大妃殿冊寶詣闕內入儀)', '왕대비전책보내출의(王大妃殿冊寶內出儀)', '왕대비전상존호후백관상전시전문배예의(王大妃殿上尊號後百官上箋時箋文陪詣儀)', '전하친전왕대비전상존호책보의(殿下親奠王大妃殿上尊號冊寶儀)', '왕대비전상존호책보의(王大妃殿上尊號冊寶儀)', '왕대비전상존호책보후전하자내진치사전문표리의(王大妃殿上尊號冊寶後殿下自內進致詞箋文表裏儀)'와 같은 것이 있다. 이 가운데 실제 행사에서 중요한 것은 '전하친전왕대비전상존호책보의'나 '왕대비전상존호책보의'와 같은 것이라 할 것이나 의궤에 수록된 반차도는 '왕대비전책보예궐내입의'와 관련된 것이다. 이는 국왕이 왕대비에게 존호와 함께 책보를 올리는 본행사보다는 본행사에 앞서서 대궐로 책보가 들어가는 의식이 대외적으로는 오히려 중요시되었음을 보여주는 것이기도 하다.

궁으로 책보를 들일 때의 의식에 대해서는, "들이는 날짜에 앞서서 전설사에서는 임시로 책보를 보관할 악차를 인정전 동쪽 섬돌 위에 마련해두고, 들이는 날에는 도감의 당상, 낭청, 예조 당상 낭청, 봉책관, 봉보관이 각기 조복을 입고 책보를 받들어 채여에 싣고 세장과 고취(진설만 하고 연주는 하지 않는다.)가 앞서서 인도하고 그 뒤를 도감 당상 이하가 따르면서 대궐로 간다."라고 하였다.[114] 실제 반차도를 보아도 당부 관원과 금부도사가 앞에서 길을 인도하고 세장을 진열한 가운데 향정자(香亭子)와 용정자(龍亭子)를 앞세우고 나아가는 요여와 채여 행렬이 그려져 있다.

왕의 사친에 대하여 사후에 왕 또는 왕후의 존호를 올리는 의례인 추숭 의례에 관한 의궤에도 반차도가 수록된다. 가장 이른 시기의 추숭도감의궤 반차도는 광해군이 사친인 공빈을 왕후로 추숭할 때의 의궤에 수록된 것이다. 이때의 반차도를 보면 의장 행렬로는 왕비 의장을 하고 요여, 연, 신련의 차례로 가마 행렬이 나아가는 모습이 그려져 있다. 이는 공빈이 공성왕후로 추숭되면서 새로 만들어진 신주를 비롯해

114 『정순왕후존숭도감의궤(貞純王后尊崇都監儀軌)』(1778), 도청의궤(都廳儀軌), 의주질(儀註秩), 왕대비전책보예궐내입의(王大妃殿冊寶詣闕內入儀), 73면.

서 책보를 실은 가마가 공빈 김씨의 사당인 봉자전(奉慈殿)을 향해 이동하는 행렬을 그린 것이다.

이 밖에 추숭 의례에 관한 행렬 반차도로는 『[진종]추숭도감의궤』에 수록된 반차도가 있다. 이 의궤 반차도는 정조가 양부모인 효장세자와 효순현빈을 진종과 효순왕후로 추숭할 때의 것이다. 당시 정조는 먼저 효장묘에 나아가 진종과 효순왕후를 추숭하는 존호를 새긴 옥책과 금보를 올리고, 그런 다음 효장묘에 제사를 지내고 고동가제를 행한 후 새로 만든 신주에 제주하는 예를 행하였다. 새로 만든 신주는 창경궁 연복전에 옮겨 봉안하였는데 이때 정조는 신주를 모신 신련(神輦)을 직접 수가(隨駕)하였다.

국왕의 수가를 포함한 당시의 행렬에 대한 의궤의 기록에는, "대왕과 왕후의 신련이 연복전으로 나아갈 때, 신련 앞에는 대가 도가의 절차가 있고, 다음에 전사대, 다음에 대가 노부, 다음에 책보 요여, 다음에 대왕의 신련, 다음에 왕후 노부, 책보 요여, 왕후의 신련, 도감의 반차, 후사대, 대가, 전사대, 대가 노부, 시신, 어연, 백관, 후사대여야 한다."라는 기록이 보인다.[115] 이는 당시의 행렬을 진종의 신련 행렬, 효순왕후의 신련 행렬, 정조의 행렬로 구성하되, 전체 행렬을 인도하는 도가로는 대가 도가를 적용하고, 진종과 왕후의 행렬에서 노부로는 각각 대가 노부와 왕비 의장을 적용하였으며, 진종과 왕후의 노부 행렬의 뒤를 도감 관원이 수행하고, 행렬의 앞과 뒤를 전사대와 후사대가 호위하는 것

115 『진종추숭도감의궤(眞宗追崇都監儀軌)』, 107~108면, 예관질(禮關秩), 병인(丙寅) 6月 日.

으로 되어 있는 것이다. 국왕이 탄 어연 행렬 또한 달리 대가 노부를 적용하고, 어연의 앞과 뒤로는 시신과 백관이 수종하며, 이들 어가 행렬의 앞과 뒤를 전사대와 후사대가 호위하고 있는 것이다.

5. 국장 때의 발인 반차도

의궤에 수록된 반차도는 왕실의 권위를 상징하는 책, 보, 어진, 신주와 같은 의물을 실은 가마 행렬이 한 장소에서 다른 장소로 이동할 때 그 이동하는 행렬의 모습을 그림으로 나타낸 것이 대부분이다. 그리고 행선지는 대개 궁궐·능원·묘궁을 향하는 세 경우 중 하나이다. 이 가운데 국장도감이나 예장도감에 수록된 반차도는 궁을 떠나 장지로 향하는, 사망한 왕이나 왕비, 왕세자나 세자빈의 장례 시 발인 행렬을 그림으로 나타낸 것이다 .

국장도감의궤에 수록된 왕이나 왕비의 발인 반차도는, 5개월 동안 빈전에 모시던 재궁과 함께 혼백함, 고명, 시책, 시보 및 산릉에서의 장례에 쓸 각종 물품과 부장품 등을 가마에 싣고 산릉을 향해 떠나는 행렬을 그린 것이다. 현전하는 국장도감의궤 가운데 가장 오래된 것은 선조 국장 때의 의궤인데 이 의궤는 국장도감 1방 의궤와 2방 의궤에 해당하는 책자만이 남아 있고 이들 책자에는 반차도가 수록되어 있지 않다.

국왕의 발인 시 반차도로 가장 오래된 것은 인조 국장 때의 의궤에 수록된 것이다. 여기에는 발인 반차도가 2방 의궤의 끝 쪽에 수록되어 있으나, 의장 기물에 대한 표식이 생략되어 있어 그 내용을 알아보기가 어렵다. 이 『[인조]국장도감의궤』의 반차도와 거의 같은 형식이면서 의장 기물의 명칭이 기록된 반차도가 『[효종]국장도감의궤』의 반차도이다.

『[효종]국장도감의궤』에 수록된 반차도를 통해 당시 국장 시의 발인 행렬을 보면, 발인 행렬은 도가, 선상 시위군, 혼백거(魂帛車) 행렬, 대여(재궁) 행렬, 호종 행렬, 후상 시위군으로 이루어져 있다. 즉, 국왕의 발인 행렬은 대가 노부를 갖춘 혼백거 행렬과 흉의장(凶儀仗)을 한 대여(재궁) 행렬로 구성되고, 이들 행렬의 앞과 뒤를 시위군이 호위하고, 이러한 전체 행렬의 맨 선두에 도가 행렬이 위치하는 형식이다. 평상시 국왕의 대가 노부에 있어서 어연이 위치할 자리에 혼백거가 위치하고 있고, 이 혼백거 행렬이 어가 행렬의 모습을 취하고 있다. 즉, 홍문대기가 좌우 열의 전면에 선다든지, 후전대기가 혼백거 뒤에서 마지막으로 따르고 있는 것이 그러하다.

효종 국장 때의 발인 시 반차도에는 행렬의 앞쪽에 오는 혼백거 행렬에서 의물을 실은 가마류는 시책 요여, 시보 요여, 혼백 요여의 세 종류만 나타난다. 그러나 이후 시기의 발인 반차도에는 왕세자 책봉 시의 책보를 비롯해 국왕 재위 중 받은 여러 시기의 존호 책보를 실은 가마 행렬이 그려진다. 혼백거 행렬 뒤로는 흉의장으로 구성된 대여 행렬이 따르는데, 대여 행렬은 죽책 채여, 명기 채여(5채), 유의칭 가자(遺衣稱架子), 복완 채여(服玩彩輿), 애책 요여(哀冊腰輿)와 같은 가마류가 차례로 나아가고, 그 뒤를 명정을 앞세우고 대여가 나아가게 된다.

대여 행렬의 앞쪽에 나아가는 의장은 흉의장으로 구성되는데, 흉의장으로는 방상씨차(方相氏車), 죽산마(竹散馬), 청수안장마(靑繡鞍裝馬), 자수안장마(紫繡鞍裝馬)가 좌우로 차례로 배치된다. 대여 좌우에는 화삽(畵翣)·보삽(黼翣)·불삽(黻翣) 각 하나가 대여를 가리고, 대여 뒤로는 곡궁인이 휘장으로 주위를 가린 채 따르고, 그 뒤를 수십 개의 만장이 좌우로 줄을 지어 따른다. 그 뒤를 이어 내시, 시능관, 승지, 사관, 총호사를 비롯한 국장도감과 빈전도감의 관원이 따른다.

『국조오례의』의 국장 시 발인 반차에 대한 규정에는 왕의 호종 행렬에 대해서도 규정하고 있다. 그러나 실제로 왕은 궐문이나 성내, 혹은 노제소(路祭所)까지 호종한 후 환궁하기 때문에 왕의 호종 행렬이 포함되는 반차도가 의궤에 그려지는 경우는 찾을 수 없다. 또한 『국조오례의』의 발인 반차에는 중국 황제로부터 받은 고명을 실은 가마에 대해서도 언급하고 있으나 현전하는 발인 반차도에 고명을 실은 가마가 그려진 경우는 찾아볼 수 없다.

왕비의 국장에 관한 의궤에 수록된 반차도로는 인선(1674)·인경(1681)·장렬(1689)·인현(1702)·선의(1731)·인원(1757)·정성(1757)왕후 장례 때의 의궤에 수록된 반차도가 있다. 왕비의 발인 반차도도 행렬은 도가, 선상 시위군, 혼백거 행렬, 대여(재궁) 행렬, 호종 행렬, 후상 시위군으로 편성된다. 다만 왕비에 적용되는 의장은 혼백거 행렬과 대여(재궁) 행렬의 의장을 왕비 의장으로 구성하고, 국왕의 발인 반차보다는 시위 군사, 호종 행렬 인원이 적다.

『국조오례의』에는 국왕의 이동 행렬인 노부의 도가와 시위대의 편성을 대가·법가·소가 노부에 따라 달리 규정하고 있으나 왕비나 왕세자의 이동 행렬은 의장에 대해서만 규정하였고 도가 및 시위군의 편성

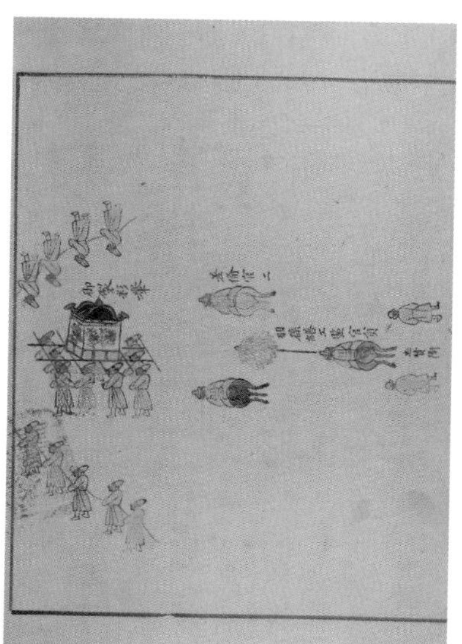

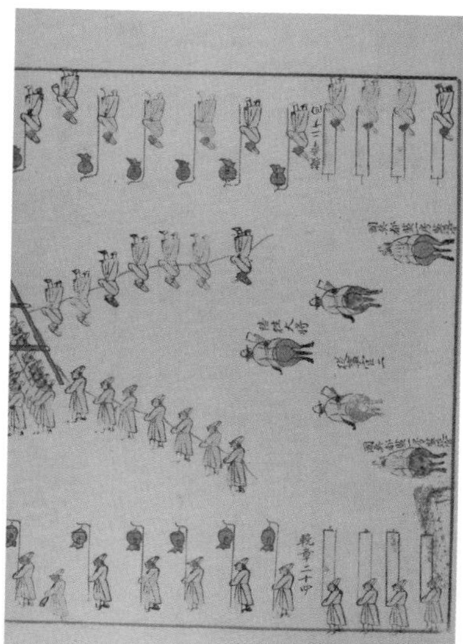

『[영조]국장도감의궤』(1776) 발인 반차도(서울대 규장각한국학연구원 소장)

에 대한 설명은 나타나지 않는다. 그러므로 왕비나 왕세자의 도가 및 시위군이 어떻게 편성되는지는 의궤에 수록된 반차도를 통해서 살필 수 있다.

『[인선왕후]국장도감의궤』의 발인 반차도를 보면, 왕비의 의장 행렬에 앞서는 도가는 경기감사, 돈체사, 의금부 도사(좌우)의 차례로 구성되고, 시위군은 국왕의 노부 행렬 때에 비해 수가 적기는 하나 역시 상군과 사대로 구성된 전상 시위대와 후상 시위대가 전체 행렬의 앞과 뒤에 배치됨을 볼 수 있다. 이런 편성은 인경왕후·인현왕후 발인 반차도도 마찬가지이고, 선의왕후 국장 때에는 여기에 당부 관원이 추가되었다.

이와는 달리 왕비 국장 시 도가가 지방관, 경기감사, 당부 관원, 한성부 낭청, 돈체사로 되어 있는 경우도 볼 수 있다. 이는 정순왕후, 효의왕후, 효현왕후의 국장 때가 그러하다. 예외적인 경우로 보이기는 하나 인원왕후 국장 때의 발인 반차도에는 도가가 경기감사, 당부 관원, 돈체사, 예조판서, 호조판서, 대사헌, 금부도사(좌우)의 차례로 편성되어 있다. 이는 국왕의 대가 노부에 적용되는 도가와 거의 같은 수준의 편성을 보여주는 것이다.

현전하는 왕실의 장례에 관한 의궤 반차도 가운데 가장 오래된 것은 소현세자 장례 때의 반차도이다. 여기 반차도에서 왕세자 의장에 앞서는 도가는 부관과 한성부 관원으로만 되어 있고 시위대는 상군이 없이 사대로만 편성되어 행렬의 앞뒤에 배치되어 있다. 또한 국왕의 노부에서 도가에 편성되는 의금부 도사가 이 반차도에서는 사대 행렬의 뒤쪽에 좌우로 배치되어 있다. 의장기를 앞세우고 뒤따르는 가마류로는 교

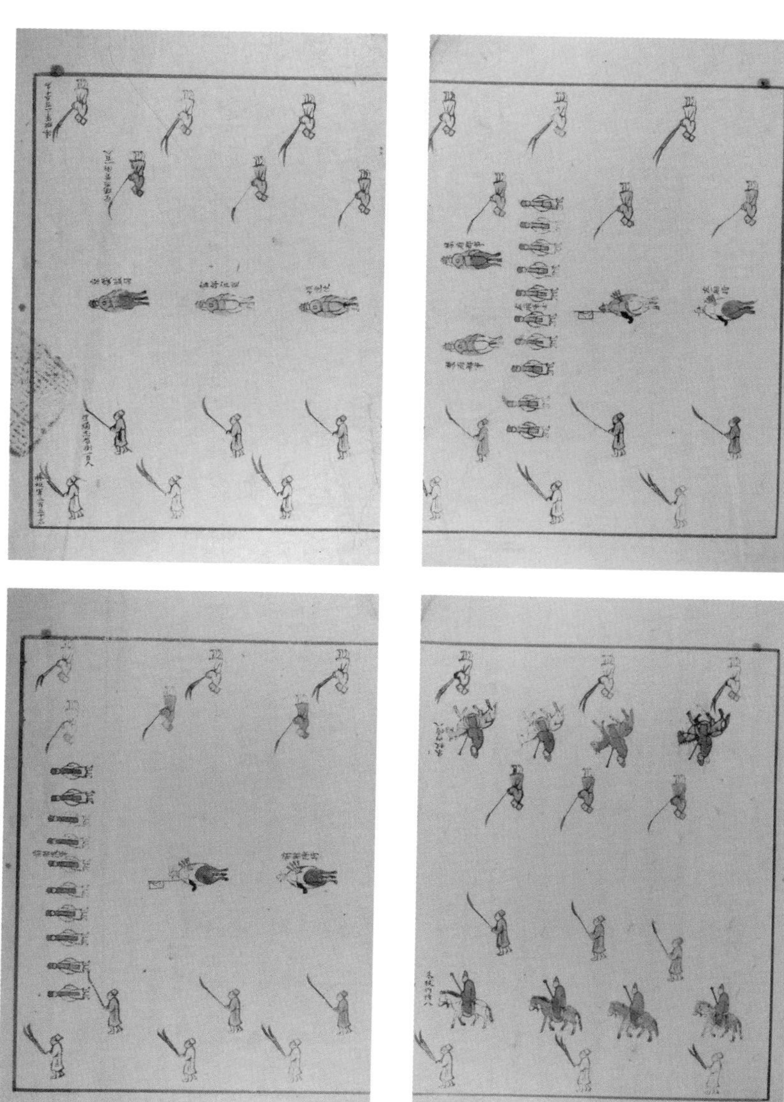

『[선의왕후]국장도감의궤』(1731) 발인 반차도의 도가 행렬(서울대 규장각한국학연구원 소장)

명 요여, 책례 때의 책인 요여, 시책 요여, 시인 요여의 차례로 나아가고 그 뒤를 혼백교자, 향정자, 혼백연이 뒤따르며, 혼백연 뒤로 흉의장을 갖춘 대여 행렬이 따랐다.

소현세자 장례 때의 의궤를 통해 왕세자 예장의 흉의장 행렬을 보면, 방상씨 수레 4부, 죽산마 2필, 죽안마 4필, 자수와 청수를 한 안마 각 6필이 좌우로 행렬을 이루고 그 가운데를 소궤(筲樻) 채여, 사기궤(沙器樻) 채여, 목노비궤(木奴婢樻) 채여, 목기궤(木器樻) 채여, 유의가자(遺衣架子), 복완·증옥백 채여, 애책 채여의 차례로 여러 가마 행렬이 나아가고, 이어서 견여, 우보, 향정자, 명정, 대여가 차례로 나아가며, 대여 뒤를 곡궁인(哭宮人)이 따르고, 그 뒤를 여러 관원들이 배종하고 마지막에 사대가 배치되고 있다. 왕세자 예장 때의 이러한 발인 반차는 국장의 경우에 비해 규모가 작을 뿐 행렬의 구성 형식은 거의 같다고 할 수 있다.

왕세자빈의 장례 시 의장 행렬을 살필 수 있는 경우로는 경종이 세자일 때 세자빈이었던 단의빈의 장례와, 효장세자빈인 효순현빈의 장례 때의 발인 반차도를 들 수 있다. 단의빈 예장 때의 발인 반차도를 보면 왕세자빈의 발인 행렬도 왕비의 경우처럼 경기감사와 돈체사가 행렬을 인도하나, 의장은 백택기, 은등, 은장도, 은립과, 은횡과, 모절, 작선의 순으로 좌우 행렬을 이루고 있다. 이는 왕비 의장을 절반 이상 줄인 것이고, 흉의장 역시 청수·자수 안마 수를 각 2필로 줄이고 만장 또한 왕비의 흉의장과는 수효에 차이가 나타난다. 이는 단의빈과 마찬가지로 세자빈의 신분에서 죽은 효순현빈의 장례 시 발인 반차도도 마찬가지이다.

헌경혜빈(사도세자빈)의 장례는 이를 양례(襄禮)라고 하여, 여느 세자

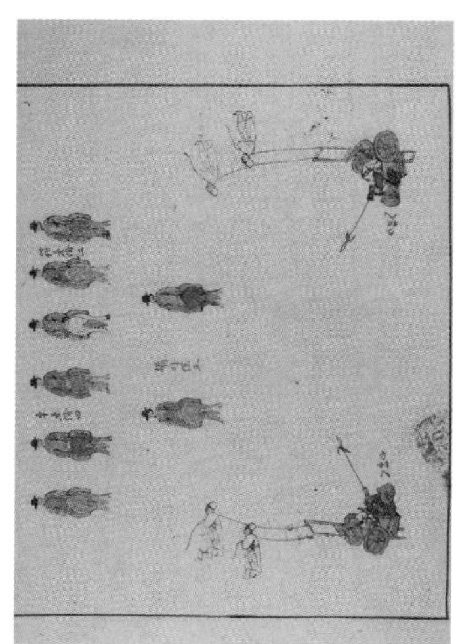

『[사도세자]예장도감의궤』(1762) 발인 반차도의 혼백거(왼쪽)와 방상씨(서울대 규장각한국학연구원 소장)

빈의 예장과는 구별하였다. 혜빈의 경우 왕비의 신분에 오르지는 못하였으나 정조의 생모이자 순조의 조모로서 단지 세자빈의 신분에서 사망한 경우와는 다르기 때문이었을 것이다.

현목수빈의 경우 신분이 후궁이기는 하나 순조의 생모였기 때문에 세자빈의 장례보다 격식을 높여서 의장의 수준이 헌경혜빈 장례 때와 비슷하였다. 그러나 행렬 뒤로는 후궁 가례 때 받은 교명 채여만이 등장할 수 있을 뿐이어서 세자빈과는 신분상 차이가 있음을 보여준다. 이 『현목수빈양례도감의궤』에 수록된 발인 반차도는 후궁의 발인 반차도로서는 유일한 것이다. 현목수빈은 당시 재위 중인 왕의 생모였기 때문에 장례를 위해 특별히 도감이 설치되었고 이 때문에 장례 시의 발인 반차도도 남게 된 경우라 하겠다.

〈표 39〉 국장도감의궤의 발인 반차도에 나타나는 국왕 비빈의 의장

	의장
왕비 의장	백택기, 은등(2), 금등(2), 은립과, 금립과, 은횡과, 금횡과, 모절(2), 은월부, 금월부, 작선(3), 봉선(4)
단의빈	백택기, 은등(금등), 은장도(금장도), 은립과(금립과), 은횡과(금횡과), 모절, 작선(2)
효순현빈	위와 같음
헌경혜빈	백택기, 은등, 금등, 은장도, 금장도, 은립과, 금립과, 은횡과, 금횡과, 모절(2), 금월부(은월부), 작선(3), 봉선(3)
현목수빈	백택기, 금등, 은등, 금장도, 은장도, 금횡과, 은횡과, 금립과, 은립과, 모절(2), 금월부, 은월부, 봉선(3), 작선(3)

의궤에 수록된 반차도에는 국왕·왕비·왕세자·세자빈 장례 시의 발인 반차도 외에 왕실의 능원묘를 옮길 때의 의궤에 수록된 발인 반차도가 있다. 천릉은 새 능을 조성한 후 옛 능에서 재궁과 부장품 등을 꺼내어 모시고 새 능으로 가서 안장하는 행사이다. 이에는 인조장릉 천릉(1732, 영조 8), 장헌세자영우원 천봉(1789, 정조 13), 정조건릉 천봉(1821, 순조 21), 익종수릉 천봉(1846, 헌종 12) 등의 경우를 들 수 있다.

천릉 때의 반차는 국장 때의 발인 반차와 비슷하다. 다만 장례 시 혼백거(신련) 행렬에 있던 책·보류는 부묘 때 신주와 함께 종묘에 봉안되기 때문에 반차도에 나타나지 않고, 혼백을 실은 수레 대신에 지방을 실은 수레〔紙膀車〕가 반차도에 나타나게 된다.

인조의 장릉 천릉 시 발인 반차도는 60면에 달한다. 여기에는 왕의 행렬이 34면, 왕후의 행렬이 26면으로 이루어져 있다. 왕의 행렬은 대가 도가, 선상 시위군, 대가 의장과 지방거 행렬과, 방상씨 등 흉의장, 각종 명기를 모신 채여, 유의칭 가자, 각종 부장품을 실은 채여, 견여,

우보, 명정, 대여의 순으로 대여 행렬이 이루어져 있다. 그다음의 왕비 행렬도 왕의 행렬과 마찬가지로 지방거 행렬과 대여 행렬로 이루어져 있으나 의장을 왕비 의장으로 하고 있음이 다르다.

6. 부묘도감의궤 반차도

부묘도감의궤에 수록된 반차도는 부묘 의례를 행하기 위해 궐내 혼전에 모시던 신주와 함께 시책, 시보 등을 가마에 싣고 종묘로 향하는 행렬을 그린 것이다. 부묘 의례는 국왕의 신주를 부묘하는 경우와 왕후의 신주를 부묘하는 경우, 국왕과 왕후의 신주를 동시에 부묘하는 세 가지 경우가 있다. 국왕과 왕후의 신주를 동시에 부묘하는 경우는 왕보다 왕비가 먼저 죽은 경우이다. 이때에는 아들인 왕세자가 상주가 되어 기년상으로 상제를 마치며 11개월 만에 연제, 13개월 만에 대상제, 15개월 만에 담제를 지내며, 담제를 지낸 뒤에도 혼전에 신주를 계속 모시다가 왕이 죽어 종묘에 부묘할 때 이르러서야 함께 부묘하게 된다.

부묘 반차도로 가장 오래된 것은 『[공성왕후]부묘도감의궤(恭聖王后祔廟都監儀軌)』(1615)에 수록된 반차도이다. 공성왕후는 광해군의 생모로 선조의 후궁이었으나, 광해군이 즉위한 뒤 왕후로 추숭되어 종묘에 부묘되었다. 반차도에는 시위 군사 없이 당부관과 한성부관이 행렬 선두에 서고 그 뒤로 왕비 의장을 갖춘 행렬 사이로 고명, 존호시책, 추숭시책, 존호옥책, 추숭옥책, 존호보, 추숭보의 차례로 가마 행렬이 이어

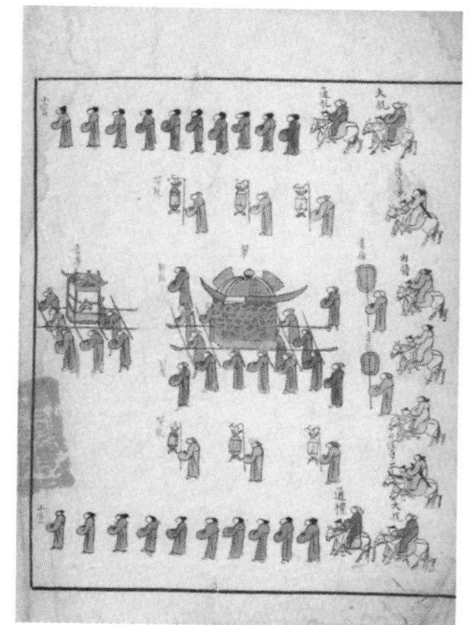
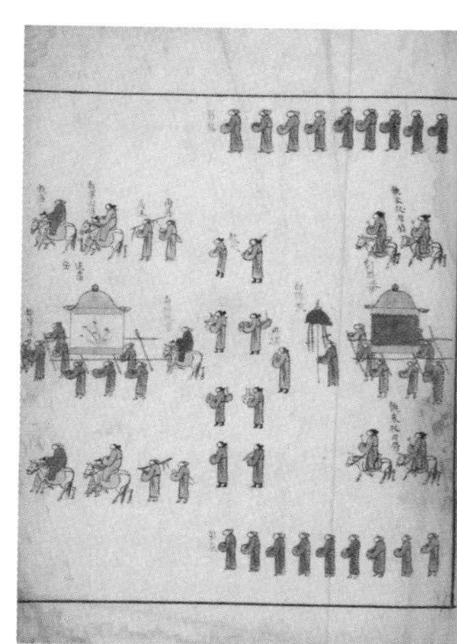
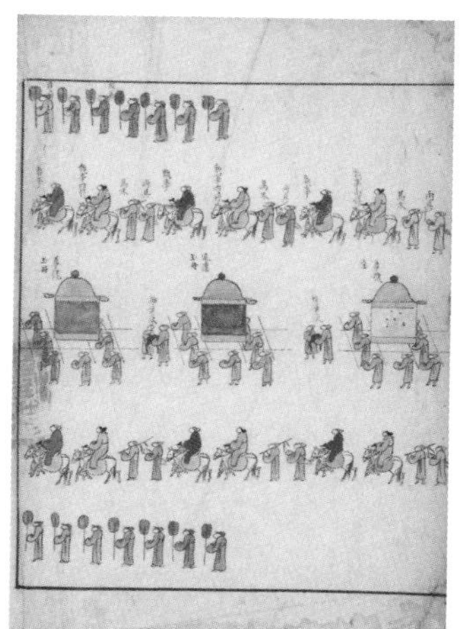
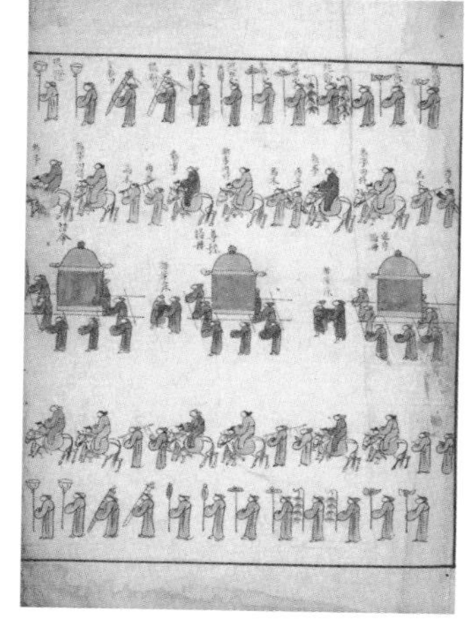
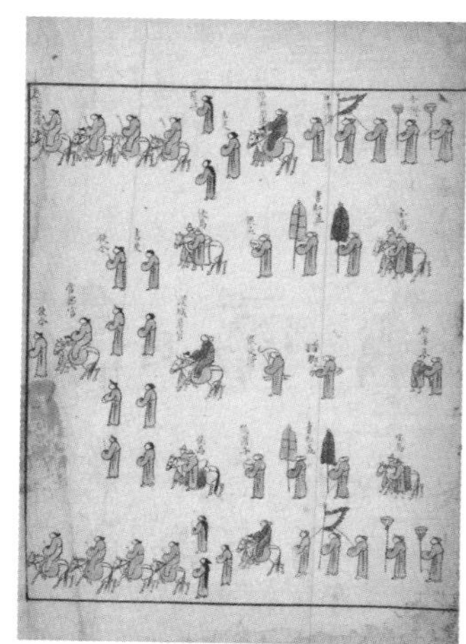

『[공성왕후]부묘도감의궤』(1615)의 반차도(서울대 규장각한국학연구원 소장)

지고, 그 뒤로 고취를 앞세우고 별요여와 연이 나아가고 그 뒤로 도감의 관원 등이 수종하는 모습이 그려져 있다. 전체 6면의 도면으로 되어 있고 행렬에 참여한 인원의 수도 적으나 대체로 왕후 부묘 때의 행렬 구성을 보여준다.

국왕의 신주가 종묘를 향해 나아가는 반차도는 효종의 부묘도감의궤(1661)에 수록된 반차도가 현전 의궤 가운데는 가장 오래된 것이다. 효종의 신주를 모시고 가는 행렬은 대가 도가와 대가 의장을 앞세우고 시책 요여, 시보 채여가 앞서 나아가고, 그 뒤로 신여와 신련이 차례로 나아가고, 그 뒤를 도제조 이하 관원들이 따르며, 그 뒤를 배향공신의 신주를 실은 신련이 나아가는 것으로 그려져 있다. 효종의 신주를 모시고 가는 이러한 행렬 뒤로는 실제로 어가 행렬이 뒤를 따랐으나 반차도에는 이를 그리지 않았다.

전왕의 부묘 행사를 위해 신주를 실은 가마 행렬이 종묘를 향해 출발하기 앞서서 국왕은 혼전에서 고동가제(告動駕祭)를 행한다. 고동가제를 행한 뒤 신주를 받들어 내어 종묘를 향해 나아가기 전후에 의장과 고취, 각종 가마류, 수행하는 관원의 사전 배치에 관한 내용을 효종 부묘 때의 의궤에서 옮겨보면 다음과 같다.

> …… 고동가제를 행하기를 마치고 효종대왕 신련이 종묘로 행할 때 신련 앞에는 도가의 절차가 있고 다음으로 전사대, 다음에 대가 노부, 다음에 전부고취, 다음에 대왕의 신련, 다음에 후부고취, 다음에 배향공신의 요여, 다음에 도감 관원, 다음에 전하의 대가 노부, 다음에 전부고취, 다음에 시신, 다음에 어연, 다음에 후부고취, 다음에 후

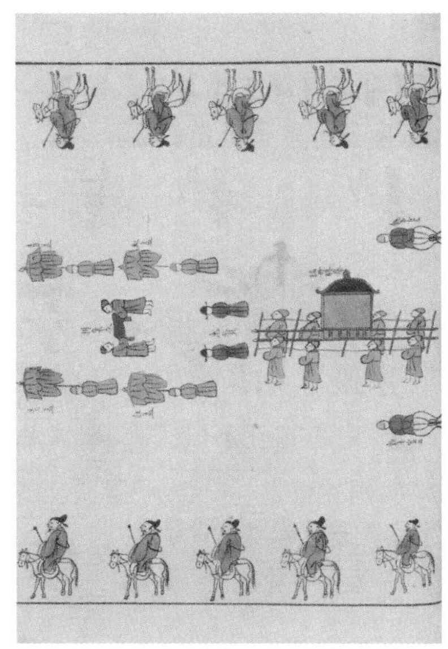

『[효종]부묘도감의궤』(1661)의 반차도, 시책(왼쪽)과 시보를 실은 가마 행렬(서울대 규장각한국학연구원 소장)

> 사대로 하사오며, 도로는 한성부로 하여금 검칙하여 수치토록 하소서.[116]

즉, 반차도에는 나타나지 않지만 고동가제를 마친 뒤 종묘를 향하는 전왕의 신련 뒤로는 이를 수종하는 국왕의 어가 행렬이 실제로는 뒤따르게 되는 것이다.

왕비가 먼저 죽어 국왕의 부묘 시 왕과 왕후의 신주를 함께 부묘할

116 『효종부묘도감의궤』, 27면, 예관질, 6월 7일.

때의 의궤로는 선조와 의인왕후의 부묘 시 의궤가 현전 의궤 가운데 가장 오래된 것이나 여기에는 반차도가 수록되어 있지 않다. 왕과 왕후를 함께 부묘한 경우의 반차도로는 인조와 인열왕후 부묘 때의 의궤 반차도가 가장 오래된 것이다. 여기에는 부묘 의례를 위해 종묘를 향하는 인조의 신주를 모신 가마 행렬도가 15면, 인렬왕후의 신주를 모신 가마 행렬도가 13면으로 나타난다.

의궤에 따르면 인조의 신주를 모신 행렬과 이를 수가하는 국왕의 행렬 또한 앞의 효종 부묘 때의 그것과 마찬가지로 정해졌다. 즉, 전체 행렬은 전왕의 신련 행렬과 국왕의 어가 행렬로 편성하나 다만 전사대와 후사대는 행렬 전체의 앞과 뒤로만 배치되도록 하였다.[117] 그러나 이 반차도에서는 대왕의 신련 행렬을 뒤따르는 국왕의 행렬이 생략되어 있고 이 때문에 행렬에 반드시 포함되어야 할 후사대가 반차도에 나타나지 않고 있다.

다음 인렬왕후의 반차도는 부관과 한성부 당상으로 이루어진 도가, 전사대, 주장(朱杖)을 한 내시, 왕비 의장, 책례옥책 요여, 시책 요여, 휘호책 요여, 책례보 채여, 시보 채여, 휘호보 채여, 전부고취, 신여, 신련, 도감 관원, 후사대로 구성되어 있다. 이처럼 왕과 왕후의 신주를 같이 부묘할 때는 혼전에서 고동가제를 지내고 신주를 봉출하여 출발함에 있어서 시차를 두고 각기 달리 행사가 이루어지기 때문에 각각 다른 행렬의 반차도로 나타나게 된다.[118]

117 『인조인렬왕후부묘도감의궤』, 67면, 계사, 신묘 4월26일.

118 제송희, 앞의 논문, 57쪽.

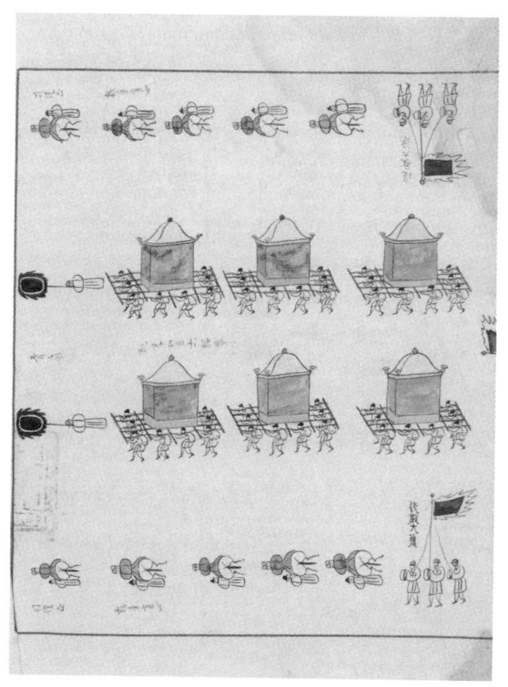

『[인조인렬왕후]부묘도감의궤』(1651) 반차도 중 배향공신의 신위판을 실은 가마 행렬(서울대 규장각한국학연구원 소장)

그런데 단종과 단종비 정순왕후가 복위되어 부묘할 때에는 두 신련이 하나의 행렬을 이루었다. 당시의 반차와 관련해서는 다음과 같은 기록이 보인다.

> 이번 12월 26일 날이 새면 전하는 면복을 갖추고 종친과 문무백관 4품 이상은 조복을, 5품 이하는 흑단령을 하고 고동가제를 행하고 이를 마친 뒤 대왕 왕후의 신련이 종묘로 나아갈 때 신련 앞에는 대왕

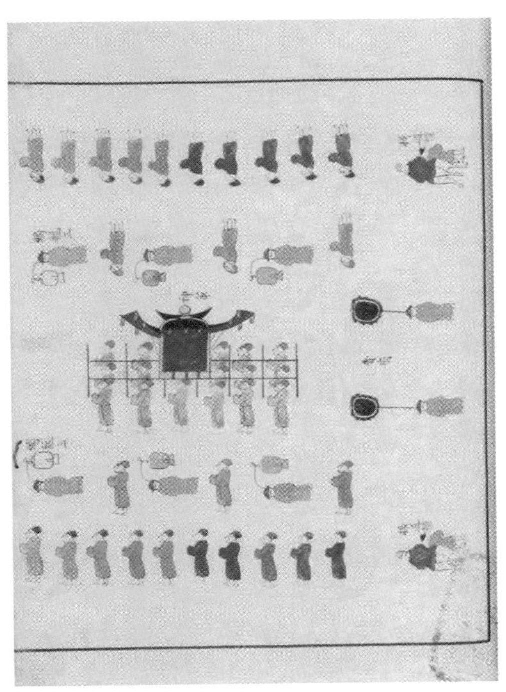

『[단종정순왕후]복위부묘도감의궤』(1699)의 반차도 중 왕후의 신련 행렬(서울대 규장각한국학연구원 소장)

도가의 절차가 있고, 다음 전사대, 다음 대왕 노부, 다음 책보 요여, 다음 전부고취, 다음 대왕 신련, 다음 후부고취, 다음 왕후 노부, 다음 책보 요여, 다음 전부고취, 다음 왕후 신련, 다음 부묘도감, 다음 어연, 다음 후부고취, 다음 백관, 다음에 후사대로 하사오며…….[119]

119 『단종복위부묘도감의궤(端宗復位祔廟都監儀軌)』, 도청의궤(都廳儀軌), 145~146면

즉, 대왕의 신련 행렬, 왕후의 신련 행렬, 국왕의 어가 행렬이 전체적으로 하나의 행렬로 이루어지되, 전체 행렬의 도가는 대가 도가로 하며, 사대는 전체 행렬의 앞뒤로만 배치하였다. 그러므로 전사대와 후사대 사이에 대왕 노부 → 책보 요여 → 전부고취 → 대왕 신련 → 후부고취로 이어지는 대왕의 신련 행렬이 있고, 그 뒤를 왕후 노부 → 책보 요여 → 전부고취 → 왕후 신련으로 이어지는 왕후의 신련 행렬이 따르며, 그 뒤를 부묘도감 관원이 따르고, 다음으로 국왕의 어연 → 후부고취 → 백관의 차례로 이동한다는 것이다.

그러나 반차도에는 국왕의 어연이 생략되어 있고, 부묘도감의 관원이 대왕의 신련 뒤와 왕후의 신련 뒤에 모두 배치되어 있다. 이는 마치 왕과 왕후를 함께 부묘할 때의 부묘도감 반차도의 일부만을 생략해 그린 것처럼 보인다.

종묘에 부묘하기 위한 대왕의 신련 행렬에는 신련의 전후에 전부고취와 후부고취가 따르고, 후부고취 앞에는 주작기를 가운데로 하고 좌우에 후전대기가 선다. 왕후의 신련에는 전부고취만 나아가고 후부에는 고취를 세우지 않는데 이러한 차이점이 반차도에 나타나기도 한다.

| 맺음말 |

국가 기록물로서 의궤의 성격

서울대학교 규장각과 한국학중앙연구원 장서각의 두 기관에서 소장하고 있는 의궤가 2007년 유네스코 세계기록유산으로 등재되면서 조선왕조의 의궤는 세상에 널리 알려지게 되었다. 이를 전후로 국내외 의궤에 대한 조사와 정리 작업이 활발히 진행되어 2016년에는 이들 두 기관에서 소장한 의궤와 그 밖의 다른 소장처에 있는 의궤를 포함하여 총 1,757건 2,751책의 의궤가 보물로 지정되었다.

그런데 의궤가 어떤 책인지를 설명하고 소개하는 글에는 의궤라는 책자의 본래적 성격이 간과되고 의궤를 주로 왕실과 관련되는 의례적 행사나 예법에 관한 책자로 설명하는 경우를 접하게 된다. 첫 단추가 잘못 끼워지면 옷을 입은 모양새가 이상해지듯이 의궤라는 책자를 의례와 관련해서 설명하는 경우가 바로 그런 경우가 아닌가 한다. 의궤가 어떤 책인지를 설명함에 있어서 첫 단추의 위치에 있어야 하는 것은 조선왕조의 도감 제도가 아닌가 한다. 말하자면 의궤는 조선왕조의 도감 제도가 남긴 기록물이라고 할 수 있다.

의궤는 무엇보다도 도감과 같은 권설 기구가 관장했던 업무와 관련해서 남긴 국가 기록물이라고 할 수 있다. 이런 점에서 의궤는 일반 상설 관서에서 상시로 작성하여 비치하고 보관한 등록류의 기록물과 비교될 필요가 있다. 한편 의궤에는 왕실과 관련되는 행사나 사업에 관한 것이 대부분이다. 이 점에서 의궤는 주로 왕실과 관련된 국가적 행사나 사업과 관련되어 설치된 도감과 같은 권설 기구가 사업을 끝마치면서 남긴 국가 기록물이라고 할 수 있다. 요컨대 의궤란 왕실 행사나 사업에 관한 국가 기록물로, 조선왕조에 특유한 도감 제도와 관련이 깊은 기록물이며, 일반 편찬서나 저작서와는 다른 등록류 성격의 책자로 제작된 것이라고 할 수 있다.

1. 의궤와 도감 제도

의궤는 대부분 책자 이름이 가례도감의궤나 국장도감의궤, 존숭도감의궤와 같이 '○○도감의궤'라는 책자 이름을 하고 있다. 이로써 알 수 있듯이 의궤는 도감 제도와 밀접한 관련이 있는 기록물이다. 실제로 현전하는 의궤는 대부분 각종 도감에서 사업을 끝낸 뒤 제작한 도감의궤가 대부분을 차지한다.

도감은 수시로 발생하는 중요한 국가적 행사나 사업을 처리하기 위해 '일이 있으면 설치했다가 일이 끝나면 폐지하는' 비상설 임시 기구이다. 도감 제도는 고려왕조와 조선왕조에 특유한 제도로 중국의 역대 왕조에서는 유사한 제도가 확인되지 않는다. 사업이나 행사의 성격에 따라 도감에는 여러 명칭의 수많은 도감이 있게 되며, 고려 시대에는

기록상 확인되는 도감만 해도 113종류에 달하였다.[120]

도감과 같은 권설 기구가 이처럼 자주 설치되었던 것은 기존의 상설 관서에서 처리할 수 없는 업무가 수시로 발생하였기 때문이겠지만, 원천적으로는 국가 재정을 효율적으로 운영하기 위해 작은 정부를 지향하였기 때문이었다. 즉, 상설 관서의 수와 예산 규모를 적게 유지하는 대신 필요에 따라 그때그때 임시로 도감을 설치하여 이에 따른 문제점을 보완하였던 것이다.

의궤와 같은 기록물이 조선왕조에 특유한 것도 따지고 보면 도감 제도와 관련이 있다고 할 수 있다. 도감은 사업의 종료와 함께 혁파되는 기구이기 때문에 사업 기간 동안 관장했던 업무에 대한 기록을 별도로 유지 관리할 필요가 있었다. 그러므로 도감 제도가 존재했던 고려 시대부터 어떤 형태로든 도감이 관장했던 사업에 대한 기록물이 있었을 것이다. 그러다가 어느 시기부터인지는 분명하지 않지만 도감이 담당한 업무의 경우 그 내역을 유관 관서에 보고하고 또한 왕에게도 보고할 필요성이 요구되면서 사업 내역의 전모를 자세히 기록한 책자, 즉 의궤를 여러 건 제작하는 관행이 자리 잡았던 것으로 보인다.

도감이란 '도맡아 감찰한다'를 뜻하는 기구의 명칭에서 알 수 있듯이 감찰 업무가 중시되는 조직이라고 할 수 있다. 이는 도감 도청 소속 낭청의 임무를 '검찰'로, 작업장인 각 방이나 소의 낭청과 감조관의 임무를 '찰임(察任)'으로 나타내고 있는 데서도 알 수 있다. 도감 자체의 성격도 그렇지만 의궤를 여러 건 제작하여 관련 기관에 나누어 보냈던

120 나영훈, 「조선전기 都監의 운영과 官制정비」, 『한국사연구』 162, 331쪽.

것도 권설 기구의 경우 관장했던 업무에 대한 피감의 책임이나 필요성과 관련된다고 할 수 있다. 도감에서 수행한 업무는 최종적으로는 국왕으로부터 검찰을 받게 되면서 어람용 의궤의 제작도 관행화되었을 것이다.

도감은 도청으로 불리는 관리 부서 아래에 여러 작업 부서를 갖추고 업무를 추진하였다. 이 때문에 도감의궤의 기록 내용은 도청의 활동에 관한 기록과 각 작업 부서의 활동에 관한 기록으로 구성되게 된다. 그리고 이들 각 부서의 활동에 관한 기록 내용은 주로 이들 부서의 업무와 관련된 각종 공문서 기록을 그대로 옮겨 수록한 것이다. 즉, 도청 의궤의 경우 전교, 계사, 이문, 관문, 감결, 품목과 같은 공문서 기록이 주된 기록 내용을 이루고, 각 방의 경우에는 감결, 품목과 같은 공문서 기록이 주를 이루는 것이 그러하다. 이러한 기록 방식은 도감의 각 부서별로 각기 책임 소재를 분명히 하고자 하는 기록 양식인 것이다.

그러므로 의궤란 국가적 행사나 사업과 관련해서 설치된 도감이 업무 수행 과정에서 수발한 각종 공문서 내용을 빠짐없이 옮겨놓은 기록물이라고 할 수 있다. 기록 양식에서 의궤가 가지는 특유성도 이러한 도감의 업무 조직이나 업무 수행 방식과 관련이 있는 것이다. 의궤와 같은 특유의 기록 양식을 지닌 국가 기록물이 조선왕조에 있게 된 것은 고려왕조에 이어 조선왕조에 특유했던 도감 제도와 밀접한 관련이 있는 것이다.

2. 의궤와 등록

조선 시대에는 국가 기관에서 업무를 수행하는 과정에서 주고받은 여러 공문서는 그 내용을 다듬거나 고침이 없이 그대로 옮겨 적는 방식으로 기록을 보존하였다. 이처럼 공문서 내용을 그대로 옮겨 적는 행위를 등록이라고 하고, 그렇게 해서 생겨난 기록물도 또한 등록이라고 한다. 모든 국가 관서에서는 업무 수행 과정에서 주고받은 공문서는 이를 등록해두는 방식으로 업무 내역을 기록물로 보존하였다.

의궤 또한 도감과 같은 권설 기구가 사업을 종료하는 시점에 이르러 사업을 진행하는 동안 그때그때 등록해두었던 것을 가지고 만든 책자라고 할 수 있다. 다만 의궤는 등록을 수정하여 만들었다는 점에서 일종의 '제작서'라고 할 수 있고, 이런 점에서 일반 관서의 업무 수행 과정에서 자동적으로 생산되는 기록물인 등록과는 차이가 있다고 할 수 있다. 등록의 경우 업무 수행 과정에서 자동적으로 생산되는 것이기에 한 건의 기록물로 남게 되는 데 반하여, 의궤는 여러 곳에 보내기 위해 제작되는 것이기에 여러 건이 있게 되는 것이다.

의궤는 등서 작업을 위주로 제작되었기 때문에 편찬물이라고 하기는 어렵다. 의궤를 제작하기 위해 설치되는 의궤청의 업무 지침에는 편찬에 관해서는 어떠한 지침도 발견할 수 없다. 이는 『실록』과 같은 편찬물의 경우 편찬을 위한 첫 단계에 '시정기찬수범례(時政記纂修凡例)'라고 하여 시정기에서 무엇을 취사선택하여 어떻게 정리할 것인지에 대한 편찬 지침부터 정하는 경우와는 큰 차이가 있다.

이 때문에 의궤를 종종 등록이라고 하는 경우가 있으며 '의궤등록'

이라고 하는 경우도 있다. 하나의 책자를 두고 이를 의궤라고도 하고 등록이라고도 하는 경우는 어떻게 이해해야 하는 것일까? 이 경우 의궤라고 하는 것은 책자의 내용을 두고 지칭한 것이고 등록이라고 하는 것은 책자의 제작 방식을 두고 지칭한 것이라 할 수 있다. 즉, 등록이란 '등서 작업을 통해서 만들어진 기록물'이라는 의미에서 지칭되는 것이라면, 의궤란 '어떤 종류의 국가적 사업이나 행사에 관한 기록물'이라는 의미에서 지칭한 것이다. 그러므로 하나의 책자를 두고 이를 등록이라고도 하고 의궤라고도 할 수 있겠지만, 도감이나 청의 업무와 관련해서 제작된 책자는 대개 의궤로 지칭하여 일반 관서의 등록과는 구별하였던 것이다.

의궤는 등록을 '수정'하여 만든 제작물이다. 여기서 말하는 수정이란 기왕의 등록을 차례나 형식에 맞추어 재정리하는 작업 행위를 말하는 것일 뿐, 등록을 자료로 해서 어떠한 '찬작(撰作)' 혹은 '찬집(撰集)'의 과정을 거쳐 제작한다는 의미는 아니다. 나아가 등록의 문사를 고친다거나 등록의 내용을 개작한다거나 하여 만든 것은 더더욱 아니다.

도감의 경우도 일반 관서의 경우처럼 업무 수행 과정에서 수발한 각종 공문서나 소요 물품의 내역, 회계 관련 기록은 그때그때 등록해두었을 것이다. 이렇게 공문서를 등록하는 일은 도감 본부인 도청만이 아니라 도감에 속한 각각의 작업 부서에서도 마찬가지였다. 이들 각 부서에서 작성해둔 등록은 도감의 업무가 종료되면 모두 의궤청으로 이관하였고, 의궤청에서는 이를 일정한 순서에 맞추어 등서하여 제작하였던 것이다. 말하자면 의궤는 도감 각 부서의 등록을 다시 재정리하여 만든 수정본 등록이라 할 수 있는 것일 뿐 저작물 혹은 편찬물로 제작된 책자는 아니다.

등록을 가지고 수정, 제작하면서도 공문서 기록을 다듬거나 고침이 없이 그대로 등서하는 방식으로 의궤를 제작한 것은 공문서의 내용을 액면 그대로 보이려는 때문이라고 할 수 있다. 이는 의궤의 제작 목적이 중요한 국가적 사업이나 행사를 마친 피감 기구의 입장에서 사실 관계를 있는 그대로 보여줌으로써 소명과 증빙에 임하고자 한 것이다.

3. 의궤와 왕실 행사

조선왕조의 의궤는 왕실에 관계되는 행사나 사업과 관련되어 남겨진 국가 기록물이다. 의궤를 국가 기록물이라고 하는 까닭은 의궤의 기록 대상이 된 행사나 사업은 어디까지나 국가 재정이 투입되어 국가적 행사로 치러진 것이지 왕실이 주체가 되어 왕실 재정으로 행하여진 것이 아니기 때문이다. 다만 이들 국가적 행사나 사업이 주로 왕실, 구체적으로는 왕실의 최상층에 있는 왕이나 왕비, 왕세자와 관련된 행사이거나 사업이었다. 그러므로 의궤는 '왕실에 관계되는 일시적인 국가적 행사나 사업에 관한 기록물'이라고 할 수는 있는 것이다. 이에 해당하는 행사나 사업으로는 왕실의 통과의례성 행사, 왕실의 기념적인 행사, 왕실 관련 서적의 편찬, 왕실 건축물의 영건, 왕실에 관련되는 의례용 기물의 조성이라는 다섯 가지 범주의 행사나 사업을 들 수 있다.

현전하는 조선왕조의 의궤 가운데 가장 많은 수를 차지하는 것은 왕비나 왕세자의 책봉, 왕과 왕세자의 혼례, 왕과 왕비의 상장례 행사, 왕과 왕후의 부묘례 행사와 같은 의례적 성격의 행사에 관한 의궤이다.

이들 의례는 왕실 구성원과 그들의 신분적 지위에 중요한 변화가 수반되는 왕실의 대표적인 통과의례성 행사라 할 수 있다. 이 밖에 왕이나 왕실의 존장 혹은 선왕·선왕후에 대해 존호를 올리는 의례 또한 일종의 통과의례성 행사라 할 수 있다. 의궤는 이처럼 왕실의 통과의례성 행사에 관한 것이 상당수를 차지하고 있으며 이로써 조선왕조와 같은 왕조 국가에서는 이러한 통과의례성 행사가 중요한 국가적 행사로 행해졌음을 알 수 있다.

왕실의 통과의례성 행사는 여러 왕대에 걸쳐 두루 발생하기 마련이므로 이에 관한 의궤가 상당수를 차지하게 되지만, 이 밖에 비교적 의례적 성격이 약한 반면에 행사 자체의 기념적 의의가 중시되어 의궤가 제작된 경우도 있다. 영조 대의 의궤 가운데 국왕의 활쏘기 행사, 국왕의 밭갈이 행사, 왕비의 누에치기 행사에 관한 의궤가 이런 유형의 행사 기록물이다. 이들 행사는 영조 대에 한정되어 특별히 기념적 행사로 치르면서 행사 기록을 의궤로 남기게 된 경우라 할 수 있으나 이 또한 왕실에 관계된 국가적 행사에 대한 기록물인 것이다.

이 밖에 궁중 연회, 중국 사신의 영접, 공신의 녹훈에 관한 몇 시기의 의궤가 남아 있는데 이 또한 왕실과 관련된 기록이라 할 수 있다. 궁중 연회는 거의 모두가 왕이나 대비가 주연이 되는 왕실 행사이면서 많은 국가 재정이 투입된 행사이다. 사신을 영접하는 일은 왕실과는 관련이 먼 행사라 할 것이나, 중국 사신의 내왕이 대개는 새로 즉위한 국왕에 대한 책봉이나 왕세자 책봉, 조선 국왕의 상사(喪事)에 대한 조문과 사제(賜祭) 등 왕실과 관련되어 있었다. 또한 특별한 경우가 아니면 왕이나 왕세자가 직접 사신을 접견하는 것이 원칙이었으므로 이 또한 왕실과 관련이 깊은 행사의 하나라 할 수 있다. 공신의 녹훈에 관한 의궤는 왕실에 대하여 훈공을 세운 공신의 책봉에 관한 것이므로 역시 왕실과 관련이 깊은 것이다.

조선왕조는 일반 관서 건물이 아닌 궁궐, 능원, 종묘, 태실과 같은 건축물을 세우거나 고치는 일에서는 그 사업 내용을 의궤로 남겼다. 왕의 자녀로 태어나면 태실을 조성하여 국가가 이를 관리하였고, 이들은 일반 사서인의 접근이 통제되는 궁궐에서 생활하였으며, 죽어서는 일반인의 무덤과는 다른 능원에 묻히며, 왕과 왕후의 신위는 종묘에 모시어 국가 제례의 대상이 되었다. 태실, 궁궐, 능원, 종묘는 왕실의 권위와 관계되는 중요한 건축물이라 할 수 있는데 이 건물들의 영건이나 개수에 대해서도 의궤로 제작하였다.

현전하는 의궤 가운데 서명만을 두고 볼 때 가장 제작 건수가 많은 의궤는 왕실 족보의 편찬이나 수정에 관해 기록한 것이다. 왕실 족보의 편찬이나 수정 사업은 종부시에서 맡기도 하고, 별도로 교정청을 설치하여 관장하기도 하였지만 어느 경우나 사업 내역을 의궤로 남겼다. 이 밖에 국왕 재위 시의 역사적 사실을 기록한 『실록』, 왕의 치적 가운데 귀감이 될 만한 사실을 가려내어 편찬한 『국조보감』도 그 편찬 사업의 내역을 의궤로 남겼다. 조선 시대에 편찬된 여러 다른 편찬물의 경우와 달리 이들 서적의 편찬에 대해서 의궤가 제작된 것은 이들 서적이 왕실과 관련이 깊었기 때문일 것이다.

이 밖에 조선왕조의 의궤 중에는 왕의 어진을 제작하거나 모사하는 사업, 국가 제례 행사 때에 사용할 악기나 제기를 제조하는 사업, 왕과 왕후의 책보와 같은 왕실의 권위와 존엄에 관계되는 의물을 개수하거나 새로 조성할 때의 사업에 관한 의궤가 있다. 어진, 악기, 제기, 책보와 같은 것은 일종의 의례용 기물이라 할 수 있는 것으로 이들 의기의 조성에 관한 사업도 왕실과 관련이 깊은 것이다.

이처럼 조선왕조의 의궤는 국가적 사업이나 행사와 관련되어 제작된 기록물이라고는 하나 기록의 대상이 된 국가적 사업이나 행사가 대개 왕실과 관련이 깊은 것이었다.

요컨대 의궤는 왕실과 직간접적으로 관련되는 특정한 국가적 행사나 사업에 관한 기록물이며, 고려왕조와 조선왕조에 특유한 도감 제도와 관련이 깊은 기록물이다. 또한 의궤는 일시적으로 국가적 행사나 사업을 관장하게 된 도감과 같은 권설 기구가 사업을 종료하는 시점에 이르러 사업을 담당했던 각 부서에서 기록해둔 등록을 수정해서 만든 일종의 등록류 책자로서 어떤 편찬상의 지침을 가지고 제작된 편찬물과는 다른 기록물이라고 하겠다.

| 참고 문헌 |

〈단행본〉

국립고궁박물관 편, 『조선왕실의 인장』, 그라픽네트, 2006.

국립고궁박물관, 『다시 찾은 조선왕실 의궤와 도서』, 2011.

국립고궁박물관, 『조선왕실의 어진과 진전』, 2015.

국립문화재연구소, 『조선왕실의 안태와 태실 관련 의궤』, 2006.

국립중앙박물관, 『145년 만의 귀환, 외규장각 의궤』, 2011

국립중앙박물관, 『조선왕조의궤 현황과 전망』, 2012.

김문식 · 신병주 공저, 『조선 왕실 기록문화의 꽃, 의궤』, 돌베개, 2005.

박병선, 『조선조의 의궤』, 한국정신문화연구원』, 1985.

서울대학교 규장각, 『규장각 소장 의궤 종합목록』, 2002.

서울대학교 규장각, 『왕실 자료 해제 · 해설집 1-4』, 서울대학교 규장각, 2005.

성인근, 『한국 인장사』, 다운샘, 2010.

신명호, 『조선 왕실의 의례와 생활, 궁중문화』, 돌베개, 2002.

심재우 외, 『조선의 왕으로 살아가기』, 돌베개, 2011.

아마가와, 『조선 왕실 의궤의 비밀』, 기파랑, 2012.

장경희, 『조선왕조 왕실가례용 공예품 연구』, 홍익대학교, 1999.

정재훈, 『조선의 국왕과 의례』, 지식산업사, 2010.

한국정신문화연구원, 『장서각소장등록해제』, 2002.

한국정신문화연구원, 『장서각소장의궤해제』, 2002.

한영우, 『조선왕조 의궤』, 일지사, 2005.

〈영인서〉

『正祖孝懿后嘉禮都監儀軌』〔서울대학교 규장각한국학연구원 영인(이하 같음)〕, 『昭顯世子嘉禮都監儀軌』, 『純祖純元后嘉禮都監儀軌』, 『英祖貞純后嘉禮都監儀軌』, 『義王英王冊封儀軌』, 『高宗大禮儀軌』, 『英祖四尊號上號都監儀軌』, 『明成皇后殯殿魂殿都監儀軌』, 『正祖國葬都監儀軌』, 『明成皇后國葬都監儀軌』, 『英宗大王山陵都監儀軌』, 『正祖健陵山陵都監儀軌』, 『顯陵園園所都監儀軌』, 『顯宗祔廟都監儀軌』, 『宗廟儀軌』, 『宗廟儀軌續錄』, 『景慕宮儀軌』, 『社稷署儀軌』, 『皇壇從享儀軌』, 『高宗壬寅進宴儀軌』, 『肅宗己亥進宴儀軌』, 『慈慶殿進爵整禮儀軌』, 『純祖己丑進饌儀軌』, 『園幸乙卯整理儀軌』, 『大射禮儀軌』, 『親耕儀軌』, 『親蠶儀軌』, 『迎接都監都廳儀軌』, 『迎接都監米麵色儀軌』, 『迎接都監賜祭廳儀軌』, 『昭武寧社錄勳都監儀軌』, 『英祖實錄廳儀軌』, 『東國新續三綱行實撰集廳儀軌』, 『國朝寶鑑監印廳儀軌』, 『慶運宮重建都監儀軌』, 『西闕營建都監儀軌』, 『中和殿營建都監儀軌』, 『洪陵山陵都監儀軌』, 『大報壇增修所儀軌』, 『華城城役儀軌』, 『高宗御眞純宗睿眞圖寫都監儀軌』, 『景慕宮樂器造成廳儀軌』, 『祭器樂器都監儀軌』, 『寶印所儀軌』, 『火器都監儀軌』.

〈국역서〉

이강노 외, 『화성성역의궤』(1 · 2 · 3), 1977.

장철수 외, 『원행을묘정리의궤』, 1996.

이해형 · 임재완, 『현륭원원소도감의궤』, 경기도박물관, 2006.

박소동, 『가례도감의궤(영조정순왕후)』, 한국고전번역원, 1997.

박소동, 『친경친잠의궤』, 한국고전번역원, 1999.

박소동, 『진연의궤』, 한국고전번역원, 2005-2008.

오항녕, 『영종대왕실록청의궤』, 한국고전번역원, 2007-2008.

선종순, 『종묘의궤』(1 · 2), 김영사, 2009.

김기빈 · 오세옥, 『사직서의궤』, 한국고전번역원, 2012.

박헌순 · 오세옥, 『경모궁의궤』, 한국고전번역원, 2013.

송방송 외, 『영조조 갑자진연의궤』, 민속원 한국음사료연구회 국역총서, 1998.

송방송, 『풍정도감의궤』, 민속원 한국음사료연구회 국역총서, 1999.
송방송 외, 『인정전악기조성청의궤』, 민속원 한국음사료연구회 국역총서, 2000.
송방송 외, 『숙종조 기해진연의궤』, 민속원 한국음사료연구회 국역총서, 2001.
김종수 외, 『헌종 무신진찬의궤』, 민속원 한국음사료연구회 국역총서, 2004.
송방송 외, 『순조 기축진찬의궤』, 민속원 한국음사료연구회 국역총서, 2007.
한국예술학과 음악사료강독회, 『고종 신축진연의궤』(1·2·3). 2000-2002.
한국예술학과 음악사료강독회, 『헌종 무신진찬의궤』(1·2·3), 2004-2006.
한국예술학과 음악사료강독회, 『고종 대례의궤』(상·하), 2012-2013.
김영희, 『사직악기조성청의궤』, 국립국악원 한국음악학학술총서, 2008.
서인화, 『경모궁악기조성청의궤』, 국립국악원 한국음악학학술총서, 2009.
이정섭, 『영조정순후가례도감의궤』, 문화재청/국립문화재연구소, 1999.
이정섭 외, 『정조국장도감의궤』, 문화재청/국립문화재연구소, 2005.
김상환, 『조선왕실의 안태와 태실 관련 의궤』, 문화재청/국립문화재연구소, 2006.
김인규 외, 『가보고 싶은 왕릉과 그 기록 - 풀어쓴 후릉수개도감의궤』, 문화재청/국립문화재연구소, 2008.
이상식·조윤선, 『영정모사도감의궤』, 국립고궁박물관 고문헌국역총서, 2013.
김우철, 『보인소의궤』, 국립고궁박물관 고문헌국역총서, 2014.
김상환, 『황태자가례도감의궤』, 국립고궁박물관 고문헌국역총서, 2015.
문순요, 『서궐영건도감의궤』, 서울시사편찬위원회 2003.
오항녕, 『선조실록수정청의궤』, 일지사, 2004.
이의강, 『순조무자진작의궤』, 보고사, 2006.
오항녕, 『추봉책봉의궤』, 서울역사박물관, 2007.
인남순, 『고종 정해진찬의궤』, 보고사, 2008.

〈논문〉

강문식, 「의궤(儀軌)를 통해본 『영조실록(英祖實錄)』의 편찬 체계」, 『조선시대사학보』 54, 2010.

강신엽, 「조선시대 대사례 시행과 그 운영-“대사례의궤”를 중심으로」, 『조선시대사학보』 16, 2001.
강제훈, 「조선전기 국왕 儀仗制度의 정비와 상징」, 『사총』 77, 2012.
김 혁, 「藏書閣 소장 謄錄의 문헌학적 특성」, 『藏書閣』 4, 2000.
김문식, 「파리 국립도서관 소장 외규장각 의궤 조사연구」, 외교통상부, 2003.
김문식, 「「儀軌事目」에 나타나는 의궤의 제작 과정」, 『규장각』 37, 2010.
김문식, 「조선시대사 연구와 의궤」, 『조선시대사학보』 79, 2006. 12.
김종수, 「규장각 소장 연향 관련 의궤 고찰」, 『한국학보』 113, 2003.
김종수, 「존호, 존숭, 상호도감 명칭에 대한 소고」, 『온지논총』 12, 2005.
김지영, 「영조대 친경의식의 거행과 “친경의궤”」, 『한국학보』 107, 2002.
김지영, 「조선시대 典禮書를 통해 본 御駕行列의 변화」, 『한국학보』 120, 2005.
김지영, 「조선후기 의궤 반차도의 기초적 연구」, 『한국학보』 118
김해영, 「조선 초기 禮制 연구와 『國朝五禮儀』의 편찬」, 『朝鮮時代史學報』 55, 2010. 12.
김해영, 「『世宗大王胎室石欄干修改儀軌』에 대하여」, 『고문서연구』 45, 2014, 8.
김해영, 「英祖朝 世宗.端宗 胎室의 修改 役事」, 『南冥學硏究』 44 , 2014, 12.
나영훈, 「『의궤』를 통해 본 조선후기 도감의 구조와 그 특성」, 『역사와 현실』 93, 2014.
나영훈, 「조선전기 都監의 운영과 官制정비」, 『韓國史硏究』 162, 2013. 9.
이영춘, 「朝鮮時代의 王室 典禮와 儀軌」, 『藏書閣』 창간호.
송방송 「『인정전악기조성청의궤』의 문헌적 검토」, 『한국문화』 15, 1994.
신명호, 「조선 초기 儀軌編纂의 배경과 의의」, 『조선시대사학보』 58. 2011.
신병주, 「조선시대 의궤(儀軌) 편찬의 역사」, 『조선시대사학보』 54, 2010.
심재우, 「조선왕조 儀軌의 현존 상황과 연구 활성화 방안」, 『民族文化』 31, 2008.
오항녕, 「실록(實錄) : 등록(謄錄)의 위계」, 『기록학연구』 3, 2001.
오항녕, 「實錄의 儀禮性에 대한 硏究-象徵性과 編纂慣例의 형성과정을 중심으로-」, 『조선시대사학보』 26 , 2003.

유승주,「조선후기 都監制下의 官營手工業에 관한 일연구」,『진단학보』69, 1990.
임민혁,「조선시대 국왕 嘉禮의 절차와 규범」,『동양고전연구』47, 2012.
임민혁,「조선시대의 廟號와 事大意識」,『조선시대사학보』19, 2001.
정승교,「정조대 을묘원행의 재정 운영과 정리곡 마련」,『한국학보』22 , 1996
정재훈,「『璿源錄』의 編纂과 그 內容」,『釜山史學』30, 1996.
제송희,「조선시대의궤반차도 연구」, 한국학중앙연구원한국학대학원 박사학위 논문, 2013.
조홍윤,「한국장황사료(1) -영정모사도감의궤-」, 동방학지
한영우,「을미지변, 대한제국 성립과 〈명성황후 국장도감 의궤〉」,『한국학보』100.
한영우,「조선시대 儀軌 편찬 始末」,『韓國學報』107, 一志社, 2002.
한영우,「조선시대 儀軌 편찬과 현존 儀軌 조사 연구」,『韓國史論』48, 2002.
한영우,「1904~1906년 경운궁 중건과 '경운궁중건도감의궤」,『한국학보』108, 2002.
홍순민,「朝鮮後期 王室의 構成과 璿源錄」,『한국문화』11, 1990.
이태진,「왕조의 유산, 외규장각도서를 찾아서」, 1994.

〈웹사이트〉

규장각한국학연구원 의궤종합정보 : http://e-kyujanggak.snu.ac.kr/center/main/main.jsp
한국학중앙연구원 장서각디지털 아카이브 : http://yoksa.aks.ac.kr
국립중앙박물관 외규장각 의궤 : http://yuigwe.museum.go.kr
국립고궁박물관 : http://www.gogung.go.kr/main.do
한국고전종합DB : http://db.itkc.or.kr
조선왕조실록 : http://sillok.history.go.kr
승정원일기 : http://sjw.history.go.kr

| 부록 |

조선왕조 의궤 목록*(총 491종)

1. 왕실의 통과의례성 행사에 관한 의궤

1) 책례도감의궤(35)

시기	서명	제작 건수	소장처(건수)**
1610	[懿仁王后…中宮殿世子]冊禮都監儀軌	8	규(1)
1634	[昭顯世子]冊禮都監儀軌	불명	장(1)
1645	[孝宗]王世子冊禮都監儀軌	4	규(2)
1649	[顯宗]王世孫冊禮都監儀軌	4	규(2)
1651	[孝宗仁宣王后]中宮殿冊禮都監儀軌	8	규(4)·중(1)
1661	[顯宗世子]冊禮都監儀軌	8	규(3)·중(1)
1661	[明聖王后]冊禮都監儀軌 [明聖王后冊禮]別三房儀軌	8 2	규(3)·장(1)·중(1) 중(1)
1667	[肅宗世子受冊時]冊禮都監儀軌	8	규(2)·중(1)
1676	[仁敬王后中宮殿]冊禮都監儀軌 [仁敬王后冊禮]別三房儀軌	8 2	규(3)·장(1)·중(1) 중(1)
1690	[景宗王世子]冊禮都監儀軌	5	규(1)·장(1)·중(1)
1690	[玉山大君嬪陞侯]冊禮都監儀軌	8	규(3)·장(1)·중(1)
1694	[仁顯王后]冊禮都監儀軌	8	규(3)·장(1)
1721	[英祖王世弟]冊禮都監儀軌	5	규(2)·장(1)·중(1)
1722	[端懿王后宣懿王后]冊禮都監儀軌 [端懿王后宣懿王后冊禮]別三房儀軌	8 2	규(3)·장(1)·중(1) 중(1)
1725	[孝章世子]冊禮都監儀軌	5	규(1)·장(1)·중2
1726	[貞聖王后復位時]冊禮都監儀軌 [貞聖王后冊禮]別三房儀軌	8 2	규(3)·장(1)·중(1) 중(1)

1736	[莊祖世子]冊禮都監儀軌	5	규(1)
1751	[懿昭世孫]冊禮都監儀軌	5	규(1) · 중(1)
1759	[正祖王世孫]冊禮都監儀軌	4	규(2) · 중(1)
1778	[孝懿王后]冊禮都監儀軌	6	규(3) · 장(1)
1784	[文孝世子]冊禮都監儀軌	4	규(1) · 중(1)
1800	[純祖]王世子冠禮冊儲都監儀軌	7	규(3)
1812	[孝明世子]冊禮都監儀軌	8	규(6) · 장(1) · 중(1)
1830	[憲宗]王世孫冊儲都監儀軌	8	규(6) · 장(1)
1875	[純宗王世子受冊時]冊禮都監儀軌	9	규(6) · 장(1) · 궁(1)
1900	義王英王冊封儀軌	10	규(6) · 장(1)
1901	淳妃冊封儀軌	9	규(5) · 장(2)
1903	[淳妃]進奉皇貴妃儀軌	9	규(7) · 장(2)
1907	[兩皇后復位時]冊禮都監儀軌	9	규(8) · 궁(1)
1910	興王冊封儀軌	6	규(3) · 장(2)
1767	恩彦君恩信君冠禮儀軌		장(1)

* 이 목록은 『규장각 소장 의궤 종합목록』(2002)을 바탕으로 하여 의궤 제작의 배경이 된 사업이나 행사의 성격에 따라 여섯 유형으로 재분류하여 작성한 것이다. 제작 건수는 수백 종에 달하는 거의 모든 의궤의 의궤사목을 살펴서 해당 내용을 하나하나 조사하여 『규장각 소장 의궤 종합목록』에서 미처 파악하지 못한 것을 많이 보완하였다. 소장처별 소장 건수에서 이 목록이 『규장각 소장 의궤 종합목록』과 차이가 있기도 한데 이는 같은 종류의 책자를 『규장각 소장 의궤 종합목록』에서 각각 다른 종(건)으로 파악하거나 파악 방식이 일정하지 않은 경우가 있어 이를 바로잡았기 때문이다. 이 목록에서는 『규장각 소장 의궤 종합목록』에서 포함시킨 『선원보략』 관련 의궤 106종과 장서각 소장의 축식 의궤 36종을 제외하는 대신에 『규장각 소장 의궤 종합목록』에 포함되지 않았던 태실 관련 의궤 4종을 포함시켰다.

** 소장처를 표시함에 있어서 '규'는 규장각, '장'은 장서각, '중'은 국립중앙박물관, '궁'은 국립고궁박물관을 말한다.

2)가례도감의궤(21)

시기	서명	제작 건수	소장처(건수)
1627	[昭顯世子]嘉禮都監儀軌	8	규(2)·장(1)
1638	[仁祖莊烈王后]嘉禮都監儀軌	5	규(1)·중(1)
1651	[顯宗明聖王后]嘉禮都監儀軌	6	규(2)·장(1)·중(1)
1671	[肅宗仁敬王后]嘉禮都監儀軌	6	규(4)·장(1)·중(1)
1681	[肅宗仁顯王后]嘉禮都監儀軌	6	규(2)·장(1)·중(1)
1696	[景宗端懿王后]嘉禮都監儀軌	6	규(2)·장(1)·중(1)
1702	[肅宗仁元王后]嘉禮都監儀軌	6	규(2)·장(2)·중(1)
1718	[景宗宣懿王后]嘉禮都監儀軌	6	규(3)·장(1)·중(1)
1727	[眞宗孝純王后]嘉禮都監儀軌	6	규(3)·중(1)
1744	[莊祖獻敬王后]嘉禮都監儀軌	6	규(3)·중(1)
1759	[英祖貞純王后]嘉禮都監儀軌	5	규(3)·장(1)·중(1)
1762	[正祖孝懿王后]嘉禮廳儀軌	5	규(2)·장(1)
1772	淸瑾縣主嘉禮儀軌	4	장(1)
1802	[純祖純元王后]嘉禮都監儀軌	6	규(3)·장(1)·중(1)
1819	[孝明神貞王后]嘉禮都監儀軌	6	규(4)·장(1)·중(1)
1837	[憲宗孝顯王后]嘉禮都監儀軌	6	규(3)·장(1)·중(1)
1844	[憲宗孝定王后]嘉禮都監儀軌	6	규(5)·장(1)
1851	[哲宗哲仁王后]嘉禮都監儀軌	7	규(5)·장(1)
1866	[高宗明成皇后]嘉禮都監儀軌	7	규(5)·장(1)·궁(1)
1882	[純宗純明皇后]嘉禮都監儀軌	6?	규(5)·장(1)·궁(1)
1906	[純宗純宗妃]嘉禮都監儀軌	8	규(7)·궁(1)

3) 빈전혼전도감의궤(42)

시기	서명	제작 건수	소장처(건수)
1601	[懿仁王后]殯殿魂殿都監儀軌	불명	규(1)
1632	[仁穆王后]殯殿魂殿都監儀軌	5	규(1)

1645	[昭顯世子]殯宮魂宮都監儀軌	5	규(1) · 중(1)
1649	[仁祖]殯殿魂殿都監儀軌	5	규(1) · 중(1)
1659	[孝宗]殯殿魂殿都監儀軌	5	규(2) · 중(1)
1674	[仁宣后]殯殿魂殿都監儀軌	5	규(1) · 중(1)
1675	[顯宗]殯殿魂殿都監儀軌	5	규(2) · 중(1)
1681	[仁敬王后]殯殿魂殿都監儀軌	5	규(1) · 중(1)
1684	[明聖王后]殯殿魂殿都監儀軌	5	규(2) · 중(1)
1688	[莊烈王后]殯殿魂殿都監儀軌	5	규(1) · 중(1)
1702	[仁顯王后]殯殿魂殿都監儀軌	5	규(1) · 중(1)
1718	[端懿嬪]殯宮魂宮都監儀軌	5	규(2) · 중(1)
1721	[肅宗]殯殿魂殿都監儀軌	5	규(2) · 중(1)
1725	[景宗]殯殿魂殿都監儀軌	5	규(2) · 중(1)
1729	[眞宗]殯宮魂宮都監儀軌	불명	규(1) · 장(1)
1731	[宣懿王后]殯殿魂殿都監儀軌	5	규(2) · 장(1)
1752	[懿昭世孫]殯宮魂宮兩都監儀軌	5	규(1) · 중(1)
1752	[孝純賢嬪]殯宮魂宮兩都監儀軌	5	규(1) · 중(1)
1757	[仁元王后]殯殿魂殿都監儀軌	5	규(1) · 중(1)
1757	[貞聖王后]殯殿魂殿都監儀軌	5	규(1) · 중(1)
1762	[思悼世子]殯宮魂宮都監儀軌	4	규(1) · 중(1)
1776	[英祖]殯殿魂殿都監儀軌	4	규(1) · 중(1)
1786	[文孝世子]殯宮魂宮都監儀軌	4	규(2) · 중(1)
1800	[正宗大王]殯殿魂殿都監儀軌	5	규(3)
1805	[貞純王后]殯殿魂殿都監儀軌	5	규(2)
1816	[獻敬惠嬪]殯宮魂宮都監儀軌	5	규(4) · 중(1)
1821	[孝懿王后]殯殿魂殿都監儀軌	5	규(4) · 중(1)
1823	[顯穆綏嬪]殯宮魂宮都監儀軌	5	규(4) · 중(1)
1830	[孝明世子]殯宮魂宮都監儀軌	5	규(4)
1835	[純祖大王]殯殿魂殿都監儀軌	5	규(4)

1843	[孝顯王后]殯殿魂殿都監儀軌	5	규(5)
1849	[憲宗大王]殯殿魂殿都監儀軌	6	규(6)
1857	[純元王后]殯殿魂殿都監儀軌	6	규(6)
1865	[哲宗大王]殯殿魂殿都監儀軌	6	규(4)·장(1)·궁(1)
1880	[哲仁王后]殯殿魂殿都監儀軌	6	규(6)·장(1)·궁(1)
1892	[神貞王后]殯殿魂殿都監儀軌	7	규(5)·궁(1)
1898	[明成皇后]殯殿魂殿都監儀軌	7	규(6)·궁(1)
1904	[純明妃]嬪殿魂殿都監儀軌	7	규(6)·궁(1)
1905	[孝定王后]殯殿魂殿都監儀軌	7	규(6)·궁(1)
1911	[純獻貴妃]嬪宮魂宮儀軌(2책)		장(1)
1919	[高宗太皇帝]殯殿魂殿主監儀軌(2책)		장(1)
1926	[純宗孝皇帝]殯殿魂殿主監儀軌		장(1)

4) 국장(예장)도감의궤(42)

시기	서명	제작 건수	소장처(건수)
1608	[宣祖]國葬都監儀軌	불명	규(1)
1645	[昭顯世子]禮葬都監儀軌	불명	규(1)·중(1)
1650	[仁祖]國葬都監儀軌	5	규(1)·중(1)
1659	[孝宗]國葬都監儀軌	5	규(2)·중(1)
1674	[仁宣王后]國葬都監儀軌	5	규(2)·중(1)
1675	[顯宗]國葬都監儀軌	5	규(2)
1681	[仁敬王后]國葬都監儀軌	5	규(1)·중(1)
1684	[明聖王后]國葬都監儀軌	불명	규(1)·중(1)
1689	[莊烈王后]國葬都監儀軌	5	규(1)·중(1)
1702	[仁顯王后]國葬都監儀軌	5	규(2)·중(1)
1718	[端懿嬪]禮葬都監儀軌	5	규(1)·중(1)
1721	[肅宗]國葬都監儀軌	5	규(2)·중(1)
1725	[景宗]國葬都監儀軌	5	규(2)·중(1)

1729	[孝章世子]禮葬都監儀軌	불명	규(1)·장(1)
1731	[宣懿王后]國葬都監儀軌	5	규(2)·중(1)
1752	[孝純賢嬪]禮葬都監儀軌	불명	규(1)·중(1)
1752	[懿昭世孫]禮葬都監儀軌	불명	
1757	[貞聖王后]國葬都監儀軌	5	규(1)·중(1)
1757	[仁元王后]國葬都監儀軌	5	규(1)·중(1)
1762	[思悼世子]禮葬都監儀軌	4	규(1)
1776	[英祖]國葬都監儀軌	4	규(2)
1779	[仁淑元嬪]禮葬都監儀軌	불명	장(1)
1786	[文孝世子]禮葬都監儀軌	4	규(1)·중(1)
1800	[正祖]國葬都監儀軌	5	규(3)
1805	[貞純王后]國葬都監儀軌	5	규(2)
1816	[獻敬惠嬪]喪禮都監儀軌	5	규(4)·중(1)
1821	[孝懿王后]國葬都監儀軌	5	규(3)·중(1)
1823	[顯穆綏嬪]葬禮都監儀軌	5	규(3)·중(1)
1830	[孝明世子]禮葬都監儀軌	5	규(4)·중(1)
1835	[純祖]國葬都監儀軌	5	규(4)·중(1)
1843	[孝顯王后]國葬都監儀軌	5	규(4)
1849	[憲宗]國葬都監儀軌	6	규(5)
1857	[純元王后]國葬都監儀軌	6	규(6)
1865	[哲宗大王]國葬都監儀軌	6	규(4)·장(1)·궁(1)
1880	[哲仁王后]國葬都監儀軌	6	규(4)·궁(1)
1892	[神貞王后]國葬都監儀軌	7	규(5)·궁(1)
1898	[明成皇后]國葬都監儀軌	7	규(6)·궁(1)
1905	[孝定王后]國葬都監儀軌	7	규(6)·궁(1)
1904	[純明王后]國葬都監儀軌	7	규(6)·궁(1)
1917	[純獻貴妃]禮葬儀軌	불명	장(1)
1919	[高宗太皇帝]御葬主監儀軌	불명	장(1)
1926	[純宗孝皇帝]御葬主監儀軌	불명	장(1)

5) 천릉도감의궤(15)

시기	서명	제작 건수	소장처(건수)
1627	[元宗]禮葬都監儀軌	불명	규(1)
1630	[宣祖穆陵]遷陵都監儀軌	불명	규(2)
1673	[孝宗寧陵]遷陵都監儀軌	5	규(3)·장(1)
1731	[仁祖長陵]遷陵都監儀軌	5	규(2)·중(1)
1789.7	[莊祖顯隆園]遷園儀軌	4	규(1)
1789.10	[莊祖永祐園]遷奉都監儀軌	4	규(4)·중(1)
1821	[正祖健陵]遷奉都監儀軌	5	규(4)·중(1)
1846	[文祖綏陵]遷奉都監儀軌	5	규(4)·중(1)
1855.8	[文祖綏陵]遷奉都監儀軌	5	규(5)
1855.10	[徽慶園]遷奉都監儀軌	5	규(5)
1856	[純祖仁陵]遷奉都監儀軌	5	규(5)
1863	[顯穆綏嬪徽慶園]遷奉都監儀軌	5	규(5)
1919	[弘陵]遷奉主監儀軌		장(2)
1926	[裕陵]遷奉主監儀軌		장(1)
?	[純明孝皇后]遷奉主監儀軌		장(1)

6) 부묘(부궁, 입묘)도감의궤(33)

시기	서명	제작 건수	소장처(건수)
1610	[宣祖懿仁王后]祔廟都監儀軌	불명	규(1)
1615	[恭聖王后]祔廟都監儀軌	9	규(1)
1635	[元宗仁獻王后]祔廟都監儀軌	불명	규(2)
1651	[仁祖仁烈王后]祔廟都監儀軌	9	규(3)·장(2)·중(1)
1661	[孝宗]祔廟都監儀軌	9	규(4)·장(2)·중(1)
1669	[神德王后]祔廟都監儀軌	9	규(3)·장(2)·중(1)
1676	[仁宣王后]祔廟都監儀軌	9	규(4)·장(2)·중(1)

1677	[顯宗]祔廟都監儀軌	9	규(4) · 장(2) · 중(1)
1686	[明聖王后]祔廟都監儀軌	9	규(4) · 장(2) · 중(1)
1691	[莊烈王后]祔廟都監儀軌	9	규(3) · 장(2) · 중(1)
1698	[端宗定順王后]復位祔廟都監儀軌	9	규(3) · 장(3) · 중(1)
1722	[肅宗]祔廟都監儀軌	9	규(2) · 장(2) · 중(1)
1726	[景宗端懿王后]祔廟都監儀軌	9	규(3) · 장(1) · 중(1)
1732	[宣懿王后]祔廟都監儀軌	9	규(3) · 장(2)
1739	[端敬王后]復位祔廟都監儀軌	9	규(4) · 장(3) · 중(1)
1759	[仁元王后]祔廟都監儀軌	7	규(2) · 장(2) · 중(1)
1778	[英祖眞宗]祔廟都監儀軌	7	규(2) · 장(2)
1802	[正祖]祔廟都監儀軌	8	규(4) · 장(3)
1807	[貞純王后]祔廟都監儀軌	8	규(3) · 장(2)
1818	[獻敬惠嬪]祔宮都監儀軌	8	규(4) · 장(2) · 중(1)
1823	[孝懿王后]祔廟都監儀軌	8	규(4) · 장(2) · 중(1)
1825	[顯穆綏嬪]入廟都監儀軌	8	규(5) · 장(2) · 중(1)
1832	[孝明世子]入廟都監儀軌	8	규(5) · 장(1) · 중(1)
1837	[純祖翼宗]祔廟都監儀軌	8	규(3) · 장(2)
1851	[憲宗孝顯王后]祔廟都監儀軌	8	규(6) · 장(2)
1859	[純元王后]祔廟都監儀軌	8	규(6) · 장(2)
1866	[哲宗]祔廟都監儀軌	8	규(4) · 장3 · 궁(1)
1881	[哲仁王后]祔廟都監儀軌	8	규(4) · 장(2) · 궁(1)
1893	[神貞王后]祔廟都監儀軌	9	규(4) · 장(2) · 궁(1)
1906	[孝定王后]祔廟都監儀軌	9	규(6) · 장(2) · 궁(1)
1921 ?	[高宗太皇帝明成太皇后]祔廟主監儀軌		장(1)
1928	[純宗孝皇帝純明孝皇后]祔廟主監儀軌		장(1)
1940	[純宗孝皇帝純明孝皇后]祔廟主監儀軌		장(1)

7) 존숭(존호, 상호)도감의궤(47)

시기	서명	제작 건수	소장처(건수)
1604	[宣祖懿仁王后仁穆王后]尊崇都監儀軌	불명	규(1)
1621	[光海朝]尊崇都監儀軌		규(1)
1624	[仁穆王后]尊崇儀軌	9(추)8(존)	규(1)
1651	[仁祖莊烈后]尊崇都監儀軌	8	규(4)·장(1)
1661	[仁祖妃莊烈后二尊號]尊崇都監儀軌	8	규(5)·장(1)·중(1)
1677	[仁祖莊烈后三尊…]尊崇都監儀軌	8	규(3)·장(1)
1677	[明聖王后]尊崇都監儀軌	8	규(1)·장(1)·중(1)
1686	[仁祖莊烈后四尊號]尊崇都監儀軌	8	규(4)·장(1)·중(1)
1713	[肅宗初]尊崇都監儀軌	8	규(3)·장(1)·중(1)
1722	[仁元王后]尊崇都監儀軌	8	규(3)·장(1)·중(1)
1726	[肅宗]尊崇都監儀軌	8	규(4)·장(1)·중(1)
1739	[仁元王后四尊號]尊崇都監儀軌	8	규(3)·장(1)
1740	[仁元王后五尊號]尊崇都監儀軌	8	규(4)·장(1)·중(1)
1747	[仁元王后六尊號]尊崇都監儀軌	8	규(2)·장(1)·중(1)
1751	[仁元王后七尊號]尊崇都監儀軌	8	규(4)·장(1)·중(1)
1752	[肅宗仁元后]尊崇都監儀軌	8	규(3)·장(1)·중(1)
1753	[肅宗仁元后加上]尊號都監儀軌	8	규(3)·장(1)·중(1)
1756	[肅宗仁元后十]尊崇都監儀軌	8	규(3)·장(2)
1773	[顯宗追尊號英四尊號上]尊號都監儀軌	7	규(3)·장(1)
1778	[英祖貞純后加崇莊獻敬后]進號都監儀軌	6	규(2)·장(1)
1783	[英祖貞純四尊…]尊號都監儀軌	6	규(4)·장(1)
1787	[英祖貞純后六]尊號都監儀軌	6	규(2)·장(1)·중(1)
1795	[英祖貞純后七尊…]尊號都監儀軌	6	규(3)·장(1)
1802	[英祖貞純后正祖孝懿后]尊崇都監儀軌	7	규(3)·장(1)
1804	[英祖貞純后八尊加上]尊號都監儀軌	6	규(3)·장(1)
1805	[英祖貞純后十]尊號都監儀軌	6	규(2)·장(1)

1827	[純祖初]上號都監儀軌	6	규(4) · 장(1)
1837	[純祖純元后文祖神貞后]尊崇都監儀軌	7	규(5) · 장(1) · 중(1)
1841	[純祖純元后]尊號都監儀軌	6	규(4) · 장(1) · 중(1)
1848	[純祖再尊文祖初尊]上號都監儀軌	6	규(5) · 장(1)
1851	[純祖純元后文祖…]尊崇都監儀軌	7	규(6) · 장(1)
1852	[純祖純元后六]尊號都監儀軌	6	규(5) · 장(1)
1853	[純祖追上尊號大王大妃殿加上]尊號都監儀軌	6	규(5) · 장(1)
1858	[純祖改上諡號廟號追上…]尊號都監儀軌	6	규(5) · 장(1)
1860	[文祖神貞后]尊崇都監儀軌	6	규(6) · 장(1)
1863	[哲宗上]尊號都監儀軌	6	규(5) · 장(1)
1864	[神貞五尊號孝定后三尊加上]尊號都監儀軌	6	규(5)
1866	[文祖神貞后八尊號…]尊號都監儀軌	7	규(5) · 장(1) · 궁(1)
1873	[文祖神貞十二尊號…]尊號都監儀軌	8	규(6) · 궁(1)
1877	[翼宗追上大王大妃殿加上]尊號都監儀軌	8	규(6) · 장(1) · 궁(1)
1891	[神貞后二十加上]尊號都監儀軌	8	규(6) · 장(1) · 궁(1)
1891	[文祖神貞后太王再尊號…]尊號都監儀軌	8	규(7) · 장(1)
1891	[神貞后加上]尊號都監儀軌	8	규(4) · 장(1) · 궁(1)
1894	[文祖十一]尊號都監儀軌	8	규(2) · 장(1) · 궁(1)
1894	[翼宗追上神貞…中宮加上]尊號都監儀軌	8	규(4) · 장(1) · 궁(1)
1900	[仁祖追上仁烈…王后追上]尊號都監儀軌	8	규(5) · 장(1) · 궁(1)
1907	[高宗]尊奉都監儀軌	9	규(8) · 궁(1)

8) 추숭도감의궤(27)

시기	서명	제작 건수	소장처(건수)
1610	[恭聖王后]追崇都監儀軌	불명	규(1)
1616	[宣祖懿仁王后恭聖王后]追崇都監儀軌	9(추)8(존)	규(1)
1621	[宣祖懿仁王后]尊號都監儀軌	불명	규(1)
1681	[定宗]諡號都監儀軌	5	규(1) · 중(1)

1683	[太祖]諡號都監儀軌	5	규(1)·중(1)
1718	[愍懷嬪]復位宣諡都監儀軌	5	규(2)·중(1)
1740	[孝宗]加上諡號都監儀軌	5	규(1)·중(1)
1753	[仁嬪]上諡封園都監儀軌	5	규(1)·장(1)
1755	[順懷世子]上諡封園都監儀軌	5	규(1)·중(1)
1772	[毓祥宮]上諡都監儀軌	7	규(3)·장(2)
1776	[莊祖]上諡封園都監儀軌	6	규(2)·장(1)
1777	[眞宗]追崇都監儀軌	6	규(3)·장(1)
1784	[英祖六尊號莊祖再]尊號都監儀軌	7	규(3)·장(1)·중(1)
1784	[宣祖懿仁后光海朝]尊崇都監儀軌	8	?
1835	[文祖]追崇都監儀軌	7	규(3)·장(1)
1853	[文祖再尊號憲宗追]尊號都監儀軌	6	규(5)·장(1)
1855	[莊獻世子惠嬪]追上尊號都監儀軌	6	규(5)·장(1)
1858	[純祖純元王后]追上尊號都監儀軌	6	규(5)·장(1)
1862	[純祖純元王后]追上尊號都監儀軌	6	규(4)·장(2)
1866	[文祖三尊號憲宗哲宗再]尊號都監儀軌	6	규(4)·장(1)·궁(1)
1867	[純祖純元王后]追上尊號都監儀軌	6	규(5)
1890	[肅宗四]追上尊號都監儀軌	8	규(5)·장(1)
1890	[英祖]廟號都監儀軌	8	규(5)·장(1)
1894	[翼宗神貞王后]追上尊號都監儀軌	8	규(4)·장(1)·궁(1)
1899	[太祖莊祖正祖純祖]追尊時儀軌	9	규(6)·장(2)·궁(1)
1902	[文祖神貞…成皇后]追上上號都監儀軌	8	규(6)·장(1)·궁(1)
1908	[眞宗憲宗哲宗]追尊時儀軌	9	규(6)·장(1)·궁(1)

2. 왕실의 특별 행사에 관한 의궤

1) 궁중 연회에 관한 의궤(18)

시기	서명	제작 건수	소장처(건수)
1630	豊呈都監儀軌	불명(필)	중(1)
1719	進宴儀軌	3(필)	규(2)
1744	進宴儀軌	3(필)	규(2)
1765	受爵儀軌	3(필)	규(1)
1796	園幸乙卯整理儀軌	불명(활)	규(17)·장(2)·궁(1)
1809	惠慶宮進饌所儀軌	불명(활)	장(1)·영(1)
1827	慈慶殿進爵整禮儀軌	7(활)	
1828	進爵儀軌	불명(활)	규(7)·장(2)
1829	進饌儀軌	6(활)	규(15)·정1
1848	進饌儀軌	6(활)	규(6)·장(1)·궁(1)
1868	進饌儀軌	불명(필)	규(1)
1873	進爵儀軌	불명(필)	규(1)·장(1)
1877	進饌儀軌	7(활)	규(5)·장(1)·궁(1)
1887	進饌儀軌	7(활)	규(5)·장(2)·궁(1)
1892	進饌儀軌	7(활)	규(2)·장(3)·궁(1)
1901	進宴儀軌	8(활)	규(1)·장(1)·궁(1)
1902	進饌儀軌	8(활)	규(5)·장(5)·궁(1)
1902	進宴儀軌	8(활)	궁(3)

2) 영접도감의 도청 및 각색 의궤(16)

시기	서명	제작 건수	소장처(건수)
1608	迎接都監賜祭聽儀軌		규(2)
1610	迎接都監都廳儀軌		규(2)
〃	迎接都監米麵色儀軌		규(1)

1626	迎接都監盤膳色儀軌		규(3)
1634	迎接都監都廳儀軌都廳		규(2)
〃	迎接都監應辦色儀軌		규(2)
〃	迎接都監盤膳色儀軌		규(2)
〃	迎接都監米麵色儀軌		규(2)
〃	迎接都監宴享色儀軌		규(2)
〃	迎接都監軍色儀軌		규(2)
〃	迎接都監雜物色儀軌		규(2)
1637	迎接都監軍色儀軌		규(1)
1643	迎接都監宴享色儀軌		규(1)
〃	迎接都監應辦色儀軌		규(1)
〃	迎接都監雜物色儀軌		규(1)
〃	迎接都監盤膳色儀軌		규(1)

3) 녹훈도감의궤(6)

시기	서명	제작 건수	소장처(건수)
1604	扈聖宣武清難功臣都監儀軌		규(1)
1628	昭武寧社錄勳都監儀軌	7?	규(1)
1644	錄勳都監儀軌	5?	규(1)
1680	錄勳都監儀軌		중(1)
1694	復勳都監儀軌	3?	중(1)
1728	奮武錄勳都監儀軌	3?	규(1) · 중(1)

4) 왕(왕비) 친행의 기념적 행사에 관한 의궤(7)

시기	서명	제작 건수	소장처(건수)
1739	親耕儀軌	5	규(2) · 중(1)
1767	親耕儀軌	7	규(5) · 장(1)
〃	親蠶儀軌		규(1) · 장(1)

1767	藏種受繭儀軌		규(1)
1723	大射禮儀軌	5건	규(1)
1865	親臨政府時儀軌	불명	규(1)
1897	大禮儀軌	9건	규(6)·장(2)·궁(1)

3. 건축물의 영건에 관한 의궤

1) 태실 조성에 관한 의궤(13)

시기	서명	제작 건수	소장처(건수)
1601	世宗胎室石欄干修改儀軌	4	사천(1)
1729	英祖胎室加封儀軌	5	청원(1)
1730	世宗端宗胎室修改儀軌	5	사천(1)
1734	世宗端宗胎室表石竪立時儀軌	5	사천(1)
1801	正祖胎室石欄干造排儀軌	5	규(1)
1806	純祖胎室石欄干造排儀軌	4	규(1)
1809	元子阿只氏藏胎儀軌	5	규(1)
1823	成宗胎室碑石改竪儀軌	4	규(1)
1832	景宗胎室石物修改儀軌	4	규(1)
1836	翼宗胎室加封石欄干造排儀軌	5	규(1)
1847	憲宗胎室加封石欄干造排儀軌	5	규(1)
1866	太祖胎室修改儀軌	5	규(1)
1874	元子阿只氏藏胎儀軌	5	규(1)·궁(1)

2) 궁중 건축물에 관한 의궤(16)

시기	서명	제작 건수	소장처(건수)
1633	昌慶宮修理所儀軌	5	규(4)
1647	昌德宮修理都監儀軌	5	장(1)·중(1)

1648	昌德宮儲承殿修理所儀軌	5	장(1)
1652	昌德宮昌慶宮修理都監儀軌	4	규(1) · 중(1)
1657	昌德宮萬壽殿修理都監儀軌	5	장(1)
1667	慶德宮集祥殿修改儀軌	5	중(1)
1693	慶德宮修理所儀軌	2	중(1)
1755	豐壤舊闕遺址碑石竪立儀軌	2	규(1) · 중(1)
1805	仁政殿營建都監儀軌	8	규(4)
1832	西闕營建都監儀軌	8	규(3) · 장(1) · 중(1)
1834	昌慶宮營建都監儀軌	8	규(4) · 장(1) · 궁(1)
〃	昌德宮營建都監儀軌	8	규(4) · 장(1)
1857	仁政殿重修都監儀軌	8	규(6) · 장(1)
1900	景福宮昌德宮增建都監儀軌	7	규(7) · 장(2) · 궁(1)
1906	慶運宮重建都監儀軌	9	규(6) · 궁(1)
1907	中和殿營建都監儀軌	9	규(6) · 궁(1)

3) 산릉도감의궤(30)

시기	서명	제작 건수	소장처(건수)
1601	[懿仁王后]山陵都監儀軌	불명	규(1)
1632	[仁穆王后]山陵都監儀軌	불명	규(2)
1649	[仁祖長陵]山陵都監儀軌	5	규(1) · 장(1)
1659	[孝宗寧陵]山陵都監儀軌	5	규(1) · 장(1)
1674	[顯宗崇陵]山陵都監儀軌	5	규(1) · 장(1)
1674	[仁宣王后]山陵都監儀軌	5	장(1) · 중(1)
1680	[仁敬王后]山陵都監儀軌	5	장(1) · 중(1)
1684	[明聖王后崇陵]山陵都監儀軌	5	규(1) · 장(1) · 중(1)
1688	[仁祖莊烈王后]山陵都監儀軌	5	장(1) · 중(1)
1702	[仁顯王后]山陵都監儀軌	5	규(1) · 장(1) · 중(1)
1720	[肅宗]山陵都監儀軌	5	장(1) · 중(1)

1725	[景宗懿陵]山陵都監儀軌	5	장(1)·중(1)
1731	[宣懿王后]山陵都監儀軌	5	규(1)·장(1)·중(1)
1757	[仁元王后]山陵都監儀軌	5	규(1)·중(1)
〃	[貞聖王后]山陵都監儀軌	5	규(1)·중(1)
1776	[英祖元陵]山陵都監儀軌	4	규(2)
1800	[正祖健陵]山陵都監儀軌	5	규(3)
1805	[貞純王后元陵]山陵都監儀軌	5	규(2)
1835	[純祖仁陵]山陵都監儀軌	5	규(4)·중(1)
1843	[孝顯王后景陵]山陵都監儀軌	5	규(4)·중(1)
1846	[文祖綏陵]山陵都監儀軌	5	규(4)·중(1)
1849	[憲宗景陵]山陵都監儀軌	6	규(4)·중(1)
1857	[純元王后仁陵]山陵都監儀軌	6	규(6)
1864	[哲宗睿陵]山陵都監儀軌	6	규(5)·궁(1)
1880	[哲仁王后睿陵]山陵都監儀軌	6	규(3)·궁(1)
1892	[神貞王后綏陵]山陵都監儀軌	7	규(6)·궁(1)
1898	[明成皇后洪陵]山陵都監儀軌	7	규(4)·궁(1)
1904	[孝定王后景陵]山陵都監儀軌	7	규(6)·궁(1)
1919	[高宗太皇帝]山陵主監儀軌	불명	장(2)
1926	[純宗孝皇帝]山陵主監儀軌	불명	장(1)

4) 원묘(園墓) 조성에 관한 의궤(13)

시기	서명	제작 건수	소장처(건수)
1645	[昭顯世子]墓所都監儀軌	불명	규(2)·중(1)
1718	[端懿嬪]墓所都監儀軌	5	장(1)·중(1)
1729	[孝章世子]墓所都監儀軌	불명	규(1)·장(2)
1752	[懿昭世孫]墓所都監儀軌	5	중(1)
〃	[孝純賢嬪]墓所都監儀軌	5	규(1)·중(1)
1762	[莊祖永祐園]墓所都監儀軌	4	규(1)·중(1)

1786	[文孝世子]墓所都監儀軌	4	규(3)·중(1)
1789	[莊祖顯隆園]園所都監儀軌	4	규(3)·중(1)
1816	[獻敬王后顯隆園]園所都監儀軌	5	규(4)·중(1)
1823	[顯穆綏嬪徽慶園]園所都監儀軌	5	규(4)·중(1)
1830	[翼宗延慶墓]墓所都監儀軌	5	규(4)
1904	[純明皇后裕康園]園所都監儀軌	7	규(6)·궁(1)
1911	純獻貴妃園所儀軌	불명	장(2)

5) 능원 수개 및 봉릉(봉묘)에 관한 의궤(31)

시기	서명	제작 건수	소장처(건수)
1609	穆陵修改儀軌	불명	규(1)
1618	[光海君私親]誌石改修都監儀軌	불명	규(1)
1648	[恭惠王后]順陵修改都監儀軌	불명	중(1)
1659	[孝宗]寧陵修改都監儀軌	불명	규(1)·장(1)
1667	[定宗]厚陵修改都監儀軌	3	중(1)
1677	[顯宗]崇陵修改都監儀軌	불명	장(1)
1695	獻陵碑石重建廳儀軌	불명	규(1)
1699	莊陵修改都監儀軌	3	규(1)·중(1)
1722	惠陵石物追排都監儀軌	5	규(1)·장(1)·중(1)
1732	[翼祖]智陵丁字閣改建儀軌	불명	장(1)
1744	[世宗]榮陵表石營建廳儀軌	2	중(1)
〃	[神懿王后]齊陵神道碑營建廳儀軌	2	중(1)
〃	明陵改修都監儀軌	4	규(3)·중(1)
1747	穆陵徽陵惠陵表石營建廳儀軌	2	중(1)
1753	禧陵泰陵孝陵康陵章陵表石營建廳儀軌	2	중(1)
1754	厚·顯·光·昌·宣·靖陵表石營建廳儀軌	2	중(1)
1764	健元陵丁字閣重修都監儀軌	4	규(2)·중(1)
1768	獻陵石物重修都監儀軌	불명	규(1)

1770	貞陵表石營建廳儀軌	2	규(1)
1783	元陵改修都監儀軌	3	규(1)
1804	健陵改修都監儀軌	3	규(2)
1807	康陵改修都監儀軌	3	규(2)
1810	元陵改修都監儀軌	3	규(3)
1899	肇慶壇營建廳儀軌抄	불명	규(1)
〃	綏陵陵上莎草改修都監儀軌	5	규(4) · 궁(1)
1900	肇慶壇濬慶墓永慶墓營建廳儀軌	11	규(7) · 장(1) · 궁(1)
1905	洪陵石儀重修都監儀軌	5	규(4) · 궁(1)
1698	[定順王后]思陵封陵都監儀軌	5	규(1) · 장(1) · 중(1)
1699	[端宗定順王后]莊陵封陵都監儀軌	5	규(1) · 장(1) · 중(1)
1718	愍懷嬪封墓都監儀軌	5	규(1) · 장(1) · 중(1)
1739	[端敬王后]溫陵封陵都監儀軌	5	규(1) · 장(1) · 중(1)

6) 능원 천장에 관한 의궤(11)

시기	서명	제작 건수	소장처(건수)
1630	穆陵遷葬時山陵都監儀軌	불명	중(1)
1674	[孝宗寧陵]山陵都監儀軌	5	장(1)
1731	[仁祖]長陵遷陵時山陵都監儀軌	5	장(1) · 중(1)
1821	[正祖]健陵山陵都監儀軌	5	규(4) · 장(1) · 중(1)
1846	[文祖]綏陵山陵都監儀軌	5	규(4) · 중(1)
1855	綏陵遷奉山陵都監儀軌	5	규(5)
〃	徽慶園遷奉園所都監儀軌	5	규(5)
1856	[純祖]仁陵遷奉山陵都監儀軌	5	규(5)
1863	[顯穆綏嬪]徽慶園遷奉園所都監儀軌	5	규(4) · 장(1)
1919	洪陵遷奉山陵主監儀軌	불명	장(2)
1926	裕陵遷奉山陵主監儀軌	불명	장(1)

7) 종묘 개수에 관한 의궤(4)

시기	서명	제작 건수	소장처(건수)
1637	宗廟修理都監儀軌	불명	장(1) · 중(1)
1667	永寧殿改修都監儀軌	5	규(1) · 장(2) · 중(1)
1726	宗廟改修都監儀軌	6	규(2) · 장(3) · 중(1)
1836	宗廟永寧殿增修都監儀軌	7	규(3) · 장(3)

8) 진전 개수에 관한 의궤(7)

시기	서명	제작 건수	소장처(건수)
1677	南別殿重建廳儀軌	3	규(1) · 중(1)
1748	眞殿重修都監儀軌	6	규(2) · 장(1) · 중(1)
1752	眞殿永禧殿重修都監儀軌	5	규(2)
1772	眞殿重修都監儀軌	5	규(1) · 장(1)
1858	南殿[永禧殿]增建都監儀軌	6	규(4) · 장(1)
1900	永禧殿營建都監儀軌	7	규(8) · 장(2) · 궁(1)
1901	璿源殿增建都監儀軌	7	규(4) · 장(1) · 궁(1)

9) 단묘(壇廟)의 영건에 관한 의궤(5)

시기	서명	제작 건수	소장처(건수)
1749	大報壇增修所儀軌	4	규(1) · 궁(1)
1752	懿昭廟營建廳儀軌	3	규(1) · 중(1)
1764	垂恩廟營建廳儀軌	3	규(1) · 중(1)
1776	景慕宮改建都監儀軌	5	규(1) · 장(1)
1824	顯思宮別廟營建都監儀軌	5	규(3) · 장(1) · 중(1)

4. 서적 편찬에 관한 의궤

1) 왕실 족보 편찬, 수정에 관한 의궤 (생략)

2) 실록 편찬에 관한 의궤(14)

시기	서명	제작 건수	소장처(건수)
1634	光海君日記纂修廳儀軌	불명	규(1)
1653	仁祖大王實錄纂修廳儀軌	불명	규(2) · 장(1)
1657	宣祖大王實錄修正廳儀軌	5	규(2) · 장(1)
1661	孝宗大王實錄纂修廳儀軌	5	규(1) · 장(1)
1677	顯宗大王實錄纂修廳儀軌	5	규(2) · 장(1)
1680	顯宗大王實錄改修廳儀軌	5	규(2) · 장(1)
1704	端宗大王實錄附錄撰輯廳儀軌	2	규(1)
1721	肅宗大王實錄纂修廳儀軌	5	규(4)
1779	景宗大王修正實錄儀軌	5	규(2) · 장(1)
1781	英宗大王實錄廳儀軌	5	규(3) · 장(1)
1805	正宗大王實錄刪節廳儀軌	5	규(3) · 장(1)
1838	純宗大王實錄儀軌	5	규(4) · 장(1)
1852	憲宗大王實錄廳儀軌	5	규(3) · 장(1)
1865	哲宗大王實錄廳儀軌	5	규(3) · 장(1)

3) 기타 서적 편찬에 관한 의궤(7)

시기	서명	제작 건수	소장처(건수)
1616	東國新續三綱行實撰集廳儀軌	불명	규(3) · 장(1)
1755	闡義昭鑑纂修廳儀軌	1	규(1)
1781	國朝寶鑑監印廳儀軌	불명	규(2) · 장(2)
1848	國朝寶鑑監印廳儀軌	11	규(8) · 장(2)
1909	國朝寶鑑監印所儀軌	6	규(4) · 장3 · 궁(1)
1756	列聖御製釐正更刊時自本寺修整儀軌	5	규(1)
1757	列聖誌狀修正時本寺儀軌	불명	규(1)

5. (의례용)기물의 조성에 관한 의궤

1) 어진 제작에 관한 의궤(11)

시기	서명	제작 건수	소장처(건수)
1670	影幀修補都監儀軌	불명	장(1)
1688	[太祖]影幀摸寫都監儀軌	5	규(3)
1713	[肅宗]御容圖寫都監儀軌	5	규(2)·중(1)
1735	[世祖]影幀摸寫都監儀軌	6	규(1)·장(2)·중(1)
1748	[肅宗]影幀摸寫都監儀軌	6	규(1)·장(1)
1838	[太祖]影幀摸寫都監儀軌	6	규(2)·장(2)
1872	[太祖元宗御]眞移摸都監儀軌	불명	규(2)·장(1)
1900	[太祖]影幀摸寫都監儀軌	7	규(6)·장(2)·궁(1)
〃	[純祖文祖]影幀摸寫都監補完儀軌	7	규(1)·궁(1)
1901	[太·肅·英·正·純·文·憲宗]影幀摸寫都監儀軌	7	규(4)·장(2)·궁(1)
1902	[高宗純宗]御眞圖寫都監儀軌	5	규(2)·장(4)

2) 제기, 악기, 책보, 위판의 조성에 관한 의궤(13)

시기	서명	제작 건수	소장처(건수)
1605	社稷宗廟文廟祭器都監儀軌	5	규(1)
1612	祭器都監儀軌	10	규(1)
1624	祭器樂器都監儀軌	11	규(2)
1745	仁政殿樂器造成廳儀軌	2	규(1)
1776	景慕宮樂器造成廳儀軌	2	규(1)
1804	社稷樂器造成廳儀軌	2	규(1)
1771	位版造成都監儀軌	2	규(1)
1688	[莊烈王后]冊寶修改都監儀軌	5	규(2)·중(1)
1705	金寶改造都監儀軌	5	규(3)

〃	金寶改造都監追補儀軌		중(1)
1735	[賢嬪]玉印造成都監儀軌	5	규(1) · 중(1)
1876	寶印所儀軌	9	규(7) · 장(1) · 궁(1)
1897	大禮儀軌	9	규(6) · 장(2) · 궁(1)

6. 기타

1) 서명은 의궤이나 편찬서인 경우(14)

시기	서명	제작 건수	소장처(건수)
1706	宗廟儀軌		규(1) · 장(1)
1741	宗廟儀軌續錄		규(1)
1766	宗廟儀軌續錄		장(1)
1770	宗廟儀軌續錄		장(1)
1783	社稷署儀軌		규(1)
1784	景慕宮儀軌		규(1) · 장(2)
1785	宮園儀		고대박(1)
〃	宗廟儀軌續錄		장(1)
1793	宗廟儀軌續錄		장(1)
〃	宗廟儀軌別錄		장(1)
1800	宗廟儀軌		장(1)
1820	宗廟儀軌		규(1) · 장(1)
1822	皇壇從享儀軌		규(2) · 장(1) · 궁(1)
1842	宗廟儀軌續錄		규(1) · 장(1)

2) 기타(3)

시기	서명	제작 건수	소장처(건수)
1615	火器都監儀軌	9	규(1)
1656	推刷都監儀軌	5	규(2) · 장(1)
1801	華城城役儀軌		규(14) · 장(2)